전설의 프로 트레이더 빅

옮긴이_**이건**

투자서 번역가. 연세대학교 경영학과를 졸업하고 같은 대학원에서 경영학 석사학위를 받았으며, 캘리포니아대학교 샌디에이고 캠퍼스에서 유학했다. 장기신용은행에서 주식 펀드매니저, 국제 채권 딜러 등을 담당했고 삼성증권과 마이다스에셋자산운용에서 일했다. 영국 IBJ 인터내셔널에서 국제 채권 딜러 직무 훈련을 받았고 영국에서 국제 증권 딜러 자격을 취득했다.

옮긴 책으로 《전설의 프로 트레이더 빅》《집중투자의 정석》(공역)《가장 사업처럼 하는 투자 주주행동주의》(공역)《워런 버핏의 주주 서한》《다모다란의 투자 전략 바이블》(공역)《워런 버핏 바이블》《워런 버핏 라이브》《현명한 투자자》《증권분석》(3판·6판)《월가의 영웅》 등 60여 권이 있다.

지은 책으로 《투자도 인생도 버핏처럼》(공저)《찰리 멍거 바이블》(공저)《워런 버핏 바이블 2021》(공저)《대한민국 1%가 되는 투자의 기술》이 있다.

이메일: keonlee@empas.com
블로그: https://blog.naver.com/keonlee0324

18년간 단 한 해도 손실 없이 연 수익률 72% 기록한

전설의
프로 트레이더
빅

★★★★★ TRADER VIC ★★★★★
METHODS OF A WALL STREET MASTER

빅터 스페란데오·설리번 브라운 지음 | 이건 옮김

액티브
ACTIVE

우리가 아는 투자자 중 빅터 스페란데오보다 꾸준하게 경이로운 실적을 기록한 투자자는 없다. 이 책에는 월스트리트가 인정한 '프로 트레이더'의 놀라운 지식과 통찰이 마치 '투자 맛집'처럼 잘 차려져 있다. 한 쪽 한 쪽 페이지를 넘길 때마다 "이번에는 어떤 보물이 숨어 있을까?" 하는 기대가 벅차오르게 만드는 책이다. 독자 여러분도 그 감동을 직접 느껴보시길 바란다.

- 김대현(《돌파매매 전략》 저자)

트레이딩은 종합 예술이다. 흔히 '촉'으로 표현하는 천부적 재능보다는 확률적 우위, 추세 판단, 전략 수립, 자금 관리, 인내심 등 모든 요소가 충족되어야 성공할 수 있어서. 빅터 스페란데오는 최첨단 컴퓨터와 AI, 퀀트 데이터도 없었던 30년 전에 이미 정량적인 퀀트 분석의 핵심인 통계적 우위와 기술적 분석은 물론 시장의 흐름을 꿰뚫는 매크로 분석까지 트레이딩에 적용해 큰 성공을 거뒀다. 그가 제시하는 트레이딩의 원칙과 교훈은 AI와 퀀트 분석이 범람하는 지금 2024년의 모든 투자자가 새겨들어야 할 금과옥조다.

- systrader79(필명, 《주식투자 리스타트》 저자)

투자서를 통틀어 이런 책은 도무지 처음이다. 전설적 트레이더의 세밀하고 검증된 투자기법뿐만 아니라 투자자들을 큰 위험에 빠뜨리는 심리를 철저히 파헤쳤다. 어렵기만 한 경제 흐름과 정치 등을 실제 투자에 접목하는 방법도 다른 트레이딩 책에서는 찾아보기 어려운 귀한 내용이다. 잠시 매매를 멈추고 이 책부터 읽을 만한 가치가 있다.

- 정원철(《흔들리지 않는 투자 철학》 저자)

한 분야에 능통한 트레이더는 많다. 그러나 기술적 분석, 거시경제, 심리 등 다양한 영역을 통합해 자신만의 독자적인 세계관으로 소화한 사람은 흔치 않다. 빅터 스페란데오는 그런 거장 중 한 명으로 18년간 한 해도 손실을 보지 않으며 연평균 72%라는 경이적인 수익률을 달성했다. 그의 오랜 경험을 바탕으로 '시장을 알려주고 돈을 벌어주는 아이디어를 모두 결합한' 이 책은 진정한 성공에 대한 성찰까지 폭넓게 다룬다. 성공을 꿈꾸는 트레이더라면 반드시 읽어야 할 바이블이다.

- 하승훈(유튜브 '하승훈의 주식투자 TV' 운영자)

가격 흐름은 거래자들의 의사결정의 역사다. 기술적 분석 공부든 기본적 분석 공부든 차트를 읽는 일은 필수 과정이다. 이는 시장의 수많은 뉴스가 사람들의 어떤 심리를 거쳐 시장에 반영되었는지 이해하는 일이다. 빅터 스페란데오는 그간 곡해되고 폄하된 '다우 이론'의 오리지널에서 출발해 진정한 '추세'를 이해하는 방법을 제시한다. 그리고 그 방법으로 큰돈을 벌었다! 그의 논지는 다른 기술적 분석 책에서 찾아볼 수 없는 엄밀함으로 가득하다. 시장과 돈, 경제와 인간 본성에 대한 깊은 이해가 바탕이다. 어떤 명제도 반증 가능성을 고려하며 차분하게 논지를 전개한다.

이 책 덕분에 새로운 안목이 트였다. 기술적 분석을 단순한 '선 긋기 놀이'로 여기는 사람에게 감히 이 책을 권한다. 차트를 맹신하는 사람, 차트를 터부시하는 사람 모두에게 도움 될 책이다.

– 홍진채(라쿤자산운용 대표)

다양한 기법의 장점을 선택하고 독자적인 연구에서 얻은 성과를 더했으므로 초보자와 전문가 모두에게 가치 있는 책이다. 그 가치에 비하면 이 책은 싼 정도가 아니라 공짜에 가까우며 소중한 문헌이 될 것이다.

– 리언 쿠퍼먼(前 골드만삭스 자산운용 부문 CEO)

이 책을 거듭 읽으면 손실 나는 해가 절대 없을 것이다.

– 예일 허시(《Stock Trader's Almanac(주식 트레이더 연감)》 발행인)

빅터 스페란데오는 큰 수익을 내는 것보다 큰 손실을 피하는 데 중점을 두는 전략으로 18년 연속 단 한 해도 잃지 않고 연평균 수익률 72%를 기록했다.

– 잭 슈웨거(《새로운 시장의 마법사들》 저자)

스페란데오는 최고의 기질을 타고났다. 펀드매니저로서 그토록 놀라운 실적을 쌓아 올린 것은 당연하다. 어느 투자자든 그가 이 책에서 제시하는 지혜로부터 이득을 얻을 것이다. 이 책을 절대 놓치지 마라.

– 폴 튜더 존스(튜더 인베스트먼트 창립자)

이 책은 경제, 연준 정책, 트레이딩 기법, 위험, 심리 등 투자의 모든 요소를 모아 철학으로 통합한다. 이는 누구나 이해해야 하는 철학이다.

– T. 분 피켄스(메사 석유회사 창립자)

시장에 대한 좀 더 포괄적 접근을 제시한 책. 특히 2부 '실행 의지: 감정 절제력'이 흥미롭다.

–〈LA타임스〉

AI 공습 속 21세기 트레이더에게
'에지'를 가져다줄 책

챗GPT가 전 세계를 강타하는 4차 산업혁명이 한창 가시화되는 시대에 인간이 설 자리는 어디에 있을까?

트레이더에 관한 책을 두고 대뜸 뚱딴지같은 기술 이야기냐 싶을 수도 있지만 2020년대를 살아가며 트레이더가 되고자 하는 이라면 반드시 자문해봐야 할 화두다. "십 년이면 강산이 변한다"고 하는데, 수천조 원의 자금이 매일 오가는 자본주의의 최전선인 금융시장이 4차 산업혁명의 흐름에 영향을 받지 않을 리는 없는 노릇이다.

십수 년 전 필자가 시카고옵션거래소(CBOE) 내의 '핏(pit)'이라고 불리는 공간에서 트레이더들의 점심을 배달하는 견습생으로 이 업계에 첫발을 디뎠을 때만 해도 수화를 하면서 고성으로 주문을 체결하는 관습이 남아 있었다. 그러나 20세기부터 조금씩 태동하기 시작한 알고리즘과 퀀트 기반 매매는 이제 트레이딩룸의 주류를 수학자와 개발자들로 완전히 탈바꿈해 놓았다. 거래소의 핏에서 매매를 하던 트레이더들은 그 변화에 적응하기 위해 재교육을 받든지, 아니면 도태되어야 했다.

개인 트레이더의 입장에서도 단순히 "5일, 20일 이동평균선 골든크로스가 나오면 매수한다"거나 "RSI가 25에서 35를 돌파할 때 매수해 50에서 청산한다"는 식의 기계적인 전략, 알고리즘으로 쉽게 자동화 가능한 전략을 통해 대단한 초과수익을 노리는 것은 더는 불가능에 가까운 일이 되었다. 그렇기에 나는 수십 년 전 트레이더들의 저서를 그리 좋아하지 않는다. 특히 내가 집어 든 책에서 기술적 분석과 관련한 각종 파동 이론이나 패턴 이야기가 나오면 책을 금방 덮어버리는 편이다.

30여 년 전 책이지만 지금 더 빛을 발하는 이유

결국 처음 던진 화두 "챗GPT 시대에 인간의 설 자리는 어디인가?"라는 질문은 "알고리즘 시대에 인간 트레이더가 가질 수 있는 우위는 무엇인가?"와 일맥상통한다고 할 수 있다.

이 질문에 답하려면 알고리즘이 잘하지 못하는 분야가 무엇인지를 생각할 필요가 있다. 챗GPT든 트레이딩 알고리즘이든 모든 머신러닝 기반 알고리즘은 방대한 과거 데이터에서 패턴을 학습하고, 그 데이터의 분포가 미래에도 불변하리라는 가정하에 추론을 한다. 그 말인즉슨, 데이터가 부족해 귀납적 추론을 잘할 수 없는 영역에서는 머신러닝 알고리즘이 잘 작동하지 않는다는 뜻이다.

그렇기에 2020년 초 코비드(COVID)-19라는, 과거 데이터에 전혀 없던 초유의 사태가 터지면서 시장의 성질이 급변했을 때 숱한 퀀트 헤지펀드들이 천문학적인 손실을 입은 바 있다. 당시 미국의 업계 탑 퀀트 중 하나인 프레이저 젠킨스는 'Why I am no longer a quant(내가 더는 퀀트가 아닌 이유)'라는 기고문에서 백테스팅의 한계와 통계적 평균회귀에의 의존에 대한 신랄한 비판을 쏟아내기도 했다.

이러한 머신러닝 알고리즘의 한계를 감안할 때 인간이 확률적 우위를 얻을 수 있는 영역은 어디일까. 데이터가 부족하고 과거 패턴에 기반한 귀납적인 추론보다는 경제학적인 명제에 기반한 연역적인 추론이 고도로 요구되는 분야라는 결론을 내릴 수 있다.

이는 분초 단위로 매매를 하는 요즘 미국 투자업계의 인력 구성에서도 드러난다. 수백, 수천만 개의 가격과 호가 데이터로 분석이 가능한 데이트레이딩과 초고빈도매매(HFT) 영역은 이미 수학자들의 알고리즘이 장악을 했다. 그러나 분기 단위로 데이터가 발표되는 매크로 영역이나 기업 분석의 영역은 여전히 인간 애널리스트와 리서처가 활약하고 있다. 기업 분석의 경우 기업마다 처한 산업과 경쟁 환경이 다르고 경영진의 전략이 달라서 정량적 재무 분석 못지않게 정성적 리서치의 중요성이 높기 때문이다. 매크로 분석도 귀납적 알고리즘이 잘하지 못하는 연역적 추론 능력이 많이 요구된다.

따라서 우리가 개인투자자로서 투자를 공부할 때 이런 부분에 집중해야 하고, 그런 맥락에서 빅터 스페란데오의 이 책은 매우 특별하다. 1990년대 초에 출간된 책이지만 AI 시대의 개인 트레이더에게 여전히 유용할 뿐 아니라 오히려 지금 더 빛을 발하는 책이라고 할 만하다.

20세기 트레이더의 저서 중 많은 수는, 이미 퀀트 영역에서 자동화되어 현시점에서는 더 이상 초과수익 여력이 없는 기계적인 패턴에 국한된 전략을 다루는 데 그친다. 하지만 스페란데오는 누구보다도 기술적 분석에 능통하면서도 그 한계에 대해 명확히 꿰뚫고 있다(6장). 그렇기에 그 장단점을 함께 기술하면서 패턴보다는 본질에 집중된 설명을 해준다.

남보다 부자 되는 일은 원래 어렵다

스페란데오는 단순히 기술적 분석만 고집하지 않는다. 펀더멘털 분석도 결코 무시하지 않는다. 매크로에도 능통해 경제학이 정책 주체를 통해 금융시장에 미치는 영향을 충분히 분석하고 자신의 트레이딩에 활용한다. 이러한 요소들이 결합하면 독립적으로는 확률적 우위가 없던 기술적 분석도 상호작용 효과에 의해 충분히 확률적 우위를 가져다주는 요소로 변모할 수 있다. 스페란데오의 방법론에는 이 외에도 21세기 트레이더가 충분히 에지를 획득할 여러 혜안이 도처에 널려 있다.

그러나 그의 방법론을 한 번에 손쉽게 체득하고 매매에 적용하기가 쉽지는 않을 것이다. "A의 경우에 매수하고, B의 경우에 매도하라"는 식으로 누구나 바로 따라 할 수 있는 내용은 아니기 때문이다. 그의 방법론을 깊이 이해하고 매매에 적용하기 위해서는 이 책에 담긴 내용을 답습하는 것에서 더 나아가 부단히 추세와 매크로에 대해 치열하게 고민하고, 자신의 투자 철학과 투자 전략을 가다듬어야 한다.

다만 이 말은 꼭 전하고 싶다. 원래 남보다 부자가 되는 일 자체가 어려운 일이다. 모두가 주식시장에서 주가지수의 연평균 수익률인 8~9%를 넘어서는 20%, 30%의 수익률을 내고 싶어 한다. 하지만 초과이익의 본질은 다른 누군가의 초과손실이라는 것을 기억해야 한다. 100달러가 적정가치인 주식을 내가 80달러에 사서 120달러에 팔려면 누군가는 그 반대편에서 80달러에 파는 실수를 하고, 120달러에 사는 실수를 해야만 한다. 이런 시장의 실수를 바라보는 관점을 우리는 투자 철학이라 하고, 그 실수를 자신의 초과이익으로 전환하기 위한 방법론을 우리는 투자 전략이라 한다. 그리고 많은 시장 참여자가 서로의 실수를 찾기 위해 주 5일, 24시간 노력하고 있다.

그럼에도 불구하고 시중의 온갖 주식 강의와 유튜브에서는 "이것만 하면 연 수익률 20%, 30%를 낼 수 있다"는 식으로 대중을 호도하는 모습이 자주 보인다. 그러나 그런 말은 마치 "이 강의만 들으면 누구나 수능 1등급이 될 수 있다"는 말처럼 허황된 것이다. 초과수익, 부자, 수능 등급은 전부 상대적으로 정의되는 개념이다. 내가 지수보다 10% 초과이익을 내려면 누군가는 -10% 초과손실을 내야 한다. 내가 부자가 되려면 남의 부를 가져오거나 새로이 창출되는 부에서 더 많은 몫을 배분받아야 하며, 내가 수능 1등급이 되려면 누군가는 2, 3, 4등급이 되어야 한다.

타인보다 더 나은 성적, 더 나은 수익을 원한다면 타인보다 더 노력해야 한다는 것은 이 세상의 진리다. 인생을 짧게 보면 운 좋게 요행으로 노력 없이 앞서가는 사람도 있고 운 나쁘게 노력해도 안 되는 사람도 있지만, 길게 보면 반드시 노력은 승리하게 되어 있다. 주식시장에서도 마찬가지다. 펀더멘털이 좋은 주식은 일시적 뉴스에 변동성이 높아지더라도 종국적으로는 우상향하는 추세를 탈 수밖에 없다. 펀더멘털이 나쁜 주식은 일시적인 공시로 주가가 펌핑하더라도 이내 거품이 꺼지고 만다.

시중에서 우리의 눈을 흐리는 온갖 달콤한 수익률 보장의 속삭임에 흔들리지 말고 우직하게 정도를 걷자. 정도를 걸으면서 스스로 펀더멘털이 좋은 주식이 되자. 그러기 위한 가장 효율적인 길은 이 책처럼 시간이 흘러도 그 가치가 변치 않은 양서들을 읽으며 사고력을 증진하는 일이라 믿어 의심치 않는다.

최한철

뉴로퓨전 대표, 《월가아재의 제2라운드 투자 수업》 저자

이토록 독보적인,
통합적이고 집중적인 방식은 없었다

빅터 스페란데오로부터 원고를 받았을 때, 나는 방대한 분량을 보고서도 놀라지 않았다. 이 책에 담긴 엄청난 정보도 사실은 그의 폭넓은 시장 지식 가운데 일부를 드러낸 것에 불과하다.

나는 매달 서너 번 스페란데오와 이야기를 나눈다. 우리는 시장에 대한 의견을 나누는데, 그는 예상되는 시장 방향에 대해서 항상 아낌없이 견해를 제시한다. 놀랍게도 그가 시장을 보는 관점은 그의 폭넓은 세계관에서 벗어나는 일이 절대 없다.

스페란데오는 항상 철학, 심리, 정치, 경제 이론을 근거로 제시한 다음에야 다우지수나 주요 상품의 예상 가격 범위를 말한다. 그의 예측은 심심풀이가 아니다. 그는 머릿속으로 이런 거시적 변수들이 시장에 미치는 영향을 항상 분주하게 탐색하고 있다.

스페란데오는 통합적 관점으로 시장을 분석한다. 독특한 방식이다. 스페란데오는 기술적 분석가가 아니다. 그렇다고 기본적 분석가도 아니며 가치투자자도 아니고 기민한 시점 선택자(market timer)도 아니다. 통합적이면서도 집중적인 방식을 취한다. 그가 마침내 이 방식을 책으로 펴내게 되어 기쁘다.

스페란데오는 다양한 기법들의 장점을 선택하였고 독자적인 연구에서 얻은 성과를 보탰으므로, 이 책은 초보자와 전문가 모두에게 가치가 있다. 경제와 경기 순환을 다루는 장들도 쉽고 명확하게 설명하였으므로 흔히 초보자들이 어려워하는 경제 흐름도 쉽게 이해할 수 있다. 이 책의 2부는 성공과 실패의 심리에 관심 있는 사람이라면 반드시 모두 읽어야 할 내용이다.

내가 항상 스페란데오의 견해에 동의하는 것은 아니다. 다른 시장 전문가에 대해서도 마찬가지다. 그러나 투자 서적에서는 좋은 아이디어 하나만 얻어도 본전을 뽑는 셈이다. 이런 관점에서 보면 이 책은 싼 정도가 아니라 공짜에 가까우며 소중한 문헌이 될 것이다.

리언 쿠퍼먼(Leon G. Cooperman)

오메가 패밀리오피스 회장, 전(前) 골드만삭스 자산운용 부문 CEO

일러두기

1. 저자는 시장 참여자를 트레이더(trader), 투기자(speculator), 투자자(investor)로 나눠 설명한다. 이 중 투기자는 '몇 주에서 몇 달 동안의 중기추세를 이용하는 사람'으로 정의하면서 부정한 거래로 이익을 챙기는 자로 오해하지 말라고 양해를 구한다. 트레이더는 '장중 또는 며칠에서 몇 주간의 단기추세', 투자자는 '몇 달에서 몇 년 동안의 장기추세'에 주목한다고 구분한다.

2. 해외 단행본 중 국내 번역서가 있는 경우는 《다우 이론(The Dow Theory)》, 번역서가 없는 경우는 《The ABC of Stock Speculation(주식 투기의 기본)》 식으로 표기한다.

3. 단행본은 《 》, 잡지(일·월간지, 비정기간행물)는 〈 〉, 영화와 기사와 논문은 ' '로 표기한다.

논리의 법칙을 제시한 아리스토텔레스,

자긍체계(自矜體系, Pride System)를 밝힌 카렌 호나이 박사,

본질 숙고(Thinking in Principles) 기법을 제시한 에인 랜드,

주식시장 파동 분류법을 제시한 로버트 레아에게

이 책을 바친다.

차례

 1부 금융시장에서 살아남기 위한 기초 지식

2부 실행 의지: 감정 절제력

프롤로그

시장을 이기는
단 하나의 비법은 없다

금융시장에 관한 책이라면 내 서재에만 1,200권쯤 있다. 증권분석, 옵션전략, 선물전략, 기술적 분석 등에 관한 책이다. 어느 책에나 대개 좋은 아이디어가 들어 있긴 하지만 정말로 탁월한 책은 약 2%에 불과하다. 대부분 책에는 공통적인 문제가 있다. 한 가지 기본적 기법으로 '시장을 이기는' 방법을 제시하지만 실제로 시장에서 충분히 검증되지 않았다는 사실이다. 어떤 책에서는 매우 구체적인 자료를 제시하지만 이런 자료를 이해하고 활용하려면 풍부한 사전 지식과 오랜 경험이 필요하다.

초보자와 전문가 모두 시장을 배우는 과정에서 쓸데없는 일로 시행착오를 거듭하면서 소중한 시간을 수없이 낭비하고 있다. 나는 이런 엄청난 낭비를 없애줄 책, 다시 말해서 시장을 알려주고 돈을 벌어주는 기본 아이디어를 모두 결합한 책을 찾아보았다. 그러나 그런 책을 찾을 수가 없었다. 그래서 내가 쓰기로 했다. 덧붙여서 내가 개발한 독자적인 기법도 일부 공개하기로 했다. 나는 이 기법으로 지난 10년 동안 한 해도 손실을 보지 않으면서 연 수익률 70.7%를 달성했다(표 P.1).

표 P.1 **빅터 스페란데오의 연 수익률**		(단위: %)
연도	연 수익률A)	S&P500B)
1978(10개월)	115.26	15.18
1979	74.48	18.65
1980	98.49	32.42
1981	49.99	-4.97
1982	127.44	21.56
1983	30.79	22.55
1984	12.99	6.29
1985	9.58	31.75
1986	10.72	18.67
1987	165.36	5.20

A) 스페란데오의 10년 평균 수익률은 연 70.71%(계좌의 현금잔고에 붙은 이자 제외).
B) S&P500의 10년 평균 수익률은 연 11.5%(배당금 포함).

월스트리트에서 근무하는 동안 나는 독자적인 기법을 개발했다. 확률, 시장과 상품, 기술적 분석, 통계, 경제, 정치, 심리를 모두 통합하는 기법이다. 대부분 시장 참여자들은 이들 가운데 하나나 둘, 또는 세 가지를 사용한다. 그러나 나는 이들을 모두 결합하여 가능한 모든 차원에서 위험과 보상을 평가하는 방법으로 내게 유리한 조건을 이끌어낸다. 복잡하고 번거롭게 들릴지 모르지만 실제로는 그렇지 않다. 이 모든 변수를 기본 요소로 압축하여 직접 적용하면 비교적 단순하며 관리하기도 쉽다. 그런 기본 아이디어를 이 책에서 제시한다. 이 책은 나처럼 주로 책에서 정보를 얻는 투자자들을 위해서 쓴 책이다.

내가 처음으로 읽은 책은 야구 선수에 관한 책이었다. 어린 시절에

야구를 정말로 좋아했던 나는 꿈이 일류 프로 야구 선수가 되는 것이었다. 그래서 나는 타이 코브(Ty Cobb)처럼 실력이 입증된 선수의 책을 읽었다. 이들의 타격 스타일과 수비 스타일을 모방하면서 끊임없이 연습했다. 그러던 어느 날 나는 이제 모방이 아니라 내 스타일로 야구를 하게 되었다. 나는 이런 학습 패턴을 평생 그대로 유지했다. 목표를 설정한 다음, 뛰어난 전문가의 가르침을 읽고 관찰하였으며, 연습과 관찰을 통해 계속 배워나가다가 마침내 나의 독자적인 스타일을 개발하는 식이었다.

그러나 한 가지가 바뀌었다. 어린 시절에 나는 영웅이 되고 싶었다. 타이 코브 같은 야구 선수가 되고 싶었고, 체조반에서 활동할 때는 올림픽에서 금메달을 따고 싶었다. 그러나 어느 시점에 이르자 영광을 추구하지 않게 되었다.

흔히 미국 사람들은 자기 분야에서 1등이 되지 못하면 뭔가 부족하다고 생각한다. 그러나 1등이 될 수 있는 사람은 한 사람뿐이다. 그리고 1등이 되는 것을 인생의 목표로 삼는 사람은 좌절감으로 얼룩진 인생을 부르는 셈이다. 설사 1등이 되더라도 말이다. 서부 시대에 총잡이들은 최고의 총잡이로 인정받는 순간 다른 총잡이들의 표적이 되었다. 최고의 총잡이가 된들, 다른 총잡이의 총에 맞아 쓰러진다면 무슨 소용인가?

영광은 유지되는 동안에는 화려하지만 절대로 오래가는 법이 없다. 최근 US오픈 테니스에서 한 해설자가 인용한 말에 의하면, 슈테피 그라프(Steffi Graf)가 행복을 느끼는 게임은 30게임 가운데 하나뿐이었다. 지난 3년 동안 프로 게임에서 승률 97%를 기록한 이 경이로운 선수조차 늘 게임이 즐겁지 않았다는 뜻이다. 유감스럽게도 자기 분야에서 그토록 뛰어난 사람 중에도 불행한 사람이 많다.

성공과 행복의 열쇠는 자신의 잠재력 실현에 달렸으며, 이를 위해서는 끊임없는 학습과 성장이 필요하고 실수도 필연적으로 따라온다는 사실을 인식해야 한다. 그래서 나는 인생 최대의 보상인 자기만족을 증권시장에서 찾으려는 사람들을 위해서 이 책을 썼다.

타이 코브, 베이브 루스(Babe Ruth), 윌리 메이스(Willie Mays), 미키 맨틀(Mickey Mantle) 같은 영웅들은 어린 선수들의 역할 모델이 되며 스포츠에 영광스러운 이미지를 선사한다. 그러나 수많은 프로 선수 중에서 영웅이 되는 선수는 드물다. 다행히 수많은 선수 가운데서 무명 선수가 등장하여 해마다 좋은 성적으로 자신의 능력을 입증한다. 이런 선수 중에서 건실한 선수를 가려낸다면, 어린 선수들은 기성 스타 선수들에게 배우는 것보다도 훨씬 많은 것을 배울 수 있다. 요즘 기성 스타 선수 중에는 명성과 영광에 도취한 나머지, 자제력을 읽고 마약에 중독되거나 다른 문제를 일으키는 사람이 많기 때문이다.

나는 시장 전문가로서 이른바 메이저리그 선수급이며 내 분야에 매우 정통하다. 그러나 '트레이더 명예의 전당'이 있다고 해도 나는 관심이 없다. 시장에는 나보다 돈을 많이 번 사람이 많다. 트레이딩 경연대회에서 우승한 사람들도 있고, 거대한 규모로 도박을 벌여 거금을 번 사람도 있다. 그리고 영광스러운 전성기를 맞이했다가 지금은 뒤안길로 사라진 사람도 있다. 그러나 나는 트레이딩 경연대회에 참가한 적도 없고, 내가 감당할 수준을 넘어서서 도박을 벌인 적도 없다. 나의 유일한 강점은 일관성 유지라고 생각한다. 영광스러운 정상을 밟아본적이 없는 야구 선수처럼 나는 계속해서 경기에 몰두한다는 사실에 자부심을 느끼면서 내 기량 향상에 끊임없이 노력을 기울인다.

나는 투자 서적을 고를 때, 반드시 실적이 입증된 사람이 쓴 책이나 그런 사람을 분석한 책을 선택한다. 나도 내 강점이 일관성 유지라고 주장했으므로 내 실적을 입증하고자 한다.

1966년 호가 담당자로 월스트리트에서 일을 시작했을 때 나의 주된 목표는 다달이, 그리고 해마다 꾸준하게 돈을 버는 것이었다. 내가 1971년 투자자문사에서 트레이딩 업무를 시작하여 1988년 데이트레이딩 업무를 중단할 때까지 나는 손실을 본 해가 한 번도 없었다. 1972년 7월 1일부터 1987년 12월 31일까지 내가 관리하는 계좌에서 벌어들인 이익이 1,000만 달러가 넘는다.[1] 나는 이들 계좌에서 발생하는 손실에 대해서 항상 50% 이상 책임을 분담했다.

표 P.2는 1972~1987년 내가 올린 실적이다. 이 숫자는 1972~1987년 동안 내 계좌로 거래한 실적이며 다른 계좌의 실적은 주석으로 설명했다.* 내가 '인터스테이트증권(Interstate Securities)'에 근무하면서 내 회사인 '휴고증권(Hugo Securities)'을 통해서 운용한 나와 다른 사람들의 계좌 실적은 제외했다.

내가 휴고증권과 다른 개인 계좌로 올린 실적도 인터스테이트증권에서 올린 실적과 비슷하므로, 1972~1987년에 올린 총이익은 표 P.2의 거의 세 배다. 휴고증권 실적에는 내가 고용한 다른 트레이더들의

● 이 책에서 수익률을 1987년까지만 정산한 것은 초판을 집필할 시점이 그 무렵이었기 때문이다. 스페란데오는 그 후에도 계속 트레이딩을 했고 1989년까지 18년간 한 해도 손실 없이 연 72% 수익률을 기록했다. 출처: 잭 슈웨거, 《새로운 시장의 마법사들》 (이레미디어) 302쪽 - 편집자.

	1972	1973	1974	1975	1976	1977	1978	1979
1월	*	17,016	37,913	-146,983	25,613	***	29,482	-44,926
2월	*	-4,088	13,261	90,634	37,498	***	****	122,894
3월	*	15,730	16,187	113,225	33,900	***	-7,567	1,008
4월	*	16,752	-27,539	38,247	-59,548	***	17,869	90,872
5월	*	34,630	35,000	95,333	39,792	5,464	78,507	-7,884
6월	*	8,090	6,551	-79,290	46,777	16,843	50,974	56,421
7월	15,693	33,002	103,999	**	10,637	40,190	22,639	-13,625
8월	30,002	37,078	269,300	**	26,222	232,182	105,375	116,010
9월	7,737	44,081	25,593	196,086	9,824	97,910	52,369	60,952
10월	21,804	54,005	61,805	47,836	18,058	16,145	36,884	10,140
11월	11,272	56,577	81,116	33,041	***	-14,817	67,280	-2,222
12월	21,893	53,662	13,001	3,142	***	14,961	103,094	11,065
환불							48,854	64,812
양도세								
연간 합계	108,401	366,535	636,187	391,271	188,773	408,878	605,600	465,517

A) 사무실 경비 공제 전 트레이딩 손익

* 1972년 7월 라그나르 옵션(Ragnar Options Corp.)의 법인계좌로 트레이딩 시작.

** 트레이딩 중단 - 라그나르 옵션 구조조정.

*** 트레이딩 중단 - '위든앤코(Weeden & Co.)'로 전직하면서 라그나르 옵션 청산.

**** 트레이딩 중단 - 인터스테이트증권 전직 준비.

실적도 포함되어 있으므로 혼동을 피하려고 제외했다. 그런데도 이 표의 실적만으로도 평범한 수준은 훨씬 넘어선다. 다른 사람들에게 투자의 기본을 가르쳐도 좋을 만큼 확실히 뛰어난 실적이다.

그러나 단지 기본을 배우는 것으로는 부족하다. 최고의 타자들도 슬

	1980	1981	1982	1983	1984	1985	1986	1987
1월	22,813	78,221	148,971	201,650	166,573	6,816	40,890	-27,634
2월	56,200	89,813	140,334	43,703	31,699	62,110	15,620	-30,045
3월	4,347	156,169	-14,856	87,672	65,600	11,039	30,527	-38,935
4월	86,402	91,461	42,442	96,229	-1,718	4,063	30,124	71,802
5월	25,512	41,006	-29,870	-5,497	-26,188	121,643	16,958	16,397
6월	86,440	54,504	173,507	151,067	74,708	-27,247	-1,219	9,006
7월	214,345	17,744	-93,951	-73,841	-34,668	-20,558	83,926	-5,755
8월	89,118	26,861	130,856	107,170	84,441	11,360	-9,490	-40,270
9월	68,554	-3,194	180,533	69,610	93,368	19,102	84,629	33,933
10월	74,167	-29,924	853,908	18,452	104,116	36,114	-12,050	86,623
11월	60,299	178,655	120,651	3,564	-349,722	28,572	-9,471	644
12월	122,015	-3,659	259,110	69,894	116,514	10,391	-5,125	11,662
환불 양도세	74,734	31,381	0	0	0	0		
연간 합계	984,945	729,038	1,911,633	769,672	324,721	263,405	265,320	87,488

트레이딩 할당 자본: 1972~1976년 25만 달러, 1977년 50만 달러, 1978~1986년 200만 달러, 1987년 10만 달러.

럼프에 빠지며, 번득이는 대학 선수 중에도 메이저리그에 진출하지 못하는 사람이 있다. 내가 트레이딩 경력을 통해서 배운 사실 하나는, 지식만으로는 성공이 보장되지 않는다는 것이다. 지식에 더해서 실행 계획도 필요하고, 심리적 혼란에 빠지지 않고 계획을 꾸준히 실행에 옮기는 결단력도 있어야 한다. 바로 이 책에서 심리와 재정 양면에서 트레이딩에 성공하는 방법을 정의하고자 한다.

이 책에서는 독자가 금융시장이 돌아가는 기본 원리를 알고 있다고 가정한다. 주로 투기 분야에서 비공인 박사가 되려는 야심 찬 전문가들을 대상으로 쓴 책이기 때문이다. 그러나 증권사나 펀드매니저에게 의사결정을 일임하고 싶지 않은 아마추어나, 경제와 시장 예측에 필요한 핵심 정보를 찾으려는 시장 전문가들에게도 도움이 될 것이다.

주식시장과 상품시장에는 기술적 분석가도 있고 기본적 분석가도 있다. 기술적 분석가는 주로 주가 움직임을 분석하여 거래한다. 기본적 분석가는 시간이 흐르면서 가치가 상승할 것으로 예상하는 주식을 장기간 보유한다. 지속적으로 성공하는 전문가들은 둘 다 하는 사람들이며, 기본적 분석보다는 기술적 분석에 더 비중을 두는 사람들이다. 나도 마찬가지여서 주로 기술적 분석을 한다.

따라서 이 책에서는 전반적인 주가 움직임을 예측하는 법과 위험을 관리하는 법에 초점을 둔다. 그다음으로 중요한 요소가 추가로 분석할 종목을 선정하는 기법과 그 종목이 상승할 시점을 예측하는 기법이다. 그러나 종목 선정에 대해서는 기업 평가에 평생을 바친 유능한 분석가들이 쓴 책을 참고하기 바란다. 이런 책들을 이용하면 종종 모순되는 내용도 있지만 유용한 정보를 얻을 수 있다.

내가 시장에서 경험을 쌓기 시작한 시점은 1966년으로 거슬러 올라간다. 지금까지 나는 매우 푸짐한 보상을 받았다. 나는 수많은 기업의 재무제표를 분석하거나 전문가들의 엇갈리는 견해 속에서 헤매지 않으면서도 돈 버는 방법을 개발했다.[2]

1부에서는 내가 사용한 기술적 분석 기법을 설명한다. 여기는 쉽다. 2부에서는 모든 지식을 결합해서 거래에 적용하는 방법을 설명한다.

여기가 어려운 부분이다.

이 책이 발간된 이후 시장은 이례적인 모습을 보이고 있다. 늘 방향이 바뀌던 시장이 한 방향을 유지하고 있기 때문이다. 주식시장에 만성적 '거품'이 형성되었다. 내가 거래를 배우던 시절에는 시장이 등락을 거듭하며 방향이 바뀌는 모습이었다. 1966~1974년 동안 상승장이 5회 있었고 하락장이 4회 있었다. 그러나 1974년 이후에는 15년 동안 상승했고 하락은 겨우 3회 있었다. 게다가 하락 폭도 크지 않아서 1977년에는 7.3%, 1981년에는 4.9%, 1990년에는 3.1%에 불과했다(S&P500 수익률 기준). 지난 10년 동안 S&P500의 수익률은 연 19.1%에 달했다. 주식시장이 1940~1980년대 중반 부동산시장처럼 수익이 보장된 것처럼 보였다.

그래서 주로 양도성 예금증서(CD)에 투자하던 사람들조차 CD보다 3%포인트 높은 수익률을 바라보고 주식시장에 뛰어들었다. 그러나 '절대 잃지 않을 것'이라는 대중과 기관의 심리 때문에 결국 1930년대 대공황 이래 최대의 손실이 발생할 것이다. 그 이유는 쉽게 이해할 수 있다.

1975년에 연준과 카터 대통령은 미국 경제를 성장시키는 수단으로 인플레이션 정책을 선택했다. 1980년대에는 인플레이션 대신 부채를 이용해서 경제를 성장시켰다. 1990년대에 클린턴 대통령은 인플레이션 정책으로 돌아가려 하고 있다. 1990~1993년 동안 주식시장이 상승한 이유는 간단하다.

1. 법인세율을 평균 43%에서 37%로 인하했다.

2. 금리를 인하했다. 1989년 3월 10%였던 연방기금 금리가 1992년 4분기에는 3%로 인하되었다. 이에 따라 기업의 이익이 증가할 수밖에 없었다. 미국 기업은 부채비율이 높다는 사실에 주목하라. 1990년에는 기업의 세전 이익 1달러에서 이자 비용으로 70센트가 나갔지만, 이제는 50센트만 나가게 되었다.

3. 생산성이 향상되었다! (직원들을 대량 해고)

지금은 미국 경제가 성장하는 것이 아니라, 기업 이익이 일시적으로 증가하는 것이다. 클린턴 정부가 금리를 인상하고 법인세율을 높이면 기업 이익은 커다란 타격을 입게 된다! 펀더멘털이 어떻게 될지 이해하려면 9장과 10장을 주의 깊게 읽어보라. 그리고 현재의 시장에 제대로 적용하려면 기술적 분석을 다룬 6장과 7장을 읽어보라.

나는 이 책이 여러분에게 도움이 되기를 진심으로 바라며, 여러분에게 행운을 빈다. 아마도 1990년대가 끝날 때까지 이 책이 필요할 것이다!

나는 영화 '월스트리트(Wall Street)'를 보고 자극받아 이 책을 쓰게 되었다. 대중매체는 종종 증권업계의 실상을 왜곡된 관점으로 전달하므로 나는 이런 관점을 맞받아치고 싶었다. 많은 노력을 기울이고, 좋은 판단을 내리며, 가끔 웃고, 좋은 친구를 몇 명 사귄다면 영화에서처럼 악당이 되지 않고서도 성공적인 투자 전문가가 되어 행복하게 살아갈 수 있다고 말하고 싶었다.

영화에 자극받아 책을 쓰기로 쉽게 결정했지만 책 쓰기는 생각했던 것보다 훨씬 큰 작업이었다. 내 가족, 친구, 직원 들의 도움이 없었다면 이 책을 마칠 수 없었다. 무엇보다도 나와 비슷한 투자철학을 지닌 설리번 브라운(T. Sullivan Brown)의 글솜씨 덕분에 내가 진정으로 긍지를 느끼는 책이 나올 수 있었다. 나에게 조언과 도움을 제공한 동업자 노먼 탠디(Norman Tandy)와 더글러스 켄트(Douglas Kent)에게도 감사한다.

아내 테레사(Teresa)에게도 깊이 감사한다. 아내의 헌신, 인내, 충절이 없었다면 나는 책에 담을 만한 능력을 개발하지 못했을 것이다. 나의 두 딸이 보여준 사랑과 이해와 관심에도 고마움을 전한다.

열거할 수 없을 정도로 나에게 많은 도움을 준 과거와 현재의 모든 직원에게도 감사한다. 내가 성장하고 성취하도록 배려와 관심을 기울여준 모든 친구에게도 감사한다.

1부

금융시장에서 살아남기 위한
기초 지식

Intro.

규칙도 모른 채
게임판에 뛰어든 사람들
: 감보니의 비밀

감보니(Gamboni)의 비밀은 금융시장에서 살아남는 비결이다. 감보니의 비밀을 이해하라. 제대로 이해하라. 그러면 트레이더로든 투기자로든 투자자로든 성공할 수 있다. 이제부터 설명한다.

조는 능숙한 도박사였다. 그는 솜씨가 아주 좋아서 큰 판을 찾아 여기저기 낯선 도시를 옮겨 다녀야 할 정도였다. 어느 날 오후 그는 시카고 교외의 술집에서 바텐더와 잡담을 나누다가 물었다. "이 근처에 근사한 카드 게임이 벌어지는 곳이 어디요?"

"얼마나 큰 판을 찾으시나요?"

"가장 큰 판에 끼고 싶소."

"외딴곳 농가에서 카드 게임을 한다고 들었습니다. 차로 한참 가는 거리이지만 그곳 농부들 판돈이 꽤 크다고 하네요. 자리가 있는지 제가 전화해보죠." 바텐더는 전화를 건 다음, 조에게 길을 알려주었다.

그날 저녁 조는 장시간 운전하여 허허벌판 한가운데 서 있는 헛간 앞에 도착했다. 잠시 망설이다가 그는 악취 나는 건초더미를 돌아 조심스럽게 안으로 들어갔다. 헛간 뒤쪽에 살짝 열린 문틈으로 불빛과 함께 담배 연기가 쏟아져 나오고 있었다. 친숙한 기대감과 에너지가 온몸에 솟구치자, 그는 안으로 들어가 사람들과 인사를 나눴다.

　전형적인 농부들이 테이블에 둘러앉아 시가와 파이프 담배를 피우고 있었다. 힐끗 보니 현재 판돈이 4만 달러는 되었다. 흡족한 규모였다. 조는 자리에 앉았다. "판돈을 올립시다." 카드를 돌리는 농부가 말했다. 조도 게임을 시작했다.

　한 시간 정도가 지났다. 조는 본전 수준이었는데, 에이스 석 장과 퀸 두 장이 들어와 풀하우스를 잡게 되었다. 테이블에는 판돈이 그득하게 쌓여 있었는데, 그는 1만 5,000달러를 더 걸었다. 다음 두 사람은 카드를 접었으나 테이블 맞은편의 무표정한 농부는 눈 하나 깜짝하지 않고 받은 다음 1만 5,000달러를 더 걸었다. 농부가 허세를 부린다고 확신한 조는 따라서 받은 다음 풀하우스 패를 보여주었다. 농부가 내놓은 패는 잡동사니였다. 숫자가 뒤섞인 클로버 석 장과 다이아몬드 두 장이었다. 조가 만면에 미소를 지으며 돈을 긁어모으려는 순간이었다.

　"잠깐 멈추시오." 농부가 근엄한 목소리로 제지했다.

　조가 말했다. "무슨 소리요? 당신 패는 아무것도 아니지 않소."

　"당신 오른쪽 위에 걸린 안내판을 읽어보시오." 농부가 웃으며 말했다. 조가 올려다보니 안내판은 다음과 같았다.

　"클로버 석 장과 다이아몬드 두 장으로 구성되는 감보니가 이 헛간에서 가장 높은 패임"

　조는 화가 치솟았지만 그래도 규칙은 규칙이므로 인정하고 남은 돈으로 게임을 계속 했다. 한 시간 정도 지나자 그에게 클로버 석 장과 다이아몬드 두 장이 들어왔다. 감보니였다! 그는 가진 돈을 모두 걸었고, 그 무표정한 농부의 베팅을 받으려고 금장 롤렉스 시계까지 풀었다. 농부가 보여준 패는 스페이드 플러시였다. 조는 감보니를 보여주고 판돈을 긁어모으려 했다.

"잠깐 기다리시오." 농부가 얼굴 가득히 미소 지으며 말했다.

"이번엔 내가 감보니란 말이오." 조가 화를 내며 외쳤다.

"물론이지요. 그러나 당신 왼쪽 위에 걸린 안내판을 읽어보시오."

조가 올려다보니 안내판은 다음과 같았다.

"감보니는 이 헛간에서 하룻밤에 한 번만 인정됨"

조는 무일푼이 되어 신용카드만 달랑 한 장 들고 헛간에서 나왔고, 무표정한 농부는 묵직한 금장 롤렉스를 손목에 차고 트랙터를 몰아 집으로 돌아갔다.

감보니의 비밀은 간단하다. 승리하려면 규칙을 알아야 한다. 그리고 무일푼이 되면 승리할 수 없다. 이 책에서 다루는 내용도, 퇴출당하지 않고 계속 버티면서 해마다 이익을 올리는 지식과 원칙을 정의하는 것이다. 세상의 모든 지식이 있어도 이를 실행에 옮길 계획과, 이 계획을 구성할 원칙이 없으면 아무 소용이 없다. 금융 세계에 적용하면, 이는 지식을 습득하고 투자철학을 정립하며 자금 관리 기법을 수립하고, 잘 정의된 원칙에 따라 일상적인 결정을 내리는 것이다. 앞에서 설명한 아이디어를 바탕으로 당신은 자금을 운용할 수 있으며, 일관성을 유지한다면 이익을 거두게 될 것이다.

1

도박사에서 거장으로
: 프로 트레이더의 탄생

나는 트레이더다. 그런데도 주로 투기와 투자에 관한 책을 쓰고 있다. 그 차이를 아는 사람들이 보기에는 명백한 모순이다. 그래서 정치인들은 절대로 하지 않는 용어 정의부터 시작하겠다.

시장에 나타나는 가격 추세에는 세 가지가 있다. 며칠에서 몇 주간 이어지는 단기추세가 있고, 몇 주에서 몇 달 이어지는 중기추세가 있으며, 몇 달에서 몇 년까지 이어지는 장기추세가 있다. 위 각 시장에서 활동하는 사람들이 차례대로 트레이더(trader), 투기자(speculator), 투자자(investor)다.

트레이더들은 장중 추세나 단기추세에 주목하여 거래한다. 이들은 몇 분에서 몇 주의 시간 안에 주식, 채권, 상품 등을 사고판다. 투기자들은 중기추세에 주목하여 몇 주에서 몇 달 동안 포지션을 유지한다. 투자자들은 주로 장기추세에 주목하며 몇 달에서 몇 년 동안 포지션을 유지한다.

더 진행하기 전에 내가 사용하는 '투기자(speculator)'라는 용어에 대해서 양해를 구하고자 한다. 내가 사용하는 투기자는 앞에서 설명한 대로, 주로 중기추세를 이용하는 시장 참여자를 뜻한다. 투기자라는 용어에는 다소 부정적인 의미가 포함된 듯하다. 사람들은 투기자가 수상한 거래를 통해서 주식이나 부동산 등의 가격을 끌어올리는 사람이라고 생각한다. 그러나 실제로는 이들 모두 중기 가격 움직임에 초점을 두고 거래하는 사람들이다. 투기자들은 시장에 필수적인 유동성을 공급함으로써 자산이 원활하게 이전되도록 도와준다. 나중에 투기자와 다른 시장 참여자의 중요한 차이에 대해서 설명하겠다.

나는 경력 기간 대부분을 투기자로 보냈다. 나는 늘 세 가지 추세를 모두 주목했고 거래할 때마다 세 가지 추세를 모두 이용했다. 따라서 나는 트레이더 겸 투기자 겸 투자자였던 셈이다. 더 마땅한 용어가 떠오르지 않으므로 나는 자신을 '트레이더'로 부르겠다.

내가 금융시장에서 사용한 투기 원칙은 약간만 수정하면 트레이딩과 투자에도 그대로 적용된다. 따라서 투기 원칙을 이해하면 트레이딩 원칙과 투자의 원칙도 비교적 쉽게 이해할 수 있다. 특히 지난 10년 동안 시장의 변동성이 극적으로 증가했으므로, 중기추세가 바뀌었는데도 포트폴리오를 조정하지 않고 계속 장기보유 전략만을 고수하는 것은 어리석은 짓이다. 바로 이런 이유 때문에 나는 투기에 집중하기로 했다.

이 책에서는 지금까지 내가 습득한 투기 기술(art)의 핵심 지식을 제시한다. 여기서 내가 말하는 기술은 미술에서 말하는 기술이 아니다. 물론 화가마다 캔버스에 그림을 표현하는 방식이 독특하듯이 투기자마다 거래하는 방식도 독특하다. 그렇더라도 계속해서 성공하는 투기자들은 모두 사용하는 도구가 비슷하다. 이들은 핵심 아이디어와 지식을 바탕으로 항상 타당성 있는 결정을 내린다. 다른 투기자들도 관찰하고 내 지식도 활용해서 나는 그 핵심을 요약했다.

나의 투기 기법은 확률, 시장과 상품, 기술적 분석, 통계, 경제, 정치, 심리를 모두 통합한다. 나는 지식을 습득하여 체계화하기까지 10년 (1966~1976)이 걸렸다. 1974년 이전에는 상식과 기술적 분석과 위험관리에 의지해서 거래했다. 그러나 1974년 이후에는 큰 그림을 보게 되었다. 금융시장에서 사람들이 흔히 저지르는 치명적인 잘못 하나는, 산발적인 정보에 의지해서 트레이딩이나 투자 결정을 내린다는 것이다. 따라서 위험을 모두 이해하지 못한 상태에서 돈을 걸게 된다. 그러나 위험을 모두 이해하는 유일한 방법은 체계적인 지식을 갖추는 것이다.

내 기법의 바탕이 되는 지식을 설명하기 전에 내가 투기 지식을 쌓게 된 핵심 요소를 중심으로 내 경력을 간략하게 소개하겠다. 1966~1977년의 11년은 일종의 도제 기간이었고, 이 기간에 쌓은 훈련 덕분에 1978년 3월~1986년 9월 동안 인터스테이트증권을 통해서 독립 계약자로 활동하는 소중한 기회를 얻게 되었다. 독립 계약자로 활동하던 기간에 나는 주식, 채권, 선물(상품과 지수), 온갖 옵션을 거래했고 인터스테이트증권 및 몇몇 동업자와 손익을 50 대 50으로 나누면서 해마다 평균 60만 달러를 벌었다. 이렇게 해서 나는 그토록 원하던 자유를 맛보았다.

| 자유를 찾아서 |

내가 생각하는 자유는 단순한 정치적 자유가 아니다. 내가 원하는 일을 하면서 생계를 유지할 수 있어야 하고, 내가 강도를 당하거나 실수를 저지르더라도 끄떡없을 정도로 확고한 재정 독립이 유지되어야 한다. 나는 10대 소년 시절에 신문 배달을 하거나 동네 식료품점에서 배달 업무를 할 때 노예가 된 기분이었다. 내 뜻대로 할 수 있는 일이 거의 없었기 때문이다. 그래서 내가 훨씬 더 많이 통제력을 행사하는 일을 하면서 돈을 벌었다. 그것은 도박이었다.

실제로 내가 한 일은 도박이 아니라 투기였다. 도박은 복권을 사거나 슬롯머신에 동전을 넣듯이 확률이 불리한데도 위험을 떠안는 행위다. 반면에 투기는 확률이 유리할 때 위험을 떠안는다. 투기를 잘하려면 확률을 정확하게 계산하고 한 판 지더라도 다음 판을 기약할 수 있어야 하며, 자제력을 발휘하여 감정이 아니라 이성에 따라 실행해야한다.

'도박'은 내게 정말로 위험한 적이 한 번도 없었다. 나는 포커를 시작할 때 포커에 관한 책을 모두 찾아 읽었고 승리의 비결이 확률 관리임을 깨달았다. 확률이 유리할 때만 베팅하고 확률이 불리할 때는 접는다면, 장기적으로 지는 게임보다 이기는 게임이 더 많아진다. 그래서 나는 모든 카드 조합의 확률을 암기했고 이에 따라 게임을 했다. 당시에는 몰랐지만 내가 당시에 익힌 기법이 장차 내 위험관리 기법의 핵심이 되었다.

나는 존 스칸(John Scarne)[1]이 쓴 책을 읽었는데, 이 책이 내 인생을 간접적으로 바꿔놓았다. 스칸은 속임수에 대해서 자세히 설명했다. 나는 포커의 거장이 되려면 속임수를 찾아내는 법도 배워야 한다고 생각했다. 속임수에 관한 지식을 찾던 중 나는 요술쟁이 및 카드 마술사 용품 전문점인 '루 태넌 마술용품점(Lou Tannen's Magic Shop)'을 발견했다. 이곳에서 내 인생에 극적인 영향을 준 해리 로레인(Harry Lorayne)

을 만났다.

로레인은 카드 마술의 최고 전문가이며 암기 기법에 관한 여러 저서로 유명한 인물이다. 나는 10대 시절에도 그를 존경했고 지금도 존경하고 있다. 그는 오로지 자신의 의지, 에너지, 지성, 연습, 혁신을 통해 모든 것을 성취한 인물이다. 그는 자수성가한 인물의 전형이었으므로 10대였던 나는 매사에 그를 본뜨려 했다. 로레인은 나의 역할 모델이자 친구가 되었고, 나는 토요일 여가 대부분을 루 태넌 마술용품점에서 로레인과 다른 카드 마술사들의 공연을 보면서 지냈다.

나는 로레인으로부터 카드 다루는 기법뿐 아니라 기억법도 배웠는데, 이 기억법은 지금도 사용하고 있다. 나는 카드 다루는 법을 익히려고 어딜 가나 항상 카드를 갖고 다녔다. 여자 친구와 영화관에 가서도 오른손은 16세 소년의 손답게 더듬고 다녔지만, 왼손으로는 카드 다루는 연습을 중단하지 않았다. 나는 16~20세에 포커 게임과 카드 마술 쇼를 하면서 넉넉한 생활을 했다.

그러나 1965년 하반기에 나는 법의 테두리를 넘나드는 카드 게임이 평생직업으로는 바람직하지 않다고 생각하게 되었다. 그래서 〈뉴욕타임스〉 구직 코너를 샅샅이 뒤져보았는데 생물학자, 물리학자, 증권 트레이더의 소득이 가장 높아서 연 2만 5,000달러나 되었다. 나는 세포나 원자보다는 확률 분석에 자신 있었으므로 '퍼싱(Pershing & Co.)'에 호가 담당자로 취직했다. 나의 목표는 월스트리트에서 트레이더가 되어 자유를 획득하는 것이었다.

| 시세 테이프 분석 |

취직하고 나서 나는 이 분야에서 성공한 사람들을 관찰하였고 금융시장에 관한 책을 모조리 찾아서 읽었다. 퍼싱에서 나는 밀턴 리즈 (Milton Leeds)를 주목했는데, 맞춤 양복에 티 하나 없이 흰 셔츠를 입고 단에서 트레이딩룸을 내려다보는 그의 모습이 내게는 마치 신처럼 보였다. 그는 마이크로 "99"라고 외치곤 했는데, 이는 곧 시작되는 회사 계정 거래를 최우선으로 처리하라는 뜻이었다. 직원들이 감전된 듯 침묵 속에 그를 올려다보고 있으면, 그는 예컨대 "텔레폰 3,000주 시장가 매수"라고 지시를 내렸다.

리즈는 '테이프 분석가(tape reader)'로 알려졌지만, 그의 주요 업무는 뉴스에 따라 거래하는 일이었다. 그는 앉아서 다우존스와 로이터 테이프에 찍혀 나오는 뉴스를 지켜보다가 중요한 뉴스가 터지는 순간 판단을 내리고 주문을 넣었다. 불과 몇 초 만에 장내 중개인들이 그의 주문을 체결했다. 뉴스가 시장에 미치는 영향을 순식간에 판단한 데다가 즉시 주문이 실행되도록 조직을 구성한 덕분에 그는 시장을 앞서 나갈 수 있었고 거금을 벌어들였다. 그는 빈틈없는 사람이었고 트레이딩 실적이 탁월했으며, 특히 실적에 일관성이 있었다. 그의 기법을 모방한 것은 아니지만 그의 이미지는 나에게 성공의 상징이 되었다. 나는 더도 말고 성공적인 테이프 분석가가 되고 싶었다.

당시에는 시세 테이프 분석이 대부분 유명한 트레이더와 투기자 들이 돈을 버는 방식이었으므로 나도 언젠가 이 대열에 동참할 생각이었다. 나는 테이프 분석에 관한 책을 몇 권 읽고 나서, 테이프를 읽고 여러 종목의 최근 가격을 기억하는 연습을 했다. 계속된 연습을 통해서 시장에 대해 감을 잡기 시작했다.

테이프 분석은 말하자면 현대 기술적 분석의 초기 형태였다. 오늘날의 기술적 분석과 마찬가지로 테이프 분석도 패턴 인식에 의존했다. 가장 큰 차이는 패턴 인식에서 무의식이 차지하는 비중이 지금보다 훨씬 컸다는 사실이다. 시합에 열중하던 선수가 갑자기 동작을 멈추고 자신의 현재 행동을 돌아보면 집중력을 잃게 된다. 시합에 열중한 상태에서는 수많은 요소가 작용하고 있어서, 의식적으로 보려고 하면 이들을 명확하게 인식할 수 없기 때문이다.

테이프를 분석할 때는 10~40개 종목에 대해서 가격, 직전 고가와 저가, 거래량 수준을 끊임없이 외운다. 동시에 테이프가 움직이는 속도와 리듬, 티커의 소리, 특정 종목이 찍히는 빈도, 특정 종목과 시장 평균 가격의 변화 속도, 반복되는 가격 및 거래량 패턴도 무의식적으로 인식한다. 이 모든 변수에 의해 무의식적으로 내리는 판단이 이른바 시장에 대한 '직관'을 형성하게 된다.

컴퓨터와 통신 기술을 비롯한 지식의 발전 덕분에 테이프 분석은 이제 낡은 기술이 되었다. 과거에는 직관을 통해서 얻었던 지식을 이제는 컴퓨터 정보 시스템만 갖추면 누구나 손끝 하나로 얻을 수 있다. 종목, 종목군, 지수, 선물시장의 움직임을 실시간으로 갱신되는 차트로 보면서 추적할 수 있다. 소프트웨어를 이용하면 추세선을 긋거나 매수·매도 신호 등도 만들어낼 수 있다. 테이프 분석에 사용되던 기술이 이제는 거래소 입회장을 제외하면 쓸모가 없어졌다. 이에 따라 트레이딩의 경쟁 영역이 훨씬 넓어졌다.

그러나 유능한 테이프 분석가들이 지녔던 공통점 하나는 오늘날에도 여전히 유효하다. 트레이딩 판단을 내릴 때 우리는 자신이 옳다고 절대적으로 확신해야 하지만, 시장에서는 틀릴 수도 있다고 인식해야 한다. 다시 말해서 우리 판단은 시장에서 틀렸다고 밝혀질 때까지만 절대적으로 옳다는 뜻이다. 따라서 우리는 감정이나 희망이 아니라 규칙과 원칙에 따라 거래해야 한다.

거래할 때는 언제나 이렇게 자문해야 한다. "시장의 어느 지점에서 내가 틀린 것으로 밝혀질 것인가?" 일단 그 지점을 설정한 다음에는 시장이 그 지점에 이르면 어떤 일이 있어도 포지션을 청산해야 한다. 이것이 손실을 짧게 가져가야 한다는 기본 원칙이다. 사람들이 거액을 잃은 가장 큰 이유가 바로 이 규칙을 위반했기 때문이다.

표현만 다를 뿐 수많은 책에서 똑같은 이야기를 되풀이하는데도 사람들이 여전히 같은 실수를 되풀이하는 모습을 보면 인간의 본성은 참으로 신기하다. 이런 문제를 보고 그 원인을 찾는 과정에서 나는 감정과 심리에 관심을 두게 되었는데, 이에 대해서는 2부에서 논의한다.

옛날이야기로 돌아가자. 퍼싱에 근무하면서 나는 경제학과 재무관리를 공부하려고 퀸즈대학(Queens College) 야간학교에 등록했다. 그리고 〈월스트리트저널〉 구독을 비롯하여 온갖 금융 서적을 읽기 시작했다. 주급 65달러를 받으며 퍼싱에서 6개월 근무한 다음, 나는 '스탠더드 앤드 푸어스(Standard & Poor's)'에서 통계 업무를 맡아 끔찍한 나날을 보냈다. 주급은 90달러로 상승했지만 도서관처럼 조용한 분위기에서 온종일 한 줄씩 숫자를 계산해서 넘기는 작업이 내 적성에 맞지 않았다. 무거운 정적을 깨는 누군가의 재채기 소리가 반가울 정도였다.

나는 실수를 너무 자주 저지른 탓에 쫓겨났다. 나는 처음으로 해고당했다. 너무도 참담하게 기가 꺾였던 나는 트레이더의 길을 찾아보라고 친절하게 격려해준 사람에게 고맙다는 인사도 할 줄 몰랐다.

다행히 대학에서 회계학을 공부한 덕분에 1966년 말에 '리먼브라더스(Lehman Brothers)'에서 회계 업무를 맡게 되었는데, 파트너 32명 중 12명의 개인 소득세를 담당하는 부서에 근무했다. 선도적 투자은행인 리먼브라더스는 '리튼인더스트리(Litton Industries)'를 주당 4센트에 대량으로 사들여 주당 120달러가 될 때까지 보유하는 식으로 거금을 벌어들이고 있었다. 리먼브라더스에 근무하면서 나는 내부자의 시각으로 투자은행업을 볼 수 있었으며, 세계 최대 기관투자가의 주식 및 옵션 포트폴리오를 직접 볼 수 있었다. 나는 옵션의 원리를 이해하게 되었고 옵션 세무회계에 대해서는 상당한 전문가가 되었다.

나는 리먼에서 절대로 잊지 못할 소중한 교훈을 얻었다. 기장 업무를 하면서 나는 리먼이 거금을 벌어들이는 모습을 보았다. 하루는 서류작업을 하면서 보니 리먼이 신탁기금으로 '슈피리어 일렉트릭(Superior Electric)'을 대량으로 사들이고 있었다. 순진한 젊은이였던 나는 리먼이 뭔가를 알고 있다고 생각하고, 해리 로레인에게 전화를 걸어 이야기해주었다. 내 말을 듣고 로레인은 주당 44달러에 이 주식을 대량 매수했다. 그러나 실망스럽게도 다음 몇 달 동안 계속 하락하여 30달러까지 내려갔다. 로레인은 포지션을 청산하여 4만 달러를 손해 보았다. 나는 내가 손해 본 것보다도 더 마음이 아팠다.

내가 친구에게 주식을 추천한 것은 이것이 마지막이었다. 그러나 안타깝게도 내가 전문가를 모방하여 포지션을 잡은 것은 이것이 마지막이 아니었다. 아무튼 나는 묻지도 않는 친구에게 공연히 조언을 해서는 안 된다는 교훈을 확실히 얻었다. 전문가로서 친구의 돈을 맡아 운용하다가도 손실을 볼 수 있지만, 이는 어디까지나 계약에 의한 정당한 거래다. 그러나 친구에게 호의로 조언하는 것은 전혀 다른 문제다. 대개 친구에게 약보다 독이 되는 경우가 많다.

어쨌든 나는 리먼에 근무하면서 계속 공부했다. 아울러 로레인의 기억법을 이용해서 뉴욕증권거래소에 상장된 1,458개 종목의 코드도 모두 암기했다. 나는 1968년 '파일러 슈미트(Filer Schmidt & Co.)'의 파트너 리키 버그먼(Ricky Bergman)과의 입사 면접에서 종목 코드 암기력을 과시했다. 감명받은 버그먼이 나를 고용했고 나는 이때부터 본격적으로 트레이딩 경력을 쌓기 시작했다.

| 장외옵션 |

1968년에는 옵션이 현재와 비교하면 걸음마 단계였다. 옵션은 장외시장에서만 거래되었으며 맞춤형 상품이었다. 예를 들어 설명하겠다. 주식 옵션은 매수자에게 일정 기간 특정 종목을 정해진 가격(행사가격)에 사거나 팔 권리를 주는 계약이다. 1968년에도 계약당 기준 주식 수가 지금과 마찬가지로 100주였다. 행사가격은 거의 모두 현재 주가였다. 가장 보편적인 계약 기간은 6개월 10일이었는데, 이는 세법상 장기자본이득으로 인정받으려면 최소 보유 기간이 6개월 1일이었기 때문이다. 그러나 가장 큰 차이점은 당시에 옵션 가격(프리미엄)이 딜러마다 다르고 시시각각으로 바뀌었다는 점이다.

옵션을 사려는 조가 옵션회사에 전화를 걸어 OXY의 6개월 10일 콜옵션 가격을 물어보아도, 그 회사가 제시하는 가격에 계약이 체결된 다는 보장이 없었다. 게다가 옵션회사는 먼저 다른 딜러 몇 군데를 뒤져서 가격을 확보한 다음 웃돈을 붙여 가격을 제시할 수도 있다. 아니면 잠정 가격으로 예컨대 225달러를 제시한 다음, 150~175달러를 제시하는 매도자를 찾아볼 수도 있다. 회사가 원하는 가격으로 매도자를 찾으면 딜러는 매수자 조와 계약을 체결하고 그 차액을 챙기게 된다. 그러나 회사가 매도자를 찾지 못하면 조에게 "거래가 체결되지 않았습니다"라고 통보한다.

1968~1970년에 나는 장외옵션을 담당했다. 처음에는 파일러 슈미트에서 계약당 6.25달러를 벌었고, 다음에는 'US옵션(U.S. Options)'에서 차액의 일정 비율을 받았다. 파일러에서 근무하는 동안 나는 리먼 브라더스에서 소개받은 스타렛 스티븐스(Starret Stephens)라는 사람의 헤지펀드도 운용했다. 그에게 포트폴리오 100만 달러의 하락 위험을 주식 공매도 대신 풋옵션으로 헤지하라고 제안하자, 그는 5만 달러를 내게 배분해주었다. 이는 당시에 비교적 새로운 방식이었다. 이렇게 풋옵션의 레버리지를 이용해서 적은 금액으로 헤지하면 남는 자금으로 매수포지션을 더 쌓을 수 있었다.

운 좋게도 이 헤지펀드는 (1968년 12월 강세장 정점에 도달하기 전인) 7~8월 조정장에서 효과를 발휘했다. 그러나 1969년 스타렛 스티븐스가 너무 젊은 나이에 죽고 말았다. 1969~1970년 약세장이 본격적으로 시작되기 직전이었다. 그의 죽음으로 펀드가 청산되었다. 이 펀드를 통해서 나는 처음으로 자금 운용과 헤징을 직접 경험했고, 테이프 분석을 통해서 시장 위험을 측정해볼 수 있었다. 또한 공매도 포지션의 효용성도 배웠는데 공매도는 지금도 나의 주특기에 해당한다.

1969년 약세장이 본격화되고 헤지펀드가 청산된 직후, 나는 트레이딩에 더 큰 재량을 얻으려고 US옵션으로 직장을 옮겼다. 약세장 중간에 고정급을 주기가 부담스러웠던 경영진은 옵션 계약별로 차익의 일정 비율을 주겠다고 내게 제안했다. 나는 제안을 수락하면서 첫해에 10만 달러를 벌어 보이겠다고 공언했다. 내가 한 말은 일종의 경고였다. 이 회사 부사장의 연봉도 겨우 2만 5,000달러였고, 다른 옵션 트레이더들의 연봉도 1만 2,000~1만 5,000달러였기 때문이다.

물론 나는 6개월 뒤 수수료로 5만 달러를 벌었다. 하루는 상사가 나를 불러 옆에 앉혀놓고 말했다. "빅터. 자네 실적이 아주 뛰어나서 고정급으로 전환하려고 하네."

"그런가요? 얼마입니까?"

"연봉 2만 달러일세." 그는 특혜라도 베푸는 듯이 대답했다.

"하지만 저는 올해 10만 달러가 목표이고 이미 5만 달러를 벌었는데요!"

"잘 알지. 그러나 회사에서 곧 보너스점수 제도를 도입할 걸세. 이제 트레이더가 옵션 계약을 체결할 때마다 점수를 얻게 되네. 연말에는 회사 이익의 15%로 보너스 기금을 조성해서 점수에 따라 트레이더에게 배분할 걸세."

"글쎄요." 이게 내 대답이었다. 과연 회사가 이익을 낼 것인지, 이익은 어떻게 계산할 것인지 온갖 의구심이 내 머릿속을 맴돌았다. 두말하지 않고 나는 더 나은 일자리를 찾기 시작했다. 3주 후 나는 '마시블록(Marsh Block)'에서 이익의 50%를 나누는 조건으로 주식·옵션 포트폴리오를 운용하게 되었다. 나중에 US옵션을 그만둔 친구가 그 상사의 말을 내게 전해주었다. "빅에게는 고정급이 확실히 유리하지. 요즘 실적이 형편없거든." 놀라운 말이다. 그 상사는 내가 급여를 80% 삭감당하고서도 기쁜 마음으로 일할 것으로 기대했던 것이다. 나는 자유를 얻으려는 욕망이 더 커졌다.

나는 마시블록에서 처음으로 옵션과 결합하여 적극적인 주식 트레이딩을 시작했다. 테이프 분석과 옵션 전략을 통해서 축적한 지식을 활용했다. 대개 옵션 스트래들(straddle)을 산 다음 시장 흐름에 따라 주식을 사거나 팔았다. 스트래들이란 행사가격과 만기가 같은 풋옵션과 콜옵션 한 쌍을 가리킨다. 예를 들어 XYZ 주가가 25달러이고 나는 주가가 21달러까지 내려간다고 생각한다. 그러면 나는 95일 만기 스트래들을 도매가격인 400달러에 사고 일시적 반등장에서 주식을 공매도하는 전략을 수립한다.

주가가 27달러에 도달하면 나는 주가 하락을 기대하면서 주식 100주를 공매도한다. 내 기대와 달리 주가가 30달러까지 상승하면, 나는 만기일에 콜옵션을 행사하여 주식을 25달러에 사서 공매도 포지션을 청산한다. 풋옵션은 가치가 사라졌으므로 이 거래에서 200달러 손실이 발생한다.

주가가 예상한 대로 21달러로 내려가면 (1) 200주를 사서 이익 600달러를 실현한 다음, 주가가 25달러 이상 상승할 때는 200주(100주 + 콜옵션)에 대해 추가 이익을 기대하며, 주가가 하락해도 풋옵션으로 이익을 보장받는다. 아니면 (2) 단순히 100주를 사서 공매도를 청산하여

600달러를 번 다음, 공짜 스트래들 포지션을 확보한다. 나는 항상 위험에 대한 보상이 3배 이상 유리하도록 거래를 구성했다. 다양한 전략을 구사하여 내 예측이 맞을 때는 커다란 이익을 얻었고 예측이 틀려도 손실은 적게 보았다. 이것이 지금도 내가 사용하는 자금 운용의 핵심이다.

유감스럽게도 마시블록 경영진의 행태도 US옵션과 크게 다르지 않았다. 월간 손익명세서를 받아보니 내게 부과된 '비용'이 엄청났다. 나는 전화기 하나로 회선 하나만 사용했는데도 월 사용료가 500달러나 부과되었다! 이제는 간접관리비도 내가 통제하고 싶어졌다.

6개월 뒤 나는 직접 사업을 하기로 마음먹었다. 다른 트레이더들도 틀림없이 똑같은 생각을 하고 있었다. 내가 알고 존경하는 유능한 트레이더들은 거의 모두 위험을 무릅쓰고 나와 동업할 각오였다. 나는 자금을 대줄 파트너를 발견했고 일류 트레이더를 고용하여 1971년 중반에 '라그나르 옵션(Ragnar Options Corp.)'을 설립했다.

| 독립을 맛보다

라그나르에서 우리는 전혀 새로운 옵션사업 방식을 채택했다. 내가 알기로, 과도하지 않은 가격에 계약을 보장하는 호가를 제시한 딜러는 우리가 최초였다. 우리는 이것을 "합리적인 가격의 확정 호가"라고 불렀다. 우리가 받은 주문에 대해 시장에서 계약을 체결할 수 없을 때는 우리가 직접 계약의 당사자가 되었다. 경쟁자들은 우리가 그런 위험을 떠안을 정도로 자본 규모가 엄청나게 크다고 생각했다. 그러나 우리의 초기 자본금은 겨우 50만 달러였다. 25만 달러는 운전자본이었고, 나머지 25만 달러는 회사의 트레이딩 자금이었다. 우리 전략은 확정 호가를 제시하여 거래량을 늘림으로써 작은 손실을 흡수하는 것이었다. 이 전략은 효과가 있었다. 6개월도 지나기 전에 라그나르는 세계에서 거래량이 가장 많은 장외옵션 딜러가 되었다.

나는 1972년 7월까지 다른 트레이더들과 함께 장외옵션을 담당하다가, 파트너로부터 '재고자산 운용 업무'를 인계받았다. '재고자산 운용 업무'란 회사 고유계정의 주식 및 옵션 포트폴리오 운용이었다. 나는 처음으로 계좌 운용에 완벽한 재량권을 행사하게 되었다. 표 P.2(26~27쪽)의 실적에 나타나듯이 나는 일관된 이익 목표를 달성해나갔다.

1973년에 시카고옵션거래소(Chicago Board Options Exchange, CBOE)가 옵션거래를 표준화했다. 우리는 나름대로 표준화를 통해서 얻었던 경쟁우위를 상실했다. 그러나 우리는 거래소 회원권을 3개 샀고, 첫해 장내 거래량의 15% 이상을 차지했다. 우리는 1975년 7월과 8월까지 계속 효과적으로 경쟁하고 있었는데, 대표 파트너가 내 동의도 받지 않고 대규모로 거래하다가 거액의 손실을 보았다. 내가 운용한 계좌는 양호한 실적을 유지했지만, 자본 요건을 충족하려면 회사를 재편하지 않을 수 없었다.

우리는 신속하게 판단한 덕분에 회사를 간신히 유지할 수 있었다. 당시 CBOE 준법감시 책임자이던 짐 브루키(Jim Brucki)를 만나던 장면이 떠오른다(브루키는 나중에 인터스테이트증권에 합류했고 나와 친구가 되었다). 파트너의 거래로 입은 손실 때문에 우리는 CBOE의 자본 요건을 위반한 상태가 되었다. 덩치 큰 브루키가 걸걸한 목소리로 내게 말했다.

"이 문제를 어떻게 해결할 생각이오?"

나는 대답했다. "우리끼리 협의한 다음, 증거금 문제 해결 방안을 제시하겠습니다."

브루키가 말했다. "좋습니다. 회사를 살리려면 20분 안에 방법을 찾으세요."

나는 거액을 날린 파트너와 존 벨로(John Bello)와 함께 옆방에 들어가서 신속하게 협상을 벌였다. 나는 파트너의 지분을 사들인 다음 회사에 추가 자본금을 투입하여 증거금을 채웠다. 나는 라그나르를 그대로 살려냈고, 우리는 이후 15개월 동안 계속 사업을 진행했는데, '위든(Weeden & Company)'이 모든 직원을 포함해서 우리 회사를 매우 좋은 조건으로 인수하겠다고 제안했다. 위든에서 나는 IBM, NCR, 이스트먼코닥(Eastman Kodak) 등 '우량주'를 거래하는 대량매매(block) 트레이더가 되었다. 라그나르는 법인 형태로 유지되었으며, 나는 지금도 이 회사 계좌를 이용하고 있다.

조직 개편 전에 내 인생의 전환점이 되는 중요한 일이 발생했다. 나는 1974년 10월 초의 급등장을 놓쳤고, 이어 12월에 다우지수(Dow Jones Industrial average)가 12년 최저치를 기록한 급락장도 놓쳤다. 이 기간에도 돈을 벌기는 했지만 나는 충격받았다. 돈 벌 최대의 기회를 놓쳤기 때문이다.

내가 무엇을 보지 못했나? 이런 일이 되풀이되지 않으려면 무엇을 알아야 하나? 나는 자문했다. "추세란 정확히 무엇인가? 그 속성은 어떠한가? 보통 기간이 얼마나 이어지는가? 평균 고점과 저점은 얼마나 되는가? 조정의 속성은 무엇인가? 조정 기간은 보통 얼마나 이어지는가?"나는 지금까지 모르던 분야를 공부하기 시작했다.

| 추세의 속성 발견 |

이런 질문에 답하려면 먼저 모든 추세와 조정을 정의하고 측정하며 분류한 다음, '정상'의 기준을 설정해야 했다. 1974년부터 1976년까지 틈날 때마다 나는 시장 흐름을 가장 잘 정의한 다우 이론(Dow Theory)을 통해서 시장 역사를 공부했다. 로버트 레아(Robert Rhea)가 1939년 죽을 때까지 수행한 연구를 바탕으로, 나는 1896년부터 현재까지 나타난 다우지수와 다우운송지수(Dow Jones Transportation average)의 단기, 중기, 장기추세를 모두 분류하여 통계표에 그 폭과 기간을 기록했다. 이어서 통계분석으로 데이터를 압축하여 내가 위험평가에 적용할 조건을 뽑아냈다. 데이터 적용 방법에 대해서는 나중에 설명하겠다.

이 기간에 나는 새로운 본질 요소를 발견하여 시장 예측 기법을 확립하였고, 나중에는 선물시장 예측에도 이 기법을 적용하게 되었다. 지난 2년 동안 쌓은 지식이 인터스테이트증권에서 실적을 올리는 데 가장 큰 도움이 되었다. 당시 내가 인터스테이트증권 트레이더 가운데 최고의 실적을 기록한 달은 1982년 9월로서, 회사의 트레이딩 자본 100만 달러로 88만 달러를 벌었고, 나의 다른 두 계좌로도 비슷한 수익률을 올렸다. 대부분 실적이 내 시장 예측이 적중한 덕분이었는데, 이 예측에 1974~1976년 동안 연구한 지식과 통계 기법을 적용했다.

여담이지만 2년 동안의 집중 연구가 시장 예측력 향상에는 큰 도움이 되었으나 인생에서는 커다란 대가를 치러야 했다. 이 기간이 내 딸

제니퍼(Jennifer)에겐 중요한 형성기(3~5세)였는데도, 내가 함께 보낸 시간이 거의 없었기 때문이다. 나는 퇴근하여 집에 도착하면 밥만 먹고 곧바로 서재로 들어가 공부를 했다. 딸에게 아빠의 관심과 사랑이 필요하다는 사실도 무시한 채, 서재로 들어오는 딸을 참지 못하고 쫓아냈다. 이 커다란 실수 때문에 우리 부부는 지금도 대가를 치르고 있다. 다시 과거로 돌아간다면, 나는 공부 기간을 없애고 제니퍼와 더 많은 시간을 보낼 것이다.

내가 이 말을 하는 것은 카타르시스를 위해서가 아니라 매우 중요한 사실을 지적하려는 뜻이다. 앞에서도 언급했듯이 이 책에서는 재정과 심리 양면에서 모두 성공하는 방법을 논의한다. 당시에 나는 둘 사이에서 균형을 유지하지 못했다. 당신은 비슷한 실수를 피하기 바라는 마음에서 하는 이야기다. 인생을 결산하는 것은 돈이 아니라 전반적인 행복이다. 그러므로 균형을 유지해야 한다.

1974년 이후에는 사업도 순탄치가 않았다. 1983년에 나는 빅토리 파트너즈(Victory Partners)라는 400만 달러 규모 기금을 운용하기로 합의했다. 아마도 자만심이나 도전정신 때문이었겠지만 나는 수수료 공제 후 누적수익률 25%를 달성해야만 보상을 받는 조건으로 계약했다. 첫해에 시장은 15% 하락했고 나는 13.3%를 벌었다. 이듬해 보상을 받으려면 거의 40% 수익을 올려야 했다.

1984~1985년은 중기 트레이딩을 하기에는 끔찍한 상황이었다. 변동성이 거의 없었는데도 나는 자주 시장을 들락날락해야만 했다. 트레이딩 계좌 3개에서는 이익을 내면서도, 빅토리파트너즈 계좌에서는 손실이 약 13% 발생했다. 대부분 수수료 때문이었다. 인터스테이트증

권 계좌로 거래할 때 나는 장내 거래인(floor trader) 수수료를 냈는데, 이는 현재의 기관 수수료와 비슷한 성격이었다. 그러나 빅토리파트너즈 펀드를 거래할 때는 약 5배나 높은 개인 수수료율이 적용되었으므로, 변동성 낮은 시장에서는 회전율 높이기가 어려웠다. 게다가 프로그램 트레이딩이 단기추세에 커다란 영향을 미치면서 내가 장기간 사용해온 규칙이 효력을 상실했다. 나는 펀드를 청산하자고 제안했고 1986년에 펀드가 청산되었다.

나는 시장을 예측할 때 특정 분석 기법만 사용하는 것이 아니다. 항상 기술, 통계, 경제 펀더멘털 요소들을 결합해서 투기 포지션의 위험을 평가한다. 나는 세 요소가 모두 같은 방향을 가리킬 때만 큰 포지션을 설정한다. 또한, 정부의 시장 개입에 대비하는 일이 얼마나 중요한지도 경험을 통해서 깨달았다. 특히 의회, 대통령, 연준, 외국 정부, 외국 중앙은행들이 수립하는 통화정책과 재정정책이 미치는 영향을 반드시 인식해야 한다. 정부 정책이 미치는 영향을 이해할 뿐 아니라, 당국 핵심 인물들의 특성과 의도까지 파악하여 정책을 예상할 수 있어야 한다. 이에 대해서는 나중에 설명하기로 한다.

| 자유를 획득하다 |

1978년 인터스테이트증권에서 진정으로 위대한 트레이더 하워드 셔피로(Howard Shapiro)가 나를 채용해줄 때, 내 인생 최고의 기회가 열렸다. 나는 고정급을 받은 데다가 50만 달러 계좌 운용에 대해 완벽한 자율권을 얻었다. 1979년 인터스테이트증권이 내 신분을 독립 계약자로 변경해주어 나는 사설 트레이딩조합인 '휴고증권(Hugo Securities)'을 설립했다. 이 조합을 통해서 나는 인터스테이트증권의 자본금, 내 자금, 기타 몇몇 파트너의 자금을 운용했다. 유일한 조건은 이익, 손실, 비용 등 모든 항목을 50 대 50으로 나누는 것이었다. 내가 관리하는 다른 사람들의 계좌도 마찬가지였다. 표 P.1(22쪽)의 1978~1987년 실적은 인터스테이트증권 계좌로 올린, 비용 공제 전 이익이다. 나는 비교적 규모가 작은 내 계좌도 있었고, 인터스테이트증권 계좌와 규모가 비슷한 다른 계좌도 있었다. 따라서 내 실적은 표 P.1의 거의 두 배였다.

인터스테이트증권의 근무 환경은 더할 수 없이 좋았다. 나는 대량거래의 혜택을 누리면서도 손실을 보지 않는 한 내 돈을 낼 필요가 없었다. 회사의 정보 네트워크도 탁월했으며 규모의 경제 덕분에 최소 비용으로 이용할 수 있었다. 출퇴근 시간도 내 마음대로였다. 나는 이익을 인출하여 저축하면서도 내가 원하는 스타일로 생활을 즐길 수 있었다. 나는 자유를 획득한 것이다.

나는 프랭키 조(Frankie Joe), 하워드 셔피로 등 월스트리트 최고의 트레이더들과 함께 근무하는 특권까지 누렸다. 우리는 모두 스타일이 달랐지만 늘 거금을 벌어들였다.

그러나 다른 트레이더들을 관찰하면서 나는 트레이딩의 다른 면을 보기 시작했다. 어떤 트레이더는 실적이 좋은데도 심리적으로 큰 비용을 치르고 있었다. 정상에 도달한 트레이더였는데도 불행에 빠져 있어서 나는 그 이유가 궁금했다. 가장 넓은 의미에서 성공하려면 무엇이 필요한지 알고 싶었다. 내가 깨달은 결과는 2부에서 설명하겠다.

인터스테이트증권에서의 황금기는 1986년 9월 회사가 상장되고 트레이딩 부서가 해체되면서 끝났다. 트레이딩 이익은 분기별로 들쭉날쭉해서 주가에 부정적인 영향을 미친다고 생각했던 것이다. 이것은 잘못된 판단이라고 생각한다. 내가 알기로 트레이딩 부서는 매년 이익을 냈다. 어떤 해에는 10명밖에 안 되는 트레이더들이 3,000만 달러 넘게 벌었는데, 이는 회사가 약 1,500만 달러에 이르는 이익을 보았다는 뜻이다. 그런데도 이런 결정이 내려졌고 우리는 떠나야 했다.

나는 1986년 10월에 사무실을 차려 1988년 1월까지 활발하게 거래한 다음, 자산운용사 '랜드매니지먼트(Rand Management Corp.)'를 설립했다. 나는 이제 여기서 트레이딩을 하고 있다.

2

손절매의 본질
: 악어 원칙

원칙 포기는 두 가지 결과를 부른다. 개인적으로는 미래를 예측하지 못하고, 사회적으로는 소통이 불가능해진다.[1] - 에인 랜드(Ayn Rand)

| 산 채로 잡아먹히다 |

내가 '악어 원칙'이라고 부르는 트레이딩 규칙이 있다. 악어가 먹는 습성을 빗댄 표현이다. 악어는 먹잇감이 발버둥칠수록 더 깊숙이 문다. 악어가 당신의 다리를 물었다고 상상해보라. 악어는 다리를 꽉 문채 당신이 발버둥치기를 기다린다. 당신이 다리를 빼내려고 팔을 내밀어 악어와 싸우면 악어는 돌진하여 팔까지 물어버린다. 당신이 발버둥치면 칠수록 악어는 당신을 더 깊숙이 물어 삼킨다.

따라서 악어에게 물렸을 때 살아남는 유일한 방법은, 다리 하나를 내주고 빠져나오는 방법뿐임을 기억하라. 이 원리를 시장에 적용하면, "잘못을 깨달은 순간 포지션을 청산하라!"가 된다. 합리화, 희망, 기도, 그 밖의 아무것도 소용없다. 그냥 빠져나오라. 포지션을 바꾸거나 헤지하거나 하지 말고 그냥 손절매하라!

나는 이 원칙을 고생하면서 배웠다. 1970년대 중반, 나는 'INA보험 (INA Insurance)' 포지션이 조금 있었다. 12월 만기 25달러 콜옵션 20계약을 1.25(계약당 125달러)에 샀다. 옵션을 산 직후 주가가 내려가서 옵션 가격이 0.25(계약당 25달러) 하락했다. 당시 내가 세운 옵션거래 원칙은 25% 손실이 발생하면 포지션을 청산하는 것이었다. 그러나 500달러 손실을 감수하는 대신, 나는 손실을 만회하려고 12월 만기 30달러 콜옵션 60계약을 0.38에 팔았다.

그러자 합병 소문이 퍼지면서 주가가 반등하기 시작했다. 내가 0.38에 판 12월 만기 30달러 콜옵션은 1.63으로 상승했고, 12월 만기 25달러 콜옵션은 2.5가 되었다. 그다음에는 내가 어떻게 했을까? 합병 소문에 대해 25달러 풋옵션을 1.13에 팔았다! 그러자 회사에서 합병 소문을 부인했고 풋옵션은 1.13에서 1.38로 상승했다! 내가 거래할 때마다 상황이 악화했다. 악어에게 통째로 잡아먹혔다. 내가 세운 원칙을 지키지 않은 탓에 500달러 손실을 6,000달러 손실로 키운 것이다.

당시 INA보험은 지지부진한 종목이었다. 거래량도 많지 않았고 움직임도 크지 않았다. 따라서 가격이 움직인다면 예측하기가 무척 쉬웠다. 내가 INA보험에서 저지른 실수를 털어놓는 것은 내가 알파벳을 모른다고 시인하는 꼴이다. 나는 규칙과 원칙을 거듭 위반했는데, 모두 '그릇된 자존심(false pride)'[2]과 허영 때문이었다. 돌아보면 내 행동은 미친 짓이었지만, 그래도 "항상 본질을 생각하라"라는 소중한 교훈을 얻었다.

| 본질을 생각하라 |

본질을 생각하면 어떤 이점이 있는지 설명하겠다. 1989년 10월 13일 금요일 아침에 일어나보니, 시장에 조정 분위기가 무르익었다. 시장이 열리기 전에 나는 고객들에게 전화해서 다음과 같이 요점을 설명해주었다.

시장에 본격적인 2차 조정이 일어날 것 같습니다. 3월 23일 이후 시장은 1차 상승세를 계속 유지했습니다. 역사상 강세장에서 1차 상승세가 지금보다 오래 유지된 경우는 29%에 불과합니다. 게다가 다우운송지수는 같은 기간에 52%나 상승했습니다. 반면에 지난 92년 동안 다우지수는 강세장과 약세장 통틀어 174회 상승세를 보였지만, 52% 넘게 상승한 사례는 8회에 불과합니다.

정크본드시장은 붕괴하고 있습니다. 매수세가 전혀 없습니다. 다우지수는 10월 9일 신고가를 기록한 다음 4일 연속 하락했지만, 다우운송지수로나 하락 폭으로나 바닥이 확인되지 않았습니다. 이는 분명히 약세 신호입니다.

기업 인수와 우량주의 상승 때문에 지수가 계속 상승하면서 전반적으로 강세 분위기가 유지되고 있지만, 개별 종목들은 대부분 정점을 기록하고 중기 하락추세로 접어들었습니다. 일본과 독일이 금리를 인상했고, 미국은 인플레이션이 연 5.5% 수준이며 연준은 지난 두 분기 동안 초과지급준비금을 더 줄였습니다. 연준의 금리 인하 조짐이 보이지 않습니다.

따라서 나는 지수 풋옵션을 매수하여 매도포지션을 쌓고 있습니다. 지금은 작은 규모이지만 거래량이 증가하면서(약 1억 7,000만 주) 시장이 하락하여 다우지수 2,752(8월 고점)가 깨지면 적극적으로 매도포지션을 키울 것입니다.

오후 이른 시간에 시장이 하락했지만 거래량이 많지 않았다. 시장이 계속 하락하면서 다음 주에 조정기에 들어갈 것으로 기대하면서, 나는 천천히 풋옵션을 매수하여 매도포지션을 쌓았다. 나는 거래량에 주목했다.

오후 2시 45분 '유나이티드항공(United Airlines)' 인수자금 조성이 실패했다는 뉴스가 나오자, 거래량이 급증하면서 S&P500지수 선물이 폭락하기 시작했고, 나는 서둘러 풋옵션을 사들였다. 오후 3시가 갓 지나자 주문이 더는 체결되지 않았다. 큰 혼란이 일어난 것이다. 다우지수가 191포인트 하락하면서 장이 마감되었다.

월요일 아침 나는 50포인트 하락으로 장이 시작될 것으로 기대하면서, 이때 매수할 주식과 옵션 목록을 준비했다. 나는 시초가에 풋옵션을 되팔려고 매도 주문을 내놓고 기다렸다. 시장이 열리자 처음 두 시간 동안 60포인트 넘게 하락했다. 나는 매도포지션을 청산하고 주식과 옵션을 사들였다. 매도포지션의 원가가 7만 3,605달러였고 회수금액이 83만 1,212달러였으므로, 순이익으로 75만 7,607달러를 챙겼다. 나는 매수포지션을 몇 주간 유지하여 또다시 근사한 이익을 챙겼다.

나는 13일의 금요일에 지수가 191포인트 하락한다거나(그림 2.1), 유나이티드항공 인수자금 조성 실패가 폭락의 촉매가 되리라고는 전혀 예상하지 못했다. 이렇게 하락 폭이 커진 것은 나에게 행운이었으나, 내가 이 기회를 포착한 것은 행운이 아니었다. 내가 사용한 모든 분석 지표가 조정을 가리켰기 때문이다. 확률이 내게 절대적으로 유리했다.

나는 이런 시장 예측의 구성 요소들을 하나씩 설명하겠다. 그러나 내 기법을 구성하는 모든 요소를 한마디로 요약한다면, '본질을 생각

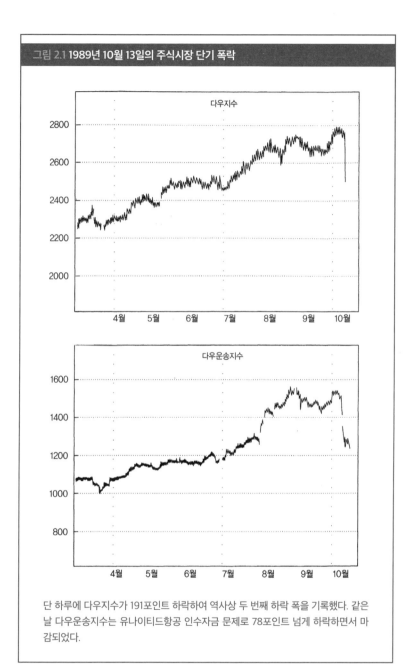

그림 2.1 1989년 10월 13일의 주식시장 단기 폭락

단 하루에 다우지수가 191포인트 하락하여 역사상 두 번째 하락 폭을 기록했다. 같은 날 다우운송지수는 유나이티드항공 인수자금 문제로 78포인트 넘게 하락하면서 마감되었다.

하라'가 된다.

중요한 것은 정보의 양이 아니라 정보의 정확도와 품질이다. 매주 〈배런즈(Barron's)〉에는 주식, 채권, 상품, 옵션 등의 주간 동태 요약이 깨알 같은 글씨로 수십 페이지에 걸쳐 실린다. 이런 정보의 양이 엄청나서 천재의 머리로도 다 읽고 이해하기 어려울 정도다.

데이터를 압축하는 한 가지 방법은 한두 분야로 전문화하는 것이다. 아니면 컴퓨터를 이용해서 정리하는 방법도 있다. 그러나 정보를 제대로 처리하려면 매일 쏟아지는 방대한 데이터에서 본질 정보를 추출할 수 있어야 한다.

이렇게 하려면 정보를 원칙, 즉 금융시장의 속성을 정의하는 기본 개념과 연계해야 한다. 원칙은 수많은 사건과 방대한 데이터를 연계하여 일반화한 것이다. 이런 원칙을 통해서 우리는 복잡한 시장 데이터를 단순화하여 활용할 수 있다.

예를 들어 "성장하려면 저축이 필요하다"[3]라는 단순한 명제를 생각해보자. 이 명제는 참인가? 원칙인가? 상식적으로는 자명해 보이므로 이것은 원칙이다. 집을 사려면 계약금이 필요하다. 그리고 계약금을 장만하려면 저축을 해야 한다. 한편 케인스학파 경제학자들은 적자재정으로도 번영을 이끌어낼 수 있다고 오래전부터 말했다. 저축은 실제로 성장에 걸림돌이 되며, 소비가 지속적인 번영으로 가는 열쇠라고 주장한다. 누구 말이 옳은가? 어느 것이 원칙인가?

성장하려면 저축이 필요하다고 잠시 가정해보자. 이는 주택을 살 때뿐 아니라 모든 개인과 집단의 경제 활동에 적용되는 원칙이라고 생각해보자. 이 원칙을 시장에 적용하면 어떤 의미가 있을까? 여러 가지 의미가 있다.

예를 들어 차입매수(leveraged buyout)가 영원히 이어질 수는 없으며, 특히 주식시장이 정점 근처에 도달했을 때는 더욱 그렇다. 보유 현금과 유동자산보다 부채가 훨씬 많은 기업은 경제가 전반적으로 하강하면 위험에 처한다. 이런 회사가 생존하려면 소득이 발생하거나 추가로 자금을 차입할 수 있어야 한다. 경제가 침체하면 부채비율이 높은 기업은 매출 감소와 이자 비용 증가로 타격을 입는다. 위험과 보상을 고려하면 이런 기업은 생존, 이익 잠재력, 나아가 투자 가치가 의심스럽다.

경제 전체를 평가할 때도 이 원칙을 적용할 수 있다. 성장에 저축이 필요하다면, 국가 경제는 소비보다 생산을 늘려서 장래의 상품 및 서비스 생산을 위해 투자해야 한다. 연방정부가 계속해서 적자 재정을 유지한다면, 이는 미래에 생산할 제품을 현재에 소비하는 셈이다. 이때는 두 가지 가능성만 존재한다.

(1) 정부 부채를 상환하고도 충분히 투자할 정도로 미국의 장래 생산이 대폭 증가한다. (2) 세금이 증가하거나 인플레이션이 발생하여 성장률이 하락한다. 정부가 계속 적자 재정을 유지하려 한다면, 이는 존재하지 않는 자산을 소비하려는 것이므로 결국 재난을 부를 것이며 심각한 약세장이 올 것이다.

여기서 사례로 제시한 원칙이 옳으냐 그르냐는 중요하지 않다. 단지 한 문장, 한 가지 지식으로부터 연쇄적으로 추론과 결론이 도출되는 모습을 보여주려는 것이다. 처음에 엄청나게 복잡해 보이는 내용도 바탕이 되는 원리를 이해하면 비교적 단순해진다.

좋은 판단을 내리려면 인과관계를 지배하는 본질 지식을 개발해야 한다. 금융시장에 적용하자면 이는 가격 흐름과 가격 추세의 원칙을 발견하는 것이다. 이는 시장의 속성을 이해하고 한 시장의 특성과 다른 시장의 특성을 구분하는 것이다.

본질 지식을 개발하려면 구체적인 사건을 추상적인 아이디어와 끊임없이 연계하고, 반대로 추상적인 아이디어를 구체적인 사건과 끊임없이 연계해야 하며, 현재 사건을 분석하여 장기 예측을 하고 현재 사건을 최근과 과거 역사의 맥락에서 이해해야 한다. 나는 이 과정을 본질 숙고(thinking in principles 또는 thinking in essentials)라고 부른다.

본질을 생각하는 것과 원칙을 찾아내는 것은 전혀 별개의 문제다. 금융시장에 관한 책이나 잡지를 읽어보면 의견이 전문가마다 각양각색이며 정반대일 때도 많다. 이런 문제는 정의에서 비롯되기도 한다. 우리가 매일 듣는 용어를 생각해보자.

강세장, 약세장, 추세, 침체, 불황, 경기 회복, 인플레이션, 가치, 가격, 위험과 보상, 상대강도, 자산배분 등. 금융계에 종사하는 사람들은 대부분 이런 용어를 이해하겠지만, 실제로 이런 용어를 정확하게 정의할수 있는 사람은 드물다. 그러나 이런 용어 정의는 단지 추상화 연습이 아니라, 시장을 이해하고 원리를 찾아내는 핵심 단계다.

이제부터 시장을 이해하고 지식으로부터 이익을 거두는 본질, 즉 트레이딩의 원칙을 설명하고자 한다.

"잘못을 깨달은 순간 포지션을 청산하라!
합리화, 희망, 기도, 그 밖의 아무것도 소용없다.
그냥 빠져나오라."

3

성공을 유지하는
사업 철학

역사상 위대한 트레이더에 관한 책을 읽어보면, 이들 대부분이 한 번은 무일푼이 되었으며 두세 번 파산한 사람도 상당수 있다. 게다가 상품 트레이더 가운데 돈 버는 사람이 5%에 불과하다는 사실까지 고려하면, "도대체 이 바닥은 어떻게 돌아가는 거야?"라는 의구심이 들 것이다.

사람들이 돈을 잃는 이유는 여러 가지 있지만 가장 큰 이유는 한 포지션에 너무 많은 금액을 걸기 때문이다. 이런 실수를 저지르는 것은 트레이딩을 시작하기 전에 사업 철학을 세우지 않았기 때문이다.

내가 트레이딩을 하는 목적은 재정 독립이 보장되는 자유를 획득하고 유지하는 것이다. 따라서 나의 목표는 다달이 해마다 한결같이 돈을 버는 것이다. 나는 항상 트레이딩이 내 사업이라고 생각한다. 신중한 사업가는 먼저 다달이 들어가는 간접관리비를 벌고자 하며, 이어서 이익을 꾸준히 증가시키려고 노력한다. 그래서 나는 대박을 노리는 대신 먼저 자본을 지키면서 일관된 수익을 올리려고 노력했으며, 공격적으로 위험을 떠안을 때는 이익 일부만을 사용했다. 그래도 대박이 터졌는데 과도한 위험을 떠안지 않고 거둔 대박이었다.

더 사업적으로 표현하면 나의 사업 철학은 세 가지 원칙이다. 중요도 순서로 열거하면 자본 보전, 일관된 이익, 더 높은 수익률 추구다. 이들은 내가 내리는 모든 결정의 바탕이 되는 기본 원칙이다. 각 원칙은 내 투기 전략에서 차지하는 비중이 다르며 한 원칙이 다른 원칙을 이끌어낸다. 다시 말하면 자본 보전 원칙이 일관된 이익을 이끌어내고, 일관된 이익 덕분에 더 높은 수익률을 추구할 수 있다.

| 자본 보전

자본 보전이 내 사업 철학의 초석이다. 나는 시장에 진입할 때 위험이 가장 중요한 고려 사항이다. 나는 "이익을 얼마나 거둘 수 있는가?"라고 묻기 전에 "손실을 얼마나 감당할 수 있는가?"라고 먼저 묻는다. 내가 수용하는 위험 대비 보상 비율은 최소 3배다. 이에 대해서는 나중에 설명한다. 포지션을 유지해서 얻는 위험 대비 보상이 빈약하면, 주위 사람들이 뭐라고 하든 청산하여 현금화한다. 따라서 나는 평균을 뛰어넘는 일에 관심이 없다. 나는 상대 수익률이 아니라 절대 수익률을 추구한다.

내가 보는 돈은 녹색이 아니라 흑색이나 백색이다. 흑과 백에 대해서 사람들은 오답과 정답, 그름과 옳음, 악과 선을 떠올린다. 사회에서 윤리를 논할 때 사람들은 "흑과 백은 없고 오로지 회색만 있다"라고 말한다. 여기서 회색이란 세상만사에 모순이 뒤섞여 있어서 절대적 기준이 없다는 뜻이다. 그러나 장부에는 절대적 기준만 존재한다. 2 + 2는 항상 4이고, 2 - 6은 항상 -4다. 요즘 투자자들은 자산운용업계의 교묘한 설득에 넘어가 회색을 받아들이게 되었다. 지수가 20% 하락했을 때 펀드 실적이 -10%면 기뻐해야 한다고 배운다. 시장 평균보다 10% 포인트 높은 실적이기 때문이다. 그러나 한마디로 허튼소리다.

투자자가 던져야 할 타당한 질문은 하나뿐이다. "내가 돈을 벌었는 가?"이다. 이 질문에 항상 "그렇다"라고 답할 수 있으려면 확률이 절 대적으로 유리할 때, 즉 위험이 최소 수준일 때만 돈을 걸어야 한다.

예를 들어 장기추세에 관한 모든 지표가 주식시장이 정점에 접근했 다는 신호를 보낸다면, 자산을 모두 매수포지션으로 유지하면서 위험 을 떠안을 이유가 없다. 포트폴리오 가치가 50% 이상 날아갈 수도 있 는데, 왜 몇 % 더 벌겠다고 위험을 떠안는가?

그림 3.1을 보라. 1984년 12월 저점에 사서 1987년 8월 25일(내 지 표들이 매도 신호를 보낸 날)까지 보유했다면 배당금을 제외하고도 73.6% 벌었다. 정점 신호가 다시 나타난 10월 5일까지 보유했더라도 여전히 64.0% 번 상태였다.

그러나 10월 19일까지 계속 보유했다면 그동안 번 수익을 모두 날 렸다. 2년 10개월 동안 쌓은 이익이 14일 만에 사라진 것이다! 이때는 분명히 위험 대비 보상이 형편없었다. 후견지명이라고 말하는 사람도 있겠지만, 나는 8월부터 10월까지 포지션이 없었고 폭락 시점에만 매 도포지션을 잡았다. 이 책을 더 읽어보면 운이 아니었음을 알게 될 것 이다.

내가 위험이 지나치게 크다고 간주하는 다른 예는, 강세장 말기에 인 수 소문이 도는 주식과 정크본드에 과도하게 투자하는 것이다. 사람들 은 "주식시장 상황에 관계없이 살 만한 주식은 항상 있다"라고 말한다.

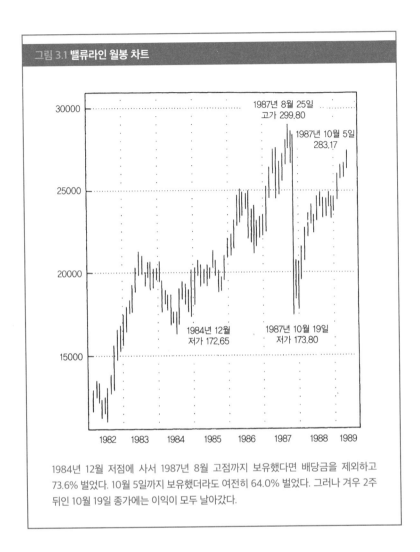

그림 3.1 밸류라인 월봉 차트

1987년 8월 25일
고가 299.80

1987년 10월 5일
283.17

1984년 12월
저가 172.65

1987년 10월 19일
저가 173.80

1984년 12월 저점에 사서 1987년 8월 고점까지 보유했다면 배당금을 제외하고 73.6% 벌었다. 10월 5일까지 보유했더라도 여전히 64.0% 벌었다. 그러나 겨우 2주 뒤인 10월 19일 종가에는 이익이 모두 날아갔다.

이 말이 맞을지도 모른다. 그러나 나는 약세장을 제대로 겪어보았다. 주가는 하루하루 계속 떨어지고 하락의 끝이 보이지 않는다. 건실했던 기업들이 부채를 상환하려고 자산을 매각하고, 취약했던 기업이나 부채가 많았던 기업들은 파산한다. 1980년대에 유행했던 차입매수(LBO)

와 투기 거품은 터질 수밖에 없으며, 그 예가 1989년 10월 유나이티드 항공 인수자금 조성 실패다.

내 사업 철학을 유지하면서 시장 정점 근처에서 차입매수 주식에 들어가는 유일한 방법은, 위험 대비 보상이 10배 이상일 때 콜옵션을 소량 사는 것이다. 그리고 주가가 목표 인수 가치에 도달하기 전에 이익을 실현하고 빠져나온다!

그러나 차입매수 주식에 들어가는 이상적인 시점은 약세장 바닥이나 강세장 초기 단계다. 이때가 정말로 가치 있는 시점이다. 로버트 레아는 "사람들이 자산 일부라도 건지려고 가치에 상관없이 건전한 주식까지 투매할 때" 약세장 마지막 단계가 온다고 말했다.

강세장 정점 근처에서는 현금을 보유하고 약세장에서는 매도포지션을 유지하는 사람들이 이런 투매를 이용할 수 있다. 이런 사람들은 강세장 정점 근처에서 벌 수 있는 이익 10~20%는 놓칠지 모르지만, 하락 위험이 거의 없고 상승 잠재력은 엄청난 시점에 투매 주식을 사들일 수 있다. 부자가 되는 방법은 자본을 보전하고 일관된 이익을 올리면서, 좋은 기회를 참을성 있게 기다리는 것이다.

| 일관된 이익 |

주식시장이 항상 정점이나 바닥 근처에만 머무는 것은 아니다. 일반적으로 유능한 투기자나 투자자는 강세장 정점과 약세장 바닥 사이에서 장기추세(상승추세든 하락추세든)의 60~80%를 포착할 수 있어야 한다. 지금은 낮은 위험으로 일관된 이익을 내는 일에 주력해야 한다.

일관된 이익은 자본 보전에서 오는 당연한 결과다. 여기서 당연한 결과란 무슨 뜻인가? 더 근본적인 원칙에서 비롯된 결과라는 뜻이다. 자본은 원래 고정된 것이 아니라 증가하거나 감소하는데, 자본이 그대로 보전되면 이익도 일정하게 유지될 수밖에 없다. 자본이 증가하려면 계속해서 이익을 내야 한다. 그러나 계속해서 이익을 내려면 이익은 지키고 손실은 최소화해야 한다. 따라서 결정을 내릴 때마다 위험과 보상의 균형을 유지해야 하며, 누적 이익이나 손실에 따라 위험의 크기를 조절해야 성공을 유지할 확률이 커진다.

예를 들어 당신이 분기마다 결산한다고 가정하자. 새 분기가 시작될 때는 누적 이익이 없으므로 새 포지션의 규모가 작아야 한다. 그리고 손절매 포인트를 미리 정해놓고 이 지점에 이르면 잘못을 시인하고 포지션을 청산하여 손실을 실현해야 한다. 첫 번째 포지션에서 실패하면 다음 포지션 규모는 손실 금액에 비례해서 축소해야 한다. 이렇게 하면 분기가 끝날 때까지 자본이 바닥날 일이 없다. 실패하더라도 항상 포지션을 다시 만들 수 있다. 반대로 이익이 발생하면 일부는 남겨두고 일부는 새 포지션에 추가하는 방법으로, 일부 이익을 지키면서 이익 잠재력을 높여야 한다.

내가 5만 달러로 상품 선물을 거래하는 젊은 투기자라면 첫 포지션 규모를 자본의 10% 이하(5,000달러)로 설정하고, 손절매 포인트를 포지션의 10~20%(500~1,000달러)로 잡을 것이다. 다시 말해서 손실이 자본의 1~2%를 넘어가지 않도록 할 것이다. 첫 거래에서 1,000달러를 잃으면 다음 포지션은 4,000달러로 줄이고 손실 한도도 400~800달러로 낮출 것이다. 계속 이런 식으로 되풀이할 것이다.

반면에 첫 거래에서 2,000달러를 벌면 1,000달러는 남겨두고 1,000달러는 다음 포지션에 보태어 규모를 6,000달러로 늘린다. 그러면 일부 이익을 지키면서 이익 잠재력도 높일 수 있다. 이런 식으로 하면 다음 거래에서 손실을 보더라도 계속 거래 자금을 유지할 수 있다.

나의 시장 예측이 50% 적중한다면 이 전략으로 많은 돈을 벌게 된다. 만일 위험 대비 보상 비율을 3배 이상으로 유지한다면, 거래 3회 중 1회만 성공해도 나는 근사한 생활을 즐기게 될 것이다. 다시 말해서 객관적으로 측정한 위험보다 보상이 3배 이상 큰 기회를 찾아낸다면, 계속해서 이익을 얻을 수 있다.

거래 대부분에 성공할 것으로 기대하는 사람은 머지않아 아연실색하게 될 것이다. 야구 선수들의 타율을 생각해보라. 최고의 선수들도 30~40% 정도다. 그러나 안타를 쳤을 때 얻는 보상이 스트라이크 아웃당했을 때의 손실보다 훨씬 크다. 그래서 전체적으로 위험보다 보상이 커지는 것이다.

어떤 추세를 이용하든 위험 대비 보상을 항상 유리하게 이끌어가야 한다. 예를 들어 내가 S&P지수 선물 데이트레이딩을 한다면, 저항선이나 지지선에서 15~20틱 이상 떨어져 있으면서 청산 포인트를 3~5틱 사이에서 선택할 수 있는 지점에 관심을 기울인다. 중기 흐름을 보고 있다면 똑같은 원칙을 적용하되 규모만 달리해서, 위험 1~3포인트에 이익 3~10포인트를 기대하고 거래할 것이다.

예를 들어 1989년 10월에 나는 레버리지를 높이려고 옵션으로 매도포지션을 잡았지만, S&P지수 선물 매도도 고려했었다. 앞에서 설명한 추론을 근거로, 나는 지수가 8월 27일 고점 359.85를 하향 돌파하

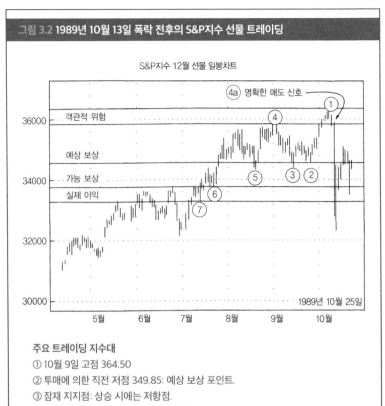

그림 3.2 1989년 10월 13일 폭락 전후의 S&P지수 선물 트레이딩

S&P지수 12월 선물 일봉차트

주요 트레이딩 지수대

① 10월 9일 고점 364.50

② 투매에 의한 직전 저점 349.85: 예상 보상 포인트.

③ 잠재 지지점: 상승 시에는 저항점.

④ 8월 27일 고점 359.85: 깨지는지 주목.

⑤ 8월 27일 이전에 확립된 지지점: 지수가 돌파하면(여기서는 하향 돌파를 말함) 매도에 적합한 지점.

⑥ 역시 확실한 지지점

⑦ 10월 13~16일에 거래한다면 가능한 보상 포인트. 지수가 돌파하면 매도에 적합한 지점.

던 10월 12일(목요일)에 S&P지수 선물을 매도했을 것이다(그림 3.2 참조). 그리고 며칠간 투매가 쏟아지면서 전저점 349.85까지 하락을 기대했을 것이다. 10월 9일의 고점 364.50을 상향 돌파한다면 내가 틀린 것이다. 객관적 위험은 얼마였을까? 4.65포인트로서 계약당 2,325달러였다. 예상 보상은 얼마였을까? 13포인트에 해당하는 계약당 6,500달러였다. 따라서 위험 대비 보상은 2.8배였다. 엄격하게 따지면 내 기준에 못 미치지만, 다른 위험평가 요소로 보면 승산이 매우 높아서 이 정도 오차는 상관없었다.

일단 지수가 예상 보상 포인트(②)를 통과한다면 나는 이익을 확보하려고 청산 포인트를 낮추었을 것이다. 그러면서 소형 지지점(③, ⑤, ⑥)에 대해 시장이 어떻게 반응하는지 주목했을 것이다.

"이익은 달리게 하고 손실은 짧게 끊어라"라는 트레이딩 규칙이 있다. 나는 이 규칙을 이렇게 해석한다. "이익의 50% 이상은 반납하지 말라." 이 사례에서 지수가 일단 349.85(②)를 하향 돌파한다면, 나는 매도 포인트를 347.10으로 따라 내렸을 것이다. 그리고 지수가 ⑥, ⑦ 포인트를 하향 돌파한다면 이에 따라 청산 포인트를 내렸을 것이다. 그 결과 나는 십중팔구 342.15(⑦보다 4틱 위)에서 매도하여 17.7포인트 이익(계약당 8,850달러)을 실현했을 것이다. 지표들이 모두 조정을 가리켰으므로 나는 이 거래가 위험이 낮다고 간주했을 것이다. 그러나 나는 시장이 하락한다고 강하게 확신했으므로, 이 방식 대신 레버리지를 극대화하려고 외가격(out-of-the-money)[1] 풋옵션을 샀다.

| 더 높은 수익률 추구 |

이익이 쌓이면 나는 방식은 그대로 유지하면서 수익률을 더 높이는 단계로 진행한다. 나는 위험을 정당화할 만큼 이익이 증가하는 경우에만 추가로 위험을 떠안는다. 이렇게 하더라도 나는 위험 대비 보상 기준을 변경하지는 않는다. 단지 포지션 규모만 늘린다는 뜻이다.

내가 라그나르의 재고자산을 운용하던 1974년 7월과 8월에 좋은 사례가 발생했다. 회계연도가 6월에 마감되었으므로 나는 다시 자본금 25만 달러를 트레이딩에 할당했다. 7월에 약 10만 4,000달러를 벌었으므로 분기 수익률이 40%를 넘어섰다. 당시 나는 시장을 강하게 비관했으므로, 이익 절반은 남겨두고 다음 달에 매도포지션을 크게 가져가기로 했다.

당시에는 시카고옵션거래소에서 풋옵션이 거래되지 않았으므로 나는 이른바 합성 풋(synthetic put)으로 매도포지션을 구축했다. 약 5만 달러를 투입해서 텍사스 인스트루먼츠, 코닥, 맥도날드, IBM 각각 3,500주를 공매도하면서 각각 콜옵션 35계약을 매수했다. 실제로 위험에 노출된 자금은 콜옵션 매입에 들어간 금액뿐이었다. 공매도한 주식들을 콜옵션으로 완벽하게 헤지했으므로 합성 풋옵션이었다.

나는 다우지수가 7월의 전저점 750을 하향 돌파할 때 포지션을 구축했는데, 예상했던 대로 시장이 급락하기 시작했다. 이어 8월 8일 닉슨 대통령이 사임하자 시장이 붕괴했다. 8월 거래를 마감할 때 내 계좌는 26만 9,000달러나 증가했다. 한 달 만에 초기 자본금이 두 배 이상 늘어난 셈이다. 이것이 바로 내가 말하는 적극적인 위험 감수로서, 확률이 유리할 때 포지션만 늘리는 방식이다. 내 예측이 완전히 빗나갔더라도 나는 벌어두었던 이익의 절반만 잃었을 것이고 남은 자금으로 더 위험이 낮은 포지션을 구축했을 것이다.

| 결론

자본 보전, 일관된 이익, 더 높은 수익률 추구라는 세 가지 원칙을 제대로 이해하면 트레이딩에 큰 도움이 될 것이다. 그러나 이런 원칙들을 실행에 옮기려면 훨씬 많은 정보가 필요하다. 그 첫 단계는 시장 흐름의 속성을 이해하는 것이다. 그리고 시장 흐름을 진정으로 이해하려면 다우 이론만 한 지식 체계가 없을 것이다.

4

시장 무질서 속의 질서
: 다우 이론

카오스 이론에 의하면 어떤 자연 활동은 무질서해서 예측할 수 없으며 확률로만 나타낼 수 있다. 예를 들어 의사는 고감도 장비로 심장박동을 관찰하고 차트로 분석할 수 있지만, 어떤 상황에서는 심장이 무작위 세동을 일으켜 박동을 예측하거나 분석할 수 없게 된다. 이런 무질서는 생명을 위협한다. 그러나 연구자들의 분석에 의하면 건강한 사람이 정신을 고도로 집중한 상태에서는 뇌파가 무질서하게 나타났지만, 간질병 환자가 발작을 일으키거나 마약 중독자가 환각 상태에 빠졌을 때는 뇌파가 규칙적이어서 예측할 수 있었다.

과학자들은 일기예보도 카오스 이론이 적용되는 분야라고 생각한다. 일기를 예측하기 어려운 것은 이른바 '초기 조건에 대한 민감성' 때문이다. 모델과 실제 상황 사이의 사소한 차이가 인과관계의 복잡한 연쇄작용을 거치면서 증폭되어, 모델에서는 실제 상황과 전혀 다른 결과가 도출되는 것이다. 따라서 카오스 이론은 기상학자들이 확률 범위에서 일기를 예보하는 것이 최선이라고 말한다.

카오스 이론이 가망 없고 무익한 이론처럼 보인다면, 순전히 내가 설명을 제대로 못 했기 때문이다. 과학자들은 무질서 행위의 요인을 연구하면 이를 방지하거나 유도할 수 있다고 믿는다. 이를 응용할 수 있는 분야는 의료, 생화학, 정신의학, 기상학, 컴퓨터 등 무한하다. 따라서 카오스 이론에 의하면 자연의 일부 사건은 완벽한 수학이나 예측 가능한 질서를 따르지 않지만, 그래도 여전히 이해할 수 있으며 일부는 예측하고 통제할 수도 있다.

금융시장도 마찬가지다. 사람들은 수학적으로 만들어진 기계가 아니라 스스로 선택하는 존재다. 그리고 이런 사람들이 바로 시장이다. 사람들은 매일 수많은 결정을 내리며 그 결과가 가격 흐름에 영향을 미친다. 자유의지를 포함해서 이렇게 복잡한 요소들을 모델로 만들어 수학적으로 정밀하게 예측할 수 있다고 생각한다면, 이는 참으로 가소로운 일이다. 시장을 구성하는 각 개인이 사건에 어떻게 반응할 것인지를 정확하게 예측하기는 절대 불가능하며, 새로운 상황이 어떻게 전개될지도 절대 예측할 수 없다. 그러나 이런 무질서에도 질서가 있으며, 그 질서를 찾아내는 일이 투기자들의 임무다.

시장 예측은 확률 문제여서 틀릴 위험이 항상 존재한다. 최고의 방법은 지식을 극대화하여, 즉 미래 사건을 일으키는 초기 조건을 이해하여 위험을 극소화하는 것이다. 이렇게 하면 확률을 유리하게 이끌어내서 더 정확한 판단을 내릴 수 있다. 이런 지식을 얻는 첫 단계는 시장 흐름의 맥을 짚어내는 것이다.

제대로 이해하기만 하면 다우 이론은 의사의 고감도 심장 모니터나 기상학자의 기압계처럼 유용한 도구가 될 수 있다. 이런 도구가 변화의 원인은 알려주지 않지만, 변화가 다가오는 조짐은 알려준다. 정확히 무슨 일이 일어날지는 알려주지 않지만 전반적으로 어떤 상황이 될 것인지는 알려준다. 윌리엄 피터 해밀턴(William Peter Hamilton)[1]은 "다우 이론은 시장 평균의 일일 변동으로부터 미래 시장 흐름을 추론하는 상식적인 기법이다"라고 말했다.

다우 이론은 주식시장 흐름을 분석하는 출발점이 되어야 한다. 다우 이론의 여러 정의와 원칙들은 주식시장뿐 아니라 모든 금융시장에도 적용된다.

| 오해받는 좋은 아이디어들 |

다우 이론이라는 지식 체계는 찰스 다우(Charles Dow), 윌리엄 피터 해밀턴, 로버트 레아의 연구를 하나로 묶은 것이다. 찰스 다우는 '다우 존스(Dow Jones & Company)'를 설립했고 〈월스트리트저널〉을 공동 창간하여 1902년 사망할 때까지 편집자로 활동했다. 그는 주가평균지수라는 아이디어를 고안하고 1895년 다우존스산업평균지수(이하 다우지수)를 창안했다. 이어서 1897년에는 철도주식 평균지수(이하 다우철도지수)도 창안했다. 그는 다우지수와 다우철도지수가 생산과 유통 부문의 기본 경제지표가 될 것으로 믿었다.

다우는 경제 활동을 나타내는 지표로 지수를 만들었을 뿐, 자신은 지수를 이용해서 주가 흐름을 예측한 적이 한 번도 없었다. 그가 죽을 때까지 축적된 데이터는 5년 치에 불과했는데도 그의 분석은 범위와 정확도 양면에서 탁월했다.

다우의 아이디어를 정리해서 경제 예측 이론으로 구성한 사람은 그의 친구 넬슨(A. J. Nelson)이었다. 넬슨은 1902년 《The ABC of Stock

Speculation(주식 투기의 기본)》을 발간하고 다우의 방법론을 다우 이론 (Dow Theory)이라고 불렀다.

다우 밑에서 일했던 윌리엄 피터 해밀턴은 당시 다우 이론을 가장 명확하게 설명한 옹호자였다. 1902년 다우가 사망하고 나서도 해밀턴 은 다우의 아이디어를 해석하고 다듬어서 1903년부터 1929년 그가 죽을 때까지 〈월스트리트저널〉 사설에 연재했다. 그는 1922년에《주식시장 바로미터(The Stock Market Barometer)》를 출간하여, 사설의 형식 제약을 벗어나 다우 이론을 정식으로 더 자세히 설명했다.

로버트 레아는 부상 때문에 1922년부터 1939년 사망할 때까지 침 대에서 작업할 수밖에 없었다. 레아는 해밀턴과 다우를 존경했으며 이 들의 이론을 주가 예측에 적용하여 근사한 이익을 올렸다. 그는 상세 한 분석을 통해서 다우 이론의 원칙과 방법론을 더 정교하게 정의했고 거래량까지 포함된 다우지수와 다우철도지수의 일일 종가 차트를 처 음으로 개발하여 일반에 공개했다.

레아가 다우 이론에 이바지한 분석 중 하나는 거래량이 미래 주가 흐름을 알려주는 더 중요한 지표라는 사실이다. 그리고 명칭을 붙이 지는 않았지만 상대강도(relative strength) 개념도 발견했는데, 이에 대 해서는 8장에서 논의한다. 1932년 배런즈에서 출간한 그의 저서《다 우 이론(The Dow Theory)》은 해밀턴의 연구를 요약했고 다우 이론의 이해를 돕는 탁월한 참고문헌이 되었다. 이후에 출간된 저서《Dow Theory Applied to Business and Banking(사업 및 금융에 대한 다우 이 론 적용)》에서 레아는 다우 이론으로 사업 활동을 계속 정확하게 예측 할 수 있음을 보여주었다.

레아는 모든 저술에서 다우 이론은 투자 지식을 보완하는 보조 수단으로 개발된 것이지, 시장과 경제 상황에 대한 기본 지식을 무시하고 사용하는 포괄적 기술 이론이 아니라고 강조했다. 다우 이론은 당연히 기술적 이론이다. 즉, 과거 가격 흐름의 패턴을 연구하여 미래 주가 움직임을 추론하는 예측 기법이다. 이런 의미에서 다우 이론은 현대 기술적 분석의 아버지다.

레아가 사망한 다음 다우 이론을 계승한 사람 중에는 유능한 인물이 드물었다. 이들이 핵심 원리를 제대로 이해하지 못한 채 잘못 적용하고 잘못 해석한 탓에, 사람들은 다우 이론이 낡아서 현대 시장에는 부적합하다고 인식하게 되었다. 그러나 사실은 전혀 그렇지 않다. 내가 다우 이론의 원리를 1896~1985년 다우지수와 다우철도지수에 적용해보았더니, 사업 확장에 의한 주가 상승 흐름을 평균 74.5% 포착했고, 경기 침체에 의한 주가 하락 흐름을 평균 62% 포착했다.

게다가 세계대전 기간을 제외하면 지수는 경기 추세의 변화를 평균 6개월 선행했고, 경기 순환의 절정과 바닥을 평균 1개월 선행했다. 1949~1985년에 다우 이론을 엄격하게 해석하여 다우지수와 다우운송지수에 따라 매매했다면, 평균 수익률이 단리로 연 20.1%가 나왔을 것이다.[2] 게다가 다우 이론을 따랐다면 1987년 시장 붕괴 시점에 매도 포지션을 잡았을 것이다. 다른 어떤 예측 기법으로도 이렇게 일관된 성공 실적을 기록할 수 없을 것이다. 따라서 진지한 투기자나 투자자라면 다우 이론을 깊이 연구해야 한다.

| 다우 이론의 가설 | 　　　　　　　　　　　　　|

　레아는 저서 《다우 이론》에서 이른바 다우 이론의 '가설'과 '정리'를
열거했다. 그러나 다우 이론은 수학이나 물리학 같은 엄격한 시스템이
아니므로 원리와 정의라는 용어가 적합하다. 그건 그렇고 다우 이론에
대한 잘못된 해석이 매우 많으므로, 나는 원전을 직접 인용하겠다. 레
아의 분석을 그가 열거한 순서대로 그의 말로 그대로 제시하겠다.[3] 그
의 아이디어는 대부분 현재에도 그대로 적용된다. 그러나 일부 수정하
거나 명확화할 내용은 뒤에 덧붙이겠다.

　레아에 의하면 다우 이론에는 '아무 조건 없이' 받아들여야 하는 세
가지 기본 가설이 있다.

가설1 주가 조작

　일일 흐름은 조작할 수 있고 2차 조정도 어느 정도는 조작할 수 있
다. 그러나 장기추세는 절대로 조작할 수 없다.

　이 분석의 핵심은 주식시장이 매우 다양하고 복잡하므로 한 개인이
나 집단이 시장 전체에 장기간 영향을 미칠 수 없다는 뜻이다. 이는 다
우 이론을 지탱하는 중요한 신조다. 시장 전체의 흐름을 한 사람이 인
위적으로 바꿀 수 있다면, 지수 분석이 기껏해야 조작자의 의도를 해
독하는 작업에 그치기 때문이다. 가설 2를 보면 가설 1의 중요성이 더
욱 분명하게 드러난다.

　다우, 해밀턴, 레아 모두 당시에 주가 조작의 정도가 매우 과대평가

되었다고 생각했다. 이들은 주로 투기 과정에서 실수를 저지른 개인들이 자신의 책임을 회피하려고 주가 조작을 탓한다고 생각했다.

나는 지금도 마찬가지라고 생각한다. 지금은 규제가 한층 강화되었으므로 단기추세에 대해서조차 개인이 주가를 조작하기가 사실상 불가능하다. 그러나 프로그램 트레이딩은 중요한 주가 조작 수단이 될 수 있다. 이에 대해서는 6장에서 논의한다. 장기추세 역시 기본적으로 조작할 수 없다. 그러나 1987년 10월 시장 붕괴 이후 우리가 깨달았듯이 추세의 특성이 바뀔 수는 있다. 기관은 수십억 달러를 동원하므로 장기추세를 어떤 방향으로든 앞당길 수 있다.

가설 2 평균은 세상만사를 반영

다우지수와 다우철도지수 종가의 일일 변동은 모든 사람의 희망, 실망, 지식을 반영한다. 따라서 (천재지변을 제외한) 미래 사건이 미치는 영향까지 항상 지수 흐름에 적절하게 반영된다. 지수는 화재와 지진 같은 재난도 신속하게 평가한다.

[주: 레아는 "(천재지변을 제외한)"이라고 말했지만, 지금은 "(천재지변, 연준의 조처 등 정부 조처를 제외한)"으로 수정해야 한다.]

찰스 다우는 이와 똑같은 생각을 다음과 같이 표현했다.

시장은 바람에 따라 이리저리 흔들리는 풍선이 아니다. 시장은 현재나 가까운 장래 가치에 가격을 맞추려는 선견지명 있는 전문가들의 진지하고도 사려 깊은 노력을 보여준다.[4]

이 표현을 현대에 맞게 수정하자면 이 분석은 다우지수와 다우철도 지수뿐 아니라 채권, 통화, 상품, 옵션지수 등 모든 시장지수에도 적용된다. 시장 평균이 사건을 반영하거나 기업의 장래 가치를 반영한다는 점은 이해하기 어렵지 않다.

(주식 등 유가증권을 장기보유하는) 투자자들은 증권시장을 통해서 가장 수익성이 높을 것으로 생각되는 기업, 상품, 기타 금융상품에 자본을 배분한다. 이들은 과거 실적, 미래 전망, 개인적 선호, 미래 예측에 따라 자원을 배분한다. 결국 미래 소비자(자본, 도매시장, 소매시장을 포함한 광의의 소비자) 수요를 잘 예측하는 투자자들이 생존하고 이익을 얻는다. 정확한 투자는 이익으로 보상받지만 부정확한 투자는 손실로 응징당한다.

투기자와 투자자 들이 증권시장에서 이렇게 활동한 결과, 수익성 높은 기업들은 성장하고 수익성 낮은 기업들은 위축된다. 이들의 활동이 과거에 대해서는 아무 영향을 미치지 못하고 기업들이 이미 투자한 자본재를 전환할 수도 없지만, 부실한 기업으로 유입되는 자금은 확실히 차단한다. 시장 평균의 흐름이 바로 이 과정을 보여준다.

만일 시장 참여자들이 미래 기업 활동을 정확하게 예측하지 못한다면, 우리 자산은 계속해서 감소할 것이고 장기 강세장 같은 것은 오지 않을 것이다. 그러나 실제로는 참여자들이 미래 기업 활동을 대체로 정확하게 예측하기 때문에 주가 흐름이 경기 순환을 선도한다. 주가와 경기 순환 사이에 시차가 발생하는 것은, 주식은 유동성이 높아서 즉시 거래할 수 있지만 기업의 재고자산과 자본재는 유동성이 낮아서 조정하려면 시간이 걸리기 때문이다.

레아는 "(천재지변을 제외한) 미래 사건이 미치는 영향까지 항상 지수 흐름에 적절하게 반영된다"라고 말했다. 여기서 적절하게 반영된다는 말은 현재 사건이 미래 기업 활동에 미치는 영향에 대해서 의견이 다양하다는 뜻을 내포한다. 시장 평균은 낙관주의자, 비관주의자, 현실주의자 등 제각각 의견이 다른 온갖 개인과 기관을 나타낸다.

레아는 미래 사건을 해석하는 다수 의견이 항상 옳다고 말한 것이 아니라, 평균이 항상 다수 의견을 반영한다고 말했다. 따라서 노련한 참여자는 평균을 분석하면 장기추세의 방향과 강도를 알 수 있고, 시장이 과매수인지 과매도인지 알 수 있으며, 의견의 흐름이 바뀌는 시점과 시장 위험이 대폭 증가하는 시점도 알 수 있다.

나는 레아의 가설에 "연준의 조처 등 정부 조처를 제외한"을 추가했다. 이는 정부의 입법, 통화, 재정, 무역 정책이 자연재해와 마찬가지로 경제에 장기적으로 막대한 영향을 미치므로, 주가 흐름에 즉각적으로 극적인 충격을 줄 수 있기 때문이다. 그리고 정부 정책 입안자들도 인간이므로 이들의 행동을 항상 정확하게 예측하기란 불가능하다.

그 대표적인 사례가 1984년 7월 24일 발생했다. 연준 의장 폴 볼커가 연준의 긴축정책이 '부적절했다'고 발표한 것이다. 이 말에 여신규제 완화 기대감이 퍼지면서 주가지수가 그날로 바닥을 찍었고 새로운 강세장이 시작되었다.

가설 3 다우 이론은 완벽하지 않다

다우 이론이 시장을 이기는 완벽한 시스템은 아니다. 다우 이론을 이용해서 투기에 성공하려면 진지하게 연구하고 근거를 편견 없이 종합해야 한다. 소망 때문에 합리적 사고를 그르쳐서는 안 된다.

주식시장은 인간으로 구성되며 인간은 완벽하지 않다. 모든 주식 거래가 이루어질 때마다 한 사람은 맞고 다른 한 사람은 틀린다. 주가 평균은 거래의 종합 결과, 즉 시장 참여자들의 '공동 지혜'를 대표하지만 역사를 돌아보면 수많은 사람이 단체로 틀리는 사례가 반복되었다. 따라서 시장은 완벽한 것이 아니라, 참여자들에게 자신의 잘못을 신속하게 수정하고 조절하도록 허용할 뿐이다.

'효율적시장' 이론이 좋은 예다. 이 이론의 주요 가정은 컴퓨터의 등장으로 정보가 매우 빠르고 효율적으로 확산하므로 '시장을 이기기'가 불가능하다는 것이다. 그러나 이 가정은 "평균이 세상만사를 반영한다"라는 다우 이론의 가설 2를 터무니없이 해석한 것에 지나지 않는다. 모든 사람이 모든 주요 정보를 동시에 얻는다는 생각부터 불합리하다. 사람마다 중요하다고 생각하는 바가 다르기 때문이다.

설사 모든 사람이 똑같은 정보를 동시에 받는다고 해도, 사람들은 자신의 환경과 선호에 따라 다르게 반응할 것이다. 모든 사람이 똑같은 정보를 받아 똑같이 반응한다면 시장은 존재하지 않을 것이다! 시장은 교환을 촉진하려고 존재하는 것이며, 교환은 가치 선호도와 판단의 차이에서 비롯된다는 사실을 기억해야 한다.[5]

시장지수는 투자 자금의 형태로 일치된 의견을 나타내기 때문에 예측 가치가 있다. 결국 주가를 결정하는 것은 사람들의 판단과 선호다. 장내 거래인에게 주가가 오르는 이유를 물어보면 이들은 반농담 삼아 "사자가 팔자보다 많기 때문이죠"라고 대답한다. 이 대답은 실제로

"이유는 모르지만 거래 금액에 나타나는 다수 의견이 주가 상승입니다"라는 뜻이다.

투기자의 주된 임무는 시장 참여자들의 의견에 영향을 미쳐 현재 추세에 변화를 일으키는 요소를 찾아내는 일이다. 이때 시장지수를 이용하면 각종 사건이 대중의 의견에 미치는 영향을 파악할 수 있다. 고려할 사건에는 정치, 경제, 기술혁신, 유행, 특정 기업의 이익 전망 등 온갖 유형이 포함될 수 있다.

이 작업은 역사적 맥락에서만 수행할 수 있으므로, 과거의 지배적 요소들을 찾아내서 이를 바탕으로 미래를 추정해야 한다. 일부 요소는 예나 지금이나 변함없이 유지된다. 그리고 대중의 의견을 이끌어가는 펀더멘털은 장기간에 걸쳐 천천히 변화한다. 우리가 노력을 기울이면 이런 펀더멘털을 추출하여 미래를 매우 정확하게 예측할 수 있다.

해밀턴은 주가 평균이 경제의 날씨를 예측하는 기압계라고 보았다. 기압계는 날씨를 예측할 때 기압의 변화를 측정하는 도구다. 기압의 변화는 항상 날씨에 선행하므로 기압계는 날씨 예측에 매우 소중한 도구가 된다. 그러나 기압계는 강수량을 알려주지도 않고 기온 변화를 정확하게 알려주지도 않는다. 마찬가지로 주가 평균도 경제 예측에 핵심적인 도구이지만 퍼즐 전체를 짜맞추려면 많은 보완 정보가 있어야 한다.

| 다우 이론의 정리 |

레아는 다우 이론의 가설을 설명한 다음, 다우와 해밀턴의 글로부터 이른바 '정리'를 도출했다. 레아는 1932년에 이 자료를 출간했는데 지금까지도 정확하게 맞는다. 그러나 이 정리들은 전체적인 맥락 안에서 파악해야 한다. 더 정확하게 이해하려면 다우지수와 다우운송지수를 거래량까지 포함해서 모두 구한 다음, 평균의 흐름을 해밀턴과 레아의 사설과 연계하여 분석해야 한다(사설은 〈월스트리트저널〉과 〈배런즈〉에 있다). 번거롭더라도 이 작업은 당신이 직접 하는 수밖에 없다. 일단 해밀턴과 레아의 생각 특성을 파악하면 이들을 현대에 더 쉽게 적용할 수 있다. 이때 명심해야 하는 몇 가지 보완 사항들은 다음 논의에서 다루기로 한다(그림 4.1 참조).

정리1 다우의 세 가지 흐름

주가 평균에는 세 가지 흐름이 있으며 모두 동시에 진행될 수 있다. 가장 중요한 첫 번째 흐름은 장기추세다. 여러 해 이어지는 전반적인 상승추세나 하락추세로서 강세장이나 약세장이라고도 부른다. 두 번째는 가장 속기 쉬운 흐름인 2차 조정으로서 강세장에서 나타나는 중요한 하락추세나, 약세장에서 나타나는 중요한 반등 추세다. 2차 조정은 대개 3주~수개월 이어진다. 세 번째는 대체로 중요하지 않은 흐름인 일일 등락이다.

레아의 설명은 본질적으로 옳지만 다우 이론의 세 가지 흐름은 주가 평균뿐 아니라 모든 시장에 적용된다. 레아의 첫 번째 정리를 기억하기 쉽게 수정하면 다음과 같다.

어느 시장에나 주가 평균에는 세 가지 흐름이 있다. 며칠에서 몇 주 이어지는 단기

그림 4.1 다우지수, 다우운송지수 일봉 차트(거래량 포함)

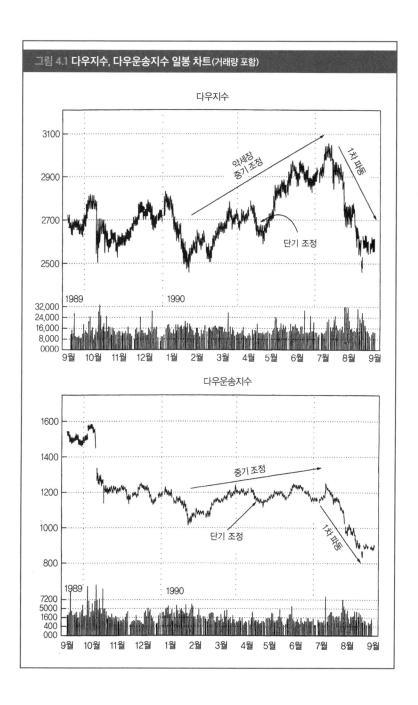

추세, 몇 주에서 몇 개월 이어지는 중기추세, 몇 개월에서 몇 년 이어지는 장기추세다. 세 가지 추세는 항상 진행되며, 서로 반대 방향으로 진행되기도 한다.

장기추세가 단연 가장 중요하며 찾아내서 분류하고 이해하기가 가장 쉽다. 투자자에게는 가장 중요한 관심사가 되지만, 투기자에게는 그 중요도가 감소한다. 중기추세와 단기추세는 장기추세를 구성하는 부속 요소이므로, 장기추세 안에서 인식할 때만 제대로 이해하고 이용할 수 있다.

중기추세는 투자자에게는 두 번째로 중요하고 투기자에게는 가장 중요한 요소다. 장기추세와 같은 방향으로 진행할 수도 있고, 반대 방향으로 진행할 수도 있다. 중기추세가 장기추세를 크게 거스르면 조정이 된다. 이런 조정을 장기추세가 바뀐 것으로 혼동하지 않으려면 그 특성을 엄밀하게 평가해야 한다.

단기추세는 예측하기 가장 어려우며 트레이더에게만 주요 관심사가 된다. 투기자와 투자자는 매매 시점을 포착할 때만 단기추세에 관심을 기울이면 된다.

주가 흐름을 세 가지 추세로 분류하는 것은 단순한 지적 훈련이 아니다. 투자자는 세 가지 추세 중 장기추세에 초점을 맞추지만 노력을 기울인다면 장기추세에 역행하는 중기추세와 단기추세를 이용해서 실적을 개선할 수도 있다. 첫째, 장기추세가 상승하면 중기 조정기에 공매도하여 이익을 실현하고 이 이익으로 조정기 바닥 근처에서 피라미드형으로 매수포지션을 추가한다. 둘째, 같은 전략을 실행하되 풋옵션을 사거나 콜옵션을 판다. 셋째, 장기추세의 전환이 아니라 단지 중기추세일 뿐이라고 확신하고 계속 매수포지션을 유지한다. 넷째, 단기추세를 이용한 매매로 실적을 개선한다.

투기자도 위의 셋째 방법을 제외하면 똑같은 전략을 구사할 수 있다. 투기의 목적은 상승이든 하락이든 중기추세를 이용하는 것이기 때문이다. 투기자는 단기추세를 이용해서 중기추세의 전환 신호를 찾아낼 수 있다. 투기자의 사고방식은 투자자와 다르지만, 변화를 감지하는 기본 원칙은 매우 비슷하다.

1980년대 초부터 프로그램 트레이딩이 도입되고 정보 확산 방식이 개선되면서 중기추세의 변동성이 극적으로 커졌다. 1987년 이후에는 하루에 50포인트 이상 등락하는 일이 흔해졌다. 이 때문에 이제는 장기보유 투자전략의 타당성이 의심스러워 보인다. 조정기에도 계속 매수포지션을 유지하여 몇 년 동안 모은 이익을 대부분 반납하는 것은 분명히 낭비다. 물론 대개 이후 몇 달에서 몇 년 동안 이익을 회복하게 된다. 그러나 중기추세에 집중하면 이런 손실의 상당 부분을 피할 수 있다. 따라서 나는 신중한 투자자라면 중기추세에 주로 집중해야 한다고 생각한다.

그러나 중기추세에 정확하게 집중하려면 장기추세의 맥락에서 중기추세를 이해해야 한다.

정리2 장기추세

1년 미만에서 여러 해까지 이어지는 전반적인 추세로서, 강세장이나 약세장이라고도 한다.[6] 투기에 성공하려면 장기추세의 방향을 정확하게 판단하는 일이 가장 중요하다. **장기추세의 크기와 기간을**

예측하는 기법은 없다(강조는 저자가 추가).

투기와 투자에 성공하려면 최소한 장기추세를 반드시 알아야 한다. 장기추세를 자신 있게 식별해내는 사람은 특정 시장을 선택하여 매매 시점만 신중하게 결정하면 충분히 먹고살 수 있다. 장기추세의 크기와 기간을 정확하게 예측하는 방법은 없지만, 과거 가격 흐름 데이터를 이용하면 장기추세와 중기추세의 특성을 파악할 수 있다.

레아는 다우지수의 가격 흐름을 유형, 크기, 기간에 따라 분류했지만 데이터는 30년 분량에 불과했다. 그런데도 그가 분석한 특성과 후학들이 92년 분량으로 분석한 특성이 거의 똑같다.[7] 예를 들어 강세장과 약세장 2차 조정의 크기와 기간을 나타낸 종형 곡선 분포는 현재 나오는 자료나 레아가 1932년에 발표한 자료나 거의 같다. 지금은 단지 데이터 포인트가 더 많을 뿐이다.

이는 정말로 놀라운 사실이다. 지난 반세기 동안 지식이 축적되었는데도, 주가 흐름을 결정하는 심리는 그동안 거의 변하지 않았다는 뜻이기 때문이다. 또한 앞으로 발생하는 2차 조정의 크기와 기간이, 과거에 발생했던 2차 조정 중앙값 안에 들어갈 확률이 매우 크다는 뜻이기도 하다. 만일 가격 흐름이 중앙값 수준을 벗어난다면 날이 갈수록 새로운 추세가 형성될 가능성이 커진다. 이런 위험평가 원리를 조심스럽게 적용하면, 미래 가격 흐름에 대한 예측력을 대폭 높일 수 있다.[8]

정리 3 약세장

간간이 중요한 반등이 나타나는 장기 하락장이다. 다양한 경제병 때문에 나타나며 주가에 최악의 상황까지 철저하게 반영되어야 비로소 끝난다. 약세장에는 세 가지 국면이 있다. 첫째, 주식을 너무 비싼 가격에 샀다는 사실을 깨닫고 희망을 버린다. 둘째, 기업의 실적 악화에 실망한 매물이 쏟아진다. 셋째, 사람들이 자산 일부라도 건지려고 가치에 상관없이 건전한 주식까지 투매한다.

위 정의를 몇 가지 측면에서 명확하게 정리하겠다. 약세장의 주요 특징은 중요한 반등에서도 다우지수와 다우운송지수가 이전 강세장 고점이나 2차 조정 고점을 뚫지 못한다는 사실이다. 경제병이란 거의 틀림없이 정부 조처, 간섭주의 입법 활동, 지나치게 구속하는 세금정책과 무역정책, 무책임한 통화정책이나 재정정책, 대전쟁 등이다.[9]

1896년부터 현재까지 주가 평균으로 내가 분류한 다우 이론에 의하면 약세장의 특징은 다음과 같다.

1. 약세장 하락 폭의 중앙값은 이전 강세장 고점의 29.4%이며, 약세장의 75%는 하락 폭이 20.4~47.1% 수준이다.
2. 약세장 지속 기간의 중앙값은 1.1년이며, 약세장의 75%는 지속 기간이 0.8~2.8년이다.
3. 대개 약세장이 시작될 때는 이전 강세장 고점을 적은 거래량으로 '시험'한 다음 대량거래를 수반하면서 급락한다. '시험'이란 주가가 직전 고점에 접근하지만 도달하지 못하는 행태를 말한다. 시험 기간에 거래량이 적은 것은 사람들이 자신감을 상실하여 '주식을 너무 비싼 가격에 샀다고 생각하고 희망을 접기 쉬운 상태'

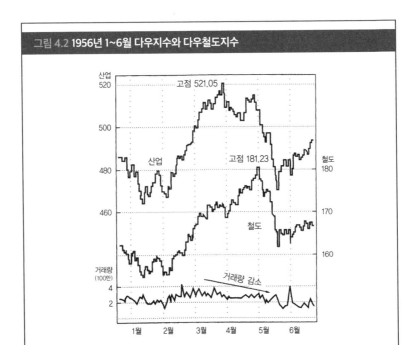

그림 4.2 **1956년 1~6월 다우지수와 다우철도지수**

1956년 약세장 시작. 약세장 시작을 보여주는 전형적인 예다. 거래량이 감소하면서 고점이 형성된 모습은 '주식을 너무 비싼 가격에 샀다고 생각하고 희망을 접었음'을 가리킨다.

임을 가리킨다(그림 4.2 참조).

4. 약세장이 장기간 이어진 다음에는 대개 갑자기 상승하는 2차 조정이 일어나며, 이어 거래량이 감소하면서 '박스권(line)'●을 형성하지만 결국 천천히 하락하여 새로운 저점을 기록한다(그림 4.3 참조).

5. 약세장이 확인되는 날은 다우지수와 다우운송지수 둘 다 지난 강세장 조정기의 저점을 뚫고 계속 내려가는 날이다. 한 평균이 시

● 이 책에서 '박스권'의 의미는 119쪽 로버트 레아의 '박스권' 정의를 참조. - 편집자

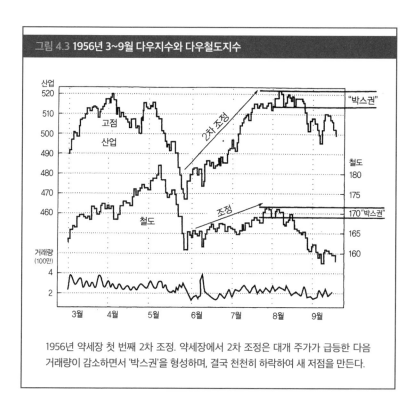

그림 4.3 1956년 3~9월 다우지수와 다우철도지수

1956년 약세장 첫 번째 2차 조정. 약세장에서 2차 조정은 대개 주가가 급등한 다음 거래량이 감소하면서 '박스권'을 형성하며, 결국 천천히 하락하여 새 저점을 만든다.

차를 두고 다른 평균을 따라가는 경우도 많다(그림 4.4 참조).

6. 약세장 2차 조정은 대개 '역 V자' 패턴이며 저점에서 거래량이 많고 고점에서 거래량이 적다(그림 4.5 참조).

약세장에 대한 레아의 다음 분석도 주목할 만하다.

약세장이 막바지에 이르면 시장은 악재와 비관론이 더 나와도 반응하지 않는 모습이다. 큰 폭으로 내린 다음에도 반등 능력을 상실한 것처럼 보이고, 투기 활동이 사라져 평형 상태에 이른 것처럼 보이며, 매물이 나와도 가격이 거의 내리지 않지

그림 4.4 1981년 다우지수와 다우운송지수

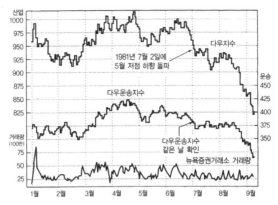

약세장 확인. 약세장이 확인되려면 두 지수 모두 이전의 주요 2차 조정 저점을 하향 돌파해야 한다. 이 사례에서는 7월 2일 다우지수가 5월 저점을 하향 돌파했다. 다우운송지수도 같은 날 약세장을 확인했다. 약세장 확인 날짜와 7월 2일에 나타난 매도 신호를 혼동해서는 안 된다.

그림 4.5 1973년 다우지수와 다우운송지수

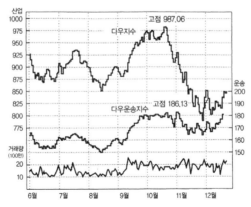

약세장 2차 조정은 전형적인 '역 V자' 패턴. 8월에 시작해서 11월에 고점에 이른 약세장 반등은 전형적인 '역 V자' 패턴을 보임. 고점(다우지수 987.06과 다우운송지수 186.13)에서 거래량이 상대적으로 적었고, 이어지는 급락 과정에서 거래량이 증가했다는 점에 주목하라.

만 호가를 끌어올릴 만한 수요도 보이지 않는다. 비관론이 만연하고 배당금이 누락되며 주요 기업들도 재정난에 허덕인다. 이 모든 이유로 박스권이 형성된다. 이 박스권이 명확하게 상향 돌파되면 주가 평균이 매일 조금씩 상승하고, 이후 하락하더라도 직전 저점을 뚫고 내려가지 않는다. 이때가 투기적 매수포지션 신호가 분명하게 나타나는 시점이다(그림 4.6 참조).

이 분석은 상품시장에도 그대로 적용된다.

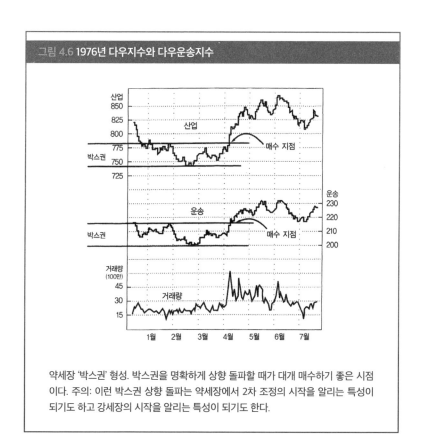

그림 4.6 1976년 다우지수와 다우운송지수

약세장 '박스권' 형성. 박스권을 명확하게 상향 돌파할 때가 대개 매수하기 좋은 시점이다. 주의: 이런 박스권 상향 돌파는 약세장에서 2차 조정의 시작을 알리는 특성이 되기도 하고 강세장의 시작을 알리는 특성이 되기도 한다.

강세장

간간이 2차 조정이 나타나는 장기 상승장이며 평균 2년 넘게 이어진다. 기업 여건 개선과 투기 활동 증가로 투기 및 투자 매수 수요가 창출되어 주가가 상승한다. 강세장에는 세 가지 국면이 있다. 첫째, 기업의 미래에 대한 확신이 다시 살아난다. 둘째, 기업의 실적 개선에 주가가 반응한다. 셋째, 투기가 만연하고 주가에 거품이 낀다. 희망과 기대감이 주가를 밀어올리는 기간이다(그림 4.7 참조).

위 정의도 명확하게 정리하겠다. 강세장의 두드러진 특성은 모든 주

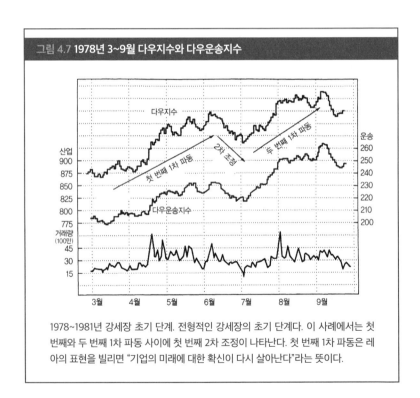

그림 4.7 1978년 3~9월 다우지수와 다우운송지수

1978~1981년 강세장 초기 단계. 전형적인 강세장의 초기 단계다. 이 사례에서는 첫 번째와 두 번째 1차 파동 사이에 첫 번째 2차 조정이 나타난다. 첫 번째 1차 파동은 레아의 표현을 빌리면 "기업의 미래에 대한 확신이 다시 살아난다"라는 뜻이다.

요 지수가 계속 신고점을 기록하고, 하락하더라도 이전 2차 조정의 저점보다 높은 곳에서 반등하며, 이어서 계속 신고점을 기록한다. 2차 조정이 오더라도 두 지수가 이전의 주요 저점 밑으로 내려가지 않는다. 강세장의 특징은 다음과 같다.

1. 강세장 상승 폭의 중앙값은 이전 약세장 저점의 77.5%다.
2. 강세장 지속 기간의 중앙값은 2년 4개월, 즉 2.33년이다. 강세장의 75%는 지속 기간이 657일(1.8년)이 넘었으며, 67%는 1.8~4.1년이었다.
3. 강세장의 시작은 어느 정도 시간이 흘러야 이전의 2차 조정 반등과 구분할 수 있다(위 약세장에 대한 레아의 분석에서 '약세장 끝'을 '강세장 시작'으로 대체해보라. 그림 4.6 참조).
4. 강세장에서 2차 조정이 오면 대개 주가가 급락한 다음 다시 상승한다. 조정 초기에는 보통 대량거래가 수반되며 저점에서는 거래량이 감소한다(그림 4.8 참조).
5. 강세장이 확인되는 날은 다우지수와 다우운송지수 둘 다 지난 약세장 2차 조정의 고점을 뚫고 계속 올라가는 날이다.

정리 5 2차 조정

2차 조정은 강세장에서 나타나는 중요한 하락이나 약세장에서 나타나는 중요한 상승으로서 대개 3주~3개월 진행되며, 직전 2차 조정 이후 진행된 장기추세의 주가 흐름을 33~66% 되돌려놓는다. 사람들은 흔히 2차 조정을 장기추세의 변화로 착각한다. 이는 강세장의 첫 단계는 약세장에서 2차 조정이 일어날 만한 상황에서 시작되며, 반대로 약세장의 첫 단계는 강세장이 정점에 이른 다음 2차 조정이 일어날 만한 상황에서 시작되기 때문이다.

2차 조정은 장기추세의 주가 흐름을 크게 되돌리는 중요한 중기추세다. 장기추세를 거스르는 중기추세가 '중요한지' 판단하는 일은 다

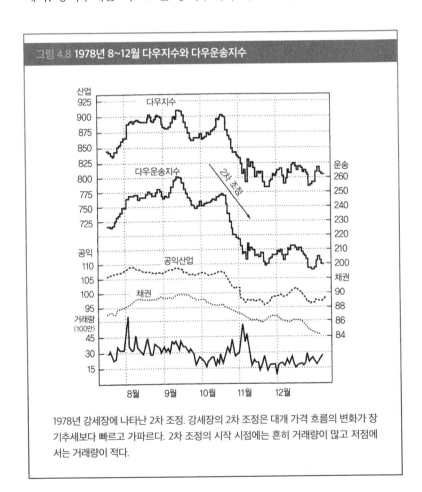

그림 4.8 1978년 8~12월 다우지수와 다우운송지수

1978년 강세장에 나타난 2차 조정. 강세장의 2차 조정은 대개 가격 흐름의 변화가 장기추세보다 빠르고 가파르다. 2차 조정의 시작 시점에는 흔히 거래량이 많고 저점에서는 거래량이 적다.

우 이론에서 가장 미묘하고도 어려운 작업이며, 이때 판단을 그르치면 차입금이 많은 투기자는 막대한 타격을 입게 된다.

중기추세가 조정인지 판단하려면 거래량, 과거 통계 데이터 기준으로 본 조정 확률, 시장 참여자들의 전반적인 태도, 기업들의 재정 상태, 경제 상황, 연준의 정책, 기타 요소들을 분석해야 한다. 이런 구분이 다소 주관적이지만 반드시 정확하게 판단해야 한다. 그러나 2차 조정인지 장기추세가 끝난 것인지를 구분하기가 어렵거나 불가능한 경우가 매우 많다. 다행히 유용한 지표들이 있는데, 이에 대해서는 논의를 진행하면서 설명할 것이다.

내가 한 조사에서도 레아의 분석이 옳은 것으로 밝혀졌다. 대부분 2차 조정은 이전 1차 파동(1차 파동은 2차 조정 사이에 진행되는 1차 주가 흐름 구간)의 33~66%를 되돌려놓았고, 지속 기간은 3주~3개월이었다. 과거 모든 조정 중 61%가 직전 1차 파동의 30~70%를 되돌렸고, 65%가 3주~3개월 동안 진행되었으며, 98%가 2주~8개월 동안 진행되었다. 2차 조정의 다른 주요 특성은 가격 흐름의 변화가 장기추세보다 빠르고 가파르다는 점이다.

2차 조정을 (장기추세 및 중기추세에서 흔히 나타나는) 단기 조정과 혼동해서는 안 된다. 단기 조정은 중기추세와 반대 방향으로 진행되며, 98.7%는 지속 기간이 2주(14영업일)에도 못 미친다. 다우지수와 다우운송지수의 역사에서 지금(1989년 10월)까지 나타난 2주 미만의 중기 주가 흐름 694개 가운데 2차 조정으로 분류될 만한 사례는 9개에 불과하다.

레아가 2차 조정으로 정의한 핵심 용어가 '중요한'이다. 일반적으로 직전 1차 파동의 3분의 1 이상을 되돌리는 주가 흐름이 단지 기술

적 요소가 아니라 경제 펀더멘털의 변화에서 비롯되었다면 이는 '중요
하다.' 예를 들어 연준이 주식시장 증거금률을 50%에서 70%로 인상
한다면, 경제나 기업의 건전성과 전혀 관계없이 상당한 매물이 쏟아질
것이다. 이때 나타나는 주가 흐름은 단기 조정이다.

반면에 대형 지진이 발생하여 캘리포니아 절반이 바다 밑으로 가라
앉아 3일 만에 지수가 600포인트 하락했다면, 기업들의 이익이 영향
받을 것이므로 이는 '중요하다.' 그러나 단기 조정과 2차 조정이 항상
이렇게 명확히 구분되는 것은 아니어서 다소 주관이 개입된다.

레아는 2차 조정을 보일러의 압력 조절 시스템에 비유했다. 강세장
에서 나타나는 2차 조정은 과매수 시장의 압력을 덜어주는 안전밸브
와 같다. 약세장에서 나타나는 2차 조정은 과매도로 부족해진 시장의
압력을 채워주는 가열 활동과 같다.

│ 결론

다우 이론 하나만으로는 시장 흐름을 예측하는 종합 수단이 절대
될 수 없다.[10] 그러나 매우 소중한 지식 요소이므로 신중한 투기자라면
무시해서는 안 된다. 다우 이론의 여러 원리는 월스트리트에서 사용하
는 말과 어휘 속에 은연중에 들어 있다. 예를 들어 대부분 시장 전문가
는 조정이 무엇인지 대강 알고 있다. 그러나 내가 아는 사람 중에 조정
을 다우 이론처럼 객관적으로 정의한 사람은 아무도 없었다.

우리는 다우 이론의 기본 신조를 개관함으로써, 현재와 과거 주가
평균의 흐름을 분석하여 미래 주가 흐름을 예측하는 일반 기법을 공부

했다. 이제 우리는 추세가 무엇인지 대강이나마 이해하게 되었다. 어느 시장에나 동시에 진행되는 추세 세 가지가 있으며, 각 추세의 상대적 중요성은 트레이더, 투기자, 투자자에 따라 달라진다는 사실도 알았다.

이제는 이런 내용을 기억하면서 주가 추세를 더 깊이 이해할 때다. 결국 추세가 무엇이고 언제 가장 변하기 쉬운지를 알면, 시장에서 돈 버는 데 필요한 지식을 모두 확보하는 셈이다.

5

추세의
정확한 이해

| 상승추세, 하락추세 |

내게 가장 놀라운 일 가운데 하나는 심지어 시장 전문가 중에도 추세를 제대로 이해하는 사람이 거의 없다는 사실이다. 예를 들어 누군가 내게 그림 5.1을 보여주면서 금의 추세가 무엇인지 물어본다면 내가 어떻게 대답할 것으로 생각하는가? 모범답안은 "어떤 추세를 말하는 건가요?"가 될 것이다.

이 차트에서 나는 세 가지 서로 다른 추세를 본다. 하락하는 장기추세(A), 상승하는 중기추세(B), 하락하는 단기추세(C)다(그림 5.2). 주가 추세를 찾을 때는 매우 구체적이고 일관된 관점을 유지해야 한다.

내가 트레이더들을 양성하던 시절, 거의 모든 트레이더가 추세선을 잘못 그린 차트를 내게 들고 와서 이런 식으로 말하곤 했다. "이 차트 좀 보세요. 추세선이 깨졌습니다. 훌륭한 매수 신호 아닌가요?" 추세선을 제대로 이해하지 못하는 사람은 자기 멋대로 추세선을 그리게 되며, 이런 엉터리 추세선으로 도출하는 결론은 전혀 쓸모가 없다.

추세선을 정확하고 일관되게 그리는 방법은 7장에서 자세히 설명한다.

그림 5.1 1990년 12월 금 선물 일봉 차트

1990년 9월 14일

TQ 20/20 ⓒ 1991 CQG Inc.

금의 추세는 무엇인가? 그림 5.2에 표시한 것처럼 세 가지 추세가 있다.

그림 5.2 1990년 12월 금 선물의 일봉(위), 주봉(아래) 차트

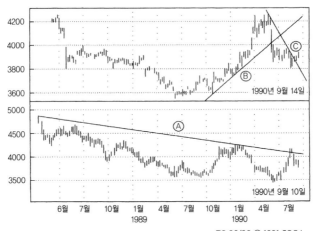

1990년 9월 14일

1990년 9월 10일

TQ 20/20 ⓒ 1991 CQG Inc.

세 가지 추세. 장기추세(수개월~수년)인 A는 하락. 중기추세(수주~수개월)인 B는 상승. 단기추세(수일~수주)인 C는 하락.

지금은 추세선이 정확히 무엇이고 어떻게 변하는지 폭넓게 파악해보자.

| 기본을 요약하면

아마도 다우 이론에서 얻는 가장 중요한 정보는 (명확하게 정의되지 않은) 추세의 정의와 장기추세, 중기추세, 단기추세에 대한 구분이다. 우리는 추세가 무엇인지 알아야만 추세전환 시점을 찾아낼 수 있다. 그리고 추세전환 시점을 정확하게 찾아내야만 매수와 매도 시점을 선정하여 이익을 극대화하고 손실을 극소화할 수 있다. 나는 다우 이론으로부터 다음과 같은 정의를 도출했다.

상승추세

직전 고점을 상향 돌파하는 잇단 상승세로서, 중간에 급락이 발생해도 직전 급락 시의 저점보다 높은 지점에 저점을 형성한다. 다시 말해서 상승추세는 고점도 더 높아지고 저점도 더 높아지는 주가 흐름이다(그림 5.3 참조).[1]

하락추세

직전 저점을 하향 돌파하는 잇단 하락세로서, 중간에 급등이 발생해도 직전 급등 시의 고점보다 낮은 지점에 고점을 형성한다. 다시 말해서 하락추세는 고점도 더 낮아지고 저점도 더 낮아지는 주가 흐름이다(그림 5.4 참조).

그림 5.3 **1987~1989년 다우지수 주봉 차트**

다우지수의 상승추세(강세장). 상승추세는 고점도 더 높아지고 저점도 더 높아지는 가격 흐름이다.

그림 5.4 **1989년 금 선물 주봉 차트**

금의 하락추세. 하락추세는 고점도 더 낮아지고 저점도 더 낮아지는 가격 흐름이다.

이 책에서 꼭 배워야 하는 내용이 이런 정의들이다. 이들은 매우 단순하면서도 지극히 중요하다. 게다가 보편성도 높아서 어느 시장에나 어느 기간에나 적용된다. 이 장의 그림들을 보면 추세를 따르는 것이 돈을 버는 길임을 쉽게 이해할 수 있다. 그러나 추세의 정의에서는 전고점과 전저점을 어떤 기준으로 정할 것인지 명확하게 말해주지 않는다. 그 기준은 매매 활동의 초점이 단기냐 중기냐 장기냐, 다시 말해서 트레이딩이냐 투기냐 투자냐에 달렸다.

그러나 추세 방향과 추세전환 포착 방법을 알지 못한다면, 어떤 시장에서 어떤 기간으로 거래하더라도 돈을 벌지 못할 것이다. 다우 이론이 아직 머릿속에 생생하게 남아 있겠지만, 매우 유용한 다우 이론의 추가 분석이 몇 가지 더 있다. 이 분석을 이해하면 추세전환이 언제 발생할 것인지, 또는 이미 발생했는지를 파악하는 데 큰 도움이 된다.

| 확인의 중요성 |

주식시장에서 누구나 저지르기 쉬운 가장 커다란 실수가, 단지 한 가지 시장 평균을 바탕으로 결론을 도출하는 것이다. 그러나 두 가지 평균이 각각 반대 방향으로 몇 주나 심지어 몇 달씩 진행하는 때도 드물지 않다. 이를 다이버전스(divergence)라고 하는데 주의할 대상이다. 레아는 다음과 같이 말했다.

두 가지 평균이 서로 확인해주어야 한다. 다우지수와 다우철도지수의 흐름은 항상 함께 고려해야 한다. 한 평균의 흐름을 다른 평균이 확인해주어야 신뢰도 높은 추론이 가능하다. 다른 평균이 확인해주지 않은 상태에서 한 평균의 흐름만을 바탕으로 내리는 결론은 거의 틀림없이 잘못으로 드러난다.

레아가 이렇게 분석한 시점은 1932년이다. 지금은 다우지수와 다우철도(운송)지수뿐 아니라, S&P500, 밸류라인, MMI(Major Market Index, 미국의 20개 우량 종목으로 구성된 지수 - 옮긴이), 채권지수, 달러지수, 상품지수 등도 있다. 따라서 이 원칙을 현재 시점에 적용한다면, "두 가지 평균이 서로 확인해주어야 한다" 대신 "모든 관련 지수가 확인해주어야 한다"로 수정되어야 한다. 이 원칙을 적용하기에 좋은 사례가 1987년 10월 대폭락 기간에 발생했다.

먼저, 당신은 다우 이론의 가설 중 "다우 이론은 완벽하지 않다"를 기억할 것이다. 이 가설이 대폭락 기간에 입증되었다. 나는 다우 이론을 바탕으로 1987년 10월 대폭락이 약세장의 두 번째 국면이라고 생각했다. 모든 관련 지수가 이전의 주요 저점을 하향 돌파하고 새로운 저점을 기록했기 때문이다. 이는 다우 이론에서 말하는 약세장 신호다.

그러나 실제로는 약세장이 시작되지 않았다. 엄격한 다우 이론의 잣대로 보면 1987년 10월 19일 이후 기간은 강세장 국면에 나타난 2차 조정이었다. 이전 2차 조정 저점을 하향 돌파했는데도 약세장으로 진입하지 않은 2차 조정으로서, 91년 만의 유일한 사례였다.

이는 레아가 정의한 약세장 기준에 맞지 않았으므로 조정으로 분류해야 마땅했다. 내 주장은 이렇다. 만일 연준이 10월에 양적완화를 시행하지 않았고 독일과 일본도 10월에 자금을 투입하여 경제를 자극하지 않았다면, 실제로 약세장이 진행되어 과거의 잘못된 투자를 바로잡았을 것이다. 그러나 이들은 시장에 개입했고 S&P가 12월에 바닥을 쳤으며, 마침내 시장은 신고점을 기록했다. 이때가 바로 "모든 관련 지수가 확인해주어야 한다"라는 원칙을 적용해야 하는 시점이었다.

먼저, 1989년 4월 18일 다우운송지수가 1987년 8월에 기록한 고점을 상향 돌파했다. 7월 10일에 밸류라인 지수가 뒤를 따랐고 S&P500 지수도 7월 24일 합류했다(그러나 S&P 지수들 중에서 1989년에 신고점을 기록한 것은 29%에 불과하다). 그러나 다우 이론을 엄격하게 적용하면, 강세장 확인일은 다우지수가 1987년 8월 25일 고점을 돌파하고 계속 상승한 1989년 4월 18일이었다(그림 5.5). 이제 나는 강세장 국면의 2차 조정

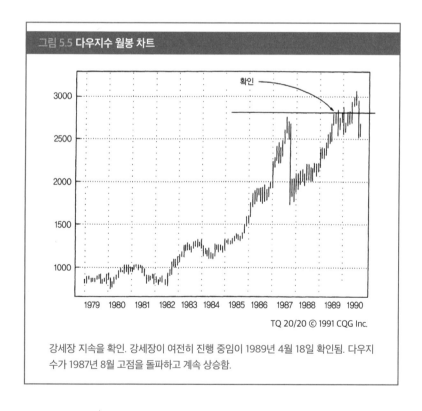

그림 5.5 다우지수 월봉 차트

확인

TQ 20/20 ⓒ 1991 CQG Inc.

강세장 지속을 확인. 강세장이 여전히 진행 중임이 1989년 4월 18일 확인됨. 다우지수가 1987년 8월 고점을 돌파하고 계속 상승함.

기간이 다우운송지수에는 1987년 8월 25일~1987년 12월 4일이었고, 다우지수에는 1987년 8월 25일~1987년 10월 19일이었다고 분류한다. 당시는 혼란스러운 기간이어서 다우 이론이 제시하는 객관적 기준이 없었다면 나는 더 큰 혼란에 빠졌을 것이다.

여기서 강조할 사항이 있다. 1987년 대폭락은 역사적 맥락에서 이상 현상이었는데도 다우 이론을 엄격하게 적용한다면, 10월 14일 다우지수가 거래량이 증가하면서 9월 21일의 저점을 하향 돌파할 때 명확한 매도 신호가 나타났다는 사실이다(다우운송지수는 이미 신저점을 기록했다). 장기추세를 강세장으로 보든 약세장으로 보든 상관없었다. 그러나 대폭락을 약세장의 두 번째 국면으로 간주한다면, 그 이후에는 명확한 장기 매수 신호가 나타나지 않았다.

약세장으로 간주한 나는 2차 조정을 기다리면서 1987년 10월 24일 매수포지션을 잡았다. 1988년 3월 매수포지션을 청산한 다음, 나는 1989년 10월 초까지 주로 관망하다가 2장에서 설명한 것처럼 거래했다. 주로 다우 이론 덕분에 나는 1989년 10월 13일 시장을 예측할 수 있었다.

| 시장의 4대 국면 |

내가 '신호'라고 말하는 두 가지 핵심 지표는 박스권 형성과 거래량이다. 시장은 항상 다음 네 가지 기술적 국면 가운데 하나에 속한다. (1) 매집 국면(장기투자자들이 매수) (2) 분산 국면(장기투자자들이 매도) (3) 상승 국면이나 하강 국면 (4) 박스권 국면(확인된 추세에서 이익이 실현된 다음 조정). 시장에 추세가 나타나지 않으면 박스권이 형성된다고 말하기도 한다. 레아는 박스권을 다음과 같이 정의했다.

박스권

2~3주 또는 그 이상 이어지는 가격 흐름으로서, 이 기간에 두 지수가 약 5% 범위에서 변동한다. 이런 가격 흐름은 매집이나 분산을 시사한다. 두 지수가 동시에 박스권을 상향 돌파하면 매집을 가리키며 추가 상승을 예고한다. 반대로, 두 지수가 동시에 박스권을 하향 돌파하면 분산을 가리키며 추가 하락을 예고한다. 다른 지수가 확인해주지 않은 상태에서 한 지수의 흐름만을 바탕으로 내리는 결론은 대부분 잘못으로 드러난다.

박스권은 주로 중기추세의 정점과 바닥에서 형성되며 이때는 레아의 정의가 잘 들어맞는다. 주가가 강세장 정점에 도달했을 때 고급 정보를 입수한 신중한 장기투자자들은 일정 기간에 걸쳐 주가를 크게 떨어뜨리지 않으면서 대규모 물량을 처분한다. 투기적 매수세가 여전히 강력하므로, 이들은 트레이더와 투기자들에게 주식을 소량씩 분산하여 매도할 수 있다. 그 결과 가격은 출렁거리지만, 상승추세나 하락추세 없이 몇 주 이상 박스권을 형성하게 된다. 이런 현상은 특정 종목에서도 나타날 수 있고, 상품시장에서도 일어날 수 있다.

주가가 하락한다는 의견이 마침내 다수를 차지하게 되면 박스권이 하향 돌파된다. 트레이딩 용어로는 '박스권 탈출'이라고 하며 주식이나 상품을 공매도하기에 좋은 기회가 된다(그림 5.6 참조).

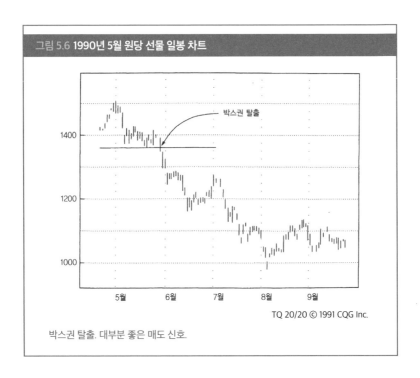

그림 5.6 1990년 5월 원당 선물 일봉 차트

박스권 탈출

1400

1200

1000

5월   6월   7월   8월   9월

TQ 20/20 © 1991 CQG Inc.

박스권 탈출. 대부분 좋은 매도 신호.

시장이 바닥에 도달하면 대개 똑같은 현상이 반대 방향으로 진행된다. 신중한 장기투자자들이 하락한 주식에서 가치를 발견하여 장기간 보유할 주식을 대량으로 사 모은다. 이들은 몇 주에서 몇 개월에 걸쳐 시장을 크게 움직이지 않으면서 조용하게 주식을 매집한다. 그 결과 이번에도 박스권이 형성된다. 주가가 상승한다는 의견이 마침내 다수를 차지하게 되면 박스권이 상향 돌파된다. 트레이딩 용어로 역시 '박스권 탈출'이라고 하며, 주식이나 상품을 매수하기에 좋은 기회가 된다 (그림 5.7 참조).

흥미롭게도 박스권 탈출 시점은 주가의 일일 변동이 트레이더, 투기자, 투자자 등 시장 참여자 모두에게 중요해지는 유일한 시기가 된다.

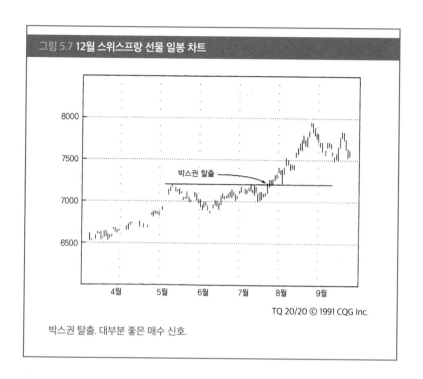

그림 5.7 12월 스위스프랑 선물 일봉 차트

박스권 탈출

TQ 20/20 ⓒ 1991 CQG Inc.

박스권 탈출. 대부분 좋은 매수 신호.

레아는 다음과 같이 말했다.

일일 변동

주가가 '박스권'을 깰 때를 제외하고는 주가 평균의 일일 흐름에서 얻는 추론은 거의 틀림없이 판단을 오도하므로 가치가 없다. 그러나 일일 흐름도 기록하고 분석해야 한다. 이런 일일 흐름에서 나오는 패턴은 항상 인식하기도 쉽고 예측 가치도 높기 때문이다.

정점이나 바닥에 도달한 다음, 때로는 박스권이 형성되지 않은 채 추세전환이 일어나기도 한다. 게다가 확인된 장기추세 중간에 박스권이 형성될 때도 있다. 여기에는 한두 가지 이유가 있다. 시장이 급등하거나 급락하여 트레이더와 투기자들이 이익을 실현하였으므로, 가격 흐름이 일시적으로 멈춘 것이다. 아니면 미래가 불확실하고 의견이 엇갈려서 주가가 비교적 일정한 수준으로 유지될 수도 있다. 첫 번째 사례를 에너지 축적 국면이라 부르고, 두 번째 사례를 관망 국면이라고 부른다.

| 중요한 거래량

추세가 있는 시장에서는 거래량이 매우 중요하다. 레아는 다음과 같이 말했다.

거래량과 가격 흐름 사이의 관계

과매수 시장은 주가가 상승할 때 거래량이 감소하고 하락할 때 거래량이 증가한다. 반대로 과매도 시장은 주가가 하락할 때 거래량이 감소하고 상승할 때 거래량이 증가한다. 강세장은 비교적 적은 거래량으로 시작되어 과도한 거래량을 수반하면서 끝난다.

'과매수' 시장이란 기업에 대한 건전한 판단이나 가치평가 없이 감정, 희망, 기대를 바탕으로 상승한 시장을 말한다. 고급 정보를 가진 사람들이 대부분 시장을 떠난 다음에 과매수 시장이 나타나며, 사람들은 지금까지 보였던 열정을 버리기 시작한다. 시장에 두려움이 먹구름처럼 드리웠으므로, 주가 하락을 시사하는 사소한 신호에도 매물이 쏟아지면서 주가를 압박한다. 바로 이런 이유 때문에 주가가 하락할 때 거래량이 증가하고, 상승할 때 거래량이 감소한다.

'과매도' 시장은 그 반대가 된다. 신중한 투자자들이 폭락한 주식을 사 모은 다음에 과매도 시장이 나타난다. 사소한 자극에도 시장에 희망과 기대가 되살아나며 대량거래가 일어나면서 소형 폭등장으로 발전한다. 거래량의 이런 속성은 모든 금융시장에 적용되지만, 거래량 데이터를 즉시 입수할 수 있는 시장은 유감스럽게도 주식시장뿐이다. 상품시장에서는 예상 거래량이 다음 영업일에 발표되고 실제 거래량은 이틀 뒤에 발표된다. 거래량과 가격 사이에 항상은 아니지만 대부분 이런 관계가 유지된다는 사실을 명심하라. 이런 관계는 주요 지표가 아니라 보조 지표로만 사용해야 한다.

| 결론 |

이제 당신은 추세, 박스권, 추세전환을 알리는 핵심 요소 일부를 알게 되었다. 거래량이 중요한 이유와 시장의 심리 상태에 반영되는 원리도 이해하게 되었다. 4장과 5장에서 설명한 방식으로 시장 행태를 생각하게 된다면, 당신은 대중보다 크게 앞서 나갈 수 있다.

다음 단계는 추세와 추세전환을 포함한 지식을 농축하여 단순하고 편리한 시스템을 만드는 작업이다. 나는 정말로 독특하면서 놀랍도록 단순한 차트 시스템을 제시하려고 한다. 이 시스템은 패턴 인식을 바탕으로 하는 기술적 기법이다. 그러나 이보다 먼저 기술적 기법의 장단점을 설명할 필요가 있다.

6

기술적 분석의
장단점

월스트리트에는 기술적 분석가들이 넘쳐난다. 장내 거래인, 전업 트레이더(upstairs trader), 투기자, 심지어 장기투자자조차 반복되는 패턴을 바탕으로 시장 흐름을 예측하여 이득을 얻고자 한다. 이런 행태가 형성되는 이유는 쉽게 이해할 수 있다. 다른 조건이 모두 같다면, 사람들은 비슷한 상황에서는 비슷한 반응을 보이기 때문이다. 그러나 인간의 심리는 엄청나게 복잡하며, 시장 상황이 완벽하게 똑같을 수는 없다. 따라서 시장 행태를 예측할 때는 기술적 분석을 신중하게 적용해야 한다.

로버트 에드워즈(Robert Edwards)와 존 매기(John Magee)에 의하면, "기술적 분석이란 특정 종목이나 '평균'의 실제 거래 역사(가격 변동, 거래량 등)를 대개 그래프 형태로 기록하고, 이로부터 미래 추세를 추론하는 과학이다."[1] 기술적 분석의 기본 가정은 다우 이론(시장에서 얻을 수 있는 모든 지식이 주가에 이미 반영되어 있다고 가정)과 매우 비슷하다. 그러나 기술적 분석가들은 오로지 가격과 가격 패턴만이 중요하다고 생각하므로 다우 이론과는 거리가 있다.

나는 순수 기술적 분석가는 아니다. 그러나 나는 기술적 분석 덕분에 막대한 돈을 벌었으므로 '기본적 분석가들'처럼 기술적 분석을 완전히 무시하지는 않는다. 장기투자자들을 비롯한 많은 사람이 제대로 인식하지 못하고 있지만, 기술적 분석은 의사결정에 잘 활용하면 승률을 획기적으로 높여주는 중요한 보조 수단이다. 그러나 기술적 분석만으로 판단을 내린다면 비효율적일 뿐 아니라 잘못된 길로 들어설 수도 있다.

전문 트레이더, 투기자, 투자자들을 간단히 조사해보아도 기술적 분석의 실효성이 명확하게 드러난다. 차트 기법에만 전적으로 의존하는 사람 중에는 한결같이 좋은 실적을 내는 사람이 거의 없다. 예를 들어 1974년에 레오(Leo)라는 기술적 분석가가 나를 찾아와서, 자신의 지식을 이용하면 실적 향상에 도움이 될 것이라고 제안했다. 나는 주급 125달러에 그를 시험 삼아 고용했는데, 그의 추천 덕분에 돈을 벌게 되면 수익금의 1%를 더 지급할 계획이었다.

레오는 매일 아침 6시 30분에 출근하여 내가 아직도 이해하지 못하는 기법을 써서 생생한 색깔로 120개가 넘는 차트를 그렸다. 그는 매일 16시간씩 일했으며 시장에 대해서 확실히 많이 아는 듯했지만, 아마도 너무 많이 알아서 주체하지 못하는 것 같았다.

내가 조언을 구하면 그는 차트를 보여주면서 이런 식으로 말했다. "이 종목은 바닥을 형성하는지도 모르겠습니다." "이 종목은 갭을 메우는 것처럼 보입니다." 그가 하는 말은 늘 명확하지가 않았고, 항상 다른 가능성을 늘어놓았기 때문에 혼란스러웠다. 그래서 나는 물었다. "그러면 나보고 사라는 말이오, 팔라는 말이오?" 레오는 나에게 단순명료한 답을 주지 못했다. 내가 그에 대해서 기억하는 것이라고는 그의 소매가 해어졌으며, 점심에는 집에서 만들어온 참치 샌드위치를 먹었다는 사실뿐이다.

내 말은 기술적 분석가들이 모두 그렇다는 것이 아니다. 다만, 이런 식의 기술적 분석은 본질을 생각하는 방식이 아니라는 뜻이다. FNN(The Financial News Network, 경제 전문 뉴스)을 보라. 내 말을 이해할 수 있을 것이고 마땅히 이해해야 한다. 기술적 분석가마다 같은 패턴을 달리 해석하면서 제각각 다른 이야기로 풀어나간다. 내가 보기에 가장 좋은 방법은 핵심적인 기술적 분석 원칙 몇 개만 찾아내서 보조 도구로 사용하는 것이다. 여기에 경제 펀더멘털에 대한 엄격하고 건전한 분석과, 특정 종목 및 상품에 대한 상세한 분석이 더해져서 폭넓은 시스템을 구성해야 한다.

이런 논의를 진행하려면 기술적 분석을 추구하는 세 집단인 '밀물 썰물 트레이더(tide watcher)' '시세조작자(manipulator)' '순수주의자(purist)'의 활동을 이해해야 한다.

| 밀물 썰물 트레이더 |

하루 중 주가 흐름의 밀물과 썰물 방향에 따라 주식을 사고파는 사람들을 나는 '밀물 썰물 트레이더'라고 부른다. 이들은 경제 상황, 해당 종목의 주가이익배수(PER)나 이익 증가율, 기타 시장 펀더멘털 등에 무관심하다. 대신 이들은 하루 중이나 며칠에 걸쳐 나타나는 주가 흐름의 방향에 전적으로 관심을 기울인다. 이들의 목표는 시장이 상승, 하락, 횡보할 때 이에 따라 주식을 매수, 매도, 관망하는 것이다.

밀물 썰물 트레이더는 선물거래소 피트(pit, 계약이 체결되는 거래소 구역 - 옮긴이) 상주 거래인, 시장조성자(market maker), 그리고 주요 거래소의 장내 거래인들을 말한다. 이들은 유일한 관심사가 가격 흐름이므로 기술적 분석가 유형에 들어맞는다. '추세는 우리 친구'가 이들의 핵심적인 사고방식이다. 대개 이들은 주요 뉴스에 주목하는 대신 추세를 타려고 하며 '저항선'과 '지지선'을 주시한다(그림 6.1 참조. 저항선과 지지선은 밀물 썰물 트레이더들이 조심하는 전고점과 전저점).

상승추세라면 현재 주가보다 높은 전고점은 저항선이 되고 전저점은 지지선이 된다. 반면에 하락추세에서는 현재 주가보다 낮은 전저점은 저항선이 되고 전고점은 지지선이 된다. 상승추세에서 가격이 전고점을 깨고 계속 상승하면 밀물 썰물 트레이더들은 매수하고, 잇달아 여러 틱(틱은 최소 가격 변동 단위로서, 주식은 8분의 1포인트, 옵션은 16분의 1포인트) 하락하면 매도한다. 주가가 전고점을 깨더라도 계속 상승하지 못하면 이들은 주식을 매도하고, 반면에 큰 폭으로 상승 흐름을 보이면 매수한다. 중요한 저점에 대해서는 이와 반대로 행동한다. 밀물 썰물 트레이더는 항상 다른 밀물 썰물 트레이더들의 생각과 행동을 예상하여 함께 움직이려 하며 가격 흐름이 바뀌는 특성을 측정한다.[2]

거래소 장내 거래인 대부분이 밀물 썰물 트레이더들이므로 투기자와 투자자 들은 이들이 단기추세에 미치는 영향을 인식하고 있어야 유리하다. 장내 거래인들은 이들 사이의 거래만으로도 특정 주식이나 상품 가격을 단기에 여러 포인트 움직일 수 있다.

예를 들어 어떤 거래소의 장내 거래인들이 XYZ 종목의 매도 물량이 적으며, 가격이 하락해도 청산 물량이 많이 증가하지 않는다는 사

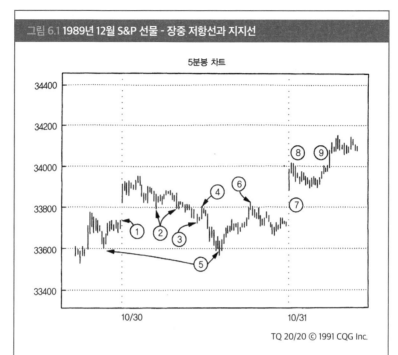

그림 6.1 1989년 12월 S&P 선물 - 장중 저항선과 지지선

5분봉 차트

TQ 20/20 © 1991 CQG Inc.

① 전일 종가는 다음 날 시초가가 더 높게 시작되면 지지선이 되고, 시초가가 더 낮게 시작되면 저항선이 된다.
② '딱 떨어지는 숫자(100, 200 등)'는 저항선이 될 수도 있고 지지선이 될 수도 있다. 여기서는 지지선이다.
③ 전일 종가가 지지하는지 시험했다.
④ '딱 떨어지는 숫자'가 저항선이 되었다.
⑤ 주가가 딱 떨어지는 숫자 겸 전일의 지지선을 시험했다.
⑥ 주가가 지점 ④에 설정된 저항선을 시험했다.
⑦ 호재성 선행 경제지표가 발표되면서 '갭(gap)' 발생.
⑧ 시초가 무렵 형성된 고점이 저항선이 되었다.
⑨ 주가가 저항선을 시험한 다음 돌파하여 활발하게 거래되면서 당일 신고가를 기록했다.

실을 발견했다고 하자. 이런 패턴이 유지된다면 이들은 당연히 XYZ 종목의 매도세가 매우 약하다고 판단할 것이다. 따라서 이들은 주가가 약세를 보일 때마다 물량을 확보하여 시장을 시험할 것이다.

　XYZ의 매수 호가가 40.25이고 매도 호가가 40.38이라고 가정하자.[3] 그리고 매도 호가 40.38에 나온 물량이 500주뿐이라고 가정하자. 매도 호가 40.50과 40.63에 매물이 얼마나 나올지는 장내 거래인들도 짐작하는 수밖에 없다. 그러나 매수세가 강하다고 생각한다면 일부 신중한 장내 거래인이 시험 삼아 주식을 매수하여 매수·매도세에 어떤 변화가 발생하는지 지켜볼 수도 있다. 특히 가격이 바뀌었을 때 외부에서 주문이 들어오는지, 들어온다면 매수 주문인지 매도 주문인지를 지켜볼 것이다.

　매도 주문이 들어온다면 장내 거래인들은 주식을 모두 처분하고 다음 날을 기약한다. 그러나 신규 매수 주문이 들어와서 호가 40.50과 40.63을 제시한다면 장내 거래인들이 추가로 매수세에 합류할 것이다. 이 과정이 이어지면 해당 종목이 즉시 급등하는 분위기가 형성된다.

　이런 상황이 펼쳐질 때까지도 장내 거래인들은 XYZ의 매도세가 약하다는 사실만 알 뿐, XYZ의 이익 전망에 대해서는 전혀 아는 바가 없다. 그러나 이 회사의 이익 전망에 상관없이, 이 가격 흐름에 합류하는 장내 거래인이 많아지면 주가는 단기 급등세를 탈 수 있다. 결국, 이 종목을 낙관하여 합류한 장내 거래인들은 주가가 상승할 때 이익을 얻게 된다.

　반면에 외부에서 대량 매도 주문이 들어오면 급등세가 꺾이게 된다. 그리고 이렇게 투기적인 급등장에서 고점에 합류한 사람은 가장 큰 손해를 보게 된다. 단기 급등장 직후에 흔히 발생하는 단기 급락장에 대해서도 똑같이 추론할 수 있다. 프로그램 트레이딩 때문에 이 모든 과정이 시작되고 촉진되며 증폭될 수 있다.

밀물 썰물 트레이더들이 미치는 영향을 알면 투기자와 투자자는 여러 방법으로 이들을 이용할 수 있다. 첫째, 노련한 '전업 트레이더'[4]들은 밀물 썰물 트레이더들의 활동을 이용하면 중기 및 장기 매매에 대해서도 하루 중에 유리한 시점을 선택할 수 있다. 둘째, 가격 변동이 중기 및 장기간 유지되는 정당한 성격인지는 시장 펀더멘털 및 전체 시장의 흐름과 연계해서 분석하면 판단할 수 있다. 셋째, 밀물 썰물 트레이더들의 활동은 시장의 의견 일치를 나타내는 핵심 지표가 될 수 있다.

셋째가 아마도 투기자에게 가장 중요한 요소일 것이다. 지질학자들이 지진의 진동을 추적하여 화산 활동이나 지진을 예측하듯이, 투기자들도 하루 중이나 며칠에 걸쳐 나타나는 시장 활동을 추적함으로써 시장에 다가오는 사건의 진동을 측정할 수 있다. 구체적으로 말하면 거래량, 등락 비율, 주요 경제뉴스나 시장뉴스에 대한 단기 반응, 가격 변동률 등이 모두 시장의 지배적인 심리 예측에 도움이 된다.

1989년 10월 13일 대폭락은 유나이티드항공 인수자금 조성이 실패했다는 뉴스가 매도 공세를 부르면서 일어난 사건이었다. 이는 시장 흐름에 주의해야 함을 분명하게 알려주는 사례였다. 시장 의견은 강세장의 지속력에 분명히 회의적이었으므로, 약세장 신호나 적어도 2차 조정이 다가오고 있었던 것이다.

| 시세조작자 |

월스트리트에서 시세조작은 금기어다. 조작된 경마나 카드 게임 속 임수처럼 불공정과 부정직을 암시하는 말이다. 그러나 실제로 조작의 의미는 전혀 다르다. 《랜덤하우스 사전(Random House Dictionary)》 1969년 대학생판에 의하면 조작은 "교묘한 기술로 관리하거나 영향을 미치다"라는 뜻이다. 《웹스터(Webster's)》 1972년 대학생판의 두 번째 풀이에 의하면 조작은 "교묘하거나 불공정하거나 교활한 방법으로 통제하거나 이용하다"라는 뜻이다.

그러나 가격을 변동시켜 이익을 얻으려고 사고파는 행위 자체는 명백하게 불공정하거나 교활한 것이 아니다. 증권거래위원회(SEC)가 불공정하거나 교활하다고 판단하지 않는다면 말이다. 따라서 어떤 행위 때문에 교도소에 간다면 그 행위는 교활한 것이 된다. 그런데 개인은 교도소에 가지만 기관투자가는 가지 않는다.

대형 기관투자가들은 대규모 매수·매도 프로그램을 통해서 단기에 주가를 조작한다. 이들의 목적은 관련 시장의 가격을 불균형 상태에 빠뜨려 이익을 얻는 것이다. 이들은 밀물 썰물 트레이더들의 심리를 이용한다.

예를 들어 규모가 20억 달러인 연금기금이 주식 포트폴리오 1억 달러를 현금화한다고 가정하자. 이렇게 대규모로 주식을 매도하면 시장 지수가 하락한다는 사실을 알고 있으므로, 연금기금은 이 사실을 이용하기로 한다. 보통 조용한 시간대인 오후 2시에 연금기금은 S&P지수를 팔아 2억 달러 매도포지션을 구축한다. 이는 매도하려는 주식 규모의 두 배이며, 대략 1,000~1,500계약에 이르지만, S&P 선물시장에서는 쉽게 소화되는 규모다.

오후 3시 10분부터 연금기금은 5분마다 1,000만 달러 단위로 매도 규모를 늘려나가다가 장 마감 무렵 대규모 매도 주문 한 방으로 매도를 마무리한다. 막대한 규모로 거래가 이루어지면서 거래소에는 매도세가 형성되고 주가가 하락하기 시작한다. 이에 따라 선물 가격도 하락한다. 밀물 썰물 트레이더들이 이 흐름에 올라타면서 주식시장과 선물시장 양쪽에서 하락 흐름이 빨라져서 단기 급락세가 형성된다.

연금기금은 주가를 낮춰가면서 파는 과정에서 다소 손실을 보았지만, 선물시장에서 두 배나 되는 매도포지션을 청산하여 훨씬 많은 이익을 확보했다. 주식의 증거금률은 50%이지만 선물의 증거금률은 5%라는 사실을 기억하라. 따라서 레버리지를 이용하면 선물시장에서 이익을 10배나 얻을 수도 있다.

이튿날 아침에는 흐름이 바뀌어 매수세가 형성되고 단기 급등장이 펼쳐진다. 기관투자가들은 이런 대량거래가 미치는 영향을 알고 있으므로, 매수·매도 시점을 선택하여 근사한 이익을 올릴 수 있고 실속 있는 수수료 사업도 벌일 수 있다. 실제로 시장은 바뀌지 않았지만 막대한 자금이 이동했다. 이런 거래에는 여러 종류가 있고 일부는 놀라울 정도로 복잡하며, 모든 거래에 대해서 조작할 수 있는 것은 아니다. 그러나 이는 분명히 부정한 돈벌이다.

프로그램 트레이딩을 통해서 이렇게 불공정한 결과가 발생하는 것은, 그 거래 관행 때문이 아니라 정부의 시장 규제가 자의적이기 때문이다. 개인이 시세를 조작하면 처벌하면서 기관투자가가 대규모 거래로 위장하여 조작할 때는 묵인한다면, 이는 분명히 불공정하다. 윌리엄 오닐(William J. O'Neil)은 이렇게 말했다.

기관투자가들은 뉴욕증권거래소 전산망에 컴퓨터를 직접 연결하여 즉시 대규모 시장 주문을 낼 수 있다. 그러나 우리 개인투자자들은 증권회사를 통해서 거래소에 주문을 내야 하므로 몇 분 뒤에야 주문이 실행된다.[5]

내 생각에는 시장 규제를 완전히 없애는 방법이 이상적이지만, 그 대신 당국은 모든 사람이 합법적 거래의 범위를 이해할 수 있도록, 최소한 '시세조작'이 무엇인지 명확한 정의라도 내려야 한다.

1980년대 중반부터 프로그램 트레이딩은 장중 가격 흐름의 특성을 완전히 바꿔놓으면서, 지금까지 존재하지 않았던 높은 불확실성을 불러왔다. 이제는 언제라도, 한 펀드매니저가 내리는 프로그램 트레이딩 결정에 따라 순전히 기술적인 요인만으로도(즉, 해당 종목의 이익 전망에 아무런 변화가 없어도) 가격이 5~30포인트 이상 변동할 수 있다(그림 6.2 참조).

나는 전에는 시계를 보면서 데이트레이딩을 했었다. 프로그램 트레이딩이 도입되기 전에는 급락세가 1시간 반 이어진 다음에는 반드시 반등이 나타났다. 요즘 흔히 나타나는 양방향 급등락도 거의 없었다. 이제는 기관투자가들이 막대한 규모로 거래하고, 대중은 시장에서 떠났으므로, S&P를 데이트레이딩할 때는 누군가 내 등에 총구를 들이댄 기분이다. 어느 순간 누군가 프로그램 트레이딩의 방아쇠를 당기면, 내가 가벼운 손실만 입고 빠져나올 새도 없이 시장이 반대 방향으로 줄달음질 칠 수 있기 때문이다.

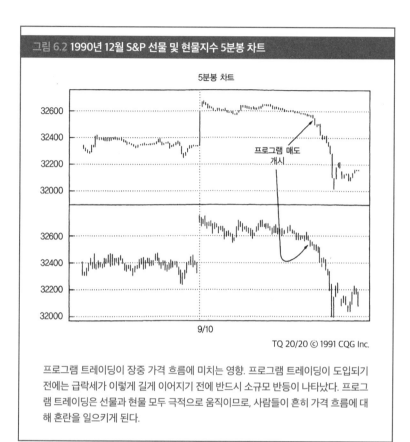

5분봉 차트

프로그램 매도
개시

9/10

TQ 20/20 ⓒ 1991 CQG Inc.

프로그램 트레이딩이 장중 가격 흐름에 미치는 영향. 프로그램 트레이딩이 도입되기 전에는 급락세가 이렇게 길게 이어지기 전에 반드시 소규모 반등이 나타났다. 프로그램 트레이딩은 선물과 현물 모두 극적으로 움직이므로, 사람들이 흔히 가격 흐름에 대해 혼란을 일으키게 된다.

이렇게 프로그램 트레이딩 때문에 시장이 반대 방향으로 갑자기 달아나면 트레이더나 투기자는 치명상을 입게 된다. 반면에 시장이 유리한 방향으로 달리면 막대한 이익을 거두게 된다. 문제는 몇몇 사람이 프로그램 트레이딩을 결정하고 다른 사람들은 이에 대해 전혀 알 수가 없으므로, 이제는 단기 트레이딩이 전보다 훨씬 어렵고 위험해졌다는 사실이다. 그러나 신중한 투기자와 투자자 들은 S&P지수 선물과 현물지수 차트를 주목하면, 프로그램 트레이딩에 의한 가격 흐름 패턴을 인식하여 매매 시점을 선택할 수 있다.[6] 이런 시점 선택을 이용하면 포트폴리오 실적을 대폭 높일 수 있다. 반면에 프로그램 주문이 실행되는 시점에 대규모 현물이나 선물 매매 주문을 '시장가'로 낸다면 어리석은 일이다.

프로그램 트레이딩이 중기추세나 장기추세를 근본적으로 바꿀 수는 없지만, 추세의 성격을 바꿀 수도 있고 중기추세의 속도를 높일 수도 있다. 대규모 프로그램 매수가 나오면 투기적 매수세가 창출될 수 있다. 반면에 대규모 프로그램 매도가 나오면 1987년 10월의 대폭락처럼 시장의 하락 속도를 높여 참혹한 결과를 부를 수도 있다.

10월에 들어서면서 시장은 펀더멘털 면에서 곤경에 처했다. PER이 역사상 가장 높은 수준인 21배에 이르렀다. 주가순자산배수(PBR)도 명목상으로 1929년보다 높아졌으며, 인플레이션을 고려하면 훨씬 높아졌다. 특히 기록적인 부채 수준까지 고려하면 시장에는 적어도 대규모 조정의 분위기가 무르익었다. 이제 조정은 시간문제일 뿐이다.

10월 19일 이전에 몰려든 수십억 달러의 기관 자금은 순전히 단기 헤지, 차익거래, 시세조작 전략으로 이득을 얻으려는 자금이었다. 연준이 본격적으로 긴축정책을 펼치거나 달러 가치가 크게 하락한다면, 이런 핫머니가 시장을 떠나면서 시장이 급락할 것이다. 나는 1987년 9월 21일 자 〈배런즈〉와의 인터뷰에서 다음과 같이 말했다.

주식시장이 본격적인 하락세로 들어간다면 프로그램 매도가 하락세를 대폭 키워 역사상 가장 가파른 폭락을 부를지도 모릅니다.

강세장 정점 근처에서 투매가 급증하면 불확실성과 위험이 매우 커지므로 보유 포지션에 대해 보상보다 위험의 비중이 훨씬 증가한다. 이렇게 변화가 닥칠 때는 대개 가장 먼저 대응하는 자가 가장 큰 이익을 얻는다.

| 순수주의자

일부 기술적 분석가들은 이론적으로 가격이 가장 중요하며 시장의 미래에 관해서 알 수 있는 모든 것이 이미 시장가격과 가격 흐름에 반영되어 있다고 믿는다. 랠프 엘리어트(Ralph N. Elliott), 크론도디오프(Krondodiov)가 대표적인 기술적 순수주의자이고, 정도는 덜하지만 로버트 에드워즈와 존 매기의 가르침을 아무 생각 없이 추종하는 사람들과 이단 다우 이론가 일부가 여기에 속한다.

방식과 정도는 다양하지만 기술적 순수주의자들은 가격 흐름에 형이상학적 필연성이 존재한다고 추정하며 그 필연성은 운명, 신, 진화, 아니면 모호한 보편적 힘에 따라 결정되고, 경제분석과 예측은 그 정확한 수학적 관계나 이런 흐름을 결정하는 순환 시점을 찾아내는 작업이라고 믿는다.

이렇게 엄격한 순환 이론이나 수학적 수단을 통해서 미래를 예측하려는 사람들은 시장 활동의 주관적 속성을 철저하게 무시한다. 게다가 9장과 10장에서 설명하는, 정부의 개입이나 연준의 정책이 장기추세에 극적인 영향을 미칠 수 있다는 사실도 무시한다. 그러나 개인이 이런 이론적 시스템을 시장 예측과 분석에 제대로 적용할 수 있는 것은 대개 경직적인 틀에 얽매이지 않기 때문이다. 이론적 시스템을 통해서 시장 참여자들의 일관된 행위를 파악하게 되는 것은 (1) 단지 단기적인 기술적 특성을 관찰하는 경우이거나 (2) 아니면 이론이 매우 일반적이고 정의가 허술해서 이들의 행위를 해석하고 추론할 수 있는 경우다.

(1)에서 기술적 모델에 의한 예측 기간이 길어지면 시장 참여자들의 행위가 일관된 모습으로 나타나지 않는다. 시장 상황이 빠르게 바뀔 수 있기 때문이다. (2)에서 이론적 시스템은 건전한 추론이나 분석을 가로막는 걸림돌에 불과하다. 어떤 경우든 상황은 변화하고 태도도 바뀌며, 이들이 주장하는 기술적 모델도 완전히 실패한다.

다시 강조하지만 나는 기술적 분석의 모든 기법에 대해서 말하는 것이 아니라, 미래가 이미 정해져 있으며 엄격한 수학적 모델로 예측할 수 있다고 주장하는 기법에 대해서 말하는 것이다.

| 요약 |

우리는 기술적 분석이 가격 흐름의 반복되는 패턴을 찾아내는 기법이라고 인식할 때 중요한 정보를 얻게 된다. 이렇게 패턴이 반복되는 것은 시장 참여자들이 의사결정하는 심리적 과정이 비슷하기 때문이다. 기술적 분석의 가치가 높은 것은 과거를 통틀어 상황이 비슷할 때 시장이 보이는 반응도 비슷하다는 사실을 알려주기 때문이다.

기술적 분석은 시장 분석과 경제 예측에 소중한 차원을 더해준다. 기술적 분석을 제대로 이해하고 구체적으로 정의하면 시장에 대한 지식을 넓힐 수 있으며 자칫 놓치기 쉬운 수익 기회를 더 찾아낼 수 있다.

"강세장 정점 근처에서 투매가 급증하면
불확실성과 위험이 매우 커진다.
이렇게 변화가 닥칠 때는 대개
가장 먼저 대응하는 자가 가장 큰 이익을 얻는다."

7

추세전환 확인이
노다지

시장에서 가장 빠르고 안전하게 돈 버는 방법은 추세전환을 최대한 빨리 확인하여 포지션을 설정하고 추세에 올라탄 다음, 추세 반전이 일어나기 직전이나 직후에 포지션을 청산하는 것이다. 시장 전문가들은 계속해서 저점에 사서 고점에 팔기는 불가능하다고 말할 것이다. 그러나 연습이 뒷받침되면 중기와 장기추세의 60~80%를 포착하는 것은 얼마든지 가능하다.

이런 거래를 하려면 먼저 다양한 시장, 다양한 상품, 각 상품의 거래 방식, 증거금률 등을 알아야 한다.[1] 이런 정보를 입수한 다음에는 좋은 기회가 있는 시장을 찾아내야 한다.

유망한 시장을 찾으려면 도서관에 가서 많은 시간을 들여 세계의 모든 시장을 조사하는 방법도 있지만, 조사를 마칠 무렵이면 공부한 내용의 절반 정도는 잊어버릴 것이며 그동안 한 푼도 벌지 못할 것이다. 그 대안으로 차트를 분석하는 방법이 있다.

숙달된 차트 분석가에게는 봉 차트 분석이 다양한 시장에서 매매 시점을 포착하기에 가장 쉽고도 효과적인 방법이다. 몇 가지 단순한 기법만 배우면 당신도 한 시간에 수백 개 차트를 훑어보면서 매력적인 시장을 걸러낼 수 있다. 그다음에는 최고 중의 최고 시장 5~10개를 선정하여 더 깊이 분석하면 된다. 이렇게 추가 분석을 마친 다음에는 특정 주식, 지수, 상품에 추세전환이 발생하는 증거를 찾아내야 한다.

6장에서 나는 기술적 분석에 대해 부분적으로 비난했지만, 그래도 매우 유용하므로 투기의 보조 수단으로 사용해야 한다는 말도 했다. 이제부터 내가 즐겨 사용하는 추세전환 확인 기법을 설명하겠다. 내가 이 기법을 좋아하는 이유가 몇 가지 있다. 첫째, 이 기법 덕분에 나는 해를 거듭하며 계속해서 돈을 벌었다. 둘째, 매우 단순하고 기억하기도 쉽다. 몇 번 적용한 다음에는 차트에 연필로 선을 그을 필요도 없을 정도다.

차트에서 데이터를 해석하는 작업(가격 패턴을 인식하여 미래 가격 흐름을 추론하는 작업)은 기술적 분석의 영역이다. 기술적 분석에 관한 책을 보면 수많은 패턴이 등장한다. 삼각형, 헤드앤숄더, 박스형, 쐐기형, 하락 깃발형, 상승 깃발형, 7산형 외에도 많다. 나는 이 가운데 몇 개만을 사용하며 온갖 시험을 거친 핵심 요소 몇 개만으로 기법을 최대한 단순하게 유지한다.

나는 사용하는 기술적 기법들을 두 그룹으로 구분한다. 첫 번째 그룹은 이 장에서 설명하며 추세와 추세전환의 원칙을 다룬다. 나는 포지션을 설정할 때 이 기법에 매우 큰 비중을 둔다. 두 번째 그룹은 다음 장에서 설명하는데, 흔히 추세전환에 수반되는 보조 요소들을 다룬다. 나는 이들을 의사결정에 가감 요소로 사용한다.

이 장에서 설명하는 기법들은 다우 이론에 대한 나의 지식과 더불어 추세 및 추세전환점 산정을 하면서 내가 얻은 경험에서 도출된 것들이다. 다우 이론과 마찬가지로 내 기법도 완벽하지 않으므로 시장 전반을 예측할 때 보조 수단으로 사용해야 한다. 내 기법의 장점은 주식, 지수, 상품, 채권 등 모든 시장에 예외 없이 적용된다는 점이다. 적용해보면 대개 맞으며 주의 깊게 적용하면 판단이 틀렸을 때도 큰 손실 없이 빠져나올 수 있다.

차트를 이용해서 투기나 투자 결정을 내리는 방법에는 흔히 간과되는 두 가지 중요한 장점이 있다. 첫째, 사람들 대부분은 눈으로 보면서 생각하는 편이 더 쉽다. 둘째, 차트를 보고 진입 및 퇴출 지점을 구체적으로 설정해놓으면, 돈이 걸렸을 때 흔히 겪는 심리적 압박에서 쉽게 벗어날 수 있다.

그러나 차트 분석의 정확도는 장기일 때 가장 높고, 중기일 때 다소 낮으며, 단기일 때 가장 낮다는 사실을 명심하라. 차트에 패턴이 나타나는 것은 사람들이 비슷한 상황에 처하면 비슷한 방식으로 반응하기 때문이다. 투자자의 사고방식은 투기자와 다르지만 공통점도 많다. 이런 공통점들이 차트에 패턴으로 나타난다. 그러나 데이트레이더들의 사고방식은 매우 다르므로 이들이 만들어내는 패턴은 따로 구분해서 보아야 한다. 데이트레이더들은 투기와 투자에 필수적인 유동성을 공급하는 역할을 한다. 그러나 유동성 공급을 제외하면 이들은 중기추세와 장기추세에 거의 영향을 미치지 못한다.

이런 차트 분석 기법들은 가장 넓은 의미에서 기술적 분석에 속한다. 가격 흐름의 역사에 내내 반복되었던 인간의 행동 특성을 시각적으로 보여주기 때문이다.

| 추세 판단, 추세선 그리기

앞 장에서 우리는 추세가 무엇인지 배웠다. 다시 정리하면 추세는 일정 기간에 나타나는 가격 흐름의 주된 방향이다. 상승추세는 직전 고점을 상향 돌파하는 잇단 상승세로서, 중간에 급락이 발생해도 직전 급락시의 저점보다 높은 지점에 저점을 형성한다. 반대로 하락추세는 직전 저점을 하향 돌파하는 잇단 하락세로서, 중간에 급등이 발생해도 직전 급등 시의 고점보다 낮은 지점에 고점을 형성한다. 차트에서 추세는 일종의 톱날 패턴으로 나타난다. 상승추세에서는 고점을 더 높여나가는 도중 급락이 발생하여 더 높은 저점이 형성되고, 하락추세에서는 저점을 더 낮춰나가는 도중 급등이 발생하여 더 낮은 고점이 형성된다.

차트에서 추세를 분석할 때 가장 유용한 도구는 추세선이다. 아마추어와 전문가들이 함께 저지르는 가장 큰 실수는, 추세선을 정의하고 긋는 방식에 일관성이 없다는 사실이다. 추세선은 추세의 정의를 정확하게 반영해야 한다. 내가 고안한 방식은 매우 단순하면서도 일관성 있다. 추세의 정의는 물론 다우 이론의 추세전환 요소들까지 모두 반영한다.

1. 검토 대상 기간을 정한다. 장기(몇 개월~몇 년), 중기(몇 주~몇 개월), 단기(며칠~몇 주)가 있다. 이들 중 추세선 기울기 변화가 뚜렷이 나타나는 일부 기간이 될 수도 있다.
2. 상승추세라면 가장 낮은 저점에서 가장 높은 고점 이전의 저점을 잇는 선을 긋되, 두 저점 사이에 있는 일봉을 통과해서는 안 된다(그림 7.1과 7.2 참조). 선을 연장하여 가장 높은 고점 기간까지 지나

그림 7.1 1989년 12월 생우(Live Cattle) 선물 - 상승추세선

일봉 차트

가장 높은 고점

가장 높은 고점 이전의 저점이면서 일봉을 통과하지 않는 저점

정확한 추세선

가장 낮은 저점

TQ 20/20 © 1991 CQG Inc.

상승추세라면 가장 낮은 저점에서 가장 높은 고점 이전의 저점을 잇는 선을 긋되, 두 저점 사이에 있는 일봉을 통과해서는 안 된다.

그림 7.2 1989년 12월 생우(Live Cattle) 선물 - 잘못 그린 상승추세선

일봉 차트

일봉 통과

잘못 그린 추세선

TQ 20/20 © 1991 CQG Inc.

두 저점 사이에 있는 일봉을 통과했다. 이런 실수를 저지르면 추세전환 신호가 잘못 나올 수 있다.

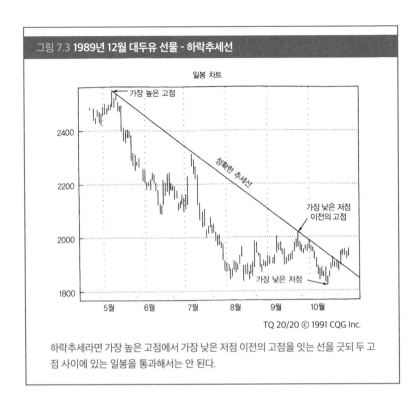

일봉 차트

가장 높은 고점

2400

정확한 추세선

2200

가장 낮은 저점
이전의 고점

2000

가장 낮은 저점

1800

5월   6월   7월   8월   9월   10월

TQ 20/20 © 1991 CQG Inc.

하락추세라면 가장 높은 고점에서 가장 낮은 저점 이전의 고점을 잇는 선을 긋되 두 고점 사이에 있는 일봉을 통과해서는 안 된다.

가게 한다. 추세선이 다른 고점을 통과할 수는 있다. 곧 설명하겠지만 이는 추세전환을 알리는 신호가 된다.

3. 하락추세라면 가장 높은 고점에서 가장 낮은 저점 이전의 고점을 잇는 선을 긋되, 두 고점 사이에 있는 일봉을 통과해서는 안 된다(그림 7.3과 7.4 참조). 선을 연장하여 가장 낮은 저점 기간까지 지나가게 한다.

이 기법은 매우 단순하지만 지극히 일관되며 대단히 정확하다. 이 추세선의 기울기는 이 기간 가격 데이터로 선형회귀분석을 했을 때 얻

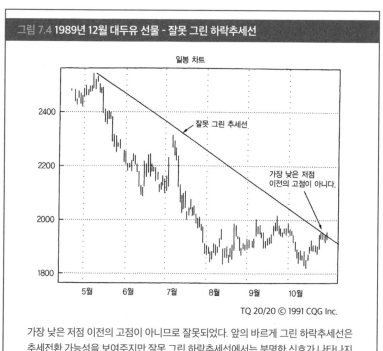

일봉 차트

2400

2200

2000

1800

잘못 그린 추세선

가장 낮은 저점
이전의 고점이 아니다.

5월   6월   7월   8월   9월   10월

TQ 20/20 © 1991 CQG Inc.

가장 낮은 저점 이전의 고점이 아니므로 잘못되었다. 앞의 바르게 그린 하락추세선은
추세전환 가능성을 보여주지만 잘못 그린 하락추세선에서는 분명한 신호가 나타나지
않는다. 추세선을 그릴 때는 일관성 유지가 중요하다.

는 기울기와 매우 비슷하다. 이 기법을 사용하면 자기 멋대로 추세선
을 그리는 일도 방지할 수 있다. 즉, 자신의 희망을 추세선으로 나타내
는 일도 없어진다. 또한, 추세전환 시점을 판단하는 토대도 된다.

| 1-2-3 규칙으로 추세전환 확인: 누워서 떡 먹기 |

이상적인 투기 방식은 바닥에서 사서 천장에서 파는 것이다. 물론
항상 이런 식으로 거래하기는 불가능하다. 시장에는 불확실성이 너무

도 많기 때문이다. 그러나 추세전환이 발생했는지 기술적으로 판별하는 방법이 있다. 이 방법을 이용하면 주식과 상품의 장기 가격 흐름에서 추세전환의 60~80%를 포착할 수 있다.

가격 흐름에는 세 가지 기본 변화가 있으며, 이들이 동시에 발생하면 추세전환임이 분명해진다. 주식, 상품, 채권 등 모든 시장에 적용되는 세 가지 변화는 다음과 같다.

1. 추세선 붕괴. 가격이 차트의 추세선을 통과한다(그림 7.5).
2. 상승추세에서 신고가 행진이 중단되거나, 하락추세에서 신저가

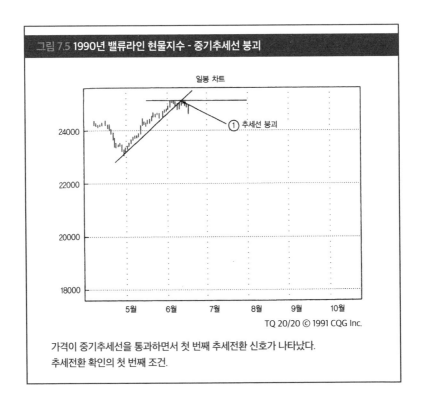

그림 7.5 1990년 밸류라인 현물지수 - 중기추세선 붕괴

일봉 차트

① 추세선 붕괴

TQ 20/20 ⓒ 1991 CQG Inc.

가격이 중기추세선을 통과하면서 첫 번째 추세전환 신호가 나타났다.
추세전환 확인의 첫 번째 조건.

행진이 중단된다. 예를 들어 상승추세에서 소규모 조정 후 가격이 다시 상승하지만 전고점 돌파에 실패한다. 하락추세에서는 반대 현상이 발생한다. 이런 현상을 고점이나 저점을 '시험'한다고 표현한다. 대개 추세전환이 진행되는 과정에서 발생한다. 이런 현상이 나타나지 않을 때는 중요한 뉴스에 가격 흐름이 좌우되며 갭 상승하거나 갭 하락하는 등 변덕스럽게 움직인다(그림 7.6).

3. 하락추세에서 가격이 이전 단기 반등 고점 위로 상승하거나, 상승추세에서 가격이 이전 단기 급락 저점 밑으로 하락한다(그림 7.7).

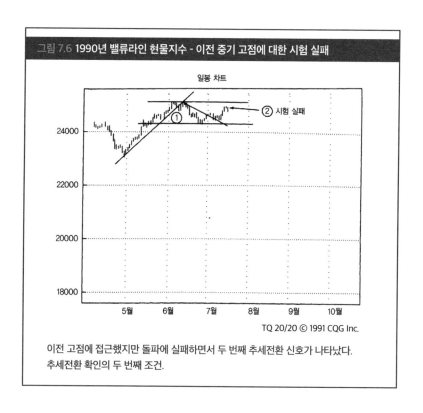

그림 7.6 1990년 밸류라인 현물지수 - 이전 중기 고점에 대한 시험 실패

이전 고점에 접근했지만 돌파에 실패하면서 두 번째 추세전환 신호가 나타났다. 추세전환 확인의 두 번째 조건.

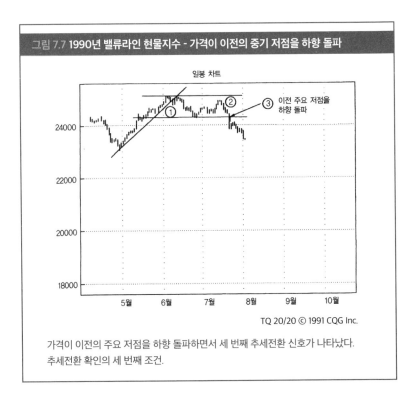

그림 7.7 1990년 밸류라인 현물지수 - 가격이 이전의 중기 저점을 하향 돌파

일봉 차트

이전 주요 저점을
하향 돌파

TQ 20/20 ⓒ 1991 CQG Inc.

가격이 이전의 주요 저점을 하향 돌파하면서 세 번째 추세전환 신호가 나타났다.
추세전환 확인의 세 번째 조건.

차트에서 이 세 가지 사건이 모두 발생하는 시점이, 다우 이론에서
말하는 추세전환이 확인되는 시점이다.[2] 1번이나 2번 사건만 발생하
면 추세전환 가능성이 크다는 신호다. 세 가지 사건 중 두 가지가 발생
하면 추세전환 가능성이 더 커진다. 그리고 세 가지 사건이 모두 발생
하면 추세전환이 확인된다.

차트에서 추세전환을 찾아내려면 위 사건들을 다음과 같이 차트에
표시하기만 하면 된다(그림 7.5~7.7 다시 참조).

1. 앞에서 설명한 방식으로 추세선을 그린다.

2. 하향추세라면 현재 설정된 저점을 통과하는 수평선을 긋는다. 직후의 반등 고점을 통과하는 두 번째 수평선을 긋는다.

3. 상승추세라면 현재 설정된 고점을 통과하는 수평선을 긋는다. 직전의 급락 저점을 통과하는 두 번째 수평선을 긋는다.

상승추세를 가정해보자. 가격이 추세선을 넘어가면 그 지점에 ①이라고 표시한다. 가격이 현재 고점에 접근한 다음 돌파하여 계속 상승하지 못하면 그 지점에 ②라고 표시한다. 가격이 직전 급락 저점을 통과하는 수평선을 하향 돌파하면 그 지점에 ③이라고 표시한다. 세 가지 조건이 충족되면 추세전환이 발생한 것이며, 거의 틀림없이 새로운 방향으로 추세가 이어질 것이다.

조금만 연습하면 당신도 추세전환의 다음 세 가지 기준을 차트에 표시하여 손쉽게 적용할 수 있다. (1) 추세선 붕괴 (2) 이전 고점이나 저점 시험 (3) 이전 반등 고점이나 급락 저점 붕괴. 이를 1-2-3 규칙이라 하자. 이 1-2-3 규칙으로 이제 추세전환 확인이 누워서 떡 먹기처럼 쉬워졌다!

물론 이 규칙만을 이용해서 100% 효과를 볼 수는 없다. 그런 기법은 어디에도 없다. 유동성 낮은 시장, 뉴스에 민감한 시장, 매우 투기적인 시장, 주식 등은 갑자기 반전이 일어나기 쉽다(그림 7.9 참조). 1-2-3 규칙이나 다른 추세전환 기준을 이용해서 트레이딩을 할 때 반전이 일어난다면 이를 얻어맞았다고 표현한다. 얻어맞지 않거나 얻어맞더라도 손실을 최소화하는 가장 좋은 방법은 다음 규칙을 따르는 것이다.

1. 역사적으로 갑작스러운 대규모 반전이 일어난 적이 없는 유동성 높은 시장에서만 거래한다. 유동성 낮은 시장의 차트를 보면 거래량은 적으면서 가격 흐름이 큰 폭으로 나타난다(그림 7.8).

2. 뉴스에 매우 민감한 시장이나, 정부의 통화 및 재정 개입에 따라 급격하게 변동하는 시장을 피하라. 이런 시장의 차트에는 갭이 많다(그림 7.9. 갭은 가격이 거래 없이 급등락할 때 발생하는 현상으로서 가격 흐름에 빈 곳으로 나타난다).[3]

3. 이전의 저항선이나 지지선에 퇴출 포인트를 설정할 수 있을 때만 포지션을 잡아라. 그러면 판단이 틀렸을 때도 손실을 최소화할

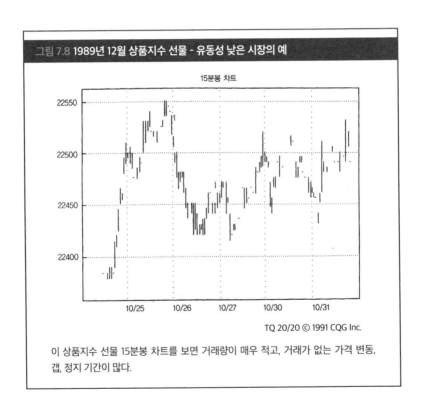

그림 7.8 **1989년 12월 상품지수 선물 - 유동성 낮은 시장의 예**

15분봉 차트

TQ 20/20 ⓒ 1991 CQG Inc.

이 상품지수 선물 15분봉 차트를 보면 거래량이 매우 적고, 거래가 없는 가격 변동, 갭, 정지 기간이 많다.

수 있다. 매도 주문을 걸어놓았다면 이 퇴출 포인트는 손절매 포인트가 되고, 아니면 '마음으로 정한 손실한도(mental stop)'가 된다(그림 7.10).

1-2-3 규칙을 이용한 트레이딩은 단순하면서도 효과적인 기법이며, 신중하게 적용하면 대개 적중한다. 그러나 단점도 있다. 1-2-3 규칙이 모두 충족되는 시점에는 가격 흐름 대부분을 놓치게 된다. 그러나 이보다 훨씬 빨리 포지션을 결정하는 방법도 있다. 내가 즐겨 사용하는 한 가지 방법은 이른바 '2B' 패턴이다.

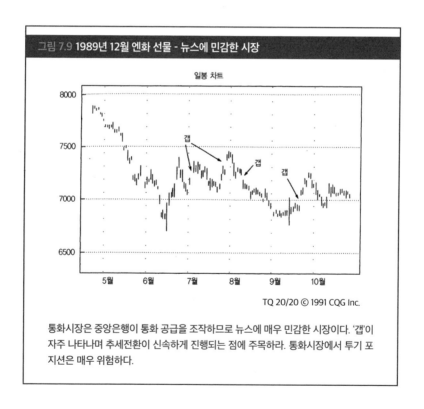

그림 7.9 1989년 12월 엔화 선물 - 뉴스에 민감한 시장

일봉 차트

TQ 20/20 © 1991 CQG Inc.

통화시장은 중앙은행이 통화 공급을 조작하므로 뉴스에 매우 민감한 시장이다. '갭'이 자주 나타나며 추세전환이 신속하게 진행되는 점에 주목하라. 통화시장에서 투기 포지션은 매우 위험하다.

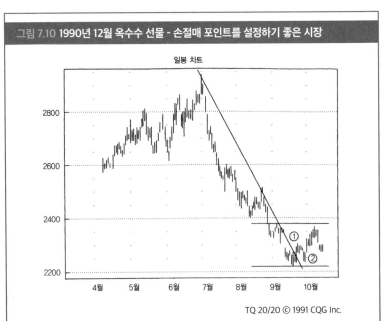

그림 7.10 1990년 12월 옥수수 선물 - 손절매 포인트를 설정하기 좋은 시장

일봉 차트

TQ 20/20 © 1991 CQG Inc.

두 번째 조건이 충족된다면 12월 옥수수 선물은 낮은 위험으로 진입할 좋은 기회다. 시장에 유동성이 높고 좋은 손절매 포인트도 많다. 먼저 저점이 손절매 포인트이고 가격이 수평선과 만나는 작은 고점을 상향 돌파하면 손절매 포인트를 이 지점까지 높일 수 있다.

| 돈 되는 2B 패턴

추세전환의 두 번째 조건에서 언급했듯이 때로는 가격이 이전 고점 (또는 저점)을 시험하여 실제로 돌파한 다음 실패하기도 한다. 이는 매우 특별한 사례이지만 이런 사례는 대개 추세전환의 신호가 된다. 다시 말해서 이런 사례 하나만 발견해도 정확한 고점이나 저점을 포착할 가능성이 매우 커진다. 추세전환의 1-2-3 규칙 가운데 비중이 가장 높은

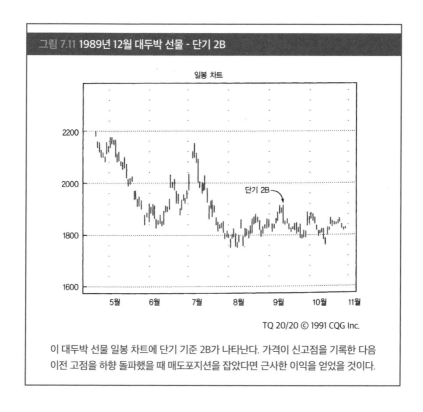

그림 7.11 1989년 12월 대두박 선물 - 단기 2B

일봉 차트

단기 2B

5월　6월　7월　8월　9월　10월　11월

TQ 20/20 ⓒ 1991 CQG Inc.

이 대두박 선물 일봉 차트에 단기 기준 2B가 나타난다. 가격이 신고점을 기록한 다음 이전 고점을 하향 돌파했을 때 매도포지션을 잡았다면 근사한 이익을 얻었을 것이다.

조건이다. 그 비중이 매우 높아서 규칙이라고 불러도 좋을 정도다.

2B 규칙

상승추세에서 신고점을 만든 다음 계속 상승하지 못하고 하락하여 이전 고점을 하향 돌파하면 추세가 반전하기 쉽다. 하락추세는 그 반대가 된다. 이 규칙은 단기추세, 중기추세, 장기추세에 모두 적용된다 (그림 7.11, 7.12, 7.13 참조).

2B가 작은 고점이나 저점을 돌파하는 시점은 대개 신고점이나 신

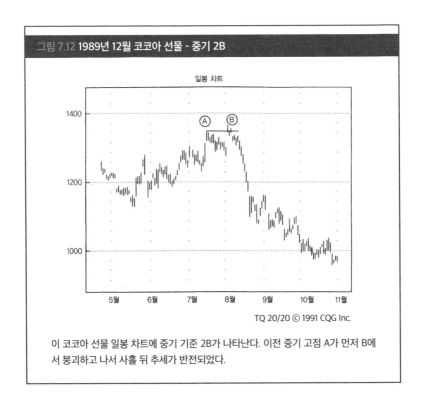

그림 7.12 1989년 12월 코코아 선물 - 중기 2B

일봉 차트

1400

1200

1000

Ⓐ Ⓑ

5월   6월   7월   8월   9월   10월   11월

TQ 20/20 ⓒ 1991 CQG Inc.

이 코코아 선물 일봉 차트에 중기 기준 2B가 나타난다. 이전 중기 고점 A가 먼저 B에서 붕괴하고 나서 사흘 뒤 추세가 반전되었다.

저점을 만들고 나서 하루 이내다. 2B가 중간 고점이나 저점을 돌파하는 시점은 대개 신고점이나 신저점을 형성하고 3~5일 뒤가 된다. 중요한 전환점이 되는 장기 고점이나 저점이라면, 2B는 신고점이나 신저점을 만들고 나서 7~10일 이내에 돌파한다. 주식시장에서 신고점이 나온 다음 추가 상승에 실패할 때는 거래량이 보통 수준 이하가 되며, 반전이 확인되는 과정에서는 거래량이 증가한다.

2B 기준으로 트레이딩할 때 판단이 틀렸을 때는 즉시 잘못을 인정해야 한다. 예를 들어 데이트레이딩에서 2B를 보고 매도포지션을 잡았는데 시장이 급등하면서 다시 신고가를 기록한다면, 가격이 새 2B

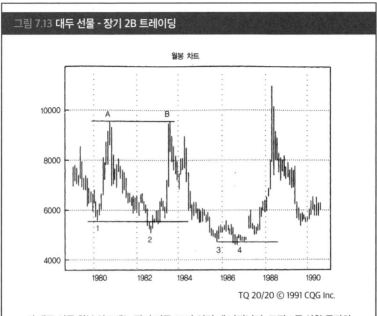

그림 7.13 대두 선물 - 장기 2B 트레이딩

월봉 차트

TQ 20/20 ⓒ 1991 CQG Inc.

이 대두 선물 월봉 차트에는 장기 기준 2B가 여러 개 나타난다. 고점 A를 상향 돌파하지 못하면 B가 탁월한 매도 기회가 된다. 포인트 2는 장기 2B로서, 저점 1을 상향 돌파할 때 탁월한 매수 기회가 된다. 포인트 4는 2B 기준으로 거래했다면, 장기투자자가 적어도 한 번은 얻어맞았을 것이다. 그러나 손실은 그다지 크지 않았다. 이후 이어진 장기 흐름에서는 당연히 매수포지션을 다시 설정했어야 한다.

고점을 돌파할 때 즉시 포지션을 청산해야 한다.

만일 추가 상승에 실패한다면 다시 매도포지션을 잡을 수 있지만, 손절매 한도를 낮춰서 피해를 줄여야 한다. 손실 규모를 낮게 유지하는 한 당신은 게임에서 쫓겨나지 않고 다시 시도할 수 있다. 데이트레이딩에서는 2B 기준의 정확도가 50%에 불과하지만 판단이 틀렸을 때는 손실 한도를 낮추고 판단이 맞았을 때는 이익이 계속 달리게 한다면, 2B 기준으로도 많은 돈을 벌 것이다. 중기추세에서는 2B의 성공

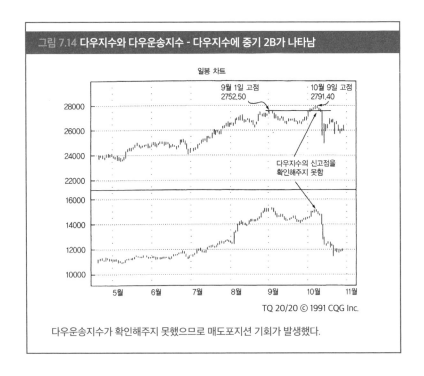

그림 7.14 **다우지수와 다우운송지수 - 다우지수에 중기 2B가 나타남**

일봉 차트

9월 1일 고점
2752.50

10월 9일 고점
2791.40

다우지수의 신고점을
확인해주지 못함

TQ 20/20 © 1991 CQG Inc.

다우운송지수가 확인해주지 못했으므로 매도포지션 기회가 발생했다.

확률이 훨씬 커진다.

　중기추세에서 완벽한 2B 사례가 1989년 10월 13일 다우지수에서 발생했다(그림 7.14). 10월 9일 다우지수가 적은 거래량으로 2791.40에 신고가를 기록했고, 다우운송지수는 이 신고가를 확인해주지 않았다. 중기 약세를 가리키는 확실한 신호였다. 이튿날 시장이 급락세를 이어 갔고, 10월 12일에는 9월 1일에 세운 전고점 2752.50보다 겨우 7.3포 인트 높은 2759.80에서 장이 마감되었다. 관련된 지수들도 모두 급락 했다. 10월 13일에도 2B가 실패할 확률이 높았다. 나머지는 역사에 기 록된 대로다. 악재가 나와 시장을 조금 압박하자 공포에 질린 매물이 쏟아지면서 시장은 191포인트나 폭락했다.

| 시험과 2B 패턴이 나타나는 이유 |

이런 패턴이 나타나는 이유를 파악하려면, 거래소 장내에서 일이 어떻게 진행되는지를 이해해야 한다. 예를 들어 상품거래소 장내에는 자기 계정으로 거래하는 장내 거래인과, 수수료를 받고 남의 거래를 체결해주는 중개인이 있다. 중개인 가운데는 자기 계정으로 거래하는 사람도 많다. 중개인은 고객의 거래를 실행하지만 장내 거래인은 항상 일일 추세, 즉 하루 가격 흐름의 밀물과 썰물을 따라다닌다.

중개인을 통해서 상품거래를 하는 외부인들은 흔히 가격지정주문 (stop order)을 사용한다. 가격지정주문이란 미리 지정한 가격에 도달하거나 지나치면 '시장가'로 사거나 팔아달라는 주문이다. 예를 들어 S&P500 선물을 거래할 때 중개인에게 "S&P500 선물 3월물 356.20 스톱에 5계약 매수"라고 주문할 수 있다. 지수가 356.10 수준을 유지하다가 갑자기 356.40으로 상승하면 지수가 지정한 가격을 지나쳤으므로 중개인은 시장가로 5계약을 매수해준다.

트레이더들은 손실을 제한하려는 목적으로 흔히 가격지정주문을 사용한다. 예를 들어 시장가로 5계약을 산 다음, 자신의 판단이 틀렸다고 판명되는 가격 수준에 가격지정 매도 주문을 걸어놓는다. 장내 거래인들은 매일 '피트(pit)'에 상주하므로, 특히 가격지정주문 집중대를 포함한 전반적인 거래 현황을 꿰뚫는다. 중대한 뉴스가 발표되지 않는 한, 지정가의 기준점은 이전의 고점이나 저점이 될 수밖에 없다.

장내 거래인과 자기 계좌로 거래하는 중개인들은 이런 '저항선'이나 '지지선'까지 가격을 조금만 올리거나 내려서 가격지정주문이 실행되도록 유도하면 이득을 얻게 된다. 이것이 이른바 '지정가 따먹기'다. 가격지정주문이 실행되고 나면 시장이 다시 조정된다. 이것이 바로 모든 시장에서 2B가 나타나는 원리다. 지정가 따먹기는 단기 트레이딩에서 가장 흔하게 나타나지만, 중기와 장기 거래에도 적용된다. 그런데 주식시장에는 또 다른 미묘한 요소가 작용한다.

증권거래소에도 중개인과 장내 거래인이 있는데, 이곳 장내 거래인은 '스페셜리스트(specialist)'라고 부른다. 이들은 자신에게 독점적으로 할당된 종목을 맡아 전문적으로 거래하는 사람들이다. 이들이 운영하는 '장부'에는 주식을 지정 가격에 일정 수량 사거나 팔아달라는 주문이 들어 있다. 스페셜리스트의 역할은 자신이 맡은 종목의 매수자와 매도자들을 연결하여 거래가 순조롭게 이루어지도록 시장을 조성하는 일이다.

대개 장부에는 몇만 주 단위로 주문이 쌓여 있으며, 스페셜리스트는 거래가 체결되는 수량에 따라 100주 단위로 정률 수수료를 받는다. 당연히 대량 주문이 체결되는 방향으로 가격이 움직여야 스페셜리스트에게 이득이 된다. 그리고 이들은 장부에 들어 있는 매수포지션과 매도포지션을 이미 알고 있다.

눈치 빠른 스페셜리스트와 큰 규모로 거래하는 중개인들은 다른 스페셜리스트의 몸짓만 봐도 어느 가격대에 대량 주문이 걸려 있는지 감을 잡는다. 따라서 이들도 대량 주문이 걸려 있는 방향으로 가격을 몰아가면 이득을 얻을 수 있다.

예를 들어 강세장 중간에 IBM에 대한 호가가 110.13에 5,000주 사자, 110.25에 5,000주 팔자로 나와 있다고 가정하자. 스페셜리스트가 받은 매수 주문은 110.38에 1만 주, 110.50에 2만 주, 110.63에 2만 주다.

추종자들을 몰고 다니는 눈치 빠른 큰손이라면 스페셜리스트가 장부에 보유한 주문에 대해 감을 잡고 자기 계좌로 110.13에 5,000주를 매수한다. 다른 트레이더들도 스페셜리스트가 대량 매수 주문을 받았다고 짐작하면서 뒤이어 매수에 가담한다. 거래소에는 IBM 주식에 매수포지션이 창출된다. 거래량이 증가하면서 가격이 상승하여 마침내 스페셜리스트는 주문을 실행하고 수수료를 챙기며 자기 계정으로 산 주식도 팔아 이익도 실현한다. 그는 손해 볼 일이 없다. 가격을 밀어올리면서 트레이더들은 계속 이익을 챙긴다. 가격이 상승 탄력을 잃어버리는 순간 원래 위치로 다시 내려간다.

스페셜리스트의 세계에는 다른 미묘한 요소도 있다. 나는 스페셜리스트가 자기 계정으로 주식을 사고팔아 이익을 얻는다고 말했지만 이는 정확한 표현이 아니다. 실제로 일어나는 상황은 이렇다. 푸르덴셜(Prudential)이 스페셜리스트에게 전화로 말한다. "IBM 100만 주를 매수해주시오." 스페셜리스트가 대답한다. "100만 주를 매수하시는군요. 마침 저도 100만 주를 매수하고 있습니다." 이제 IBM 물량이 들어오면 그는 푸르덴셜과 똑같이 나누게 된다.

그가 1만 주를 사면 푸르덴셜이 5,000주, 그가 5,000주를 갖게 된다. 앞에서 설명한 대로 이제 IBM에 대한 매수포지션이 창출된다. 그러나 푸르덴셜은 보유하려고 주식을 사지만, 스페셜리스트는 오르면 즉시 팔려고 주식을 산다. 즉, 그는 받은 주문으로부터 주가가 계속 상승한다는 사실을 아는 상태에서 주식을 사서 더 높은 가격에 판다! 스페셜리스트 사업이 대대손손 가업으로 이어지는 것도 당연하다. 금융시장에서 가장 안전하게 큰돈을 버는 사업이기 때문이다.

물론 스페셜리스트들이 무책임한 행동을 할 수는 없다. 주문한 고객의 이익을 무시하고 주가 흐름을 조작한다면 이후 뉴욕증권거래소에 상장되는 주식을 할당받지 못할 뿐 아니라, 징계를 받아 생업까지 잃을 것이기 때문이다. 요는 차트에 나타나는 패턴이 대부분 거래소에 상주하는 전문가들의 활동에서 비롯된다는 것이다.

지금까지 논의한 2B 발생 과정에서는 시장에 중요한 뉴스나 새로운 상황 전개가 없다고 가정했다. 구체적인 지식 없이 2B만 보고 거래하는 것은 매우 위험하며, 특히 뉴스에 민감한 상품시장에서는 더욱 위험하다. 그러나 폭넓은 지식을 바탕으로 이 기법을 사용하면 큰돈을 벌 수 있을 것이다.

| 2차 조정의 기본 원리 |

내가 보기에 엘리어트 파동 이론(Elliot wave theory)은 너무 주관적이어서 전문 투기에 널리 사용하기에는 부적합하다. 그러나 이 이론에서 제시하는 한 가지 분석은 강세장에서 바닥을 예측하거나 약세장에서 2차 조정의 정점을 예측하는 데 매우 유용할 것이다. 엘리어트 파동 이론은 시장가격 흐름이 순환하는 파동 패턴을 따른다고 주장한다. 엘리어트는 이런 패턴을 A 파동, B 파동, C 파동으로 표현한다(그림 7.15).

강세장과 약세장의 2차 조정은 거의 모두 이 패턴을 따른다. 이 패턴의 또 다른 특성은 BC 파동에서 거래량이 말라버린다는 점이다. 어떤 흐름이 타당해지려면 다른 중요한 지수가 확인해주어야 한다. 물론

그림 7.15 **2차 조정의 기본 원리**

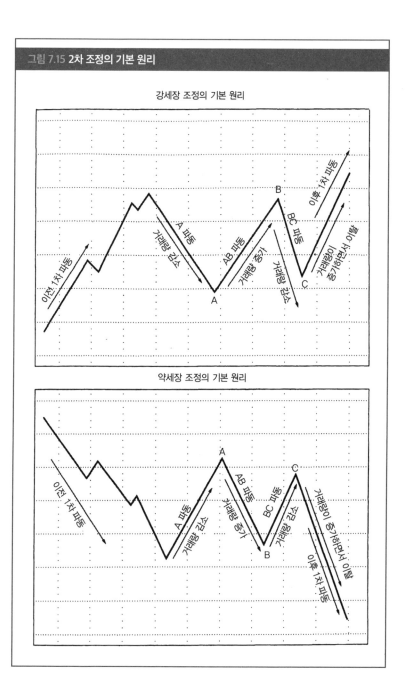

강세장 조정의 기본 원리

약세장 조정의 기본 원리

중요한 뉴스가 등장해서 시장에 영향을 미친다면 예외가 된다. 그림에서 보듯이 강세장의 2차 조정인 C는 시험에 그칠 수도 있고, A에 형성된 저점을 하향 돌파할 수도 있다. 약세장에서는 그 반대가 성립한다. C가 형성되는 시점을 판단할 수 있다면, 그때가 강세장에서는 매수포지션을 잡고 약세장에서는 매도포지션을 잡을 이상적인 시점이 된다.

강세장 2차 조정의 BC 국면에서 투기 포지션(매수포지션)을 잡기 좋은 시점은, 가격이 BC 파동에서 형성된 추세선을 하향 돌파할 때다. 단, 하락 과정에서 거래량이 감소해야 한다. 이 기법이 틀릴 경우를 대비해서 A와 B 중 더 낮은 지점을 손절매 포인트로 정해두어야 한다.

BC 파동 추세선을 하향 돌파할 때 거래량이 비교적 안정적이라면, 바닥일 가능성이 작아진다. 만일 거래량이 급증하고 펀더멘털까지 바뀔 경우라면, 이 흐름은 조정이 아니라 장기추세전환의 두 번째 국면일 가능성이 크다.

| 요약

투기는 중기추세 안에서 주식, 채권, 통화, 상품, 옵션 등을 사고파는 기술이다. 가장 좋은 매수포지션은 중기 하락추세의 바닥이나 그 직후에 잡는 포지션으로서, 약세장 말기나 강세장 2차 조정의 전환점이다. 반대로, 가장 좋은 매도포지션은 강세장 정점이나 약세장 중기 조정의 정점, 또는 그 직후에 잡는 포지션이다.

일단 이 기준으로 거래 대상을 선택한다면 엄청난 시간과 노력을 절감할 수 있다. 이 기준에 익숙해지면 차트를 보고 유망한 증권, 선물,

기타 상품들을 신속하게 가려낼 수 있다. 유망 상품의 목록을 뽑아낸 다음에는 위험 대비 보상이 가장 큰 주식, 국채, 상품을 선택하여 더 구체적인 지식을 습득할 수 있다. 다음 장에서는 판단에 도움이 되는 추가 기술적 기법들을 논의한다.

8

분석가도 모르는
요소 때문에
망할 수 있다

| 앤초비는 도대체 얼마나 중요한가? |

나는 분석가들이 작성하는 정교한 보고서에 놀랄 때가 많다. 기막히게 상세하게 분석하여 매우 복잡한 방식으로 '시장가치'를 산출해낸다. 분석가들의 보고서에는 온갖 흥미로운 정보가 담겨 있으며, 무엇보다도 글이 논리 정연하고 매끄러우며 매우 설득력 있다. 그러나 나는 오랜 세월 이런 보고서를 한 번도 읽어보지 않았다.

나는 시장 전문가들을 모아놓고 발표할 때, 먼저 다음 질문을 던지면서 이야기를 풀어나간다.

"페루 연안의 조류가 바뀌어 먼바다 쪽으로 이동한다면 여러분은 대두를 사겠습니까, 팔겠습니까?"

이때 사람들의 표정을 보면 이렇게 말하는 듯하다. '이 친구가 트레이딩 분야에서는 전문가라고 생각했는데 도대체 무슨 소리를 하는 거야?'

그러면 나는 다음과 같이 설명한다. 조류가 앞바다에서 먼바다로 이동하면 페루 연안에 살던 앤초비(멸치류)도 연안에서 멀어진다. 앤초비

어부들의 어획량이 감소하므로 앤초비를 먹여 소를 키우는 일본 시장에 수출 물량이 감소한다. 앤초비 공급량이 감소하면 일본에서는 대두 제품으로 소를 키운다. 대두 수요가 증가하고 대두와 대두분 선물 가격도 상승한다. 따라서 페루 연안의 조류가 먼바다로 이동하면 대두를 사야 한다.

이쯤 되면 청중 대부분의 이목이 나에게 집중된다. 그러나 '그래서 어쨌다는 거야?'라는 표정도 여전히 많다. 내 말은 대두 거래를 잘하려면 페루 연안의 조류를 관찰해야 한다는 뜻이 아니다. 거래를 잘하려고 시장의 모든 정보를 알 필요가 없다는 말이다. 사실은 모든 정보를 알 방법도 없다. 게다가 시장에서 구체적인 지식을 바탕으로 거래할 때, 꼭 어떤 사실을 모르거나 생각해보지 않아서 손실을 보는 것도 아니다. 다시 말해서 분석가도 모르는 요소 때문에 망할 수 있다.

피터 린치가 저서 《월가의 영웅(One Up on Wall Street)》에서 말했듯이 대개 상식이 수많은 사실과 숫자보다 유용하다. 그러나 내 생각이 피터 린치와 다른 면도 있다. 나는 찾고자 하는 정보는 대부분 시장에서 찾을 수 있다고 확신한다. 특히 몇몇 핵심 지표들은 대개 적중했으며, 나의 트레이딩 기간 내내 타당성을 입증했다.

로버트 에드워즈와 존 매기의 《Technical Analysis of Stock Trends (주가 추세의 기술적 분석)》을 훑어보니 5개 장에서 20개가 넘는 기술적 패턴을 논의하고 있었다. 에드워즈와 매기에게는 송구스럽지만, 나는 이 복잡한 기술적 기법들을 대부분 추천하지 않는다. 그러나 몇몇 기술적 도구들은 특히 주식시장에서 보조 수단으로서 대단히 가치가 높다. 나는 이런 기술적 도구들을 '보조 수단'이라고 부르는데 이런 수단만 가지고서는 절대로 트레이딩 판단을 하지 않기 때문이다. 나는 이런 수단을 이용해서 무엇을 할 것인가가 아니라, 무엇을 하지 말 것인가를 결정한다.

내가 가장 많이 사용하는 보조 수단은 다음과 같다.

1. 이동평균
2. 상대강도 지표
3. 모멘텀 지표(오실레이터)

앞에서도 말했지만 투기는 확률이 유리할 때만 위험에 돈을 거는 기술이다. 이 보조 수단들은 확률 측정을 보완해준다. 지금까지 논의한 것들을 제외하면 이 세 가지가 가장 효과적인 기술적 지표들이다.

| 이동평균의 이해 |

이동평균은 일정 기간 잇달아 발생한 숫자들의 평균으로서, 가장 오래된 숫자는 제외하고 가장 새로운 숫자를 추가하면서 계속해서 갱신하는 평균이다.

예를 들어 다우지수의 일일 종가로 10일 이동평균을 계산하려면, 먼저 연속된 최근 10영업일의 평균을 계산한다. 11일째가 되면 이날의 종가는 더하고 첫날의 종가는 제외하여 10영업일의 평균을 갱신한다. 이 과정을 매일 반복하면 평균이 매일 '이동'한다. 즉, 평균이 최근 종가를 반영하면서 변동한다. 이 결과를 매일 그림으로 그리고 그 위에 일일 주가를 겹쳐놓으면 그림 8.1처럼 나타난다.

이렇게 하는 이유는 무엇인가? 이동평균은 가격 흐름에 나타나는 이상한 등락을 매끄럽게 다듬어주며, 추세와 추세전환을 판단하는 데도 유용하다. 이동평균은 일정 기간에 걸친 평균이므로, 당연히 최근의 변동이 다소 늦게 반영되는 무딘 지표다. 평균 기간이 길어질수록 이동평균은 더 무뎌진다.

다양한 이동평균을 분석하면 반복되는 패턴을 찾아낼 수 있으며, 이

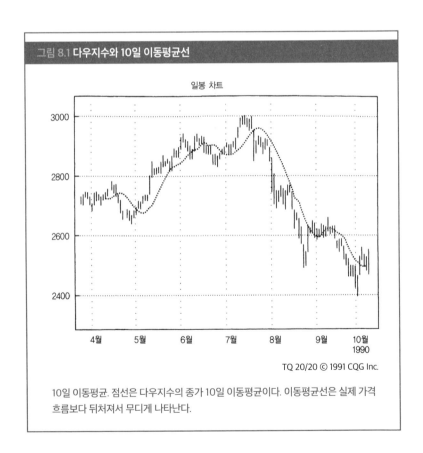

그림 8.1 다우지수와 10일 이동평균선

일봉 차트

TQ 20/20 ⓒ 1991 CQG Inc.

10일 이동평균. 점선은 다우지수의 종가 10일 이동평균이다. 이동평균선은 실제 가격 흐름보다 뒤처져서 무디게 나타난다.

를 이용해서 가격 추세를 예측할 수도 있다. 일부 패턴은 매우 잘 정의되어 있어서 주식과 상품시장에서 매수나 매도 신호로 사용할 수도 있다.

내가 본 주식 차트 서적은 거의 모두 일종의 이동평균을 사용했다. 많은 기술적 분석가와 트레이더도 최근 주간에 가중치를 두거나 지수를 써서 계산하는 등 나름의 이동평균 공식을 사용하고 있다. 그러나 다양한 이동평균에 대해서 논하는 대신, 나는 내가 사용하는 이동평균에 대해서 설명하겠다.

내가 주식시장(개별 종목 및 주가지수)에서 사용하는 단연 가장 유용한 이동평균은 200일(200영업일이나 40주) 이동평균이다(그림 8.2 참조).

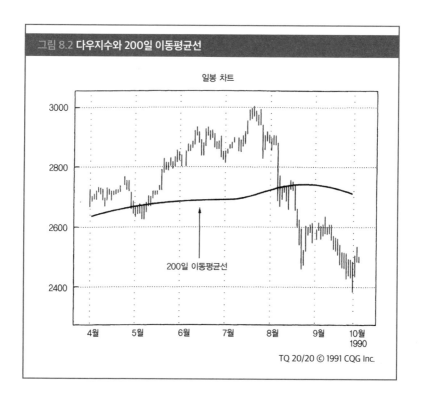

그림 8.2 다우지수와 200일 이동평균선

일봉 차트

200일 이동평균선

4월 5월 6월 7월 8월 9월 10월
1990

TQ 20/20 © 1991 CQG Inc.

내가 200일 이동평균을 알게 된 것은 1968년 윌리엄 고든(William Gordon)의 연구 결과를 읽으면서였다. 1917~1967년 동안 200일 이동평균만 사용해서 다우지수 주식을 사고팔았다면 투자자는 연평균 단순 수익률 18.5%를 얻을 수 있었다. 반면에 다우 이론에 따라 강세장과 약세장 확인일에 사고팔았다면 투자자는 18.1%를 얻을 수 있었다.[1] 이 연구에서 고든은 이동평균으로부터 매수·매도 신호를 판단할 때 간단한 규칙 두 가지를 사용했다.

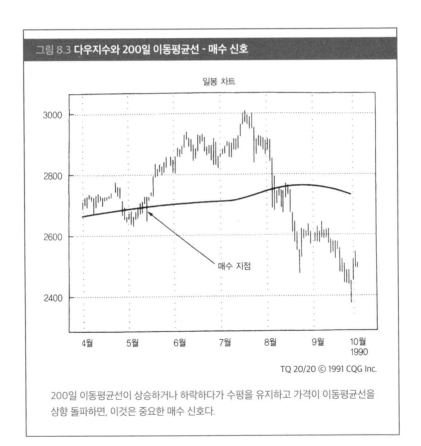

그림 8.3 다우지수와 200일 이동평균선 – 매수 신호

일봉 차트

매수 지점

TQ 20/20 © 1991 CQG Inc.

200일 이동평균선이 상승하거나 하락하다가 수평을 유지하고 가격이 이동평균선을 상향 돌파하면, 이것은 중요한 매수 신호다.

1. 200일 이동평균선이 상승하거나 하락하다가 수평을 유지하고, 가격이 이동평균선을 상향 돌파하면, 이것은 중요한 매수 신호가 된다(그림 8.3 참조).

2. 200일 이동평균선이 상승하거나 하락하다가 수평을 유지하고, 가격이 이동평균선을 하향 돌파하면, 이것은 중요한 매도 신호가 된다(그림 8.4 참조).[2]

그림 8.4 다우지수와 200일 이동평균선 - 매도 신호

일봉 차트

TQ 20/20 © 1991 CQG Inc.

200일 이동평균선이 상승하거나 하락하다가 수평을 유지하고 가격이 이동평균선을 하향 돌파하면, 이것은 중요한 매도 신호다.

장기 이동평균은 지수뿐 아니라 개별 종목과 대부분 상품 선물을 예측하는 용도로도 사용할 수 있다. 나는 장기 이동평균을 두 가지 기본 용도로 사용하는데, 다우 이론에 따라 장기추세의 방향을 확인하는 용도와 종목 선정 용도다.

종목을 선정할 때 나는 가격이 이동평균 아래에 있는 종목은 절대 사지 않으며, 이동평균 위에 있는 종목은 절대 팔지 않는다. 35주나 40주 이동평균을 사용하는 아무 차트 서적이나 펼쳐보면 그 이유를 알 수 있다. 이렇게 하지 않으면 성공할 확률이 매우 낮기 때문이다.

더 짧은 이동평균을 이용해서 한결같이 효과를 내면서 세월의 시험

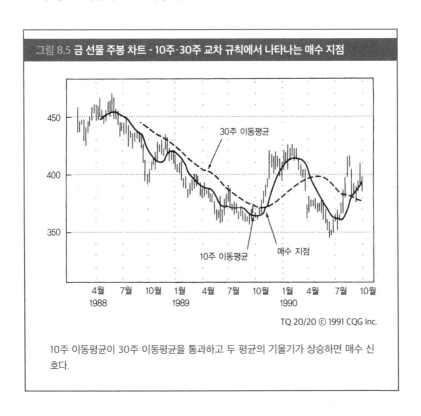

그림 8.5 금 선물 주봉 차트 - 10주·30주 교차 규칙에서 나타나는 매수 지점

TQ 20/20 ⓒ 1991 CQG Inc.

10주 이동평균이 30주 이동평균을 통과하고 두 평균의 기울기가 상승하면 매수 신호다.

을 견뎌낸 기법이 딱 하나 있었다. 이 기법은 주식과 주가지수뿐 아니라 여러 상품에도 적용된다.

1. 10주 이동평균이 30주 이동평균을 통과하고 두 평균의 기울기가 상승하면 매수 신호다. 단, 가격이 두 이동평균보다 위에 있어야 한다(그림 8.5 참조).
2. 10주 이동평균이 30주 이동평균을 통과하고 두 평균의 기울기가 하락하면 매도 신호다. 단, 가격이 두 이동평균보다 아래에 있어야 한다(그림 8.6 참조).

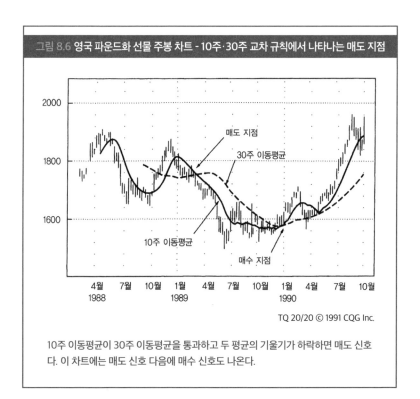

그림 8.6 영국 파운드화 선물 주봉 차트 - 10주·30주 교차 규칙에서 나타나는 매도 지점

TQ 20/20 ⓒ 1991 CQG Inc.

10주 이동평균이 30주 이동평균을 통과하고 두 평균의 기울기가 하락하면 매도 신호다. 이 차트에는 매도 신호 다음에 매수 신호도 나온다.

모든 기술적 기법이 그렇듯이 이 기법도 100% 적중하는 것은 절대 아니다. 예를 들어 10주·30주 교차 규칙만을 사용했다면 1987년 10월 19일에 낭패를 보았을 것이다. 폭락이 지나간 다음에야 매도 신호가 나타났기 때문이다.

상품 선물시장에는 장기 이동평균이 효과를 발휘하는 확고한 규칙이 없다. 시점에 따라, 시장에 따라 이동평균을 적용하는 규칙이 달라진다. 예를 들어 이 글을 쓰는 현재 시점, 200일 이동평균이 채권, 달러지수, 금에는 잘 맞지만 나머지 상품에는 잘 맞지 않는다.

기본적으로 이동평균의 타당성은 시장 상황에 따라 바뀐다는 사실을 인식해야 한다. 거래의 시간 지평(時間地平)이 짧을수록 더 그렇다. 따라서 상황별로 실험해서 효과 있는 기법을 찾아내야 한다.

어떤 기법이 효과를 상실하면 다른 기법을 사용해야 한다. 예컨대 나는 돈육 선물을 거래할 때 4주와 11주 이동평균에, 앞에서 설명한 10주·30주 교차 규칙을 적용한다. 그러나 최근 이 기법의 효과가 감소하기 시작했으므로 다른 기간으로 실험할 때가 되었다.

이동평균이나 다른 기술적 기법을 사용할 때 누구나 저지르기 쉬운 가장 큰 잘못은 그 기법과 사랑에 빠지는 일이다. 다시 말해서 당신이 '모든 규칙을 종결하는 규칙'을 발견했다고 생각해서는 절대 안 된다는 뜻이다. 그런 규칙은 세상에 존재하지 않는다. 모든 시장은 끊임없이 변화하므로 근본적으로 변화를 고려하지 않는 기법은 틀릴 수밖에 없다.

철학에 관해서라면 나는 실용주의[3]에 극구 반대하지만, 트레이딩 규칙에 대해서는 우리가 철저한 실용주의자가 되어야 한다. 규칙은 효과가 있는 동안에만 옳다. 효과가 사라지는 순간 우리는 그 기법과 작별 인사를 나눠야 한다. 그러지 않으면 누군가와 맺은 악연이 파멸을 부르듯이 그 기법이 파멸을 부를 것이다. 나는 한때 월스트리트 최고의 트레이더로 꼽히던 사람들에게 이런 일이 벌어지는 모습을 보았다. 따라서 당신이 이동평균 등으로 찾아낸 패턴에 정서적으로 함몰되지 않도록 조심해야 한다.

| 상대강도를 바라보는 상이한 관점 |

내가 알기로 상대강도 개념은 1933년 로버트 레아가 〈배런즈〉에 기고한 글에서 처음 논의되었다. 그는 이 개념을 상대강도라고 부르는 대신 "주식의 습성과 상대 실적"이라고 불렀다. 상대강도는 단순히 어떤 종목(군)을 다른 종목(군)이나 지수와 비교한 비율이다.

이동평균과 마찬가지로 상대강도를 구하는 공식도 매우 다양하다. 예를 들어 일부 차트 서적에서는 최근 주간에 더 높은 비중을 둔다. 예컨대 뉴욕증권거래소 '데일리 그래프(Daily Graphs)'는 각 종목에 대해 매주 주가를 S&P500지수로 나눈 비율로 상대강도선을 표시하고, 아울러 그 종목 주가 변동률을 데이터베이스 종목들의 주가 변동률과 비교한 시간 가중 상대강도 지표도 표시한다(그림 8.7 참조). 숫자는 1~99로 나타난다. 예를 들어 52는 이 종목이 데이터베이스 종목 52%를 능가하는 실적을 올렸다는 뜻이다.[4]

우리는 소비자 사고방식을 배우면서 자랐으므로 상대강도 개념을 이해하기가 다소 어렵다. 어린 시절을 돌아보면 우리 부모들은 할인판

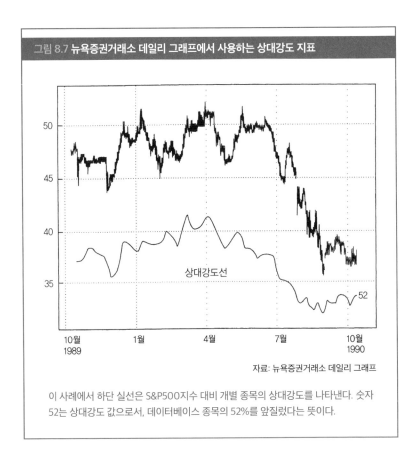

상대강도선

52

10월   1월   4월   7월   10월
1989   1990

자료: 뉴욕증권거래소 데일리 그래프

이 사례에서 하단 실선은 S&P500지수 대비 개별 종목의 상대강도를 나타낸다. 숫자 52는 상대강도 값으로서, 데이터베이스 종목의 52%를 앞질렀다는 뜻이다.

매를 고대했다. 현재 우리도 이런 전통을 이어받아 누구나 싸게 사서 비싸게 팔려고 노력한다.

우리가 감귤류를 좋아한다고 가정하자. 식료품점에서 오렌지와 그레이프프루트를 둘 다 킬로그램당 50센트에 판다면 우리는 둘 다 몇 개씩 살 것이다. 그러나 일주일 뒤에 다시 와서 보니 그레이프프루트는 1달러에 팔고 오렌지는 50센트에 판다면, 우리는 그레이프프루트의 가격이 내리기를 기대하면서 오렌지만 살 것이다. 만일 우리가 이런 사고방식으로 주식을 산다면, 자주 큰 실수를 저지르게 된다.

단지 싸다는 이유로 주식을 사서는 절대 안 된다. 싼 데에는 십중팔구 그만한 이유가 있다. 우리는 좋은 실적을 낼 주식, 다른 주식보다 빠르게 가치가 상승할 주식을 사야 한다. 상대강도가 바로 이런 실적을 측정하는 지표다. 다른 조건이 모두 같다면 우리는 실적이 가장 좋은 종목을 사야 하며, 따라서 상대강도 지수가 가장 높은 종목을 사야 한다.

지금까지는 상대강도가 사용되는 전형적인 방식을 논의했다. 이와는 달리 내가 정의한 추세와 직접 연계해서 상대강도를 바라보는 방법도 있다. 앞에서 설명했지만 시장이 상승추세를 탈 때는 저점도 계속 높아지고 고점도 계속 높아진다. 상승추세에서 다우지수의 고점이 더 높아졌을 때, 나는 당일이나 며칠 전에 고점이 더 높아진 종목들을 찾는다.

이들이 가장 강력한 종목들로서 시장 선도주들이다. 시장이 상승추세일 때, 다른 조건이 모두 같다면 이런 종목들을 사야 한다. 그러나 이들이 고점을 높여갈 때 사서는 안 된다. 조정을 만나 급락할 때 사야 한다. 수익률을 높일 확률이 커지기 때문이다. 상대강도가 높은 종목이 상승장에서 다른 종목보다 더 빨리 상승한다.

시장 정점 부근에서 매도포지션을 잡을 때는 상대강도가 높은 종목을 선정해서는 안 된다. 판단이 틀렸을 때 손실이 커지기 때문이다. 상대강도가 낮은 종목도 추천하지 않는다. 대개 큰 폭으로 하락하지 않기 때문이다. 나는 상대강도가 중간 수준인 종목을 선호하는데, 판단이 틀렸을 때도 손실이 크지 않고 판단이 옳으면 꽤 푸짐한 이익을 얻기 때문이다.

상대강도가 높은 주식을 공매도하는 시점은, 다우지수와 다우운송지수 둘 다 중기 정점이나 장기 정점에 도달하고 나서 1-2-3 규칙으로 추세전환을 확인한 시점이다. 이것이 단기에 이익을 얻기에는 이상적인 방법이다.

추세전환을 확인한 다음 시장이 계속 하락하면, 이 종목은 공포감에 휩싸여 1~3일 급락하기 쉽기 때문이다. 그러나 이런 거래에서는 신속하게 이익을 실현하는 것이 가장 좋다. 이렇게 상대강도가 높은 종목은 싼 가격에 사려는 매수자가 많은 데다가 대개 가격이 빠르게 회복되기 때문이다.

상대강도는 중요한 보조 지표이지만, 나는 그 중요도를 이동평균보다 낮게 평가한다. 다시 말해서 상대강도가 높더라도 주가가 이동평균 아래에 있다면, 나는 이동평균에 더 비중을 두기 때문에 이 종목을 사지 않는다.

상대강도 개념은 상품시장에도 적용되지만 그 적용 방식이 약간 다르다. 예를 들어 귀금속에 대해 매수포지션을 잡을 생각이라면 금, 은, 백금 등의 상대강도를 비교해서 가장 강도가 높은 상품을 사라.

그림 8.8은 금과 은의 일봉 차트다. 두 가지가 한눈에 들어온다. 첫째, 은은 9월에 신저점을 기록했지만 금은 그러지 않았다. 둘째, 금은 6월에 기록한 중기 고점을 상향 돌파했지만 은은 3월에 기록한 중기 고점을 돌파하지 못했다. 확실히 금이 은보다 강하다. 금의 상대강도가 더 높다.

상품시장에서 헤지나 스프레드 포지션을 잡을 때도 상대강도를 이용

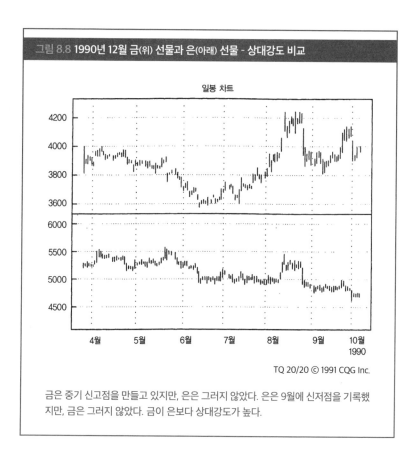

일봉 차트

TQ 20/20 © 1991 CQG Inc.

금은 중기 신고점을 만들고 있지만, 은은 그러지 않았다. 은은 9월에 신저점을 기록했지만, 금은 그러지 않았다. 금이 은보다 상대강도가 높다.

할 수 있다. 예를 들어 곡물에 관심이 있다면 옥수수와 밀의 상대강도를 비교하라.

옥수수와 밀의 일봉 차트를 보면 옥수수가 밀보다 상대강도가 높으므로(그림 8.9), 옥수수는 매수하고 밀은 매도하는 거래가 가장 좋다. 이 판단은 옥수수와 밀의 일별 가격 차이 그림으로 확인할 수 있다(그림 8.10).

그림 8.9 **1990년 12월 옥수수(위) 선물과 밀(아래) 선물 - 상대강도 비교**

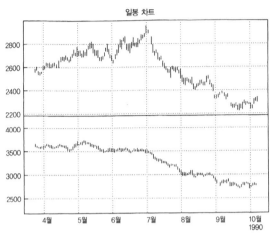

일봉 차트

TQ 20/20 ⓒ 1991 CQG Inc.

옥수수와 밀 둘 다 하락추세이지만, 옥수수의 실적이 더 좋다. 옥수수가 밀보다 상대강도가 높다.

그림 8.10 **1990년 12월 옥수수-밀 일별 스프레드**

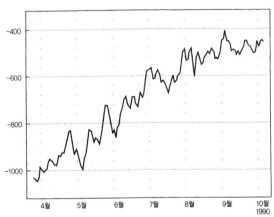

TQ 20/20 ⓒ 1991 CQG Inc.

상대강도 비교에서 나타나듯이 옥수수는 매수하고 밀은 매도하는 거래가 좋았다.

모멘텀 지표: 오실레이터

움직이는 물체에는 모멘텀이라는 속성이 있는데, 이른바 운동량이라고 할 수 있다. 모멘텀은 물체의 질량에 속도를 곱해서 측정한다. 예를 들어 흔들리는 시계추는 모멘텀이 끊임없이 바뀌며 시간을 기준으로 그리면 그림 8.11처럼 나타난다.

엄격한 물리학 개념은 아니지만 시장에도 모멘텀이 있다. 시계추의 모멘텀을 그린 그림을 시장 움직임이라고 생각할 수도 있다. 가격은 중앙점을 기준으로 진동하고, 가격 변동 속도는 끊임없이 바뀌다가 정점과 바닥에서 역전된다.

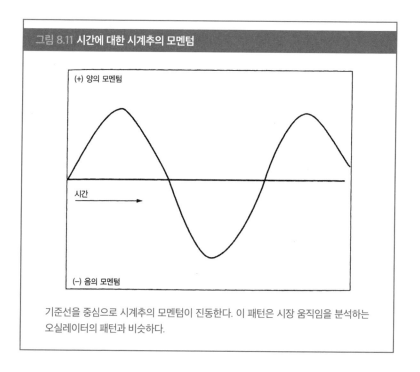

그림 8.11 시간에 대한 시계추의 모멘텀

(+) 양의 모멘텀

시간 →

(−) 음의 모멘텀

기준선을 중심으로 시계추의 모멘텀이 진동한다. 이 패턴은 시장 움직임을 분석하는 오실레이터의 패턴과 비슷하다.

그러나 시계추는 질량은 일정하고 속도만 바뀌지만, 시장 모멘텀은 질량도 끊임없이 변화하고(거래량 증감) 속도도 계속해서 바뀐다(가격 등락 속도 변동). 게다가 갑자기 등장하는 중요한 정치적 사건이나 경제 뉴스는 시장에 영향을 미쳐서 시장 모멘텀을 급격히 바꿔놓는다.

따라서 시장 모멘텀을 정확하게 측정하기는 불가능하며, 시장 모멘텀을 이용해서 추세전환점을 정확하게 예측하는 것도 불가능하다. 그러나 시장 모멘텀을 추적하는 지표를 개발하여 추세전환에 대한 예측력을 높이는 것은 가능하다. 이런 용도로 가장 좋은 지표가 오실레이터다.

내가 알기로 현재 업계의 표준 용어로 자리 잡은 오실레이터는 H. M. 가틀리(H. M. Gartley)가 1935년 초판 출간한 저서 《Profits in the Stock Market(주식시장에서 얻는 이익)》에서 처음 사용했다. 이동평균이나 상대강도 지수와 마찬가지로 오실레이터도 산출 공식이 다양하다. 그러나 모든 오실레이터의 공통점은 일정 기간 어떤 시장변수와의 차이를 측정한다는 점이다. 따라서 오실레이터는 가격, 시장 폭, 이동평균, 거래량 등 주요 시장변수의 변화 속도를 측정한다. 그리고 오실레이터는 시계추의 모멘텀과 마찬가지로 기준선을 중심으로 진동한다.

주식시장에 대해서 나는 두 가지 오실레이터를 사용한다. 하나는 시장 폭이고 다른 하나는 가격이다. 상품시장에 대해서는 두 이동평균의 차이로 산출한 오실레이터를 사용한다. 내가 주가지수, 가격, 시장 폭에 대해 사용하는 오실레이터들은 1975년 1월 처음 사용한 이후 계속 타당성을 유지했다(그림 8.12와 8.13 참조).•

● 실제로 나는 다우지수에 대해 단기 가격 오실레이터와 장기 가격 오실레이터 두 가지를 사용했으나, 1980년대 중반에 프로그램 트레이딩이 등장하면서 단기 가격 오실레이터는 타당성을 잃었다.

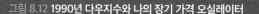

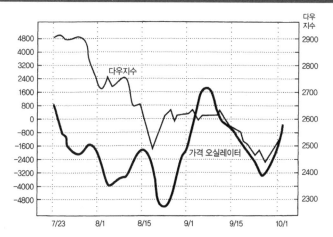

그림 8.12 1990년 다우지수와 나의 장기 가격 오실레이터

이 장기 가격 오실레이터는 내가 1975년 처음 사용할 때부터 지금까지 효과가 좋았다.
9월 말 시장이 상승하기 전에 오실레이터가 먼저 상승하는 모습을 주목하라.

그림 8.13 1990년 다우지수와 나의 시장 폭 오실레이터

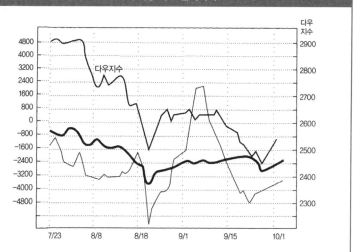

가장 가는 선은 단기 시장 폭 오실레이터, 가장 굵은 선은 장기 시장 폭 오실레이터다.
두 오실레이터의 흐름을 그림 8.12의 흐름과 비교하라.

내가 상품에 사용하는 오실레이터는 내 호가 시스템에 기본으로 넣어두었으며, 다루는 상품에 잘 맞도록 이동평균 기간을 조절하게 되어 있다(그림 8.14 참조).

숫자에도 나타나듯이 좋은 오실레이터는 시장 추세가 전환되기 시작하는 시점이나 그 이전에 반전된다. 대개 이런 오실레이터는 매우 정확하다. 보통 시장이 상승추세일 때는 오실레이터도 상승한다. 차트에서 오실레이터가 더 상승할수록 시장이 '과매수' 상태에 접근하게 된다. 이론적으로는 시계추의 경우와 마찬가지로, 시장이 정점에 접근하면 오실레이터도 상승이 둔화하여 차츰 평평해지면서 정점을 기록한다. 이어서 가격이 역전되면 오실레이터도 하락세로 전환하여 계속 내

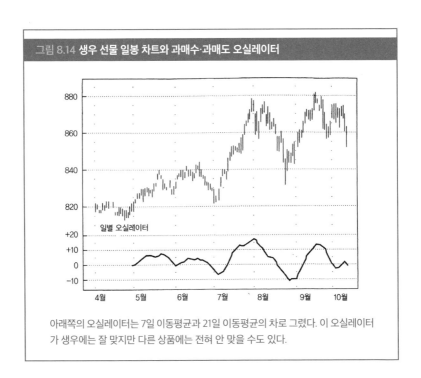

그림 8.14 생우 선물 일봉 차트와 과매수·과매도 오실레이터

아래쪽의 오실레이터는 7일 이동평균과 21일 이동평균의 차로 그렸다. 이 오실레이터가 생우에는 잘 맞지만 다른 상품에는 전혀 안 맞을 수도 있다.

려가고 시장이 '과매도' 상태에 접근하면 위와 반대 과정이 진행된다.

일반적으로 오실레이터선은 고점이 더 높아지거나 저점이 더 낮아질수록 중요해진다. 이제 내가 사용하는 오실레이터의 계산법과 사용법을 설명하겠다.

내가 주식시장 폭에 사용하는 최고의 모멘텀 척도는 이른바 '10일 순변량 이동평균 시장 폭' 오실레이터다. 복잡해 보이지만 사실은 매우 단순하다. 설명에 들어가기 전에 시장 폭에 대해서 간단히 언급하겠다.

시장 폭 지표는 균형을 잡아주는 지표다. 대부분 주가지수의 가중 방식에서 발생하는 문제를 바로잡아준다. 예를 들어 다우지수는 겨우 30종목의 가격을 평균한 지수다. 가끔 비중 큰 종목의 주가가 이례적으로 크게 움직이면, 이 지수는 전국 산업 종목의 실적을 제대로 대표하지 못할 수도 있다. 다우지수가 전반적인 시장 지표로 타당한지 시험하는 방법 하나는 이른바 '등락주선(advance/decline line, A/D line)', 즉 시장 폭과 비교하는 것이다.

등락주선은 뉴욕증권거래소의 모든 상장 종목을 대상으로, 상승 종목 수에서 하락 종목 수를 뺀 값을 나타낸 선이다. 일반적으로 등락주선은 다우지수와 함께 움직이는데, 두 선이 벌어지면 추세전환이 다가온다는 신호다.

시장 폭 오실레이터는 단지 시장 모멘텀을 측정하는 지표이며, 대개 등락주선보다 더 빨리 추세전환 신호를 보내준다.

나는 시장 폭 오실레이터로 단기와 장기 오실레이터 두 가지를 사용하는데 장기 오실레이터를 훨씬 더 주목한다. 나는 매일 아침 먼저 등락 종목 수를 기록한다. 지난 10일 동안 뉴욕선물거래소 종목 가운

표 8.1 시장 폭 오실레이터 계산

날짜	오늘 등락주 A)	10일 전 B)	10일 합계 C)	30일 전 D)	30일 합계 E)	나누기 3 F)
7월 23일	-1203	91	-1556	-552	-2167	-722
7월 24일	-2	-440	-1118	355	-2524	-841
7월 25일	312	465	-1271	458	-2670	-890
⋮						
10월 1일	761	-87	-3517	-1020	-6826	

A) 일일 순 등락 종목 수 = 뉴욕증권거래소의 상승 종목 수 - 하락 종목 수.
B) 10일 전의 순 등락 종목 수.
C) 최근 10일 이동 합계 = 오늘의 등락 종목 수 - 10일 전의 순 등락 종목 수 + 전날의 10일 이동 합계.
  7월 24일 계산 예: -2 - (-440) + (-1556) = -1118.
D) 30일 전의 순 등락 종목 수.
E) 최근 30일 이동 합계 = 오늘의 등락 종목 수 - 30일 전의 순 등락 종목 수 + 전날의 30일 이동
  합계.
F) 10일 이동 합계 환산치 = 오늘의 30일 이동 합계 ÷ 3

데 상승 종목 수에서 하락 종목 수를 뺀 값을 도표로 그린다. 다시 말
해서 매일 상승 종목 수에서 하락 종목 수를 뺀 값의 이동 누적 합계를
기록한다. 표 8.1에 이 과정을 자세히 나타냈다.

장기 오실레이터를 구할 때, 나는 30일 이동 합계를 계산한 다음 3으
로 나누어 10일 이동 합계 환산치를 산출한다(표 8.1 참조). 그 결과를
그리면 그림 8.13(185쪽)과 같이 나타난다.

시장 폭 모멘텀 선과 다우지수의 일일 종가를 비교해보면, 오실레이
터의 전환과 다우지수의 중기 전환 사이에 높은 상관관계가 나타난다.
그러나 단기 오실레이터만을 보고 거래한다면 여러 번 얻어맞을 것이
다. 한편, 장기 오실레이터는 가끔 중기추세에 뒤쳐지므로 이것만 보

표 8.2 가격 오실레이터 계산

날짜	NYSE종합지수 5일 차 A)	10일 이동 합계 B)	10일 차 C)
7월 23일	-627	63397	886
7월 24일	-320	63077	300
7월 25일	-428	62649	-482
7월 26일	33	62682	-859
8월 3일	-536	61866	-1531
⋮			
10월 1일	302	52238	-2586

A) NYSE종합지수의 전날 종가와 5일 전 종가의 차.
B) 'NYSE종합지수 5일 차' 열의 10일 이동 합계.
C) '오늘의 10일 이동 합계' - '10일 전의 10일 이동 합계'. 8월 3일 계산 예: 61866 - 63397 = -1531

고 거래해도 손실이 발생한다. 그래서 나는 이들을 보조 도구로만 사용한다. 그러나 1975년 내가 처음 사용할 때부터 지금까지 전반적으로 상관관계가 높았다.[5]

내가 사용하는 가격 오실레이터는 다소 복잡하며 내가 사용할 때도 더 높은 비중을 둔다. 역시 매일 아침 NYSE종합지수의 일일 종가를 사용해서 전날의 종가와 5일 전 종가의 차이를 계산한다. 여기에 이전 9영업일에 똑같이 계산한 값의 합을 더하면, 5일 가격 차의 10일 이동 합계가 나온다(표 8.2 참조). 일일 실적을 그려 다우지수와 비교해보면 오실레이터의 전환과 다우지수 종가의 전환 사이에 높은 상관관계가 나타난다(185쪽 그림 8.12 참조).

나는 시장 폭 오실레이터와 가격 오실레이터를 이용해서 다가오는 시장 전환점을 예측하고 확인한다. 차트를 보면 오실레이터가 높아지거나 낮아질수록 중기추세의 전환 확률이 높아진다. 철로 위에서 다가오는 기차의 불빛이 위험을 경고하듯이, 오실레이터가 중요한 전고점이나 전저점에 접근하는 것은 위험이 다가온다는 경고다. 오실레이터는 위험의 속성이나 시점을 알려주지는 않지만, 우리가 계속 전속력으로 달려야 하는지 조심해야 하는지는 알려준다.

나는 상품 선물 호가 시스템에 오실레이터를 기본으로 넣어두었는데, 이는 두 이동평균의 차이를 이용하는 방식이다. 이 시스템 덕분에 나는 시장 흐름에 맞는 오실레이터를 찾을 때까지 언제든지 이동평균 기간을 바꿔가면서 실험할 수 있다.

상품시장에서는 이런 방법이 필수적이다. 시장 상황이 급변하여 가격 흐름의 속성이 달라지는 경우가 많기 때문이다. 따라서 상품시장에서는 주식시장에서보다 오실레이터의 신뢰도가 훨씬 낮아진다. 그렇더라도 적절한 오실레이터를 찾아내면 추세전환 확인에 엄청난 가치를 발휘한다.

때로는 당신이 훌륭한 상관관계를 발견하면 이 관계만을 이용해서도 많은 돈을 벌 수 있다. 실제로 가능한 일이며 이렇게 하는 사람도 많다. 그러나 나는 절대로 그렇게 하지 않으며 남에게 추천하지도 않는다. 이 방법의 문제점은 한번 빗나가면 대개 엄청나게 빗나간다는 점이다. 많은 기술적 분석가가 정교한 오실레이터를 만들어서 지수뿐 아니라 개별 종목에도 적용한다. 하지만 나는 그러지 않는다.

과도한 정보는 오히려 독이 될 수도 있다. 오실레이터는 몇 개로 충분하며, 그것도 주요 추세전환을 확인하거나 부인하는 보조 지표로 사용하는 편이 낫다. 프랭키 조는 KISS라는 트레이딩 규칙을 지킨다. "단순하게 해!(Keep it simple, stupid!)"라는 뜻이다. '프로 중의 프로'가 주는 소중한 조언이다.

| 개별 종목 선정 |

지금까지 논의한 모든 기법은 개별 주식, 상품, 지수를 포함해서 거의 모든 시장에 적용된다. 여러분 중에는 틀림없이 개별 종목만 거래하는 사람도 있을 것이다. 나도 한때는 개별 종목에 집중했었다. 개별 종목을 선정하려면 먼저 다우 이론으로 전체 시장을 예측한 다음, 이 맥락에서 내가 설명한 기술적 기법으로 종목군을 선정해야 한다. 이제부터는 개별 종목 선정에 도움이 되는 몇 가지 보조 기법들을 다루겠다. 그 목적은 당연히 성공 확률을 더 높이려는 것이다.

기술적 분석과 기본적 분석

시장 참여자들은 대개 두 부류로 구분된다. 순수한 기술적 분석가와 순수한 기본적 분석가다. 내 경험에 비추어보면, 어느 한쪽만 순수하게 고집하면서 꾸준하게 돈 버는 사람이 매우 드물었다.

대부분 돈 버는 주식 투기자들은 잡종이다. 이들은 기술적 분석의 장점과 기본적 분석의 장점을 결합하여 사용한다. 나는 기술적 분석 쪽으로 기운 잡종이다. 나는 앞에서 설명한 기술적 분석으로 시장 참여자들의 미래 움직임을 예측하고, 기본적 분석으로 통계와 가격 흐름의 관계를 추적한다.

기본적 분석가들은 시간이 흐르면 기업의 수익률(yield), 수익력(earning power), 자산가치에 따라 주식의 가격이 매겨진다고 믿는다. 다시 말해서 어느 주식이든 세 가지 내재 요소에 따라 가치가 평가된다고 믿는다. 그러나 이 방법의 문제는 가치평가가 주관적이라는 사실을 철저하게 무시한다는 점이다. 컴퓨터가 아니라 사람이 평가한다는 점을 전혀 고려하지 않는다. 기본적 분석가들의 견해가 맞으려면 시장이 기업의 수익률, 수익력, 자산을 정확하게 평가해야 한다. 그러나 실제로는 그렇지 않다. 기본적 분석가들은 평가는 정확할지 모르지만 시점 선택은 정확하지 않다.

매우 인기 높은 기본적 분석 기법 하나가 벤저민 그레이엄과 데이비드 도드의 종목 선정 방식이다. 지나친 단순화일지 모르지만 그레이엄과 도드는 주가이익배수(PER)와 주가순자산배수(PBR)가 낮은 종목을 사라고 말한다. 이런 종목이 '저평가된' 성장주일 확률이 높다고 보기 때문이다. 반면에 PER이 높은 종목은 이미 시장에서 적절하게 평가되었다고 본다. 강세장 초기에서 중기 후반까지라면 최악의 종목을 제외하고 모든 주식이 상승하므로 이 기법도 효과를 잘 발휘한다. 그러나 시간이 흐르면 곤경에 처하게 된다. PER과 PBR이 낮은 주식에는 대개 그럴 만한 이유가 있고, 시장은 그 이유를 알고 있다.

나도 PER과 PBR이 매우 유용하다고 생각하지만 사용하는 방식은 다르다. 시장지수의 PER과 PBR을 산출하여 그 흐름을 비교해보면, 시점별로 시장이 과매수 상태인지 과매도 상태인지 판단하는 훌륭한 보조 지표가 된다. 이어서 개별 종목의 PER과 PBR을 산출하여 지수와 비교하고, 아울러 개별 종목의 실적을 시장 실적과 비교하여 과매수 상태인지 과매도 상태인지 평가할 수 있다.

이익 증가율

기본적 분석의 탁월한 통계 하나가 이익 증가율과 주가 상승률의 상관관계다. 1969년에 출간한 저서에서 고든 홈즈(Gordon Holmes)는 "어떤 종목의 가격 추세 기울기는 거의 예외 없이 그 종목의 이익 추세 기울기에 선행한다. 시차는 약 3개월이다"라고 말했다.[6]

내가 이 분석을 좋아하는 이유는 세 가지다. 첫째, 대체로 맞는다. 둘째, 세월의 시험을 견뎌냈다. 셋째, 시장이 세상만사를 반영한다는 다우 이론의 신조를 뒷받침한다. 이제 이 분석을 어떻게 활용할 것인가?

무엇보다도 이 상관관계가 관심 종목에서도 유지되는지 확인해야 한다. 대부분 기업은 계절에 따라 이익이 변동하므로, 6분기 이상의 이익을 분석해보아야 이익 증가가 미래 가격 변동을 알려주는 타당한 지표인지 판단할 수 있다. 이 기간에 이익 곡선(3개월 후행)과 주가 곡선을 그렸을 때, 이익 증가율과 주가 상승률 사이에 직접적인 상관관계가 나타나야 한다. 상관관계는 전체 기간에 걸쳐 나타나야 하며, 그렇지 않으면 해당 종목에 대해서는 이 지표를 완전히 무시해야 한다.

홈즈는 이익 증가와 다른 요소들을 바탕으로 다소 복잡한 종목 선정 기법을 개발했다.[7] 나는 이익 증가율을 다른 방식으로 사용한다. 윌리엄 오닐의 뉴욕증권거래소 '데일리 그래프'에는 분기별 이익 보고에 더해서 다음 분기의 예상 이익까지 발표된다. 관심 종목에서 이 상관관계가 유지된다면, 강세장에서는 주가 상승률이 이익 증가율보다 높을 때 이 종목을 사라. 주가 상승률이 이익 증가율보다 낮거나 같으면 다른 종목을 찾아보라. 약세장에서는 그 반대가 된다.

당신이 이 방식에 다른 기술적 기법들을 곁들여 거래한다면 경고할 말이 있다. 이익을 보면서 거래하는 사람이 매우 많아서, 자칫하면 분기 예상 이익 때문에 당신이 망할 수도 있다. 특히 고PER주가 위험해서 때때로 주가가 갑자기 폭락하기도 한다. 회사가 이익을 발표하는 시점을 확인한 다음, 주가가 고점 근처라면 발표가 나오기 전에 팔아버려라. 실적이 예상에 못 미치면 주가가 폭락하여 그동안 모은 이익이 날아갈 수 있기 때문이다.

기본적 분석에서 수익률과 PER을 주목하는 것은 성장 잠재력이 높은 주식을 찾으려는 목적이다. 그러나 성장주를 찾으려면 이익 증가율이 가장 중요한 숫자다. 예를 들어 설명하면 배당수익률은 배당금을 주가로 나누어서 계산한다. 이때 수익률은 배당금이 많을수록, 그리고 주가가 낮을수록 높아진다. 그러면 주가는 왜 낮아질까? 이익이 적기 때문이다!

1990년 7월 '시티코프(Citicorp)'와 '트래블러스(Traveler's)'는 6개월째 주가가 하락하면서 수익률이 상승하고 있었다. 두 회사는 배당금을 똑같이 지급하고 있지만 주가는 계속 하락했다. 주가가 이익보다 더 많이 하락했으므로 두 회사의 PER도 내려갔다. 따라서 둘은 저 PER 고수익률 종목이 되었다. 그러면 두 종목을 사야 하는가? 염가 주식인가?

나는 그렇게 생각하지 않는다. 두 회사의 실적이 계속 나빠지면 어떻게 되는가? 이익 증가율 관점으로 보지 않으면 PER과 수익률은 우리를 오도할 수 있다. 나는 "주가가 어디로 가든 다 그만한 이유가 있다"라는 말을 자주 떠올린다. 당신이 시장보다 앞서서 저평가 종목을 발견할 가능성은 희박하다는 사실을 기억하라.

종목 선정에 이익 증가율이 중요한 이유를 예를 들어 설명하겠다. 뉴욕증권거래소 상장기업의 80%는 이익의 30~65%를 배당금으로 지급한다. 어떤 신생 기업의 주가가 10달러이고, 현재 이익이 주당 1달러이며, 배당금으로 0.50달러(이익의 50%, 수익률 5%)를 지급하고, 이익 증가율이 25%라고 가정하자. PER이 10이고 수익률이 5%면 중간 수준이므로 이 주식을 살 뚜렷한 이유가 없다. 그러나 이익 증가율 25%는 주목할 요소가 된다!

이익 증가율이 25%면, 이 회사의 이익은 2.9년 뒤에 두 배가 된다. 배당성향이 그대로 유지된다고 가정하면, 지금 이 주식을 사면 3년 뒤에는 수익률이 두 배가 되고, 또 3년이 지나면 수익률이 또 두 배가 된다. 이 주식의 이익 증가율이 계속 유지된다면, 주가가 전혀 오르지 않아도 배당금만으로 8년 이내에 투자원금을 모두 회수하게 된다. 수익률과 PER만을 기준으로 종목을 선정한다면 이런 잠재력을 보지 못할 것이다.

기타 기본적 분석의 고려 사항

다른 조건이 모두 같은 상황에서 최종적으로 두 종목 중 하나를 선택할 때 내가 고려하는 기본적 분석 요소 몇 가지가 있다.

첫째, 강세장 차트가 똑같은 모양이라면 나는 PER이 낮은 종목을 산다. 반대로, 약세장 차트가 똑같은 모양이라면 PER이 높은 종목을 판다. 내게 그레이엄과 도드의 가르침은 그다지 중요하지 않다. 둘째, 나는 두 기업 중 부채비율이 더 낮은 기업의 주식을 산다. 신용위기가 오면 부채비율이 높을수록 더 위험해진다. 주식을 팔 때는 그 반대다. 셋째, 나는 주식을 사든 팔든, 발행주식 수가 가장 많아서 유동성이 풍부한 종목을 선택한다.

주식 투기를 하다 보면 새로운 제품이나 서비스에 대한 소비자의 반응도 예측하게 된다. 투기자들은 제품이나 서비스에 대한 소비자의 반응을 과대평가하거나 과소평가하여 틀리기도 한다.

나는 이런 방식의 투기에는 자주 가담하지 않는다. 확률을 계산할 방법이 없기 때문이다. 이럴 때는 단순한 상식을 따라야 할 것이다. 신제품이 훌륭하거나 맛있거나 독특하거나 판매 기법이 좋아서, 즉 상식적으로 판단해서 대박이 날 것 같으면 손실을 감당할 만한 범위에서 그 주식을 반드시 사라.

기술적 기법에 덧붙이는 몇 마디

지금까지 논의한 기술적 기법 외에 차트 분석에 관해서 덧붙이고 싶은 말이 있다. 기본적으로 다우 이론의 모든 신조가 개별 종목에도 적용된다. 그러나 타당성은 높지 않다.

통계분석에서는 표본의 수가 증가할수록 신뢰도가 높아진다. 물론 개별 종목에도 시장지수의 속성이 많이 들어 있다. 예컨대 그 종목에 대한 모든 정보가 주가 흐름으로 나타난다. 거래량도 마찬가지다. 주가 순환의 심리도 똑같다. 대부분이 동일하다. 그러나 다우 이론의 세 번째 가설이 다우 이론은 완벽하지 않다는 것이다. 따라서 개별 종목은 더더욱 그렇다. 게다가 개별 종목은 다른 지수가 확인해주지 않는 상태에서 온갖 추론을 도출해야 한다. 그렇더라도 다우 이론의 기술적 분석을 개별 종목에 적용하면 유용하다.

| 결론 |

이제 우리는 가격 흐름을 분석하는 단순하지만 강력한 기술적 도구들을 갖췄다. 우리는 다우 이론의 일반 원칙과 개념에서 출발하여 주요 기술적 분석 사항과 보조적 분석을 살펴보았으며, 더 나아가 개별 종목에 대한 기술적 분석 및 기본적 분석도 논의했다. 다음에는 강력하고 상식적인 기본적 경제 요소로 우리의 무기를 강화할 것이다.

9

실제로
세상이 돌아가는 원리
: 경제학의 기본 원리

| 조각 그림 맞추기

참고할 그림이나 패턴도 없이 1만 조각짜리 조각 그림을 맞춘다고 상상해보라. 모든 조각이 똑같은 회색이고 패턴도 약간만 다를 뿐 비슷한 모양이라고 가정하자. 이 조각을 맞추는 과정도 참기 어려울 만큼 따분할 뿐 아니라, 애써 맞춘 결과물도 의미 없는 회색 사각형에 불과하다. 당신이라면 이런 조각 맞추기를 정말로 할 생각이 있는가? 매우 의문이다. 당신은 이런 조각 그림을 만든 사람의 동기를 의심하면서 거절할 것이고, 조각 맞추기에서 뭔가 의미를 찾는 괴짜 몇 사람만 작업을 진행할 것이다.

사람들은 현대 경제학을 이렇게 따분하고 보상 없는 조각 그림 맞추기처럼 여기며, 이렇게 복잡한 퍼즐을 맞추려는 경제학자들이 괴짜라고 생각한다. 지금은 회사 운영이나 직장 생활과 현대 경제 이론 사이에서 상관관계를 찾아내기가 어렵다. 그러나 금융시장에서 돈을 벌고자 한다면 경제학을 무시해버리는 것은 치명적인 실수가 된다. 장기적으로 경제 활동 경로와 가격 흐름의 방향을 결정하는 주체는, 이론

경제학자의 계획과 관료 및 국회의원들이 제정하는 경제문제 해결책들이기 때문이다.

지금까지 시장을 주시해온 사람이라면 재정 적자 규모 뉴스, 연준의 통화정책, 재무부의 환율 정책, 새로운 무역법안에 대한 소문 등에 주식, 채권, 선물 가격이 극적으로 반응하는 모습을 보았을 것이다. 시장은 정부가 쥔 곤봉이 기업을 파멸시킬 수도 있다고 본다. 이제는 투기와 투자에 성공하려면 정부의 재정정책, 통화정책, 시장 개입 입법 활동, 전반적인 경기 순환 등의 속성을 이해하고 그 영향을 예측할 수 있어야 한다.

미국 경제는 시장 원리에 따라 돌아가지만 그 무대를 만드는 주체는 정부다. 게다가 그 무대는 언제든 바뀔 수 있는 비밀 회전무대다. 그러나 우리가 무대 관리를 지배하는 경제 이론에서 오류를 찾아낸다면, 우리는 새로 등장하는 무대를 예상하여 이익을 얻을 수 있다. 따라서 경제학에 대한 이해는 투기 및 투자 성공과 밀접한 관계가 있다. 훌륭한 시장 예측 시스템을 구축하는 바탕이 되기 때문이다. 이에 대해 내 관점을 설명하겠다.

나는 경제학을 공부하려고 뉴욕시 퀸즈대학에 입학하였으나 전혀 쓸모없음을 깨달았다. 기존 경제학에 어떤 문제가 있는지만 알게 되었기 때문이다.

정규 교과과정에서 가르친 내용은 주로 우리 정부가 정책 결정에 사용하는 케인스(John Maynard Keynes)식 사고였다. 그러나 나 스스로 공부하면서 대부분 대학에서 가르치는 일반 통념이 애덤 스미스, 루트비히 폰 미제스(Ludwig von Mises), 프리드리히 하이에크(Friedrich

Hayek), 헨리 해즐릿(Henry Hazlitt), 에인 랜드(Ayn Rand) 같은 사상가들과 모순됨을 깨달았다. 나는 케인스가 세련된 중상주의자나 거품 조장자에 불과함을 알게 되었다.[1] 나는 케인스 경제학에 내재하는 모순을 보았고, 현대 오스트리아 경제학파(Modern Austrian School of Economics)의 경제 원리가 옳다고 생각하게 되었다.[2] 또한, 정부가 일으키는 인플레이션 거품의 초기 단계에 올라탔다가 일찌감치 내려와서, 거품이 터진 다음 파편을 주워 돈 버는 방식도 알게 되었다.

나는 대학에서 경제학을 정식으로 배우지 않아도 금융시장에서 성공할 수 있다고 생각한다. 사실 나는 명석한 부하 트레이더에게 대학에 가지 말라고 했다. 스스로 공부하면 대학에서 배우는 것보다 시장을 훨씬 빨리 더 잘 배울 수 있다고 말해주었다. 그 직원은 관찰과 경험을 통해서 세상이 실제로 돌아가는 방식을 배우고 있으며, 빠른 속도로 트레이딩 실력을 쌓고 있다.

내가 아는 증권분석가는 경제학을 전공했고 대기업에서 5년 경력을 쌓았다. 나는 그녀에게 미국 정부가 언젠가 부채를 상환할 것으로 보는지 물었다. 그녀는 "아니요. 재정 적자는 계속 증가할 겁니다"라고 대답했다. 부채가 계속 증가하면 정부의 상환 능력이 의심받게 될 텐데 언제까지 부채가 계속 증가할 것으로 보는지 내가 묻자 그녀는 대답했다. "모르겠어요. 하지만 결국은 채권자들이 대출채권을 생각해야 할 겁니다. 종잇조각에 불과하니까요."

종잇조각이라니! 도무지 믿기지 않았다! 그녀는 다음 약세장에서 공포에 질린 채, 채권과 주식이 한없이 내려가는 모습을 지켜볼 것이다. 그러나 내가 대화를 나누었던 수많은 사람이 이와 비슷한 견해였던 점을 고려하면 이런 생각은 예외라기보다는 보편적이었는데, 그 원인은 경제의 기본 원리를 모르거나 잘못 배웠기 때문이다.

누구든 인과관계를 뒤집을 수는 없다. 이른바 워싱턴의 경제학 '대가'들도 펜대를 놀리거나 새 법안을 통과시키는 방식으로 번영을 만들어낼 수는 없다. 경제학은 초자연적인 영역도 아니고, 신의 계시 같은 통찰력을 지닌 천재들의 영역도 아니다. 대부분 정책 입안자들은 특수 이익집단 앞에서 선심성 공약을 남발하는 비겁한 정치인에 불과하다. 이들은 필연적으로 따라오는 인플레이션이나 경기 침체라는 결과를 무시하거나 회피하면서, 정교한 책략을 세워 과도하게 지출하면서 현실을 속인다. 게다가 경제 원리를 명분으로 내세운다.

존 메이너드 케인스는 이른바 '신경제학(new economics)'을 공식화하여 인류 문명만큼이나 해묵은 경제학의 오류에 준(準)과학의 지위를 부여했다. 그는 정부의 자유시장 개입, 화폐와 신용 공급 조절, 무책임한 적자 재정과 인플레이션 정책을 정당화했다. 몇 가지 예외만 제외하고 지성 사회는 그의 오류를 자명한 원리로 받아들였으며 한없이 복잡한 용어, 기호, 수학 등식으로 확장해나갔다. 대부분 사람이 경제학을 지루해하거나 두려워하는 것도 당연했다.

당신도 경제학이 지루하거나 두렵다면, 이는 정치인과 학자 들이 우리 사회와 여러 시장의 상호작용이 평범한 사람은 이해하지 못할 정도로 복잡해졌다고 오랜 세월 주장했기 때문이다. 이들은 현대 세계의 '복잡한 경제 이슈'들을 하나씩 세심하게 평가하여 '이상'과 '현실' 사이에서 균형을 유지해야 한다고 말한다.

또한, 수많은 기획단, 고급 컨설턴트, 소위원회와 관료기구들을 거느린 정부만이 국내의 다양한 이해관계를 바르게 절충할 수 있다고 주장한다. 정부는 통화와 신용 공급을 확대하여 생산을 장려하는 동시에, 생산성 높은 산업에서 나오는 '초과 이익'에 대해 과세해야 한다고 말한다. 적자 재정을 시행하여 '소외계층'에도 '평등한 기회'를 제공하는 한편, 기업에 최저임금, 사회보장 기여, 실업보험 부담을 강제해야 한다고 주장한다. 무역장벽을 설치하여 국내 산업을 보호하는 동시에, 제3세계 신흥국들에는 저금리 차관이나 원조를 제공하여 우리 '우방국'으로 삼아야 한다고 말한다. 밀, 설탕, 콩, 우유와 기타 농산품에 보조금을 지급하여 '미국 농부들의 경제 자립과 경쟁력'을 유지하는 한편, 잉여 농산물은 외국에 무료나 원가 이하로 제공해야 한다고 주장한다. 이런 주장은 계속 이어진다.

이런 주장에 대한 나의 실제 생각은 글로 나타내기에 부적합하므로, "이들의 헛소리에 넘어가지 마시오!"라는 정도로 참으려 한다. 당신이 매달 수입과 지출을 맞추고 있다면 적자를 무한정 늘려나갈 수 없다는 사실을 이해할 것이며, 그렇다면 이미 대부분 정책 입안자보다도 경제를 더 잘 이해하는 셈이다. 이들이 만들어내는 수많은 모순된 계획과 법안들은 형태도 색깔도 없고 해법도 없는 퍼즐 조각에 불과하며, 미국인들은 이 때문에 매년 소득의 상당 부분을 내놓아야 한다. 그러나 정확한 지식이 있으면 우리는 퍼즐 조각을 맞출 수 있고, 정부의 불합리한 행동을 이용해서 돈을 벌 수 있다.

트레이더, 투기자, 투자자는 가격이나 가치의 변동을 예상하고 금융 상품을 사고팔아 돈을 번다. 이런 거래를 잘하려면 기본적으로 이해해야 하는 것들이 있다. 왜 사람들이 사물을 교환하고, 시장은 무엇이며,

누가 시장에 참여하고, 가격은 어떻게 결정되며, 왜 가격이 바뀌고, 무엇 때문에 가격이 바뀌며, 언제 가격이 바뀌는가 등이다. 아울러 정부가 시장에 개입하면 다른 어떤 때보다도 가격 변동성이 커지므로, 정부 정책이 시장에 미치는 영향도 이해해야 한다. 기사를 써서 진실을 추구하는 언론인처럼 우리도 질문을 던지고 답을 구해야 한다.

누가? 무엇을? 언제? 어디서? 왜? 어떻게? 전반적이고 기본적인 수준에서 이 질문에 답하는 것은 경제학 영역이다. 특정 시장에 대해서 이 질문에 답하는 것은 시장 예측 영역이다. 경제학은 정확한 시장 예측에 필요한 기본 아이디어를 제공한다.

올바른 경제 원리로 무장하면, 방대한 데이터를 분석하여 쓸모없는 데이터는 버리면서 논리적인 시장 예측 기법을 개발할 수 있다. 우리는 올바른 아이디어 하나로 시작해서 시장 데이터를 분석하여 합리적이고도 정확한 결론을 도출할 수 있다. 우리는 분석가와 '전문가'의 의견을 듣더라도, 항상 타당성이 유지되는 기본 가정에 따라 이들의 결론을 시험할 수 있다. 간단히 말해서 우리는 전문 지식을 훨씬 많이 갖춘 사람들과도 효과적으로 경쟁할 수 있다.

중요한 것은 우리가 아는 사실의 양이 아니라 정확도와 품질이다. 내가 아는 사람은 제퍼디(Jeopardy, 미국 퀴즈쇼)에서 모든 문제의 답을 맞혔지만 트레이더로 활동하다가 파산했다. 그는 수많은 시간을 들여 시장 예측 전략을 개발했는데, 이 전략은 천재적이었지만 결함이 있었다. 그는 지적 능력은 탁월했지만 트레이딩에는 문제가 있었다. 시장 흐름을 지배하는 기본 원리를 전혀 파악하지 못했기 때문이다.

이 장의 목적은 경제학의 기본 원리와 용어를 파악하고 정의하는 것이다. 여기서 얻는 지식을 바탕으로 경기 순환을 예상하여 돈 버는 방법을 나중에 설명할 예정이다. 조각 그림 맞추기 겉포장의 그림처럼, 여기서 설명하는 원칙들은 시장 예측이라는 퍼즐 조각을 맞추도록 안내하는 길잡이가 될 것이다.

| 로빈슨 크루소의 경제학

나는 경제를 가장 중요한 첫 번째 덕목으로, 공공 부채를 가장 커다란 위험으로 꼽는다. 우리는 경제와 자유를 택하든가, 아니면 풍요와 노예 상태를 택해야 한다. 정부가 국민을 돌본다는 구실로 국민의 노력을 낭비하는 행태를 막을 수 있다면 국민이 행복해질 것이다. - 토머스 제퍼슨(Thomas Jefferson)

이 글에서 제퍼슨은 '경제'를 조금 다른 두 가지 의미로 사용했다. 그가 "경제가 가장 중요한 첫 번째 덕목"이라고 말했을 때 경제는 세금을 절약해서 주의 깊게 사용해야 한다는 뜻이었다. 그가 "경제와 자유"나 "풍요와 노예 상태"를 선택해야 한다고 말했을 때, 이는 정부가 어디에 초점을 두어야 하는지 묻는 말이었다. 정부가 재정 지출을 확대해서 공공 서비스를 제공하는 일에 집중할 것인지, 아니면 생활과 자유와 번영을 보호하는 일에 집중할 것인지를 물었다.

제퍼슨은 정부가 제공하는 '풍요'의 대가가 '국민의 노력'임을 역사상 어느 정치 지도자보다도 잘 이해했다. 정부가 국민을 돌본다는 구실로 예산을 늘리고 서비스를 확대한다면, 민간의 재산과 개인의 자유를 희생해야만 한다는 사실을 그는 알고 있었다.

안타깝게도 지난 200년 동안 미국 국민이 선거를 통해서 자유 대신 풍요를 선택한 탓에, 지금 우리가 사흘 중 하루는 정부의 낭비를 메우려고 일하게 되었다. 그런데 이것으로도 부족하다. 우리는 적자가 매년 1,000억 달러를 넘어가므로 다음 세대들에게 감당하기 어려운 짐을 물려주게 된다. 제퍼슨은 구멍 난 수의를 입은 채 아직도 무덤 속에서 탄식하고 있을 것이다.

우리는 잘못된 경제 사상뿐 아니라 잘못된 철학 사상을 받아들이고 실천한 탓에 이 지경에 이르게 되었다. 미국인들은 절대적인 옳고 그름은 없다는 사상에 속아 넘어갔다. 인생은 엄청나게 복잡하여 상대적 요소들 사이에서 균형을 이루어야 하므로 경제정책은 '전문가들'의 손에 맡겨야 최선이라고 생각했다.

내가 철학 논문을 쓰는 것은 아니지만 삶과 죽음처럼 절대적인 것은 없다. 삶은 경제적 생존을 뜻한다. 나는 만사가 단순하다고 말하지는 않겠지만 대부분은 생각만큼 복잡하지 않다고 말할 수 있다. 나는 잘못된 경제 개념을 모두 설명하고 반박할 수는 없지만, 내가 옳다고 생각하는 기본 원리와 정의를 제시할 수 있으며, 그 논리를 밝히고 내가 벌어들인 은행 계좌를 보여줄 수 있다. 따라서 "경제학이란 무엇인가?"라는 질문에 대해 기초부터 답하겠다.

경제학은 인간의 행동을 연구하는 학문이다. 경제학자 루트비히 폰 미제스는 이렇게 말했다. "경제학은 선택한 목적을 달성하기 위해서 적용할 수단을 연구하는 과학이다.[3] (…) 사물과 유형물을 다루는 학문이 아니라 인간의 의미와 행동을 다루는 학문이다."[4] 다시 말해서 경제학은 인간이 목적 달성에 쓸 수 있는 수단, 기법, 행동을 연구한다.

이 정의는 경제 분석과 시장 예측의 첫 번째 원리가 된다. 이 원리를 이해해야 다른 모든 원리를 통합하여 일관된 시스템을 구성함으로써 돈을 벌 수 있다.

대부분 경제학 교과서는 경제학을 "생산과 분배를 연구하고 소득, 부, 상품의 사용을 연구하는 학문"[5]으로 정의한다. 경제학이 이런 요소들과 관계가 있다는 점은 맞지만 이것이 진정한 정의는 아니다. 예를 들어 이 정의는 소득과 상품이 이미 존재하며 부와 상관없이 존재한다는 뜻이다. 또한, 경제가 상당한 수준까지 발전하여 분배가 주요 관심사인 것처럼 가정한다. 간단히 말해서 경제학은 사람들이 사회를 구성해서 매우 고차원적인 생활을 누리는 것으로 간주한다. 그러나 실제로 이런 고차원적인 생활은 무인도에서 홀로 사는 개인에게도 적용되는 기본적인 경제 원리에서 오는 것이다.

예를 들어 대니얼 디포(Daniel Defoe)의 소설에 등장하는 로빈슨 크루소를 생각해보자. 그의 생활은 개인 경제 활동의 기본이 시장경제 형성으로 이어지는 과정을 구체적이고도 명확하게 보여준다. 식인종만 찾아오는 섬에 좌초한 크루소는 먼저 식량 확보 기법을 개발하여 당장 필요한 양 이상으로 식량을 축적한 다음, 다른 필수품을 확보하는 방향으로 노력을 돌린다. 그는 이렇게 절약한 시간으로 집을 지었고 식인종에 대응하는 방어물을 세웠으며 옷도 만들었다. 이어서 근면성과 창의성과 시간 관리를 통해서 필수품 획득 절차를 단순화했고 남는 시간을 이용해서 다른 사치품을 생산했다.

그가 생활 수준을 향상시킨 과정의 핵심은 평가, 생산, 저축, 투자, 혁신이었다. 그는 선택 가능한 목적과 수단을 평가했고 그의 필요에 가장 들어맞는 대안을 선택했다. 그는 그 목적이 얼마나 필요한가, 달성하기 위한 수단이 있는가, 달성에 들어가는 비용은 얼마나 되는가를 기준으로 각 목적의 가치를 평가했다. 그는 생존에 필요한 이상으로 필수품을 생산하여 충분히 저축한 다음, 남은 에너지를 그가 원하는 다른 제품 개발에 투자했다.

각 단계에서 그가 치른 가격은 자신의 필요에 따라 평가하여 소비한 에너지였다. 이 교환을 통해서 그가 얻은 것이 이익이었다. 그가 잘못 판단하여 노력이 쓸모없어졌으면 그는 손실을 보았다. 그의 선택이 바로 교환 행위로서, 덜 바람직한 상태를 더 바람직한 상태와 바꾸는 작업이었다. 그는 모든 단계에서 시간을 관리했다. 그는 단기, 중기, 장기 성과를 바탕으로 대안을 선택했다. 기술혁신을 통해서 그의 능력이 더 정교해질수록 필수품 비용(필수품 획득에 들어가는 시간과 에너지)이 감소하여 더 많은 시간을 '사치품' 생산에 투입할 수 있었다.

크루소의 행동을 설명하면서 내가 강조한 개념들은 시장경제에도 전반적으로 적용된다. 실제로 시장경제는 똑같은 개념을 사회에 적용한 결과일 뿐이다. 평가, 생산, 저축, 투자, 혁신은 사람이 합리적인 개인으로서 본성에 따라 생존하고 성장하려면 꼭 필요한 요건이다.

따라서 경제학은 인간으로서 살아가는 수단에 대한 연구이며, 인간은 사회적 동물이므로 다른 사람들과 어울려서 살아가는 방식에 큰 비중을 두게 된다. 그러나 기본적으로는 개인이 홀로 살아가는 요건에 초점을 두어야 한다. 사회는 단지 개인의 집합이기 때문이다.

시장이란 무엇인가?

집단이 생존하는 기본 수단도 개인과 똑같다. 유일한 차이는 생산과 교환 과정이 더 복잡하다는 점이다. 개인 혼자일 때는 한 상태를 다른 상태와 교환할 수 있으며, 이는 자신의 에너지를 소모해야만 가능하다.

자유 사회에서는 자신의 노력으로 만든 제품을 다른 사람들의 제품 및 서비스와 교환할 수 있는데, 이 과정에서 분업, 전문화, 다른 사람들의 혁신 등을 통해서 엄청난 이득을 얻게 된다. 따라서 시장경제에서는 생존하기가 수월해지지만 홀로 생존할 때보다는 교환 과정이 더 복잡해진다. 자원과 선택 대안 면에서는 경제 활동이 더 복잡해지지만 생존과 성장 면에서는 훨씬 단순해진다. 크루소는 섬에서 수위 역할만 해서는 생존할 수 없었지만, 뉴욕시에는 초고층 건물의 유리창만 닦으면서도 웬만큼 살아가는 사람이 많다.

사람들은 크루소처럼 기본 지식을 갖춘 상태에서 다른 사람들로부터 강요받지 않는다면, 보유한 자산을 유리한 방향으로 자발적으로 교환한다. 사람들은 남들이 제안한 상품과 서비스를 평가하고 자신의 협상력을 바탕으로 가장 필요하거나 탐나는 것을 선택한다. 그는 가치가 낮다고 판단하는 물건을 내주고 가치가 높다고 판단하는 물건을 받는다. 사람마다 물건의 가치에 대한 평가가 제각각이므로 거래는 결국 개인적 판단에 좌우된다. 평가 과정은 주관적일 수밖에 없다. 각 개인의 선호, 판단, 가치, 목적에 따라 평가가 달라진다.

평가가 주관적인 덕분에 거래 당사자 둘 다 거래를 통해서 이익을 얻을 수 있다.[6] 옥수수는 남아돌지만 고기가 부족한 농부는, 소에게 옥수수를 먹여야 하는 목장 주인보다 옥수수의 가치를 낮게 평가한다. 여기서 거래 기회가 발생한다. 이런 잉여물 교환 과정에 참여하는 사람이 증가할수록 거래가 더 복잡해진다. 이렇게 수많은 개인이 자유롭게 모여 생산하고 거래하는 사회 장치가 바로 시장이다.

시장은 사람들이 수요와 공급의 법칙에 따라 재산을 자발적으로 교환하는 수단이다. 이 정의는 지역 벼룩시장과 뉴욕증권거래소에도 똑같이 적용된다. 교환 시스템은 단순할 수도 있고 복잡할 수도 있지만, 시장의 핵심 특성은 이익을 얻으려고 교환 과정에 참여하는 개인들로 구성된다는 점이다.

| 돈의 역할 |

돈은 시장 구성원들의 생산성이 일정 수준에 도달하여 생활 수준을 장기간 통제하게 된 다음에 필요해진다. 돈도 본질적인 형태는 상품에 불과하다. 단지 사람들이 널리 원하는 상품이라서 누구나 교환 매체로 받아들인다는 특성이 있을 뿐이다. 마치 소금에 절인 정어리처럼 돈은 저장 기간이 길고, 가치를 보편적으로 인정받으며, 나눌 수 있고, 휴대가 간편하다. 돈이 교환 과정을 매우 단순화한 덕분에 물물교환이 필요 없게 되었다.

돈이 등장하면서 계산도 가능해졌다. 전에는 물건의 가치를 주관적으로 평가하여 순위를 매기는 정도였지만, 이제는 경제적 가치를 숫자로 나타내게 되었다. 또한, 소비하고 남은 잉여물을 계산하고 저축할 수 있게 되었다. 달러나 금을 받으면 개인은 몇 분이든 며칠이든 몇 년이든 지나 미래에도 구매력을 행사할 수 있다. 따라서 돈은 교환의 매개이자 가치 저장의 수단으로 사용되는 상품이지만, 다른 상품이나 서비스와 마찬가지로 돈도 수요와 공급의 법칙을 벗어나지 못한다.

신용 확대 과정을 통해서 또 다른 형태의 돈이 등장했다. 신용은 개인이 놀려두는 저축을 활용하려고 만들어낸 시장 혁신이다. 금과 은이 돈으로 인정받던 신용의 역사 초기에도 금이나 은을 빌려주고서 이자를 받았다(대개 담보를 잡았다). 이어서 새로운 혁신의 산물이 등장했다. 돈 증서 또는 은행권이다.

소지자에게 금이나 은 일정량을 상환하겠다는 약속 증서가 적합하고도 편리한 교환 매체임이 밝혀졌다. 건전하고 평판 좋은 금융기관이 발행한 증서가 돈으로 인정받게 되자, 실제로 금융기관이 받은 예금보다 더 많은 증서를 발행할 수 있다는 사실을 누구나 알게 되었고, 이제 '불환(不換)지폐'[7]가 창출되었다.

금융기관은 차입자의 상환 능력을 면밀하게 조사하고 예금자들에게 높은 평판을 유지하는 한, 실제로 받은 예금 한도를 넘어서서 대체화폐(돈 증서 또는 은행권)를 발행함으로써 신용을 확대할 수 있었다. 이 방식 덕분에 실제 화폐를 대출할 때보다도 부가 더 빨리 증가하게 되었다. 이제 금융기관들은 차입자의 상환 능력만을 평가하여 거래했다.

정부가 개입하지 않을 때는 주로 시장 요소들이 불환지폐 증가량을 규제했다.[8] 즉, 은행은 발행한 모든 증서를 언젠가 금이나 은으로 상환해주어야 하므로, 예금으로 받은 귀금속 규모가 신용 확대의 한도를 나타내는 객관적 기준이었다. 다른 산업과 마찬가지로 번창하는 은행도 있었고 파산하는 은행도 있었다. 그리고 은행 고객 중에는 예금에 대해 이자를 받는 사람도 있었고, 예금까지 모두 날리는 사람도 있었다. 그러나 전반적으로 보면 실제 예금 한도를 넘어 신용을 확대하는 혁신 덕분에 자산의 증가 속도가 극적으로 높아졌다.

오늘날에는 '법정 불환지폐'(정부가 법정 화폐라고 공표한 종이)가 교환의 매개로 인정받는다. 법정 불환지폐는 교환의 매개 기능 외에는 용도가 없다는 점에서 불환지폐와 비슷하지만, 이를 뒷받침하는 객관적 가치가 없다는 점에서 불환지폐와 다르다. 법정 불환지폐 시스템에서는 시장이 아니라 정부가 돈과 신용 공급을 결정한다. 객관적 한도는 사라졌고 정부 관료가 세운 주관적 한도가 자리를 대신하게 되었다.

은행 시스템에서는 지급준비금으로 귀금속 대신 과세권과 조폐권으로 뒷받침되는 정부 지폐[9]를 보유한다. 정부 중앙은행은 대출이나 정부증권 매매에 일부 지급준비금을 보유하도록 규정하고 금리를 조작함으로써 신용한도를 설정한다.[10] 이런 한도에 따라 기업과 가계의 차입 수준이 결정되고, 따라서 통화 공급의 증가나 감소 속도가 결정된다.

통화와 신용 공급은 정부가 통제하더라도, 화폐의 구매력과 신용 원가는 여전히 시장 원리에 따라 결정된다. 통화와 신용은 여전히 수요와 공급의 법칙을 따르지만, 여기서 공급은 정부가 조작한다. 그리고 신용을 신중하게 확대할 때 저축은 기업을 건전하게 성장시켜준다.

신용은 적절하게 관리하면 부를 더 빠르게 증가시킨다. 저축을 더 효율적으로 사용하여 개인과 기관의 잠재 생산 능력을 높여주기 때문이다. 저축은 소비하지 않고 남겨둔 상품에 대한 청구권이다. 미래에 소비하거나 투자하려고 현재 소비를 포기하고 저축한 것이다. 이제 신용이 등장하였으므로 사람들은 직접 또는 금융기관을 통해서 저축을 빌려주고 미래에 이자를 덧붙여 돌려받을 수 있게 되었다. 차입자들은 빌린 돈으로 남겨둔 상품을 사서 소비할 수도 있고 투자할 수도 있지만, 이자를 덧붙여 원금을 상환할 만큼 부를 더 만들어내야만 한다. 대출기관은 대출하는 시점에 화폐를 창출하게 되지만 대출금을 상환받지 못하면 실제 저축이 사라진다.

부는 무엇인가?

부는 소비할 수 있는 상품과 서비스를 축적한 것이다. 부를 창출하는 유일한 방법은 소비량보다 생산량을 늘리는 것이며, 이는 기술을 통해서 가능해진다. 기술은 응용과학이며 과학은 지식을 뜻한다. 사람들은 새 지식을 습득하고 적용해서 생산성을 높인다. 우리는 생활이 너무도 풍요로운 탓에 이런 사실을 잊기 쉽다. 우리는 전문화, 분업, 기계화 등을 통해서 시장에 도입된 효율성을 당연한 것으로 받아들인다. 이들은 모두 창의적인 개인들이 아이디어를 현실로 바꿔놓은 소중한 발견들이었다.

시장경제에서는 다른 사람의 발견으로부터 모든 사람이 이득을 얻는다. 기술혁신을 통해 얻은 효율성이 시장 전체에 널리 퍼져 누구나 더 적은 시간을 들여 더 많이 생산하게 된다. 사람마다 생산량이 늘어나면 새로운 수요와 공급의 법칙에 따라 각자 더 많이 소비할 수 있다.

상품과 서비스가 아무리 정교해지고 이 과정에 참여하는 사람이 아무리 많아지더라도, 섬에 사는 크루소에게 적용되었던 원리는 바뀌지 않는다. 생존하려면 사람은 생활에 무엇이 필요하고 바람직한지 평가해야 하고, 이를 얻으려면 생산해야 한다. 부를 축적하려면 다른 상품 획득에 투입할 시간과 중간재를 저축해야 한다. 노동을 다양화하려면 혁신이 필요하며, 혁신은 산업의 시간 효율성을 높여준다.

| 경제학과 인간의 본성 |

사업은 노를 저어 강을 거슬러 올라가는 사람과 같다. 그에게는 선택의 여지가 없다. 앞으로 나아가지 못하면 뒤로 밀린다. - 루이스 피어슨(Lewis E. Pierson)

자유시장경제는 인간이 스스로 생존할 수 있는 독립적이고 합리적인 존재라는 관점을 바탕으로 발명된 제도다. 자유시장경제는 발명품이긴 하지만, 개인들이 사회를 구성하여 강요받지 않고 합리적으로 행동하는 과정에서 저절로 등장하는 제도다. 정부는 시장을 만들어내지 않는다. 강제로 개입하여 없애버릴 뿐이다. 정부가 개입하지 않고 시민을 내버려두면, 마치 생명이라도 있는 듯이 시장이 자동으로 생겨난다.

생산과 거래를 엄격하게 통제하는 독재국가나 집산주의 체제에도 암시장이 유행하며, 대개 당국이 묵인하거나 심지어 보호하기도 한다는 사실이 그 증거다. 예를 들어 최근 텔레비전에서 폴란드에 관한 프로그램이 방영되었다. 폴란드 소도시 지방정부가 토지 몇 에이커를 (미국 교외 거주자들의 뒤뜰보다도 작은 크기로) 분할하여 자가 소비용 채소를 재배하도록 여러 가구에 분배했다. 그 즉시 이 토지의 경작권이 암시장에서 폴란드 가구의 연간 소득을 훨씬 넘는 가격에 거래되었다.

그 이유가 무엇일까? 신선한 과일과 채소는 국영시장에는 사실상 존재하지 않고 암시장에서만 웃돈이 붙어 거래된다. 따라서 이런 토지를 확보하면 얼마 안 되는 작물이라도 암시장에 팔아 연간 소득의 두 배가 넘는 돈을 벌 수 있었다.

이렇게 아무 때나 등장하여 사람들이 몹시 원하는 상품을 거래하는 '회색시장'을 어느 정부나 대개 묵인하지만, 집산주의 체제는 시장 개념에 관해 비난을 퍼붓는다. 예를 들어 소련은 '목적 달성에 적용하는 수단 연구(경제학)'로부터 전혀 다른 원칙들을 도출한다. 인간을 각자 목적을 지닌 독립된 존재로 보지 않고, 국가나 공동체에 봉사하기 위해서 존재하는 소모성 천연자원으로 본다. 이 견해에 의하면, 크루소처럼 자신의 생활 수준을 개선하는 행위는 자기 충족이므로 "능력에 따라 생산하고 필요에 따라 소비한다"라는 사회주의 신조에 어긋난다. 어떤 주제든 '공동선(共同善)'이 평가 기준이며, 스스로 결정한 수호자인 '집단지혜'가 옳고 그름을 최종적으로 판단한다.[1]

이로부터 나오는 가치, 가격, 투자, 혁신 개념은 의미와 초점이 전혀 다르다. 관료들은 정부 명령으로 가치를 설정하고 법령으로 가격을 정하려 한다. 국가 기획자들은 이익을 무시하고 자원을 투자한다. 이들은 자기 개선 등 동기 부여도 없이 사람들에게 일을 시킨다. 그 결과 사람들이 최저 수준의 생활에 매우 지쳤으므로, 이 글을 쓰는 현재 시점 정치 지도자들은 경제 붕괴와 정치 반란을 두려워하여 시장 규제를 철폐하고 있다.

내가 이렇게 정치적인 주제를 제기하는 데는 매우 중요한 이유가 있다. 우리는 경제관과 인간관을 분리할 수 없기 때문이다. 어느 문화권에서나 인간을 보는 철학적 관점이 그 나라 정치 구조의 속성을 결정하며, 따라서 경제 활동의 속성도 좌우한다. 철학적 관점이 더 정확할수록 경제정책도 더 성공을 거두게 된다. 인간이 완벽하지는 않더라도 독자적인 사고를 바탕으로 스스로 생존할 수 있는 합리적 존재라고 보는 한, 그 사회는 정부 개입이라는 족쇄에서 벗어날 수 있다. 그리고 그 사회가 자유를 누리는 한, 사람들의 생활 수준(즉, 부의 축적)이 전반적으로 상승할 것이다.[12]

내 말이 지나치게 추상적이라는 생각이 들 수 있으므로, 내가 이런 사고를 적용해서 이득을 얻은 사례 하나를 제시하겠다. 20세기 대부분 기간에 프랑스에는 사회주의와 집산주의 요소가 강하게 나타났다. 그러나 1981년 열정적인 사회주의자 프랑수아 미테랑이 비교적 온건한 현직 대통령 발레리 지스카르 데스탱을 누르고 대선에 승리하자 세계가 놀랐다. 〈뉴욕타임스〉는 그의 사회주의 노선을 뻔히 알면서도 크게 칭송하는 기사를 실었다.

미테랑은 은행을 포함한 주요 산업을 국유화하고, 부자들에게 높은 세금을 부과하며, 대규모 사회복지제도를 도입하고, 통화팽창으로 경제를 자극함으로써 완전고용과 번영을 창출하겠다고 약속했다.[13] 나는 미테랑의 시장 통제 시도가 재난을 불러 프랑스 프랑의 가치가 붕괴할 줄 알았다(경제 현실을 이해하는 많은 사람이 이렇게 생각했다).

나는 내 판단이 옳다고 거의 확신하면서 프랑화가 달러당 4프랑일 때 즉시 매도포지션을 잡았고, 약 3주 뒤 달러당 6프랑(결국은 10프랑까지 갔음)일 때 포지션을 청산하여 커다란 이익을 올렸다. 내가 옳다고 확신한 것은 "사물이 한 시점에 한 지점에서 존재하는 동시에 사라질 수는 없다"라는 아리스토텔레스의 말 때문이었다. 이 말을 경제학으로 풀면, "세상에는 공짜가 없다"가 된다.

1983년이 되자 미테랑이 펼친 정책의 효과가 뚜렷이 나타났다. 물가가 연 12% 상승했다. 정부는 거대한 재정 적자와 무역 적자를 기록했다. 사람들의 생활 수준이 전반적으로 하락했다. 프랑화는 가치가 더 하락했다. 실업률은 10%에 이르렀다. 그런데도 미테랑은 오늘날에도 여전히 정권을 유지하고 있다! 예상했던 대로다. 미합중국 헌법 제정자들도 독립선언서 서문에서 이렇게 밝혔다. "온갖 경험이 보여주듯이 인류는 익숙한 체제를 폐지하기보다는 악습이더라도 최대한 참는 경향이 있다."

유감스럽게도 미국을 포함한 세계 모든 나라에 강력한 집산주의 요소가 있다. 사람들은 자신의 인생뿐 아니라 다른 사람들의 복지에 대해서도 어느 정도 책임이 있다고 보편적으로 생각한다.

집산주의 이데올로기에 의하면, 정부가 존재하는 목적은 많이 생산하는 자로부터 적게 생산하는 자로 부를 강제로 재분배하여 공동선을 제공하는 것이다. 따라서 정도의 차이는 있지만 미국과 세계의 시장들은 규제를 받는다.

특히 통화와 신용 공급은 전적으로 정치인들의 손에 달렸으며, 따라서 시장은 주로 관료들의 변덕에 좌우된다. 그러나 유능한 탐정이 범죄자의 사고방식을 파악하여 그를 붙잡듯이, 정부 핵심 인물의 사고방식을 파악하면 우리도 정부 정책을 감지할 수 있다. 집산주의 사고가 강할수록 정부는 시장에 개입하여 다양한 형태로 불균형 상태를 일으킬 것이다. 정부의 개입 정책이 생산, 저축, 투자, 혁신에 미치는 영향을 조사하고, 다양한 시장의 수요와 공급에 미치는 영향을 분석하면 (정부가 정책을 중간에 변경하지 않는다고 가정), 우리는 가격 흐름의 방향을 예측할 수 있다.

미래 경제정책을 예측하려면, 우리는 핵심 인물들의 특성과 의도는 물론 이들이 보유한 정책 무기도 이해해야 한다. 미국에서 가장 기본적인 정책 무기는 세금, 적자 재정의 수준과 기법, 연준의 통화와 신용통제, 생산과 무역을 규제하는 법 등이다. 우리가 주목할 주요 인물은 대통령, 연준 의장, 재무부 장관, 의회 핵심 지도자들이다. 먼저 이들이 무엇을 할 수 있는지 이해하고, 이어서 이들의 인간관을 바탕으로 이들의 행동을 예측한다면, 우리는 장래에 정부의 조처로부터 이익을 얻을 수 있다.

효과를 예측하는 일이 새로운 정책을 예상하는 일보다 훨씬 쉽다. 애덤 스미스는《국부론(The Wealth of Nations)》에 다음과 같이 썼다.

> 필수품과 편의시설을 쉽게 쓸 수 있는 나라가 부유해진다. 국부란 곧 국민의 부다. 따라서 어떤 정책을 쓰든 물가가 상승하면 공공의 부와 국가의 부가 감소하며, 국민의 필수품과 행복도 감소한다.

정부가 경제에 개입하면 시장 원리에 확실히 영향을 미친다. 간단한 원리 하나가 "가격을 통제하면 물자가 부족해지고, 가격을 떠받치면 물자가 풍부해진다"라는 것이다. 예를 들어 1980년 레이건이 대통령에 당선되었을 때 미국 석유산업은 호황을 누리고 있었다. 정부는 수입 석유에 관세를 부과하였고, OPEC 카르텔이 석유 공급 부족을 일으켰으며, 카터 행정부는 복잡한 가격 통제 시스템과 세금 혜택을 동원해서 '석유 재고(old oil)'에 대해서는 가격을 제한하면서도 새로 산출한 석유는 가격을 제한하지 않았다. 그래서 석유 시추 열풍이 불었다. 모두가 유정에 투기판을 벌였다.

당선 후 레이건은 석유산업 규제 완화 계획을 발표했다. 발표 직후 나는 친구인 주식중개인으로부터 전화를 받았다. 그는 2달러에서 68달러로 치솟은 장외 석유주식 '톰 브라운(Tom Brown)'을 사라고 강력하게 권유했다. 나는 말했다. "지미, 그거 장외 석유주식 맞지? 난 공매도 하고 싶은데?" 그는 톰 브라운이 친구의 종목이므로 공매도는 하지 말아달라고 부탁했다. 그래서 나는 대신 다른 석유주식들을 공매도했다.

나는 지미에게 설명해주었다. 중동 석유 카르텔은 경쟁 압력 때문에 곧 붕괴할 것이며, 레이건이 규제를 완화하면 자유 경쟁 때문에 유가가 하락하여 미국 석유산업이 막대한 타격을 입을 것이라고 말했다. 그는 매수 강도는 낮췄지만 세금 혜택을 받으려고 1981년까지 주식을 계속 보유했다. 그러나 1981년 1월이 되자 그의 석유주식은 약 25% 하락했다. 석유주식 비중이 컸던 S&P500지수는 1980년 11월에 정점을 기록했다. 톰 브라운은 결국 2달러로 돌아갔다. 물론 나는 아주 단순한 원리를 이용해서 두둑한 이익을 챙겼다.

이제 똑같은 원리를 이용해서 미래를 예측해보겠다. 최근 법정 최저임금 인상 때문에 패스트푸드 매장과 다른 소매 매장의 수익성이 하락하여, 일부는 폐업하고 일부는 종업원을 해고할 것이다. 인건비 상승 때문에 자동화 기기의 가치가 상대적으로 높아져서 수요가 증가할 것이다. 비숙련 노동자와 청년의 실업률이 증가하고 정부 보조 프로그램 수요도 증가할 것이다. '국민을 돌본다는 구실로' 정부는 다시 한번 국가를 가난하게 만들 것이다. 정부의 개입이 수요와 공급의 법칙을 우회하는 것은 아니다. 단지 수요와 공급 요소들을 왜곡할 뿐이다.

반복하면 경제학은 인간이 목적 달성에 사용하는 수단, 기법, 활동을 설명하므로 중요하다. 경제학이 초점을 두는 대상은 먼저 홀로 활동하는 개인이 되어야 하고, 이어서 사회 환경에서 활동하는 개인이 되어야 한다. 한 사람에게 적용되는 원리는 집단이나 사회 전체에도 똑같이 적용된다.

경제 원리가 정확하려면, 인간이 스스로 만족을 추구하는 독립적이고 생각하는 존재라고 보아야 한다. 다른 관점은 모두 모순을 일으킨다. 그리고 잘못된 관점을 바탕으로 행동하면 결국 실패한다. 인간이 생존하고 번창하려면, 로빈슨 크루소처럼 모두가 평가, 생산, 저축, 투자, 혁신의 개념을 이해해야 한다. 특히 정부 개입이 가격 흐름에 미치는 영향 평가를 포함해서 시장을 예측하려면 트레이더, 투기자, 투자자는 이런 원리에 대한 세부 지식을 반드시 갖춰야 한다.

| 풍요 이전의 생산

기회는 잡으면 몇 곱절 늘어나지만 무시하면 사라진다. 인생은 기회가 길게 늘어선 줄이다. 부는 돈을 버는 것이 아니라, 돈을 버는 과정에서 사람이 되는 것이다. 파괴가 아니라 생산이 성공을 부른다. - 존 위커(John Wicker)

당신은 출근해서 매일 자리에 앉아 커피를 마시면서 연재만화를 읽고 회사 수첩에 낙서만 한다고 가정해보자. 회사에서 얼마나 오랫동안 버틸 수 있을까? 장담하건대 오래 버티지 못할 것이다. 고용주는 당신이 회사에 기여하는 가치가 없다는 이유로 당연히 해고할 것이다. 당신이 생산하는 것이 전혀 없다는 말이다.

인간은 생존하고 번창하려면 필연적으로 생산활동을 해야만 한다. 생산이란 천연요소나 인공요소를 어떤 목적에 맞도록 다시 결합하거나 배열해서 새로운 것을 만들어내는 행위다.

"새로운 것을 만들어낸다"라는 말은 무에서 유를 창조한다는 뜻이 아니다. 어부는 물고기를 음식으로 전환한다. 어부는 어업과 혁신을 통해서 음식을 만들어낸다. 자동차회사는 강철, 알루미늄, 플라스틱, 섬유 등을 자동차로 전환한다. 영화제작자는 감독, 배우, 작가, 제작팀을 결합하여 오락영화, 홍보영화, 교육영화를 만들어낸다. 의사는 환자를 건강한 상태로 만들어준다. 주식중개인은 주식에 대한 평가와 거래를 만들어낸다. 이런 예는 얼마든지 있다.

생산활동은 음식을 모으는 일에서부터 석유 파생물로 플라스틱을 만드는 일까지, 단순한 일도 있고 복잡한 일도 있다. 상품도 생리적 필요를 채워주는 음식에서부터, 시 같은 추상적 아이디어까지 있다. 그러나 어떤 상품이든 새롭게 만들어져서 일정 목적 달성에 공헌한다.

그런데 일정 수준을 넘어가는 생산에 비난을 퍼붓는 강력한 압력단체도 있다. 이들은 '과잉 생산' 때문에 인류가 '자연 상태'에서 갈수록 멀어진다고 주장하며, 세계의 오지에서 음식을 채취하며 살아가는 몇몇 부족의 '단순하고 아름다운 생활'을 언급한다. 예컨대 '지구의 벗

(Friends of the Earth)' 조직 편람에 의하면, "진정으로 훌륭한 단 하나의 기술은 아무 기술도 쓰지 않는 기술"이고, 경제 발전은 "엘리트 종족이 나머지 자연 세계에 대표성 없이 세금을 부과하는 행위"다. (그러면 인공 세계는 어디인지 궁금하다.)

'에덴동산'이 인간의 이상적인 상태라고 말하면서 아쉬워하는 사람들도 있다. 이들은 인간이 선과 악을 알려고 했기 때문에 벌을 받아 생산활동을 하게 되었다고 주장한다.

매일 사냥과 음식 채취를 끝없이 되풀이하면서 변덕스러운 자연에 전적으로 의존하는 생활을 당신은 상상할 수 있는가? 생산이 중요하지도 적절하지도 않아서 아무 생각도 행동도 필요 없는 '낙원' 생활을 당신은 정말로 상상할 수 있는가? 우리의 생존 조건이 모두 미리 결정되었다면, 우리는 어디에서 기쁨과 행복을 찾아야 하는가?

이런 '낙원'이 어떤 형태가 되더라도 인간적인 삶이 되기 어려울 것이므로, 나는 그런 낙원에서 살고 싶지 않다. 비버가 지은 댐은 '자연'으로 간주하면서, 뉴욕 스카이라인은 자연으로 인정하지 않는 것도 의문이다. 둘 다 동물들이 자신의 본성에 따라 행동한 결과물이 아닌가?

에인 랜드에 의하면 생산이란 "이성을 통해서 생존 문제를 해결하는 행위"다.[14] 사람들은 사고력을 이용해서 생존한다. 필요와 욕구를 찾아내고 상대적 중요도를 평가하여 순위를 매기며, 성취 수단을 찾아내고 생산활동을 실행한다. 인간은 다른 동물들과 달리, 자연을 개조하여 자신의 환경을 만들어낸다. 인간은 거친 자연환경에서 벗어날 수 있고 부족한 필수품을 풍부하게 만들어낼 수 있으며, 수명을 연장할 수 있고 도전과 기회의 새로운 지평을 펼칠 수 있다. 그러나 자유롭게 생산할 수 있어야만 이런 일이 가능하다.

나는 목적이나 가치를 달성하는 의도적인 행위를 모두 생산의 정의에 포함했다. 이는 물질적 재화를 만들어내는 행위만 '생산'으로 간주하는 잘못된 경제학적 사고를 떨쳐버리려는 뜻이었다. 경제학자들은 산업을 제조 부문과 서비스 부문으로 구분하여, 마치 서비스는 생산이 아닌 것처럼 취급한다. 자동화와 기계화가 증가하여 노동자들이 서비스 부문으로 이동하는 탓에 숙련 노동자와 고학력 노동자들이 계속 감소할 것이라고 한탄하는 사람도 있다. 이들은 서비스는 부를 생산하지 않고 단지 재분배만 한다고 주장한다. 이는 매우 근시안적인 사고이자 잘못된 관점으로서, 경제적 가치와 부에 대한 개념부터 틀렸다.

필요를 채워주기만 한다면 그것이 상품이든 서비스든 경제가치가 있다. 여기서 내가 말한 '필요'는 가장 넓은 의미로서, 필요하거나 원하거나 탐내는 것까지 모두 포함한다. 그리고 나는 개인 한 사람만이 필요를 결정할 수 있다고 본다. 만일 많은 사람이 원해서 기꺼이 돈을 내고서라도 똑같은 경제가치를 얻고자 한다면, 그것은 시장가치를 지니게 된다.

기업의 목적은 시장가치를 찾아내거나 창출하여 소비자들의 욕구를 충족시켜주고 돈을 버는 것이다. 기업가는 이 목적을 추구하는 과정에서 기계화, 자동화, 기타 혁신을 이용해서 상품과 서비스를 더 많은 사람에게 더 싼 가격으로 제공한다. 기술 개선에 밀려난 근로자들은 서비스산업으로 이동할 수도 있지만, 더 복잡한 자본재 제조회사에 흡수되어 자동화 기기를 생산할 수도 있다. 어느 쪽이든 둘 다 새로운 부의 원천이다.

기계화를 통해서 절감된 비용은 신제품이나 서비스에 투자되어 국가의 부가 증가한다. 이른바 조물주가 인류를 향상하는 방식이라 하겠다. 더 경제적인 생산 방식이 등장하여 낡은 방식을 밀어내면, 사회 각 계각층 사람들은 시장에서 경쟁하기 위해서 자신의 지식과 기술을 향상할 수밖에 없다.

노동조합처럼 성장보다 침체를 선호하는 강력한 집단도 있지만, 대개 변화를 수용하고 지식을 끊임없이 확대하는 사람들이 재정은 물론 인격까지 성장한다. 끊임없는 생각, 학습, 생산을 통해서 사람들은 자긍심과 자부심을 느끼게 된다. 이 사실을 널리 이해하고 실천하면 더 건강하고 행복하며 생산적인 문화가 형성된다.

서비스산업이 비생산적이라는 생각에는 전혀 근거가 없다. 개인이 의식주 문제를 해결한 다음에는, 자신이 얻은 노력의 결실을 처분하는 방식은 무궁무진하다. 값비싼 레스토랑에서 돈을 쓰기로 한다면 개인은 부를 소비하면서 여러 사람에게 돈을 지불하게 된다. 건물을 지은 건설 노동자, 건물 소유주, 테이블과 의자를 만든 가구 제조업자, 서비스를 제공한 웨이터 등에게 지불한다. 개인은 소비를 통해서 수많은 사람의 생산활동을 지원한다.

흔히 경제학자들은 국민을 '생산자'와 '소비자'로 분류하여 마치 전혀 다른 인종인 것처럼 취급한다. 이런 분류가 분석에는 도움이 될지 모르지만, 실제로 모든 생산자는 소비자이고 모든 소비자는 생산자다 (유산을 쓰기만 하면서 사는 사람이나 정부 지원금으로 사는 사람을 제외하면 말이다).

자동차 조립공장 근로자는 완성차 생산에 이바지한다. 비록 그의 역할은 중간 과정에 불과하지만 그것도 생산활동이다. 레스토랑에서 일하는 웨이트리스도 마찬가지다. 그녀는 좋은 분위기와 서비스를 제공하고 임금을 받는다. 이런 임금 노동자들은 서비스를 제공하고 임금을 받은 다음에는, 이 임금을 내주고 다른 사람들로부터 상품과 서비스를 받는다.

이렇게 각 개인이 생산자 겸 소비자 역할을 동시에 수행해야만 사람들이 자유시장경제에서 합법적으로 목적을 달성할 수 있다.

생산은 잠재적 부를 창출한다. 부는 상품이든 서비스든 가치 있는 잉여물을 축적한 것이다. 이런 의미에서 웨이터가 아직 제공하지 않은 서비스도 (그가 레스토랑에서 일한다면) 부다. 요즘은 부를 금액으로 측정하지만, 그래도 본질이 바뀌는 것은 아니다. 저축이란 상품과 서비스에 대한 청구권을 모으는 행위다. 다만, 상품과 서비스의 가치는 시간이 흐르면 바뀐다.

시장에서 성공하려면 상품이나 서비스의 수요를 창출하거나 예측해서 경쟁력 있는 가격으로 제공하여 부를 축적해야 한다. 생산이 이 과정에서 첫 단계이고 저축은 그다음이다.

| 저축, 투자, 신용, 부 |

저축이 투자다. - 헨리 해즐릿(Henry Hazzlit)

우리는 생산을 해야만 생존할 수 있고 저축을 해야만 경제를 성장시킬 수 있다. 부를 축적하는 첫 단계는 당장 소비해야 하는 양보다 더 많이 생산하는 것이다. 그다음에는 두 가지 대안이 있다. 하나는 나중에 소비하려고 잉여생산물을 축적하는 방법으로서, 저축이라고 부른다. 다른 하나는 잉여생산물을 이용해서 장래 생산성을 높이거나, 더 오래 걸리는 작업을 수행할 수 있다. 이를 자본 축적이라고 부른다.

저축은 축적한 생산물을 조만간 소비하고 나면 아무것도 남지 않는다. 그러나 자본 축적은 생산 과정을 개선하거나 신제품을 만들어내려고 잉여생산물을 축적하는 행위다. 자본을 축적하면 학습과 생산량 증대를 통해서 물리적 환경을 개선하게 될 뿐 아니라, 여가와 오락 활동도 즐기게 되므로 생활 수준이 더 향상된다. 자본 축적은 미래에 대한 투자이며, 따라서 저축은 곧 투자다.

저축은 미래에 생산물을 소비하는 가치와 현재 생산물을 소비하는 가치를 저울질하는 행위다. 미래 생산물의 가치를 현재 보유한 생산물의 가치로 나눈 비율이 근원금리(originary interest)다.[15] 이는 미래 소비와 현재 소비를 비교하는 금리 척도다. 근원금리가 낮아질수록 자본 축적률이 낮아지고, 반대로 근원금리가 높아질수록 자본 축적률이 높아져서 부의 증가율도 높아진다.

근원금리는 개인의 저축률과 신용 수급에 직접 영향을 미치므로 자본재 증감에도 영향을 미친다.[16] 그러나 근원금리가 자본 축적에 직접 영향을 미치는 것은 아니다. 시장금리는 신용에 대한 대가이지만 근원금리는 여러 구성 요소 중 하나에 불과하다. 그러나 근원금리는 사람들이 지금 소비할지 나중에 소비할지 선택을 유도하는 근본 요소다. 이 선택은 사람에 따라 달라지고 다양한 여건에 좌우된다.

이렇게 구분하는 이유는 다음 장에서 통화정책이 경기 순환에 미치는 영향을 논의할 때 분명하게 드러날 것이다. 결국, 저축은 장래에 더 큰 수익을 얻으려고 현재 소비를 포기할 때 이루어진다. 이는 내일 성장하려고 오늘 소비를 단념하는 선택이다.

성장을 이끄는 엔진은 신기술이며 신기술은 지식, 시간, 에너지, 자원에 대한 투자와 창조적 혁신이 결합할 때 이루어진다. 기술은 지식을 적용한 결과이며 혁신은 창조 행위다. 따라서 기술혁신은 지식을 새로운 방식으로 적용하는 창조 행위다. 그물 낚시법을 처음 생각해낸 어부는 혁신자였으며 그물은 신기술이었다. 사실 그물은 일종의 저축이었다. 말하자면 생산 과정을 단순화하는 자본재였다.

그물을 발명한 어부는 그물을 짓는 데 필요한 지식, 시간, 에너지, 자원을 얻으려고 저축을 해야만 했다. 그러나 일단 그물을 만들어 사용법을 익히게 되자, 작업 효율이 향상되어 생산 에너지가 엄청나게 절감되었다. 그는 가족이 배불리 먹고 남은 물고기를 다른 사람들이 만든 제품과 바꿀 수 있었다. 작업 효율이 향상된 덕에 물고기가 더 흔해졌고, 따라서 이웃들은 다른 생필품을 전문적으로 생산하여 물고기와 바꿀 수 있었다. 이 예는 한 사람이 저축, 혁신, 투자, 자본 축적으로 얻은 효율성이 지역사회로 스며들어 모든 사람의 생산성이 높아지는 과정을 보여준다.

문명이 발전하는 각 단계에서 우리는 다른 사람들의 지식을 물려받아 개선한다. 이것도 성장으로 이끄는 일종의 저축이다. 우리는 통나무배를 물려받아 범선을 만든다. 범선은 증기선이 된다. 증기선은 디젤 기관 초대형 유조선이 된다. 이 모든 과정을 뒷받침하는 것이 저축과 이전 세대들의 준비 작업이며, 궁극적으로는 개인들의 창의성이다.

우리 선조 어부들이 시간을 투자하여 그물과 통나무배를 교체하지 않고 그냥 소모해버렸다면, 우리 선조가 밀을 재배하고 밀가루 만드는 지식을 물려주지 않았다면, 인류가 다른 동물들처럼 단순히 소비만 했다면, 지금과 같은 문명은 존재하지 않을 것이다. 생산물과 지식을 저축해야 투자와 성장을 할 수 있다.

원시시대의 사회 발전 과정에서는 저축을 통해서 투자가 일어나는 모습이 뚜렷이 드러난다. 그러나 복잡한 시장경제에서는 이런 과정을 보기가 쉽지 않다. 예를 들어 제조회사가 돈을 빌려 더 효율적인 새 기계 등 자본재에 투자할 때, 저축이 어떤 역할을 하는지 이해하기 어렵다. 실제로 이런 과정을 이해하기가 매우 어려워서, 존 메이너드 케인스 같은 경제학자들은 생산과 저축이 성장에 필수요건이 아니라고 다른 경제학자와 정부 정책 입안자들을 설득했다.

케인스학파에 의하면 가처분소득으로 측정한 총수요가 생산을 이끄는 원동력이다. 모든 사람에게 몇 달러씩 나눠주면 사람들이 돈을 소비할 것이고, 그러면 수요가 증가하여 기업들이 더 생산하게 된다 (기업들이 가격을 인상하지 않는다고 가정). 반면에 저축은 '소비 감소'를 조장하여 총수요를 줄이므로 국민총생산(GNP)이 감소하고 경제도 침체한다. 이 견해에 의하면 정부가 적자 재정과 신용완화 정책으로 경제에 돈을 쏟아부으면서 저축보다 소비를 장려하면 경제가 확실히 번창한다. 케인스학파가 고심하는 문제는 단지 정부 지출과 통화 공급을 어떻게 치밀하게 관리하느냐다.

앞에서도 언급했지만 돈은 교환의 매개이자 가치 저장 수단이며, 저축은 잉여 상품과 서비스에 대한 청구권을 행사하지 않고 그대로 보유하는 행위다. 그러나 케인스학파 관점으로는 저축이 비생산적인 것으로 보이며 저축과 투자 사이에 직접적인 관계가 없는 듯하다. 따라서 저축을 하면 상품에 대한 수요가 감소하고 기업의 이익도 감소하며, 나아가 산업활동까지 침체한다고 주장할 수도 있다. 그러나 이는 전혀 사실이 아니다.

저축하는 사람 두 부류를 생각해보자. 돈을 침대 밑에 숨겨두는 구두쇠가 있고, 은행에 예금하거나 주식, 채권, 금에 투자하는 보통 사람이 있다. 단지 돈이 좋아서 침대 밑에 쌓아두는 스크루지 같은 구두쇠는 세상에 많지 않다. 그러나 이렇게 돈을 침대 밑에 쌓아두면 유통되는 돈이 감소하여 물가는 하락하고 돈의 구매력은 증가한다.

돈도 다른 상품과 마찬가지로 수요와 공급의 법칙이 그대로 적용되는 상품이라는 사실을 기억하라. 돈의 공급이 감소하면, 돈의 상대가치는 증가한다. 부가 곧 돈이라고 볼 때는 반드시 돈의 구매력을 고려해야 한다.

19세기 말 수십 년 동안 미국의 산업과 생활 수준은 세계사에서 전무후무할 정도로 빠르게 성장했다. 그러나 돈으로 부를 평가하는 경제학자라면 이 사실을 인정하지 않을 것이다. 성장이 절정에 이른 20여 년 동안 금과 은 기준 통화 공급이 비교적 안정을 유지했고 전반적인 물가 수준이 약 50% 하락했다. 정부가 지폐를 발행하여 전비를 조달했던 전쟁 기간을 제외하면, 실제로 18세기와 19세기 내내 물가 하락은 예외가 아니라 보편적인 현상이었다.

지금은 우리가 정부의 통화팽창 정책에 완전히 세뇌된 탓에, 이런 물가 하락이 기묘해 보일 것이다. 그러나 돈을 상품으로 생각하면 물가 하락도 이치에 맞는다. 오늘날 기업가들이 가격을 책정하고 수익성을 계산할 때 물가가 계속 상승한다고 가정하는 것처럼, 당시 기업가들은 물가 하락이 미치는 영향을 늘 고려했다. 매출액이 감소하는 기간에도 기업의 이익은 실제로 증가했는데, 달러의 가치가 계속 상승했기 때문이다. 지금과 다른 점은, 당시에는 정부가 아니라 시장 요소에 의해서 돈과 신용 공급이 결정되었다는 사실이다.

현대 경제학자들은 흔히 물가 하락과 경기 침체를 동일시한다. 이는 1920년대 말 이후 전반적으로 물가가 하락한 기간이 불황이나 대공황뿐이었기 때문이다. 이런 기간을 면밀하게 조사해보면 정부의 시장 개입이 최악이었던 것으로 드러난다.

예를 들어 1930년대에 연준은 통화 공급을 3분의 1이나 줄였고, 같은 시기에 의회는 물가를 1920년대 수준으로 유지하는 법안을 통과시켰다. 정부는 물가를 인상하려고 농부들에게 보상금을 지급하여 감자를 태우고 목화밭을 갈아엎게 했다. (1930년대에는 노새를 부려서 쟁기질하는 농부가 많았는데, 노새는 멍청하기로 이름난 동물이다. 그런데 목화밭을 갈아엎으려면 노새가 목화를 밟고 지나가야 하지만 노새가 이를 거부했다고 한다. 한 사설에서는 노새가 정부보다 경제학을 잘 안다고 평가했다.)

정부는 인위적인 고물가 지침을 준수하는 상점에 대해서 진열창에 '푸른 독수리' 표식을 붙여주었다. 프랭클린 루스벨트 대통령은 '노변 담화(라디오를 통한 대국민 담화)'에서 소비자들에게 푸른 독수리 표식이 붙은 상점에서만 물건을 사고 지침을 어기는 상점은 고발하라고 권유했다. 노동법을 제정하여 노동조합에 임금 인상 요구권을 부여했고 기업들의 임금 삭감을 저지하라고 장려했다. 그 결과 생산이 감소하고 실업이 널리 퍼진 상황인데도 실질임금이 상승했다. 어떤 이유에서인지

정부 관료들은 통화 공급이 감소하면 필연적으로 물가가 하락한다는 사실을 도무지 깨닫지 못했다! 그 결과 미국 경제 사상 가장 긴 침체가 발생했다.

정부가 신용완화 정책으로 통화를 팽창시키면 인플레이션과 함께 호황이 왔고, 이어서 인플레이션을 잡으려고 신용을 억제하여 통화를 긴축하면 불황이 왔다. 정부가 적자 재정 정책과 연준을 통한 통화 공급 정책을 계속 유지했으므로, 현대 미국인들은 물가가 하락하면서 경제가 번영하는 상황을 상상할 수조차 없다.

그러면 은행에 예금한 돈의 구매력이 실제로 증가하는 모습을 상상하기가 불가능할까? 기술 개선, 경쟁, 물가 하락의 효과가 결합하면 첨단기술 제품의 가격이 얼마나 빨리 하락하는지 당신은 상상할 수 있는가? 요는 경기 순환이 물가 하락 때문에 발생하는 것도 아니고 반드시 물가 하락과 관계된 것도 아니라는 말이다.

구두쇠가 돈을 침대 밑에 아무리 많이 쌓아두더라도 물가와 시장에 미치는 영향은 크지 않다. 통화 공급에 변화가 없다면 구두쇠가 돈을 쌓아둔 행위에 맞춰 물가가 조정될 것이다. 지금처럼 상품과 서비스보다 통화가 더 많이 증가한다면 그가 쌓아둔 돈은 구매력을 잃을 것이다. 구두쇠가 1940년에 100만 달러를 침대 밑에 쌓아두었다면 현재 가치는 구매력 기준으로 12만 달러에 불과할 것이다. 따라서 구두쇠는 돈을 쌓아둔 탓에 혼자만 손해 보게 된다.

정부의 통화와 신용 규제가 정당하다는 주장은 다양하지만, 그중에서도 가장 강력한 것은 저축이 비생산적이라는 케인스의 주장이다. 돈을 쌓아두면 '소비 부족'이 발생하여 경기가 침체한다는 말이다. 오랜 세월 저축은 돈을 쌓아두는 행위로 간주되었다. 그러나 앞에서 설명했듯이 어리석은 구두쇠가 돈을 침대 밑에 쌓아놓아도 실제로는 자기만 손해 볼 뿐, 다른 영향은 미치지 않는다.

저축하는 보통 사람은 돈을 침대 밑에 쌓아두지 않고 은행에 예금하거나 금융상품에 투자하므로 그 저축은 신용시장에서 활용된다. 이런 사람은 저축을 다른 사람이나 기관에 맡기는 대가로 그 저축을 활용해서 얻는 이득을 받는다. 경기 확장을 이끄는 연료 같은 존재가 바로 이런 저축이다. 게다가 저축이 많아질수록 신용의 대가인 금리도 낮아진다. 수요와 공급의 법칙이 적용되기 때문이다.

이는 크루소가 집 지을 시간을 벌려고 음식을 저축하는 원리와 마찬가지다. 신용거래 과정은 단지 더 추상적인 수준에서 더 빠르게 진행될 뿐이다.

신용거래는 일정 기간 뒤에 이자까지 더해서 원금을 돌려받는 조건으로 상품에 대한 청구권(돈)을 빌려주는 계약이다. 이 교환은 대출자가 차입자의 상환 능력을 확신할 때만 이루어진다. 차입자는 빌려온 상품 청구권을 행사하여(돈을 써서) 더 많은 부(원금 + 이자)를 창출한다. 대출자가 빌려준 가치와 돌려받은 가치의 차이가 상품을 즉시 소비하지 않은 덕에 얻은 이익이다.

차입자가 파산하면 빌려온 돈은 사용했지만 상환할 만큼 부를 생산하지 못한 상태가 된다. 그러면 대출자는 차입자에게 남은 가치를 회수해야 한다. 대출 가치와 회수 가치의 차액이 손실이며 상품은 이제 사라졌다.

신용거래는 선물도 아니고 양도도 아니다. 시장에서 일어나는 다른 거래와 똑같다. 개인이든 집단이든 차입자는 꾸준히 생산해서 거래 계약을 준수해야 신뢰를 쌓게 된다. 차입한 돈은 투자할 수도 있고 소비할 수도 있지만 때가 되면 갚아야 한다. 대출자는 돈을 소비하는 대신 차입자의 상환 능력을 믿고 빌려줄 수도 있고 다른 곳에 투자할 수도 있다.

신용거래는 대출자와 차입자의 시간 선호가 달라서 발생한다.[17] 대출자는 투자나 소비를 나중으로 미루려 하고, 차입자는 지금 투자하거나 소비한 다음 나중에 생산해서 갚으려 한다.

복잡한 시장경제에서는 대부분 경제 활동에 다양한 형태로 신용거래가 포함된다. 상인들은 30일 이후에 대금을 지급하는 조건으로 도매상으로부터 상품을 받는다. 자동차 딜러는 판매 능력에 따라 돈을 빌려 재고 자동차를 구입한다. 기업들은 채권을 발행하여 조달한 자금으로 사업을 확장한다. 주식 투기자는 신용거래로 주식을 산다.

그러나 신용의 형태가 어떠하든 신용거래는 잉여 상품에 대한 청구권이 거래되는 것이며 일정 기간 뒤에는 상환해야 한다. 대출자는 미래 일정 시점까지 소비를 연기하고, 차입자는 지금 소비한 다음 미래에 상환하기로 한다.

나는 은행이 대출할 때 실제로 저축을 내주는 것이 아니라 화폐를 창출하는 것이라고 앞에서 설명했다. 그렇더라도 저축은 실제로 위험에 처하게 된다. 순조로운 경우, 차입자는 부를 충분히 창출하여 대출을 상환하고서도 이익을 남긴다. 그러나 잘못되어 차입자가 파산할 경우, 기존 상품(저축)은 사라지거나 쓸모없어진다.

기업이 자금을 차입해서 새 장비에 투자하면 두 가지 사건이 일어난다. 기업은 미래 이익 일부를 저축하게 되고, 대출자의 저축은 위험에 처하게 된다. 따라서 정부의 재정정책이나 통화정책에 상관없이 신용은 직접 저축에 묶이게 된다.

자금 차입이 잉여 상품에 대한 청구권을 빌리는 행위라고 내가 거듭 강조하는 것은 저축, 신용, 투자, 부의 관계를 이해하지 못하는 사람이 수없이 많기 때문이다. 저축은 신용을 제공하는 토대다. 신용은 자본재에 대한 투자를 가속하는 연료다. 그리고 자본재가 축적되면 부의 증가 속도가 빨라진다. 그러나 언젠가 어떤 식으로든 대출이 '상각'되면, 저축으로 그 대가를 모두 치르게 된다. 즉, 저축이 완전히 사라져버린다.

정부와 은행 시스템은 돈을 얼마든지 창출해낼 수 있으므로, 실제 상품이나 서비스로 대가를 치르지 않고서도 부실 대출을 지우개로 지우듯이 깨끗이 없앨 수 있다는 생각이 널리 퍼져 있지만 이는 매우 위험한 착각이다. 사람들은 국민의 신뢰만 유지되면 국가 재정이 무한한 자금의 원천이라고 생각한다. 게다가 '불침함' 타이타닉처럼 사실상 파산 상태로 보아야 하는 정부는, 끊임없이 지원금을 요구하는 특수 이익집단에 시달리면서 허우적거리고 있다.

그러나 정부 차입이나 정부 '보증' 증권에 마법 같은 것은 없다. 정부가 파는 재무부 채권이나 재무부 단기증권을 산 사람도, 정부가 미래에 원리금을 상환할 때까지 소비를 연기해야만 한다. 그러나 일반 기업의 차입과는 달리, 정부의 상환 능력을 뒷받침하는 것은 미래 생산 능력이 아니라 미래 과세 능력이다. 이는 정부가 차입을 일으키면 당신과 자녀의 미래 실질 소득으로 비용을 치르게 된다는 뜻이다.

세금으로 징수하든 차입을 일으키든 인플레이션을 일으키든, 정부의 수입은 국민의 생산 능력에 부담을 준다. 이는 강제적인 부의 재분배로서, 정상적인 시장 요소들의 균형 상태에 변화를 일으킨다. 정부 활동 대부분은 본질적으로 소비 지향이며 아무것도 생산하지 않는다.[18]

정부의 대출이나 차입이 '보증'이라고 해도 달라지는 것은 없다. 정부의 보증을 뒷받침하는 것은 과세 능력과 발권력뿐이다. 발권력을 동원해서 부채를 상환하면, 그 결과 인플레이션이 발생해서 달러 가치가 하락하며, 이는 다른 (훨씬 나쁜) 형태의 과세가 된다.

우리는 무에서 유를 만들어낼 수는 없지만 유를 무로 돌려버릴 수는 있다. 조만간 정부는 적자 재정으로 일으킨 부채를 모두 상환해야 하며, 기업들도 신용완화에 의지해서 확장한 대가를 모두 치러야 한다. 대가의 형태가 세금 인상이든 인플레이션이든 전반적인 경기 침체든, 아니면 세 가지의 결합이든 그 대가는 항상 똑같다. 부가 사라진 것이다.

| 요약: 공짜나 다름없는 아침 식사 |

미국은 항상 나를 놀라게 한다. 내 사무실에는 1,600달러짜리 팩스가 있다. 나는 매주 한 번은 그 성능에 깜짝 놀란다. 종이에 그려진 이미지가 전기 신호로 바뀌어 전화선으로 몇 킬로미터 이동한 다음, 다른 팩스에서 다시 똑같은 이미지로 재생된다.

나는 반도체 소자, 디지타이저, 변환기 등을 전혀 모르지만 1,600달러만 내면 창의적 인재와 수많은 시간과 자금을 투입해서 조사하고 개발하고 판매한 제품으로부터 혜택을 얻을 수 있다. 그리고 내가 더 기다렸다면 더 좋은 제품을 더 싼 가격에 살 수 있었을 것이다.

나는 아침 식사로 달걀 두 개와 토스트와 주스를 먹는데, 내가 직접 요리하면 1달러도 들지 않는다. 똑같은 아침 식사 재료를 내가 직접 생산한다면 얼마나 들까? 밀을 재배하여 가루로 빻고 효모를 배양하며 오렌지 나무를 키우고 닭도 기르면서 말이다. 그러므로 1달러도 안 되는 아침 식사는 사실 공짜나 다름없다.

정말이지 환상적이다. 그러나 이것은 우연이나 기적이 아니다. 사람들이 시장에 자유로이 모여 거래 활동을 한 결과다. 정부의 개입이 없더라도 시장은 신기술, 소비자 선호도 변화, 신용 변화를 반영하여 조정해야 하므로 우리 경제는 자연스러운 소규모 순환을 거치게 될 것이다. 그러나 생산과 번영이 계속 증가하면서 상향 추세를 유지할 것이다.

하지만 항상 그랬듯이 정부는 여전히 개입하고 있다. 그 결과 경기 순환이 위아래로 크게 흔들린다. 경기가 활황이면 모두가 좋아하지만, 경기가 불황일 때 대처 방법을 아는 사람은 거의 없다.

시장 붕괴, 불황, 공황에서 오는 재정 파탄을 막는 유일한 방법은 장기추세의 전환점을 예측하여 포지션을 조절하는 것이다. 시장 바닥에서는 레버리지를 일으켜 매수포지션을 잡고, 시장 정점에서는 유동성을 확보하고 매도포지션을 잡는다는 뜻이다. 이렇게 하려면 내가 설명한 경제 원리와 앞에서 논의한 원칙들을 이해해야 한다.

9장에서는 정부 개입이 시장에 미치는 영향을 이해하려면 알아야 하는 기본 경제 개념들을 설명했다. 다음 두 장에서는 정부가 재정정책과 통화정책으로 시장에 개입하는 방식을 설명하겠다. 아울러 정부의 개입이 장기추세를 결정하는 핵심 요소임을 보여주겠다. 이는 경제의 기본 원리를 적용함으로써 정부가 개입해도 돈을 잃지 않고 오히려 버는 방법을 제시하려는 목적이다.

10

호황과 불황
: 누가 호황을 일으키고
누가 불황을 부르는가?

Methods of a Wall Street Master

거듭 호황기 뒤에 불황기가 이어지면서 경제 시스템이 뒤흔들리는 것은, 신용 팽창으로 시장금리를 낮추려는 시도가 되풀이된 필연적 결과다. 신용팽창으로 빚어진 호황이 마침내 붕괴하는 것은 피할 방법이 없다. 대안은 추가적인 신용팽창을 자발적으로 포기하여 위기를 앞당기든가, 아니면 나중에 통화 시스템 붕괴까지 포함한 대참사를 맞이하든가 둘 중 하나다.[1]

- 루트비히 폰 미제스(Ludwig von Mises)

| 호황과 불황: 경기 순환 |

18세기 중반부터 말까지 시장경제에서 경기 순환이 일어나는 원인을 두고 격렬한 논쟁이 벌어졌다. 이 책에서 이 문제에 답하려는 목적은, 시장 상승기는 물론 사람들이 돈을 잃거나 이익을 토해내는 시장 하락기에도 돈 버는 방법을 제시하려는 것이다.

내가 10장을 시작하면서 미제스의 글을 인용한 것은, 경기 순환의 원인에 대해서 그보다 더 정확하고 체계적으로 답한 글을 본 적이 없기 때문이다. 그의 문장 스타일은 다소 둔탁하지만 그의 대답은 단순하다. 그러나 아인슈타인의 단순한 공식 $E = mc^2$처럼 미제스의 단순한 문장에는 풍부한 지식이 들어 있다.

미제스의 주장에서 미묘한 부분까지 모두 이해하여 미국과 세계의 통화 및 신용 시스템에 적용할 수 있다면, 당신은 주요 시장 전환점 예측에서 예컨대 투기자의 90%를 앞설 수 있을 것이다.

미제스에 의하면 경기 순환을 이해하려면 통화, 금리, 신용의 상호 관계와, 신용팽창이 경제에 미치는 영향을 이해해야 한다.

| 경기 순환의 속성

사람들은 '행운의 편지' 같은 피라미드 수법의 속성을 알기 때문에 그런 거래에는 참여하지 않는다. 상투를 잡아 재산을 모두 날릴 위험이 크기 때문이다. 경기 순환도 계속 되풀이되는 지극히 정교한 피라미드 수법과 같다. 꼭 의도적으로 시작된 것은 아니지만, 많은 사람이 경제를 잘못 이해한 데서 비롯되었다.

경기 순환이라는 현상은 18세기 중반까지도 나타나지 않았다. 그 이전에도 불황이 있었지만 그 원인을 쉽게 알 수 있었다. 예컨대 왕이 전쟁자금을 조달하거나 지갑을 채우려고 관리를 보내 재산을 몰수했기 때문이다. 사람들은 재산을 몰수당하여 평소처럼 사업을 유지할 수 없었으므로 당연히 경기가 침체했다.

아니면 전쟁 기간에 한 나라가 다른 나라의 핵심 자원을 빼앗는 일도 있었다. 남북전쟁 기간에 북군이 영국으로의 목화 수출을 막자 영국 목화산업이 침체했고, 이어 경기가 전반적으로 쇠퇴했다. 근원이 무엇이든 경기 침체의 원인을 찾아내기가 비교적 쉬웠다. 이런 외부 사건이 없으면 경제 활동이 완만하지만 꾸준하게 증가하면서 장기간 변함없이 이어졌다.

그러나 1750년 무렵부터 공업국가에서 경기 순환이 반복되기 시작했는데, 그 원인을 설명하기가 쉽지 않았다. 이 기간에 우연히도 두 가지 사건이 동시에 진행되었다. 영국에서 산업혁명이 일어나 서구 세계 전역으로 확산했다. 중앙은행 제도가 등장했는데 정부가 통제하는 중앙 부분지급준비금 제도였다. 새로운 주요 사건은 이 둘뿐이었으므로 정치경제학자들은 둘 중 하나가 경기 순환의 원인일 것으로 보고 분석하기 시작했다.

두 학파가 등장했다. 하나는 중상주의자들로서, 자유시장 안에 경기 순환을 일으키는 내재 요소가 있다고 가정했다. 이 그룹은 원인을 찾아내서 정부 주도로 제거함으로써 주로 기업이 성장하기 좋은 안정된 환경을 조성하려 했다. 다른 하나는 고전경제학자 데이비드 리카도(David Ricardo)가 이끄는 그룹으로서, 지폐와 신용팽창이 미치는 영향을 분석하여 경기 순환을 설명했다.

리카도 그룹은 경기 순환이 정부가 화폐 및 신용시장에 개입하는 외생 요소 때문이라고 분석했다. 그러나 유감스럽게도 내재 요소를 주장하던 학파가 승리하여 케인스의 경제학이 득세했고, 오늘날에도 다양한 형태로 세계 경제 사상을 지배하고 있다. 이에 따라 부분지급준비금 제도를 따르는 중앙은행들이 세계의 주요 산업국가에 모두 자리 잡게 되었고, 호황과 불황도 함께 자리 잡게 되었다.

물론 단지 중앙은행이 호황 및 불황과 함께 존재한다고 해서, 중앙은행이 그 원인이라고 주장할 수는 없다. 나는 중앙은행이 화폐와 신용을 팽창시켜 호황과 불황의 순환 주기가 형성되는 과정을 설명하겠다. 그러나 주인공만 바꾸면서 끝없이 되풀이되는 역사적 사례를 먼저 제시하겠다.

경기 순환은 18세기 중반이 되어서야 나타났지만, 중앙은행의 역사는 1692년 잉글랜드은행(Bank of England)이 설립되면서 시작되었다. 그리고 거의 동시에 영국령 매사추세츠(The Royal Commonwealth of Massachusetts)에서 처음으로 법정 불환지폐가 발행되었다. 이렇게 은행 역사의 초창기에도 일부 정부 자문위원은 신용팽창과 부분지급준비금 제도가 주는 단기 이점을 인식하고 있었다. 아마도 가장 대표적인 사례가 18세기 초에 프랑스에서 발생한 미시시피 거품 사건(Mississippi Scheme)일 것이다.[2]

루이 14세는 1643~1715년 동안 사치를 거듭하여 프랑스 재정과 경제를 완전히 혼란에 빠뜨렸다. 루이 14세의 헤픈 씀씀이 덕분에 파리와 근교 지역은 번영을 누렸지만, 1715년 그가 죽자 국내외 상업이 모두 침체했고 프랑스 정부는 지불 능력을 의심받게 되었다.

국채로 발행한 정부 채무가 30억 리브르[3]였고, 조세 수입이 1억 4,500만 리브르였으며, 국채 30억 리브르에 대한 지급이자를 제외하고 정부 예산이 1억 4,300만 리브르였다. 정부가 지급불능을 선언하고 처음부터 다시 시작할 것인지를 두고 토론이 벌어졌지만, 당시 정치인들은 혁명을 두려워하여 더 신속한 해결책을 찾아보기로 했다.

정부는 먼저 금화를 새로 발행하여 가치를 20% 절하하는 방식으로 문제를 해결하려 했다. 새 금화는 액면가치는 그대로이지만 무게가 기존 금화의 5분의 4에 불과했다. 정부는 법을 제정하여 기존 금화를 새 금화로 교환하도록 명령했다. 그 결과 정부는 7,200만 리브르를 거둬들였지만, 상업이 더 혼란에 빠지면서 경제가 더 침체했다.

평가절하에 대한 대중의 항의를 가라앉히려고 정부는 세금을 약간 인하하고 세리들의 부패 척결 프로그램을 시작했다. 이런 조치를 통해서 대중의 관심을 다른 곳으로 돌릴 수는 있었지만, 정부의 지급불능 상태는 거의 개선되지 않았다.

이 대목에서 존 로(John Law)라는 스코틀랜드인 방랑자가 등장한다. 바람둥이 도박광 로는 한 여자를 놓고 결투를 벌여 살인을 저지르고서 유럽으로 도주했다. 로는 이제 유럽에서 통화, 신용, 정부 재정에 관한 20세기 아이디어와 도박 기술을 발휘하게 되었다. 지폐 없이 금화만 사용하는 통화 시스템으로는 상업을 충분히 지원하지 못해서 경제 성장이 한계에 부딪힌다고 로는 굳게 믿었다. 다시 말해서 케인스와 마찬가지로 로도 통화와 신용을 조심스럽게 팽창시키면 번영을 만들어 낼 수 있다고 믿었다(로가 마구 뿌린 씨가 케인스 가문으로 이어졌는지도 모를 일이다).

로는 친구인 프랑스 통치자 오를레앙 공작에게 로비를 벌였다.[4] 민간 중앙은행을 설립하여 통화와 신용 이론을 적용하면 프랑스의 경제력을 회복시킬 수 있다고 공작을 설득했다.

1716년 공작은 칙령을 내려 로 형제에게 은행 설립을 인가했다. '로 앤드 컴퍼니(Law and Company)'는 주당 500리브르에 주식 1만 2,000주를 발행하여 자본을 조달하게 되었으며 4분의 1은 정화로, 나머지는 국채로 주식 대금을 납부할 수 있었다. 공작은 이 은행이 금화 대신 은행권을 발행하도록 인가했고, 이 은행권으로 세금을 내면 액면 금액을 모두 인정한다는 법령도 발표했다(사실상 제한적 의미의 법정 화폐로 선포했다).

로는 초보 은행가가 아니었다. 스코틀랜드 은행가의 아들로서 화폐, 신용, 무역을 열심히 공부했던 로는 은행 시스템이 제대로 작동하려면 은행권이 대중의 신뢰를 확보해야 한다는 사실을 잘 알고 있었다. 그는 이 은행에서 발행하는 모든 지폐를 그 시점에 발행된 금화로 언제든지 바꿔주겠다고 즉시 발표했다. 대중은 금화의 가치가 더 절하될까 두려웠으므로 당연히 로의 은행권을 선호하게 되었고, 은행권이 금화보다 높은 가격에 거래되었다.

은행권에 대한 대중의 신뢰가 빠르게 높아졌고 은행권이 금화보다 15%나 높은 가격에 거래되었으며, 프랑스의 5대 금융 중심지에 은행 지점이 문을 열게 되었다. 같은 기간에 국채는 78.5% 이상 할인되어 거래되었다.

지금까지 보여준 로의 행동은 누가 보아도 건전한 경제 원칙에 바탕을 둔 것이었다. 당시 프랑스는 무엇보다도 통화에 대한 신뢰와 국가 신용 회복이 절실했다. 로의 신뢰받는 은행권이 바로 이 역할을 해냈다.

실제로 그는 예금자들에게 금화의 평가절하를 막아주는 보험증서를 제공한 셈이다. 사람들이 로의 은행에서 은행권을 정화로 바꿔준다고 신뢰하는 한, 이 지폐는 문자 그대로 "금이나 다름없었다." 통화가 신뢰를 회복하자 국내외 상업도 다시 살아났다. 세금도 더 규칙적으로 걷혔고 국가 채무도 느리지만 착실히 감소했다.

그러나 상황을 제대로 이해하지 못한 공작은 지폐가 프랑스의 경제

난을 모두 해결해주는 마법의 치료제라고 생각했다. 막대한 국가 채무를 신속하게 없앨 절호의 기회로 생각한 공작은 1717년에 두 가지 치명적인 실수를 저질렀다.

첫째, 미시시피강 서쪽 전체 지역인 루이지애나 준주(Louisiana Territory)에 대해 독점 무역권을 보유하는 회사 설립을 로에게 인가했다. 사람들은 이 지역에 금과 은 매장량이 많다고 생각했다. 이 회사는 액면가 500리브르에 주식 20만 주를 발행하여 자본을 조달하게 되었다. 당시 국채는 액면가의 약 16%에 거래되었는데도 이 주식을 살 때는 액면가를 모두 인정해주었다.

둘째, 공작은 로의 은행을 공개하고 이 은행을 프랑스 왕립은행으로 선포했다. 파급 효과를 전혀 모르던 공작은 이후 몇 년에 걸쳐 10억 리브르가 넘는 지폐를 발행하게 했다. 로가 공작의 정책에 동의했는지는 알 수 없지만, 로가 은행을 경영하던 기간에는 지폐를 6,000만 리브르 넘게 발행한 적이 없었다.

10억 리브르는 지폐를 발행하여 프랑스 전역에서 사람들에게 나눠준 것이 아니라, 대출 형태로 제공되었다. 다시 말해서 신용이 엄청나게 팽창한 결과 지폐가 넘치게 되었다. 게다가 여전히 남아 있는 국채를 소각하려고 5,000리브르 금화를 새로 발행하여 기존 금화 4,000리브르 및 국채 1,000리브르 액면가와 교환하게 했다.

이렇게 신용이 팽창하자 즉시 투기 붐이 일어났다. 기업과 상인들은 돈을 빌려 국내외 상품을 사들였고 국내 생산이 확대되었으며, 수입이 증가했고 파리 중심으로 건설이 활발해졌다. 이 호황을 이끈 주체가 로의 미시시피회사였다. 공작은 인도, 중국, 남해, 기타 프랑스 동인도

회사 소유 모든 영토와의 독점 무역권을 이 회사에 주었다. 이제 회사 이름은 인도회사(The Company of the Indies)로 바뀌었고, 로는 즉시 주당 500리브르에 주식 5만 주를 발행했다. 이 주식을 국채로 사면 액면가를 100% 인정해주었으며, 모든 주주에게 매년 배당금으로 200리브르를 지급한다고 약속했다.

즉시 새 주식에 투기 광풍이 불었다. 로가 금융 기적을 만들어낼 것으로 믿은 수천 군중이 하루가 다르게 상승하는 주식을 사려고 로의 집 주변 도로를 가득 메웠다. 공작은 나머지 국채를 모두 없앨 기회로 생각하고 주당 5,000리브르에 30만 주를 또 발행하도록 인가했고, 이번에도 국채로 주식 대금을 받았다.

이렇게 막대한 규모로 주식을 발행하면 투기 광풍이 잠잠해질 만도 했다. 그러나 광풍은 가라앉지 않았다. 신용팽창은 투기 광풍에 더 불을 지펴서 주가가 이제는 몇 시간 만에 10~20% 상승할 정도였다. 마부와 하녀 들조차 하룻밤 새 부자가 되었고, 번영의 마법이 영원히 이어질 듯한 분위기였다. 놀랍게도 지폐는 이후에도 여러 해 가치를 유지했다. 그러나 지폐의 가치를 뒷받침할 금과 은이 천천히 그러나 확실하게 외국으로 빠져나가기 시작했다.

신용팽창이 불러오는 다른 붐과 마찬가지로 지폐가 넘치면서 프랑스 물가가 상승했고, 외국 상품의 가격이 국내 상품보다 싸졌다. 수입이 증가하자 외국에 지불하는 정화가 증가하면서 프랑스의 금과 은이 줄어들었다. 게다가 유통되는 지폐보다 왕립은행이 보유한 금과 은이 훨씬 적다는 사실을 알아챈 사람들은 지폐를 금화로 바꿔 외국 은행으로 보냈다.

1720년이 되자 금화가 너무 부족해져서 무역조차 불가능할 지경이었다. 금과 은 부족을 막아보려고 정부는 처음에 금화의 가치를 지폐보다 5% 낮춘 다음 10% 낮췄고, 은행에서 지급하는 정화 금액을 금화는 100리브르, 은화는 10리브르로 제한했다.

이 조치로 일단 혼란은 막을 수 있었지만 1720년 2월, 로는 치명적인 실수를 저지르고 말았다. 로의 제안에 따라 칙령이 선포되었다. 누구든 500리브르가 넘는 금화 보유가 금지되었고 귀금속, 보석, 은식기 등도 매점이 금지되었으며 위반하면 막대한 벌금과 함께 재산을 몰수당하게 되었다. 게다가 위반자를 신고하면 압수 금액의 절반을 보상금으로 제공한다고 발표했다. 그러나 이 조처는 지폐에 대한 대중의 신뢰를 회복하기는커녕 완전히 없애버렸고, 나라를 혁명의 문턱으로 몰고 갔다.

1720년 5월 27일 은행이 어쩔 수 없이 정화 지급을 중단하게 되자 주가가 폭락했다. 거품이 터졌고 피라미드가 무너졌다. 이것이 역사상 최초의 주가 폭락일 것이다. 인도회사 주가가 폭락했고 정부는 지폐의 가치를 높이려고 안간힘을 썼지만 금과 은보다 밑으로 내려갔다. 상업은 대혼란에 빠졌고 정부의 조처들은 모두 문제를 키우기만 했다. 한때 프랑스의 영광을 되찾아준 국가적 영웅이었던 로는 이 모든 문제의 희생양이 되었고, 화난 군중에게 살해당할 위기에까지 몰렸다. 그는 결국 프랑스를 탈출했지만 그동안 모아둔 막대한 재산은 거의 건지지 못했다.

프랑스 재정 시스템을 회복하기 위한 위원회가 구성되었다. 위원회 조사에 의하면 정부 채무는 감소한 것이 아니라 오히려 31억 리브르로 증가했다. 위원회가 적발한 정부 재정 관리들의 부패는 믿기 어려울 정도여서 일부 관리는 바스티유 감옥 종신형을 선고받았다. 마침내 질서도 회복되었고 재정난도 어느 정도 해결되었지만 역사를 돌아보면, 똑같은 실수가 거듭 발생하여 국민을 빈곤으로 몰아넣었고 지주 귀족과 노동자들을 갈라놓았다. 결국, 여러 문제로 프랑스혁명이 일어났으나 실패했고 나폴레옹이 통치하게 되었다.

이 사례는 신용팽창이 경제에 미치는 영향을 기막히게 요약해준 이야기여서 독자들에게 꼭 전하고 싶었다. 시장 역사에 나타나는 모든 호황과 불황은 이렇게 극적인 패턴은 아니지만 비슷한 과정을 거친다. 예를 들면 이런 식이다. 불황기를 겪으면서 경제 활동이 침체하자 사람들은 정부에 "무슨 조처든 해주시오"라고 요구한다. 시장은 필연적인 조정을 거치는 중인데도 기발한 경제학 대가들은 정부에 연줄을 대서 경기 회복 방안을 제안한다.

이런 방안은 언제나 인플레이션 억제, 예산 균형 회복, 재정 적자 축소, 환율 안정을 요구한다. 그러나 이런 고상한 목적을 달성하려면 정부가 반드시 자유시장에 개입하여 새로운 신용팽창정책을 펴야 하므로, 그 결과 조만간 다시 호황과 불황 순환이 시작된다.

중앙은행이 신용을 팽창시키면 왜 반드시 호황-불황 순환이 일어날까? 간단히 말하면 자원 배분을 왜곡하여 경제를 혼란에 빠뜨리기 때문이다. 그리고 불황을 벗어나려면 신용팽창이 필요하지만, 마약 중독자가 갈수록 투약 규모를 늘려야 하듯이 신용팽창도 규모를 늘려야 한다. 그러지 않으면 경제는 금단증상을 나타내면서 불황이나 공황 상태로 들어간다. 그러나 이 과정을 제대로 이해하려면 경제의 기본으로 돌아가, 신용팽창이 근원금리에 미치는 영향을 알아야 한다.

폰 미제스의 근원금리 정의를 기억해보자. 근원금리란 미래 상품의 가치를 현재 보유한 상품의 가치로 나눈 비율이다.[5] 바로 이 근원금리에 따라 개인들은 자금 중 얼마를 소비에 지출하고 얼마를 저축할지 결정하게 된다. 다시 말해서 근원금리가 시장 상품 중 얼마를 즉시 소비하고 얼마를 미래에 대비해서 축적할 것인지 결정한다. 근원금리는 시장금리에 포함되어 시장에 영향을 미친다.

시장금리에는 대부분 시장 참여자가 생각하는 근원금리 수준이 반영된다. 그러나 시장에 고정불변의 근원금리가 존재하는 것은 아니다. 근원금리는 사람마다 다르고 시장마다 다르며, 각 시장에서도 상황이 바뀌면 근원금리가 달라진다. 그러나 기업가들의 경쟁에 의해서 근원금리는 대개 일정 수준으로 수렴한다.

신용팽창이 호황-불황 순환에 미치는 영향을 이해하려면 근원금리와 시장금리를 구분할 수 있어야 한다. 시장금리는 세 가지 요소로 구성된다. 근원금리, 기업가 요소, 물가 프리미엄이다. 기업가 요소는 돈을 빌려주는 유인이다. 빌려준 돈으로 얻은 이익 일부를 대출자에게 돌려주기 때문이다. 물가 프리미엄은 돈의 구매력 변화를 예상하여 받는 웃돈이다. 플러스가 될 수도 있고 마이너스가 될 수도 있다. 아주 단순하게 정리하면, 근원금리는 시장이 지금 소비할 것인지 나중에 소비할 것인지를 결정하는 주관적 가치다. 기업가 요소는 대출자가 수익 가능성을 얼마나 믿느냐에 따라 달라지는 웃돈이다. 물가 프리미엄은 미래 돈의 구매력을 어떻게 평가하느냐에 따라 달라진다.

신용거래가 이루어질 때마다 시장금리의 3대 요소가 모두 작용한다. 이들은 끊임없이 변화하면서 서로에게 영향을 미친다. 다른 시장과 마찬가지로 각 대출의 명목 금리를 최종적으로 결정하는 요소는 수요와 공급이다. 자유시장에서 기업가들은 생산원가에 시장금리를 더한 금액보다 높은 가격에 상품을 팔아 이익을 얻으려 한다. 시장금리는 "시장이 장래에 상품 생산을 늘리려고 지금 당장 상품 소비를 얼마나 참을 수 있는지"를 기업가들에게 알려주는 역할을 한다. 시장금리는 저축으로 조성되는 한정된 자본재를 기업가들이 최대한 이용하도록 안내한다.

그러나 중앙은행의 신용팽창이 이런 역할을 완전히 뒤엎어버릴 수 있다. 미시시피 거품 사건에서와 마찬가지로 신용팽창에 의해서 은행이 더 많은 자금을 대출한다고 가정해보자. 이런 상황에서는 돈이 스스로 추진력을 발휘하면서, 상품과 노동 가격이 바뀌기 전에 대출시장에 직접 영향을 미친다.

처음에는 근원금리가 바뀌지 않지만 신규 투자 자금을 쓸 수 있으므로 시장금리 중 기업가 요소가 하락한다. 실제로는 추가 자본이 존재하지 않는데도 기업가들이 서류를 작성하는 즉시 통화 공급량이 증가하므로 추가 자본이 존재하는 것처럼 보인다. 전에는 타당성이 부족했던 사업이 이제는 타당성 있는 사업처럼 보인다. 신용팽창 초기 단계에서 기업가는 가용자금과 가용자본을 구분할 방법이 없다. 그래서 경제성 평가의 기준이 통째로 왜곡된다.

시장금리를 인위적으로 낮춘다고 해도 자본재 공급이 증가하거나 근원금리가 낮아지는 것은 아니다. 그러나 신용팽창에 의해 왜곡이 발생하면서 자본재가 증가한 것처럼 의사결정이 이루어진다. 그 결과 자본재가 최상의 용도로 사용되는 대신 부실한 용도에 투입되어 마침내 사라져버린다.

게다가 시장금리에서 물가 프리미엄 요소가 제공하는 경제성 분석 기능도 완전히 무너진다. 통화팽창은 물가가 바뀌기 전에 대출시장에 직접 영향을 미치므로, 다소 시차를 두고서야 물가 프리미엄이 통화팽창에서 비롯되는 물가 상승을 반영하게 된다. 따라서 통화팽창 초기 단계에는 시장금리의 물가 요소가 터무니없이 낮아지며, 대출자들은 이를 모른 채 지나치게 낮은 금리로 대출을 제공하게 된다.[6]

부분지급준비금 제도[7]에서는 신용팽창이 반드시 통화 공급 확대로 이어진다. 이에 대해서는 곧 자세히 논의한다. 통화팽창 옹호자들은 통화 공급 증가에서 비롯되는 물가 상승이 임금보다 상품 가격에 먼저 영향을 미친다고 주장한다. 따라서 생산자 원가가 상승하고 소비자물가가 상승하며, 시장의 다른 계층보다 저축 여력이 부족한 임금 노동자와 급여 생활자들은 지출을 줄일 수밖에 없고, 이렇게 형성된 저축이 자본 확충에 사용된다고 말한다.

반면에 저축 여력이 큰 기업가들은 물가 상승에서 이득을 얻어 저축 비중을 더 높이게 된다고 주장한다. 그 결과 임금 노동자와 급여 생활자들의 소비가 감소하고 신규 자본은 더 빨리 축적된다. 이런 강제 저축에 의해서 근원금리는 낮아지고 자본 투자는 증가하므로 경제 발전과 기술혁신이 더 빨라진다.

이 주장이 맞을 수도 있고 실제로 과거에 맞은 적도 있지만 몇 가지 중요한 사실을 간과했다. 첫째, 임금 상승이 항상 물가 상승보다 늦게 이루어지는 것은 아니다. 예를 들어 1970년대 노동조합은 인플레이션이 미치는 영향을 파악했으므로, 실질임금 인상률이 소비자물가지수 상승률을 능가하도록 협상했다. 이것이 이른바 '임금-물가 순환 상승'이다. 그리고 기업가들이 임금 노동자와 급여 생활자들보다 반드시 더 많이 저축한다는 보장도 없다. 그러나 아마도 이 주장에서 간과하는 가장 중요한 사실은 인플레이션 때문에 시장에서 자본 소비가 증가한다는 점이다.

인플레이션(중앙은행의 신용팽창에서 비롯되는 통화 공급 증가)은 경제성 분석과 회계를 왜곡한다. 중앙은행이 시장에 통화 공급을 늘리면 대출해 줄 자금이 증가한다. 명목 금리는 바뀌지 않더라도 대출시장에 가용자금이 증가하므로 시장금리는 내려간다. 따라서 신용팽창 전에는 타당성이 없었던 사업에 대해서도 대출이 이루어진다. 바로 이것이 이 시점(1991년 2월)에 연준이 달성하려는 목표다.

기업가들은 금액 기준으로만 생각하므로 가용자금이 증가하면 과거에 타당성이 부족했던 사업도 타당성을 갖추게 된다. 기업가들에게 신용이란 새 사업에 투자할 상품 청구권이다. 갈수록 많은 기업가가 신규 사업에 착수하고 사업이 활성화되어 호황이 시작된다. 그러나 호황 초기부터 항상 따라다니는 문제가 있다. 사업 확장에 투입할 상품과 노동은 어느 시점이든 한정되어 있다. 신용팽창에 의해 한정된 자원에 대한 수요가 증가하면 생산자물가와 임금이 상승한다.

임금이 상승하면 소비재 수요도 증가하므로 소비자물가도 상승하기 시작한다. 소비자물가 상승이 미치는 영향은 경제 분야마다 다르고 시점마다 다르며 그 정도도 다르다. 기업들은 물가 상승으로 얻은 장부상 이익이 실제 이익이라고 착각한다.

기업들은 이런 가공 이익에 고무되어 경제성 분석에 착오를 일으키고 투자를 늘려 소비재 물가 상승을 더 부추긴다. 생산자물가가 먼저 극적으로 상승하지만, 소비재 물가 상승에 자신감을 얻은 기업가들은 생산원가가 상승하더라도 자본 확장을 통해서 이익을 얻을 수 있다고 생각한다.

폰 미제스는 이 전체 흐름을 가장 먼저 깨달은 경제학자였다. 이제부터 다소 복잡해지지만, 이 분석을 끝까지 따라오기 바란다. 이 과정을 이해하면 강세장 절정에 자금을 모두 투입하여 손해 보는 일을 피할 수 있기 때문이다.

폰 미제스는 용어를 다음과 같이 정의했다.

p: 신용팽창 전날의 가용자본 금액
r: p로 얻은 생산물에서 저축해야 하는 대체자본
g: p로 생산한 소비재 총액

추가 가정으로, 신용팽창 전에는 경제가 점진적으로 발전하여 잉여자본 p1, p2가 산출되었으며, 신용팽창이 나타나지 않았다면 이 잉여자본을 이용해서 기존 상품을 g1만큼, 신상품을 g2만큼 추가로 생산했을 것이다.

신용팽창이 없으면 p(기존 자본)로 r + g(필요 대체자본 + 소비재)를 생산하고 자본 p1 + p2(기존 상품 생산을 증가시키는 신규 자본 + 신규 프로젝트에 투자하는 신규 자본)를 저축한다. p1 + p2를 이용해서 g1 + g2(기존 상품 증가 + 신상품 생산)를 생산하므로 경제가 성장하고 기술혁신에 의해서 생산

속도가 빨라진다. 그러나 고용과 생산을 촉진하려고 중앙은행이 신용 팽창으로 시스템에 자금을 투입한다고 가정하자.

통화팽창에 유혹당한 기업가들이 기존 상품을 g3만큼 추가 생산하고 신상품을 g4만큼 개발하기로 한다. g3와 g4를 생산하려면 추가 자본재 p3와 p4가 필요하다. 그러나 앞에서 언급했듯이 사업 확장에 쓸 자본은 p1과 p2로 한정되어 있다. p3와 p4는 있는 것처럼 보이지만 실제로는 존재하지 않는다! g3와 g4를 생산하려는 기업가의 결정은 신용팽창이 일으킨 착시 현상에서 비롯되었다.

기업가가 실제로 활용할 수 있는 자본재는 p1 + p2 + r이지만, 기업가의 눈에 보이는 자본재는 p1 + p2 + p3 + p4 + r이다. 기업가는 눈에 보이는 자본재로 g1 + g2 + g3 + g4를 생산하려고 사업에 착수하지만, 실제로 사용할 자본은 p1 + p2 + r에 불과하므로 자본 확보 경쟁이 벌어진다. 생산재 가격이 상승하여 소비재 가격 상승을 넘어설 수도 있으며 조만간 근원금리가 하락한다.

이 기간에 미래 상품 생산 금리가 상승하여 실제로 새로운 부가 창출될 수도 있다. 그러나 결국에는 신용팽창이 이어지면서 소비재 가격 상승이 생산재 가격 상승을 앞지르게 된다. 임금과 이익(대개 실제가 아니라 가공임)이 상승하여, 자본이 형성되기 전에 소비재 수요가 먼저 증가한다. 소비자물가가 상승한다. 소비자물가가 계속 상승하면 사람들은 장래에 더 비싼 가격을 치르지 않으려고 소비재를 최대한 서둘러 확보하고자 한다.

다시 말해서 근원금리가 상승하며 미래에 대비하기보다 즉시 소비하려는 성향이 증가한다. 저축으로 모았던 자본이 사라진다. 흔히 도널드 트럼프 같은 사람들은 자금을 최대한 차입하여 가까운 장래에 가격이 상승할 만한 실물자산을 사들인다.

산술적 관점에서 보면 대출 수요가 증가한 탓에 금리가 상승할 수도 있다. 그러나 시장금리에 기업가 요소와 물가 프리미엄은 뒤늦게 반영되므로 자본이 '적절하게' 배분되지 못한다. 은행들은 금리를 조금만 올려도 물가 상승이 충분히 보상된다고 간주한다. 그래서 사업 확장이 무한정 계속된다고 확신하면서 기업에 계속 대출을 제공한다.

그러나 은행들은 기업들이 한정된 자본을 놓고 확보 경쟁을 벌이도록 조장했을 뿐이다. 기업들은 매출을 늘려 생산원가 상승을 감당할 수 있다고 판단하고 계속 대출을 받아 생산을 확대한다. 그러나 생산자물가와 소비자물가가 모두 상승하면서 금리도 계속 상승한다. 은행들이 계속 통화를 공급해야만 호황이 이어질 수 있다.

그러나 머지않아 통화 공급만으로도 부족해진다. 은행들이 팽창 정책을 계속 유지하면 마침내 대중도 상황을 깨닫게 된다. 화폐의 실질 구매력이 감소한다는 사실이 드러나면서 자금이 실물자산으로 이동하기 시작한다. 상품에 대한 근원금리는 하늘로 치솟고 현금에 대한 근원금리는 폭락한다. 바로 이 단계에서 악성 인플레이션이 시작된다. 최근에 브라질이 겪었고, 아르헨티나와 기타 국가에서 여전히 진행되는 인플레이션이다. 폰 미제스는 이 단계를 '호황 붕괴'라고 불렀다.

그러나 대개 이 정도까지 진행되는 경우는 없다. 소득이 고정된 소비자들이 정치인들에게 생활비 상승 문제를 해결해달라고 요구한다. 정치인들은 누군가를 비난하면서 중앙은행이 물가 상승을 막아야 한다고 주장한다. 중앙은행은 이에 따라 신용 제공을 제한한다. 은행들은 대출을 중단하고 기존 대출금도 회수한다. 기업가들은 이제 대출을 받을 수 없으므로 신규 사업을 포기한다. 통화팽창이 중단된다.

호황이 전환점을 맞이하는 이 시기에 기업가들이 차입금을 상환하려고 재고자산을 헐값에 매각하면서 물가가 하락하기 시작한다. 대개 생산재 가격이 소비재 가격보다 가파르게 하락한다. 1929~1933년에 소매 매출은 15% 감소했지만 자본재 매출은 약 90%나 감소했다. 공장들이 문을 닫는다. 직원들이 해고된다. 경제에 대한 신뢰도가 감소하면서 시장금리의 기업가 요소가 지나칠 정도로 치솟아 경제를 더 빠르게 침체시킨다. 이 무렵에 악재가 등장하여 이미 위기감에 빠진 시장을 공황 상태로 몰아넣으면 주식과 상품 선물이 폭락한다. 불황이 시작된다.

이런 폭락 다음에는 으레 경제학자들이 나서서 자본주의가 실패했다고 비난하면서 '과잉 투자'가 불황을 부른 원인이라고 발표한다. 이는 커다란 잘못이며 호황-불황 순환에 대해 가장 많이 오해하는 측면이기도 하다. 호황과 불황을 부르는 것은 과잉 투자가 아니라 폰 미제스가 말하는 '잘못된 투자'다. 통화팽창으로 시장금리가 낮아져서 기업가들이 실제 자본인 p1 + p2 + r 대신 눈에 보이는 자본 p1 + p2 + p3 + p4 + r을 사용하려 하기 때문에 문제가 발생한다. 실제로는 자본 공급이 부족하므로 투자와 자본배분이 제대로 진행될 수가 없다.

이는 500제곱미터 주택의 기초공사를 하려고 하지만 콘크리트는 250제곱미터 주택 분량밖에 없는 상황과 같다. 건축 계획을 변경하지 않으면 부실 공사가 될 수밖에 없다.

지난 장에서도 논의했지만 부를 증가시키려면 미래 생산에 투자할 저축이 있어야 한다. 기술혁신은 부의 성장 속도를 높이지만 모아둔 자본을 투입해야만 실행할 수 있다. 대개 신용팽창 기간에도 p1 + p2 + r 중 일부는 혁신에 투자되어 부의 실질 증가율을 높여주고 앞에서 설명한 부정적 효과 일부를 상쇄해준다. 그러나 완충 작용에 불과하다.

신용팽창이 일으킨 왜곡된 투자는 조만간 무너질 수밖에 없고 부도 사라진다. 흔히 호황-불황 순환기가 지나간 다음에도 실제 생활 수준과 전반적인 부는 처음보다 증가하기도 한다. 그러나 무책임한 신용팽창이 없었을 때만큼은 증가하지 못한다.

중앙은행이 신용을 규제하는 시장에서 투기를 하려면 호황-불황 순환 단계를 구분할 수 있어야 한다. 그러려면 신용팽창의 다양한 형태를 알고 있어야 한다. 구체적으로 말하면, 연준과 재무부가 신용과 통화를 팽창시키는 과정을 이해해야 한다. 중앙은행은 어느 나라나 기본적으로 운영 방식이 똑같으므로, 미국 시스템이 운영되는 방식을 이해하면 모든 중앙은행의 운영 방식을 알게 된다. 그러면 우리는 정치인들이 국내외 통화정책을 조율하는 과정에서 나오는 경제 성과를 이해할 수 있고 나아가 예측할 수도 있다.

| 연준 시스템의 구조와 역할 |

나는 10장 제목에 "누가 호황을 일으키고 누가 불황을 부르는가?"라는 질문을 부연했다. 미시시피 거품 사건 기간의 프랑스라면 그 답은 존 로와 오를레앙 공작이다. 오늘날의 미국이라면 그 답은 연방준비제도이사회(The Federal Reserve Board, 연준)와 연방공개시장위원회

(Federal Open Market Committee, FOMC)다. 이 두 기관은 (미국의 거의 모든 예금 기관이 포함된) 연준 시스템의 통화 및 신용 공급을 독점적으로 통제한다.

이들이 행사하는 경제 권력은 실로 절대적이다. 이들의 권력이 너무도 막강한 탓에 미국은 연준 관찰자(Fed Watcher)들이 넘치는 나라가 되었다. 이들은 다가오는 정책의 실마리를 찾으려고 연준 의장이나 다른 FOMC 위원들의 두루뭉술한 발표를 악착같이 파고드는 사람들이다. 연준 의장의 말 한마디가 문자 그대로 주식시장의 추세를 바꿔놓을 수도 있다. 그 예가 1984년 7월 24일 연준 의장 폴 볼커의 "연준의 긴축정책이 부적절했습니다"라는 발표였다. 이 말에 주가지수가 그날로 바닥을 찍었고 새로운 강세장이 시작되었다.

역설적이게도 말 한마디로 시장을 뒤흔드는 이 기관의 설립 근거는 1913년 연준법으로서, 통화 및 신용시장의 흐름을 안정시키려는 취지로 제정한 법이었다. 법에 의하면 연준의 목적은 "국가에 탄력적 통화를 제공하고 상업어음할인 제도를 도입하며 은행 감독을 개선하는 일"이다. 1963년에는 연준의 목적이 다음과 같이 확대되었다. "인플레이션과 디플레이션에 대응하고 높은 고용 수준, 안정적인 달러, 국가의 성장, 소비 수준의 상승에 유리한 상황을 창출하는 일."[8] (생산이 아니라 소비를 강조했다는 점에 주목하라. 순수 케인스 학설이다.)

지금은 연준이 사실상 정부 부처가 되었으며 의회, 대통령, 재무부, 외국 중앙은행들과 정책을 조율한다. 그러나 연준의 주요 기능은 미국 중앙은행으로서의 역할이다. 먼저 미국 중앙은행으로서의 역할을 살펴보자.

미국 중앙은행으로서 연준의 주요 기능은 다음과 같다.

은행 신용과 자금 흐름을 규제한다. 이 주요 기능을 지원하는 필수 기능이 경제 및 신용 상황에 관한 정보를 수집하고 분석하는 기능이다. 추가 기능으로 주립은행들을 조사하고 감시하며, 이들로부터 상황 보고를 받고, 다른 감독 당국들과 협력하여 정책을 개발하고 관리한다.[9]

연준이 보유한 막강한 무기는 '은행 신용과 자금 흐름을 규제'하는 권한이다. 쉽게 말해서 신용 및 자금 공급을 늘리거나 줄일 수 있다는 뜻이다.

이야기를 진행하기 전에 '연준'이 무엇인지 간략하게 정의하겠다. 연준은 세 가지 요소로 구성된다. 이사회, 연방공개시장위원회(FOMC), 연방준비은행이다. 연준은 연방정부 기관으로서 그 조직이 법에 따라 구성된다. 이사회와 FOMC(이사 7명이 FOMC의 12석 중 7석을 차지한다)가 미국의 통화정책을 독자적으로 수립하고 실행한다. 사람들이 '연준'을 지칭할 때는 대개 이사회와 FOMC를 뜻한다.

이사회 이사는 7명으로서 대통령이 임명하고 상원이 인준하며 임기가 14년이다. 짝수 해마다 한 명씩 임기가 만료되며 이사는 중임이 허용되지 않는다. FOMC 위원 12명은 이사회 이사 7명과 12개 연방준비은행 총재 가운데 5명으로 구성된다. 뉴욕연방준비은행 총재는 상근 위원이 되며, 나머지 11개 연방준비은행 총재 중 4명이 1년씩 돌아가면서 위원이 된다.

FOMC는 미국 통화정책을 수립하고 실행하는 책임을 진다. 이사회는 재할인율과 지급준비율을 독자적으로 통제하지만, FOMC 회의에서 다수결로 결정된 목표에 따라 정책을 수립한다.

FOMC는 현재 매년 8회 열린다. 일정은 FOMC가 자체적으로 결정하며 임시 회의는 언제든지 소집될 수 있다. FOMC는 정책 목표 달성을 위한 공개시장운영 계획을 결정하며, 이 계획은 뉴욕연방준비은행이 실행한다.

공개시장운영은 공개시장에서 연준이 국채를 사고파는 방식으로 이루어진다. 이 거래는 은행들이 보유한 지급준비금에 즉시 직접적으로 영향을 미치므로, 가용 신용과 통화 공급 증가율도 직접 영향받는다. 이 과정을 통해서 연준은 신용을 늘리거나 줄이고 금리를 조절한다. 이 과정을 자세히 살펴보자.

│ 신용 및 통화가 창출되고 통제되는 과정 │

지난 장에서는 은행의 역사 초기에 은행이 실제로 보유한 금과 은보다도 많은 은행권을 발행하게 되는 과정을 설명했다. 은행이 언제든지 은행권을 금화로 교환해준다고 대중이 확신하는 한 은행은 지폐(신용 수단)를 창출할 수 있으며, 이 지폐는 시장에서 교환 매체로 인정받게 된다. 또한, 미시시피 거품 사건을 통해서 이런 과정이 도를 지나치면 물가 상승과 경제 붕괴처럼 참혹한 결과를 불러온다고 설명했다.

연준도 기본 원리는 똑같다. 다만, 한 가지 예외는 달러를 뒷받침하는 것이 금이나 은이 아니라, 달러가 법정 화폐라고 발표한 정부 법률뿐이라는 점이다. 이를 법정 불환지폐 시스템이라고 한다. 달러의 가치는 달러의 구매력에 대한 시장의 신뢰에 전적으로 좌우되며, 달러의 구매력은 가용 상품 및 서비스 대비 통화의 수급에 따라 결정된다.

과거에는 지폐 팽창을 억제하는 수단으로 귀금속을 사용했지만 연준은 지급준비제도를 도입했다. 1980년 통화통제법이 통과된 이후 미국 예금 기관들은 모두 이 제도를 준수해야 한다.[10]

지급준비제도란 예금 기관들이 준비부채의 일정 비율을 준비자산으로 보유해야 하는 제도다. 준비부채로는 요구불예금, 정기예금과 저축예금, 외국 지점의 순부채(유로달러 부채)가 있다. 준비자산으로는 시재금(時在金, 은행이 금고에 보유한 현금 - 옮긴이)과 연방준비은행에 예치한 준비예금이 있다. 요컨대 지급준비제도가 예금 기관의 신용팽창과 통화 공급 증대를 점검하는 유일한 객관적 척도가 된다.

예를 들어 어떤 상업은행에 요구불예금 1억 달러가 있다면, 현재 이 은행은 적어도 1,200만 달러를 시재금이나 준비예금으로 보유하고 있어야 한다. 1억 달러는 준비부채이고, 1,200만 달러는 이사회가 정한 지급준비율에 따라 계산한 준비자산이다(표 10.1 참조).

예금 기관이 창출할 수 있는 통화 금액은 지급준비율에 반비례한다. 예를 들어 지급준비율이 10%면 준비자산이 1달러 증가할 때마다 통화 10달러를 창출할 수 있다. 연준이 1주일 동안 국채 2억 5,000만 달러를 사들였는데 지급준비율이 10%라면, 통화 공급이 25억 달러 증가할 수 있다. 반대로, 연준이 국채 2억 5,000만 달러를 팔면 신용 25억 달러가 감소할 것이다. 이런 흐름을 예금은행 관점에서 보면 이해하기 어려울 것이다. 그러나 가상 국가를 설정해서 생각하면 이해가 쉬워진다. 가상 국가의 이름을 뉴머니(Newmoney)로 부르고, 이 나라에서는

표 10.1 **1990년 5월 지급준비율**	
부채 유형	지급준비율(%)
요구불예금	
0~4,040만 달러	3
4,040만 달러 초과	12
정기예금 및 저축예금	
개인	0
법인(만기별 구분)	
1.5년 미만	3
1.5년 이상	0
외국 지점의 순부채	3

중앙은행이 부분지급준비금 제도를 운용한다고 가정하자.

이제부터 신용팽창 과정을 단계별로 살펴보면서 중앙은행이 펜대를 굴려서 통화를 창출하거나 감축하는 방식을 알아보자. 논의를 단순화하려고 대차대조표에서 영향받는 부분만 보여줄 것이므로 자산과 부채의 균형은 무시하기로 한다. 물론 완전한 대차대조표에서는 자산과 부채가 일치한다.

뉴머니에는 요구불예금만 있고 예금계좌에는 모두 10억 달러가 들어 있으며, 중앙은행은 지급준비율을 10%로 정했다고 가정하자. 그리고 뉴머니 은행들은 중앙은행이 허용하는 한도를 채워서 모두 대출했다고 가정하자. 그러면 뉴머니 중앙은행과 예금 기관들의 연결대차대조표는 다음과 같이 나타날 것이다.

뉴머니 중앙은행의 연결대차대조표 일부	
관련 자산	(단위: 1,000달러)
국채	150,000
관련 부채	
뉴머니 중앙은행권	100,000
지급준비금	95,000

뉴머니 예금 기관들의 연결대차대조표 일부	
주요 자산	(단위: 1,000달러)
대출	1,000,000
시재금	5,000
중앙은행 예치 지급준비금	95,000
국채와 기타 증권	150,000
주요 부채	
요구불예금	1,000,000

보다시피 예금 기관들의 연결 준비자산(시재금 + 중앙은행 예치 지급준비금)은 준비부채(요구불예금)의 10%와 정확하게 일치한다. 이제 은행은 더 대출할 수가 없다. 더 대출하면 대출이 요구불예금으로 바뀌면서 지급준비율 10%를 위반하게 되기 때문이다.

이때 중앙은행 이사회에서 실업률이 지나치게 높으므로 신규 사업과 일자리 창출을 촉진하려고 신용을 증가시키기로 했다.

중앙은행은 공개시장운영을 실행하여 은행들로부터 뉴머니 국채 5,000만 달러를 사들였다. 중앙은행은 국채를 살 때 펜대만 굴려서 자기앞수표를 발행하여 은행에 지급하면, 은행은 이 수표를 중앙은행 지급준비금 계좌에 입금한다. 펜대만 굴리는 것으로 이 거래가 완결된다.

이제 은행들의 지급준비금이 5,000만 달러 증가했다. 따라서 연결대차대조표는 다음과 같이 바뀐다.

뉴머니 중앙은행의 연결대차대조표 일부	
관련 자산	(단위: 1,000달러)
국채	200,000
관련 부채	
뉴머니 중앙은행권	100,000
지급준비금	145,000

뉴머니 예금 기관들의 연결대차대조표 일부	
주요 자산	(단위: 1,000달러)
대출	1,000,000
시재금	5,000
중앙은행 예치 지급준비금	145,000
국채와 기타 증권	100,000
주요 부채	
요구불예금	1,000,000

이제는 은행들의 지급준비금이 5,000만 달러 남아돈다. 즉, 중앙은행에 예치한 지급준비금이 지급준비율 10%를 채우고도 5,000만 달러가 남는다는 말이다. 따라서 은행들은 대출을 추가로 5억 달러 제공할 수 있다(5,000만 달러/10% = 5억 달러). 은행가들은 완전고용과 경제 성장

을 바라는 애국자들이므로 곧바로 온갖 신규 대출을 모두 승인한다.

은행이 대출을 해주면 은행 장부에 자산과 부채가 똑같이 증가한다. 이 경우처럼 은행이 5억 달러를 대출해주면 차입자의 요구불예금 계좌가 5억 달러 증가하고, 은행 자산계정에는 대출이 5억 달러 증가하여 연결대차대조표에 다음과 같이 나타난다.

뉴머니 예금 기관들의 연결대차대조표 일부	
주요 자산	(단위: 1,000달러)
대출	1,500,000
시재금	5,000
중앙은행 예치 지급준비금	145,000
국채와 기타 증권	100,000
주요 부채	
요구불예금	1,500,000

따라서 중앙은행이 공개시장에서 국채를 5,000만 달러 사들이자, 사건이 연쇄적으로 발생하면서 통화 공급이 5억 달러 증가했다. 통화 5억 달러가 창출된 것이다. 중앙은행이 공개시장에서 국채를 팔면 정반대 현상이 벌어진다.

지금까지 설명한 내용은 연준은 물론 세계 모든 중앙은행에서 실제로 발생하는 일을 단순화한 것이다. 물론 실제 과정은 더 복잡하지만 더 자세히 논의할 수도 있다. 그러나 아무리 은행 수가 많아도 통화 및 신용 공급이 미치는 영향은 방금 설명한 가상 국가 사례와 사실상 똑같다.

실제로 연준이 국채를 사들일 때도 펜대를 굴려서 만든 돈으로 사들인다. 자기앞수표를 발행하는 것이다. 이렇게 만들어낸 돈이 은행 시스템에 투입되면 은행들은 이 돈으로 준비자산을 증가시킨다. 준비자산이 증가하면 신용팽창을 통해서 통화 공급을 증가시킬 수 있다. 그 규모는 준비자산을 지급준비율로 나눈 금액이다. 가상 국가 뉴머니에서 현실 세계로 돌아오면 일이 다소 복잡해진다.

표 10.1(262쪽)에서 보듯이 연준의 지급준비율은 부채 유형에 따라 0~12%로 달라진다. 당신이 침대 밑에 넣어두었던 현금으로 10년 만기 양도성 정기예금 1만 달러를 은행에 예금하면 이 예금은 지급준비율이 0%(만기 1.5년 이상 정기예금)이며, 은행은 대출을 8만 3,000달러(1만 달러/0.12)만큼 증가시킬 수 있다. 연준이 국채를 사들여도 똑같은 일이 발생한다.

순지급준비율(전체 예금에 대해 유지해야 하는 지급준비율)은 시장자금이 어디로 흘러 들어가느냐에 따라 달라진다. 그러나 순지급준비율과 예금부채의 관계를 대략 이해할 수 있도록 1990년 5월 7일 자 〈배런즈〉 자료를 제시하겠다. 가장 광범위한 통화 공급 지표인 M3는 4조 660억 달러였고, 연방준비은행에 예치된 지급준비금은 603억 달러에 불과했다. 4조 달러가 넘는 통화 중에서 실제 통화는 겨우 2,284억 달러였는데, 이는 나머지가 다양한 기관에 일종의 예금 형태로 존재한다는 뜻이다.

따라서 전체적으로 보면 통화 예금이 준비자산의 거의 70배나 된다. M3가 총통화 공급을 나타내는 정확한 척도가 아니라고 가정해도, 위의 〈배런즈〉 자료에 의하면 당시 연준이 보유한 국채가 2,339억 달러였다. 평균 지급준비율을 10%로 가정하면, FOMC 위원 12명이 은행 시스템에 추가로 공급할 수 있는 신용이 2조 3,000억 달러를 넘어선다. M3의 절반이 넘는 규모다!

이제 공개시장운영이 얼마나 막강한 통화정책 수단인지 이해가 되는가?

그리스 철학자 플라톤은 평범한 사람은 자신의 인생을 관리할 능력이 없다고 믿었다. 그래서 그는 철인왕(哲人王)이 세계를 다스려야 한다고 생각했다. 어떤 의미로는 플라톤의 소원이 이루어진 셈이다. FOMC 위원들이 미국 경제를 다스리는 철인왕이고, 이들은 세계에서 가장 강력한 산업국가의 국왕이므로 세계 경제 전체에 막강한 권력을 행사한다. 이들은 왕이고 시장은 신하다. 왕의 명령 안에서만 자유롭게 행동하기 때문이다.

FOMC 위원 12명이 투표로 결정한 정책이 자유시장의 움직임을 결정적으로 억제하고 바꿔놓는다. 이들은 예컨대 다음과 같은 거시경제 통계를 바탕으로 목표를 세우고 계획을 실행한다. 실업자 수, 설비 가동률, 소비자물가지수(CPI), 생산자물가지수(PPI), 통화 공급 증가액과 증가율(M1, M2, M3), 무역수지, 준비잔고, 기타 지표 등. 이들은 이런 거시 지표들을 끊임없이 추적하면서 정책 목표를 효율적으로 달성하려고 전략을 수정한다.

여기서 사족을 달아야겠다. FOMC는 회의를 마친 다음에도 결정 사항을 시장에 공개하지 않는다. 그러나 위원 12명 모두 보좌진을 데리고 회의에 참석한다. 위원 대부분은 결혼했고 가족이 있으며 보좌진도 마찬가지다. 게다가 비서와 실무진이 회의록을 작성해서 복사한다. 국가안보국(NSA)이 재채기를 해도 언론이 눈치채는 나라에서(농담이 아니다), FOMC 결정 사항이 온전히 비밀로 유지되겠는가? 나는 기대하지 않는다. 실제로 나는 여기서 아이디어를 얻는다.

정부는 세금을 인상하고 실업수당을 나눠주는 대신, 침체 분야 개발을 맡은 위원회에 FOMC 회의록을 곧바로 비밀리에 제공하는 편이 낫지 않은가? 그러면 이 위원회가 비밀 정보를 이용해서 국채 거래로 거금을 벌 것이다. 이 돈으로 침체 분야를 손쉽게 발전시킬 수 있다. 물론 농담이다. 그러나 내가 보기에 아무래도 선택받은 소수가 무임승차하는 듯하다!

누가 호황을 일으키고 누가 불황을 부르는가? 의심할 여지 없이 연준이다. 공개시장운영과 기타 정책 수단을 통해서 통화 및 신용 수급을 조절한다. 연준이 보유한 통화정책 수단 세 가지를 중요도순으로 열거하면 지급준비율 설정, 재할인율 설정, 공개시장운영이다.

미래 시장 흐름을 정확하게 예측하려면 이런 수단들의 특성을 이해하고 연준이 이들을 어떻게 사용하는지 알고 있어야 한다. 이들 수단을 하나씩 논의하자.

| 지급준비율, 연방기금 금리, 재할인율 |

지급준비율의 작동 원리는 가상 국가 뉴머니의 은행 시스템을 논의할 때 충분히 설명했다. 그러나 은행이 지급준비율을 달성하는 방법은 여러 가지이며, 연준은 이를 이용해서 통화 및 신용 공급에 영향력을 행사하고 대출기관의 활동을 감시한다.

연준 이사회가 설정하는 지급준비율을 준수하려면 은행들은 준비자산(시재금과 지급준비금)을 충분히 보유해야 한다. 돈은 끊임없이 대출기관 사이에서 돌아다니므로 일시적으로 준비자산이 일부 기관에서는 부족해지고, 일부 기관에서는 남아돌게 된다. 준비자산 적자가 발생하면 대출기관은 둘 중 하나를 선택해야 한다. 다른 기관으로부터 초과지급준비금을 단기로 빌려오거나, 연방준비은행 대출 창구에서 돈을 빌려야 한다.

다른 기관으로부터 초과지급준비금을 빌리는 시장이 연방기금시장이며, 여기에 적용되는 금리를 연방기금 금리라고 부른다. 이렇게 '갑에게 빌려서 을에게 갚는' 시장과 금리는 매우 중요하므로 주목해야 한다. 이 시장이 존재하는 표면적인 이유는 은행들의 일시적인 준비자산 부족을 효율적으로 해소하는 것이지만, 사실은 이 시장 덕분에 은행들이 대출한도를 최대한 채울 수 있다.

실제로 연방기금시장은 1979년까지 매우 중요한 시장이었으므로, 연준은 공개시장운영의 주안점을 목표 연방기금 금리 달성에 두기도 했다. 연방기금 금리에 따라 준비자산 차입이 더 쉬워지거나 어려워질 것이며, 따라서 연방기금 금리가 신용시장 전반의 상태를 나타내는 기준이 된다고 생각했기 때문이다. 그러나 카터 대통령 재임 기간(1976~1980)을 돌아보면 악성 인플레이션이 발생했고 이어서 금리를 통제했으며, 그러자 신용경색이 일어났고 다음에는 규제가 완화되면서 금리가 22%까지 치솟았다!

연방기금 금리에 목표 수준을 설정하는 방식은 신용 공급을 통제하기에는 전혀 적합하지 않았다. 시장의 다른 상품과 마찬가지로 신용팽창 규모도 수요와 공급에 따라 결정된다. 카터 시절에는 금리가 더 상승할 것으로 생각했기 때문에 사람들은 기꺼이 고금리로 대출을 받았고 은행들도 기꺼이 대출을 제공했다. 그러나 1990년 말에는 은행에 초과지급준비금이 많았는데도 대출을 해주지 않았다.

1979년까지 연준은 신용팽창 통제 수단으로 연방기금 금리는 물론 재할인율도 활용하려고 했다. 재할인율은 대출기관이 연방준비은행에서 준비자산을 직접 차입할 때 부과되는 금리다. 이론적으로는 각 연방준비은행 이사회가 재할인율을 결정하고 연준 이사회에서 검토하여 승인하게 되어 있다. 그러나 실제로는 연준 이사회가 '추천'한 재할인율을 각 연방준비은행에서 자동으로 승인하여 모두 똑같이 적용하고 있다.

재할인율과 연방기금 금리 사이에는 몇 가지 차이점이 있다. 가장 중요한 차이는 중앙은행 대출 창구에서 돈을 빌리면 몹시 시끄러워진다는 점이다. 은행은, 중앙은행이 발행하는 자기앞수표를 다시 예금하면 지급준비금이 증가한다.

은행은 차입한 지급준비금에 대해 재할인금리로 이자를 지급하며, 지급준비금의 약 10배를 추가로 대출할 수 있다. 재할인율은 항상 시장금리보다 낮지만, 은행은 재할인 창구를 통해서 확보한 자금으로 대출할 때도 평균 금리를 적용한다.

그러나 여기에는 주의할 점이 있다. 재할인 창구로 차입하는 은행에는 경계 대상이라는 꼬리표가 붙는다. 연방기관으로부터 조사받고 감시당하기를 원하는 은행은 하나도 없다. 게다가 재할인 창구를 이용하는 횟수에는 제한이 있다. 은행은 재할인 창구를 이용할 때 다음과 같은 메시지를 조용하지만 분명하게 받게 된다. "문제를 해결하시고 자신의 힘으로 준비자산을 확보하세요."

반면에 연방기금시장은 훨씬 자유롭다. 중간 수준을 유지하면서 다른 은행으로부터 빌린 돈을 잘 갚기만 하면 연방기금시장에서 준비자금을 얼마든지 빌릴 수 있다. 1970년대 말에는 연방기금시장이 미쳐 날뛴 적이 있었다. 연준 이사회가 국채를 팔아 연방기금 금리를 인상하지 않았기 때문에 연방기금시장에서 준비자산이 활발하게 거래되면서 신용팽창이 이어졌던 것이다.

당시 연준 의장 볼커가 할 수 있는 일이라고는 이사회를 설득하여 재할인금리를 10.5%에서 11%로 0.5%포인트 인상하는 정도였다(표결 4 대 3으로 통과). 공개시장에서 국채를 팔아 연방기금 금리를 높이는 일은 어림도 없었다.

금리가 통화 및 신용의 수급을 결정하는 유일한 요소가 아니라는 점을 연준이 1970년대는 깨닫지 못했다. 이를 이해하려면 시장금리는 3대 요소로 구성되며 호황-불황 주기에 따라 변화한다는 폰 미제스의 설명으로 돌아가야 한다.

경제 확장 기간이더라도 (1) 만일 물가가 상승하여 근원금리가 낮고 (2) 금리가 계속 상승할 것이므로 프리미엄 요소가 싸다고 인식하며 (3) 손익을 계산한 다음 기업가 요소를 극복할 수 있다고 판단하면, 사람들은 시장에서 자금을 얼마든지 빌리게 된다!

다시 말해서 실제 금리가 얼마가 되더라도 신용에 대한 수요와 공급이 동시에 존재하면 대출이 이루어지고 신용팽창이 계속된다. 1970년대 연준이 신용팽창을 억제하지 못한 또 다른 이유는 연준 회원은행에 대해서만 지급준비제도가 적용되었기 때문이다. 따라서 규제를 받지 않는 대출기관들은 통화를 창출할 수 있었고, 이에 따라 연준 회원은 행에 신규 예금이 증가하면서 타오르는 신용팽창에 기름을 부었던 것이다. 게다가 회원은행과 기타 기관들의 외국 부채(유로달러 등)는 지급준비율 계산 대상에서 제외되었으므로, 외국에서 창출된 달러가 은행에 유입되어 통화 공급을 더욱 증가시켰다.

미국은 신용팽창으로 불붙은 호황의 마지막 단계에 있었고, 물가가 모든 부문에서 상승하고 있었으며, 사람들은 물가가 무한정 계속 상승할 것으로 생각했다. 사람들은 부동산, 상품, 주식 등 온갖 분야에서 서류상 막대한 돈을 끝없이 벌어들이고 있었다. 동시에 소득이 고정된 일반 근로자들은 물가 상승을 억제하지 못하는 무능한 정부에 격분했다. 이는 미시시피 거품 사건의 확대판이었다.

사람들은 금리가 계속 상승하면 달러의 구매력이 계속 감소한다는 사실을 깨달았으므로 대출을 내일 받는 것보다 오늘 받는 편이 유리했다. 정치인들은 유권자들을 기쁘게 해주려고 연준이 금리를 낮은 수준으로 유지하도록 계속 압박했다. 정부는 다가오는 위험을 인식하고 있었지만 불안한 경제가 무너지고 민주당이 다음 선거에 패배할까 두려워 행동에 나서지 못했다.

1979년 4분기가 되자 미국 경제 전체가 실물자산 확보에 필사적으로 매달렸다. 금값이 하늘로 치솟으면서 1980년 1월 초 선물시장에서 온스당 875달러까지 육박했다. 지폐를 쥐고 있으려는 사람은 아무도 없었다. 대신 사람들은 주식, 선물, 부동산, 금을 샀으며 1년이 아니라 단 몇 개월만 보유해도 20%나 수익이 나왔다! 마법이었다. 사람들이 순식간에 부자가 되었다! 어디서 들어본 이야기가 아닌가? 미시시피 거품 사건 이야기 말이다.

다행히 경제계 인사들이 1930년대 독일이나 현재의 남아메리카 일부 국가와 같은 '환물심리 폭발'이 다가오고 있음을 깨달았다. 1979년 10월 12일, 유고슬라비아 베오그라드에서 열린 IMF 총회가 끝나기도 전에 서둘러 귀국한 폴 볼커는 토요일에 FOMC 비상회의를 개최한다고 발표했다(대개 연준은 시장이 즉각 반응하지 못하는 주말에 회의를 열고 결과를 발표한다).

볼커는 토요일 저녁 6시에 기자회견을 열어 연준의 통화정책 방식을 혁명적으로 바꾸려는 계획을 발표했다.

그는 재할인율을 11%에서 12%로 인상하며, 은행의 외국 부채에도 지급준비제도를 적용한다고 말했다. 두 결정 다 연준이 인플레이션을 억제하겠다는 의지를 보여주었다. 그러나 볼커가 내놓은 뜻밖의 강수는 이제부터 FOMC가 재할인율 조절이 아니라 공개시장운영으로 지급준비금을 통제함으로써 통화 공급을 직접 관리하겠다는 발표였다. 볼커는 투기 열풍을 식히려고 심리 전술을 사용한 것이다. 1980년 선거 이후 실제로 긴축정책이 시행되었다.

내가 줄거리를 모두 설명하는 이유는 철인왕들이 경제에 대한 지식이 매우 부족한데도 실제로 경제를 통제한다는 말을 하려는 뜻이다. 연준은 지금까지 우리 경제의 생명줄을 놓고 시행착오 방식으로 실험을 벌이고 있다. 이에 대해서 설명하기 전에 공개시장운영을 더 자세히 논의하겠다.

공개시장운영

연준이 증권을 사거나 파는 공개시장운영은 은행이 보유한 지급준비금에 직접 영향을 미친다. 연준이 증권을 사면 지급준비금이 증가하고, 팔면 지급준비금이 감소한다. 금본위제도에 비유하자면 연준의 공개시장운영은 연준이 금 수백만 온스를 깔고 앉은 채 마음 내키는 대로 금을 은행 시스템에 넣었다 뺐다 하는 행위와 같다. 민간 분야에서 이런 권한을 행사한다면 독점으로 간주될 것이다.

공개시장운영에는 여러 유형이 있으며, 유형마다 가용 신용과 통화 증가에 미치는 영향이 조금씩 다르다. 매우 노골적인 방식도 있고 다소 은밀한 방식도 있다. 다양한 유형을 알면서 연준의 활동을 추적하면 통화정책의 방향을 가늠할 수 있을 뿐 아니라, 이사회와 FOMC 위원들의 속마음까지도 꿰뚫어볼 수 있다. 그리고 경제 활동의 방향을 정하는 주체가 이 사람들이므로, 이들이 생각하는 방향을 반드시 이해해야 한다.

공개시장운영 방식에는 단기와 장기의 두 가지가 있다. 장기 목표를 달성하려고 주로 사용하는 방식은 증권(주로 단기, 중기, 장기 국채)을 노골적으로 사거나 파는 것이다. 목표가 지급준비금을 증가시키는 것이라면 연준의 관리자는 딜러로부터 경매 방식으로 증권을 사들여 필요한 만큼 지급준비금을 증가시킨다. 아니면 은행들이 보유한 증권이 만기가 되었을 때 차환발행하지 않고 상환해주는 방법도 있다. 목표가 지급준비금을 감소시키는 것이라면 딜러에게 경매 방식으로 증권을 판다.

크리스마스 같은 계절적 요인이나 단기 기술적 요소 때문에 통화 수요가 증가하여 일시적으로 지급준비금이 부족해지면, 연준은 환매조건부계약(repurchase agreements, RP) 거래를 한다. RP 거래를 통해서 연준은 일정 기간(1~15일이며, 주로 7일) 후 일정 가격에 되파는 조건으로 딜러로부터 증권을 사들인다. 대개 딜러는 만기 전에 계약을 해지하는 옵션을 보유하게 된다.

RP 거래의 반대가 역RP(matched sale purchase) 거래다. 이는 연준이 일정 기간 후 일정 가격에 되사는 조건으로 딜러에게 증권을 파는 거래다. 계절적 요인이나 단기 기술적 요소 때문에 일시적으로 남는 은행의 지급준비금을 줄일 때 연준이 사용하는 방식이다.

이런 식으로 설명하면 공개시장운영은 아무 문제 없는 합리적인 거래처럼 보인다. 그러나 거듭 강조하지만, 모든 공개시장운영은 펜대만 굴려서 은행의 지급준비금을 늘리거나 줄이는 행위임을 기억해야 한다. 지급준비금이 증가하면 은행들은 신규 대출을 제공하여 통화 공급을 증가시킬 수 있다. 폰 미제스의 표현을 빌리면, 이때 금리 수준에 상관없이 시장금리가 하락한다.

역으로 연준이 증권을 팔면서 은행 시스템에서 지급준비금이 빠져나가면 은행들은 지급준비금이 부족해진다. 이 부족분이 커지면 은행들은 대출금을 회수하고 기업들은 재고를 줄이며 경기가 침체한다. 명목 금리가 그대로 유지되더라도 시장금리는 상승한다.

RP와 역RP는 단기 수단이지만 장기간 커다란 영향을 미칠 수 있다. 연준이 정기적으로 RP 거래를 반복하면서 증권을 일정량 계속 보유한다면, 은행 시스템 전체로 보면 연준이 증권을 노골적으로 산 것과 같은 효과가 난다.

연방기금시장은 매우 효율적이다. 은행들은 남은 지급준비금을 단 하루라도 대출해서 이익을 얻으려 한다. 연준이 RP를 통해서 지급준비금 잔고를 계속 유지하면 연방기금시장이나 재할인금리에 중대한 영향을 미칠 수 있다. RP 방식으로 지급준비금을 단기로 계속 공급하던 연준이 이 정책을 중단한다면, 이는 중요한 신호가 될 수 있다. 통화 공급을 '다소' 조이는 은밀한 방법이기 때문이다. 연준이 역RP를 중단하거나 지급준비금 잔고를 변경하는 행위도 마찬가지로 중요한 신호가 된다.

가장 눈에 띄는 연준의 정책은 공공연히 증권을 사거나 파는 행위다. 이런 행위가 발생하면 뉴스에서 즉각 보도하며 그 효과는 대개 예측할 수 있다.

그러나 연준의 정책이 미치는 영향을 보여주는 최고의 지표는 연준이 사고파는 금액이 아니라 잉여지급준비금의 규모 변화다. 잉여지급준비금은 초과지급준비금에서 재할인 창구 차입금을 뺀 금액이다.[11] 이 숫자는 연준이 통화를 얼마나 풀거나 조이는 정책인지 보여주는 핵심 지표로서, 매주 일요일 〈배런즈〉나 다른 경제신문에 보도되며 연준에서 직접 얻을 수도 있다.

잉여지급준비금이 플러스라면 이 숫자에 10을 곱하면 시장에 공급 가능한 신용의 근사치가 나온다. 반면에 이 숫자가 마이너스라면 신용 축소 작업이 진행 중이라는 뜻이다. 그러나 이 숫자가 꼭 마이너스가 아니어도 연준이 통화를 축소할 수도 있다.

연준은 잉여지급준비금을 플러스로 유지하면서도 통화를 축소할 수 있다. 폰 미제스의 시장금리 공식을 생각하면 이해가 쉬워진다. 잉여지급준비금 규모가 감소하면 표면금리에 상관없이 시장금리가 상승하기 때문이다. 이는 투자에 사용할 자본이 전보다 감소한다는 뜻이다. 잉여지급준비금 규모가 증가한다면 그 반대가 된다. 따라서 연준의 속마음을 정확하게 읽으려면 잉여지급준비금 규모의 변화에 덧붙여서 연방기금 금리, 재할인율, 조정본원통화,[12] 통화 공급 증가율, 소비자물가지수와 생산자물가지수도 살펴보아야 한다.

한 가지 확실한 것은, 장기적으로 보면 연준은 확장 정책을 유지하여 통화 공급을 계속 증가시킬 것이고 달러의 구매력은 계속 감소한다는 사실이다. 미국 노동부와 노동통계국에 의하면 1988년 12월에 1.20달러였던 물건 가격이 1961년 12월에는 겨우 30센트였고, 1913년에는 10센트에 불과했다. 그러나 달러의 구매력이 감소하는 이유가 연준의 통화팽창 정책 때문만은 아니다. 미국 정부가 적자 재정정책을 계속 유지하는 데도 책임이 있다. 따라서 적자 재정이 경기 순환에 미치는 영향도 반드시 인식해야 한다.

적자 재정이 신용 및 통화에 미치는 영향

다음은 확고한 사실이다. 미국 정부가 적자를 내지 않은 마지막 해는 1969년으로서, 약 40억 달러 흑자였다. 그 이후 재정 적자가 소용돌이치듯 끝없이 상승추세를 이어갔으며, 1990년 3월에는 한 달의 적자가 1975년 한 해 적자를 넘어설 지경에 이르렀다.

'그랜츠 인터레스트 레이트 업저버(Grant's Interest Rate Observer)'에 의하면 1989년 회계연도 말 재정 적자는 2조 8,660억 달러이며, 이 밖에도 공영(公營)보험 액면가치 4조 1,240억 달러와 연방 신용 잔고 1조

5,580억 달러가 있다. 1989년 정부지출은 GNP의 22.2%로서 7년 만의 최저 수준이었다. 연방 부채에 대한 이자 비용은 GNP의 3.3%였으며 1983년 이후 3% 밑으로 내려간 적이 없다. 1988년 9월 30일 현재 감사원장이 추정한 미국의 순자산은 -2조 4,526억 달러였다(국유지와 채굴권의 명목 가치 제외).[13]

이 숫자들이 우리 현실을 말해준다. 미국 정부는 부채 중독 상태이며, 이런 추세가 이어지면 결국 치명적이 될 것이다.

당신이 두 은행에서 신용카드를 한 장씩 발급받았다고 가정하자. 당신은 매달 받는 월급보다 더 많이 지출하면서 월말마다 한 카드로 대출받아 다른 카드 청구서를 치른다. 당신은 항상 카드 사용대금을 모두 치르므로, 당신의 지출 습관을 모르는 두 은행은 신용한도를 계속 높여준다. 두 은행이 보기에 당신은 소중한 우량 고객이다.

은행들은 실상을 모르지만 당신은 꿈속에서도 걱정에 시달리다가 한밤중에 깨어난다. 매달 증가하는 이자를 생각하면, 과연 언제까지 버틸 수 있을지 가늠이 되지 않는다.

바로 이것이 우리 정부가 과거 수십 년 동안 재정을 운용한 방식이다. 정부는 주로 공공 부문과 연준으로부터 자금을 빌린다. 그리고 부채를 갚아야 하므로 매년 더 많은 돈을 빌린다.

정치인들이 말하는 재정 적자가 달러 가치와 경기 순환에 미치는 영향을 들어보면 우리는 헷갈릴 수밖에 없다. 야당은 재정 적자가 만성적인 인플레이션의 원인이라고 비난하고, 여당은 적자가 인플레이션과 관계없다고 주장한다.

그러나 둘 다 틀린 말이다. 재무부가 적자를 메우려고 국민에게 채권을 팔면 자금이 국민의 손에서 정부로 넘어간다. 이어서 정부가 그 자금을 지출하면 재분배 형태가 되지만 국민의 손으로 다시 넘어간다. 이 과정에서는 인플레이션이 전혀 일어나지 않는다. 채권을 판다고 해서 새 돈이 창출되지 않기 때문이다.

반면에 재무부가 연준에 채권을 팔면 연준은 채권 대금을 '찍어낸다.' 연준은 채권 대금을 재무부 계좌에 입금하고 채권은 공개시장운영 용도로 쌓아둔다. 이 과정에서 분명히 인플레이션이 발생한다. 그러나 흔하게 일어나는 관행은 아니다. 하지만 적자 재정은 더 은밀한 방식으로 연준을 통해서 인플레이션을 유발한다.

정부가 부채 중독자라면 연준은 신용이라는 독성 물질을 공급한다. 그 과정은 이런 식이다. 정부가 국채 1,000억 달러를 국민에게 팔아야 한다면, 연준은 공개시장에서 국채 100억 달러를 사들여 은행들이 국채 매입자금 1,000억 달러를 대출할 수 있도록 해준다.

이는 저절로 실현되는 사기극으로서, 본질적으로 미시시피 거품 사건과 다를 바가 없다. 정부가 재정을 이런 식으로 운용한다면 단기적으로는 정부가 자금을 확보하겠지만, 장기적으로는 우리 모두 재정난에 직면하게 된다.

정부 부채에 대해서 잘못 생각하는 사람이 많다. 가장 커다란 착각은 적자 재정이 민간 부문의 자금 사정에 영향을 미치지 않는다는 생각이다. 일부 분석가들은 1982~1983년을 가리키면서 재정 적자가 규모도 큰 데다가 증가했는데도 명목 금리가 하락했다고 주장한다.

실제로 내가 1983년 1월 분석한 바로도 재정 적자와 명목 금리 사이에는 역의 상관관계가 존재한다. 적자가 큰 기간에는 거의 틀림없이 금리가 하락하고, 적자가 감소하면 금리가 상승한다. 그렇다고 해서 적자가 자금시장에 영향을 미치지 않는다는 뜻이 아니다. 명목 금리가 낮다고 해서 실제 차입금리도 낮다고 생각한다면 엄청난 착각이다.

금리와 적자 재정 사이에 역의 상관관계가 성립하는 주된 이유는 연준의 정책 때문이다. 경기 침체기에는 실업률이 상승하고 기업들이 생산을 줄이면서 차입금도 줄이며 이익도 감소하고, 그 결과 정부의 수입도 감소한다. 그러나 경기 침체기에는 국민의 고초가 커지므로 사회복지사업과 사회보장제도에 대한 수요가 증가한다. 따라서 침체기에는 적자 재정 규모가 증가한다.

정치인들로부터 경기를 활성화하라는 압력을 받은 연준은 공개시장에서 국채를 대규모로 사들여 은행 시스템에 자금을 공급한다. 그러면 초과지급준비금이 증가하면서 시장금리가 하락한다. 그러나 금리가 낮은 것은 허울뿐이고, 기업이 실제로 차입할 수 있는 자본은 부족하다.

그런데도 저금리를 보고 기업가들이 활동을 재개하면서 경기가 회복되기 시작한다. 회복세에 탄력이 붙고 차입금 규모가 증가하면서, 신용은 공급보다 수요가 더 증가하고 금리가 상승하기 시작한다. 일자리가 창출되고 정부의 세수가 증가하며, 재정 적자가 감소하거나 적자 증가 속도라도 둔화한다.

적자 재정이 신용시장에 미치는 또 다른 큰 영향은 수요와 공급의 법칙으로 나타난다. 언제든 정부가 시장에서 자금을 빌리면, 자원은 민간 부문에서 정부 부문으로 넘어가게 된다.

정부가 빌린 자금은 잉여 상품에 대한 청구권이며 어느 시점이든 잉여 상품의 양은 한정되어 있다. 따라서 정부가 자금을 차입하면 잉여 상품에 대한 청구권을 갖게 되지만, 그 잉여 상품은 민간시장에서 사용하려던 상품이었다. 이 단순한 사실은 절대 바뀌지 않는다. 연준이 막대한 자금을 신용시장에 쏟아붓는 덕분에 정부가 거액을 차입할 때 금리가 그대로 유지되거나 하락하더라도, 이는 실제 상황을 숨기거나 희석할 뿐이다. 인위적으로 시장금리를 인하하면 경제성 계산이 왜곡되고 자원 배분이 잘못된다.

이런 과정을 보여주는 역사적 사례가 1969년에 시작되었다. 연준이 통화 공급 증가율을 낮추자 금리가 치솟았고 미국 경제는 소용돌이치듯이 침체로 빠져들었다. 신용 수요가 점차 사라졌고 금리는 하락하기 시작했다. 그러나 정부의 세금 수입은 감소했지만 지출은 증가했으므로 1969년에 흑자였던 재정이 1970년에는 28억 달러 적자가 되었고, 1972년에는 무려 234억 달러 적자를 기록했다!

재할인율은 꾸준히 하락하여 1970년 6%에서 1971년에는 4.5%로 내려갔다. 이 무렵 신용팽창이 예상대로 영향을 미치기 시작했다. 기업의 활동이 증가했다. 고용이 증가했다. 기업 이익도 개선되기 시작했다. 그 결과 정부의 세금 수입이 증가했고 1974년에는 적자가 47억 달러로 급감했다.

소비자물가도 영향받아 치솟았다! CPI(1982~1984 = 100)는 1969년 35.6에서 1974년에는 46.6으로 10포인트 이상 상승했다. 5년 만에 28% 넘는 상승률을 보였다!

소비자물가가 상승하자 연준은 다시 급제동을 걸었고 또다시 경기가 침체했다. 1974~1976년 동안 재할인율은 8%에서 5.25%로 하락했고 적자는 47억 달러에서 664억 달러로 치솟았다. 그리고 이런 경기 순환은 오늘날까지 이어지고 있다.

중요한 착각 또 하나가 세수를 증대하면 적자 문제가 해결된다는 생각이다. 파킨슨의 법칙(Parkinson's Law)에 따라 '지출도 수입에 맞춰 증가한다.' 케네디 행정부 이후 모든 행정부가 세수를 증대했지만 적자 규모는 사상 최대치를 계속 경신하고 있다. 적자를 축소하는 유일한 방법은 예산 삭감뿐이다.

적자 재정도 나쁘지만 제임스 그랜트(James Grant)가 말한 '잠재 적자'도 갈수록 짐이 되고 있다. 잠재 적자는 뉴딜 이후 누적된 정부의 모든 우발채무와 보증을 말한다. 정부의 사회보장제도 명목 가치는 1979년 6,620억 달러에서 1989년에는 4조 2,140억 달러로 증가했다. 직접 대출, 대출 보증, 정부후원기업(Government Sponsored Enterprise, GSE)은 1970년 2,000억 달러에서 1989년에는 1조 5,580억 달러로 증가했다.

이런 숫자 일부를 더 구체적으로 분석하면 농업대출의 거의 75%를 정부가 후원하며, 주택담보대출의 약 88%를 어떤 식으로든 정부가 지원하고 있다.[14]

내 말이 운명론자처럼 들리기를 바라지는 않지만 이런 과정은 조만간 중단되어야 한다. 만일 중단된다면 지금까지 진행된 규모가 거대했던 탓에 (정부가 개입하지 않으면) 경제가 역사상 가장 심각한 조정을 겪을 것이다. 그러나 연준, 행정부, 의회가 이 문제를 어떻게 다루느냐에 따라 활발한 경제 성장은 장기간 이어지고, 이후 인플레이션을 억제하는 가파른 침체는 단기간에 그칠 수도 있다.

이런 경제 환경에서 투기를 하려면, 경기 침체 가능성을 항상 의식하고 있어야 한다. 연준과 재무부의 활동을 세심하게 관찰하면서 시장의 반응에 대비해야 한다.

연준과 재무부 정책을 바탕으로 추세전환을 예측하는 법

결국은 시장 세력(수요와 공급)이 어느 시장에서나 장기 가격 흐름을 결정한다. 그러나 수요와 공급에는 자금 및 신용에 대한 수요와 공급도 포함된다. 주가지수를 거래하든 개별 종목을 거래하든 아니면 상품을 거래하든, 연준과 정부의 정책이 자금 및 신용에 극적인 영향을 미치며 따라서 가격 추세에도 영향을 미친다.

내가 가장 큰 이익을 올린 거래는 내가 정부 정책의 결과를 예측할 수 있었던 덕분이었다(물론 다른 기법의 덕도 보았다). 그러나 내가 가장 큰 손실을 본 거래는 정부의 합리적 행동을 기대한 탓이었다.

예를 들어 1982년 7월 나는 인생 최대 규모로 매수포지션을 잡고 있었다. 당시는 약세장이었고 다우 이론은 매수 신호를 보냈다. 나는 매수포지션으로 3주 이내에 38만 5,000달러를 벌었다.

그러나 7월 23일 밥 돌(Bob Dole)이 세계 역사상 최대의 세금 인상을 요구하는 법안을 제출했다. 나는 세금을 인상하지 않겠다는 레이건의 선거 공약을 믿었던 탓에 법안이 절대 통과되지 않으리라 생각했다. 시장은 14일 중 12일 하락했고, 내가 포지션을 청산하던 시점에는 이익이 손실로 바뀌어 있었다. 나는 그달에 내 경력 기간에서 두 번째로 큰 손실인 9만 3,000여 달러를 잃었다(실제 손실 금액은 약 두 배였다. 9만 3,000달러는 인터스테이트 계좌만 계산한 것이다).

연준이 자금을 푼다는 뉴스가 나오자 시장은 8월 12일 바닥을 쳤다. 이런 사례에서 나타나는 사고방식은 정말이지 놀랍다. 적자에 시달리던 정부가 적자 부담을 줄이려고 약세장 끝 무렵에 세금을 늘린다니 말이다.

세금 부담 증가로 경제가 더 깊은 침체로 빠질까 두려웠던 연준은 경기를 회복시키려고 은행 시스템에 통화를 공급했고, 이에 금리가 하락하면서 경기가 회복되기 시작했다. 연준은 정부가 새 법안에 따라 세금 수입을 늘릴 수 있도록 자원을 제공한 것이다. 그런데도 사람들은 미국이 자유시장경제라고 말한다!

내가 돈을 잃었던 다른 사례는 레이건이 재선된 다음인 1984년 11월에 정치인들을 믿었던 탓이었다. 레이건은 "단순화했을 뿐 세금 수입은 마찬가지"라는 새 세법을 제안했다. 나는 그 말을 믿고 인생 최대의 매수포지션을 만들었다. 주식 콜옵션이 몇 페이지를 넘어갔다. 그러나 "세금 수입은 마찬가지"라는 말은 정부가 기업들로부터 자금을 거두어 개인들에게 나눠준다는 뜻으로 밝혀졌고 시장은 11일 중 9일이나 하락했다. 나는 평생 월간 손실액으로 단연 최고 금액인 34만 9,000여 달러를 잃었다. 그리고 나의 실제 손실액은 거의 두 배였다.

내가 두 사례에서 실패한 것은 정치인들처럼 생각하지 않았기 때문이다. 그래도 배운 것은 있었다. 정치인들은 자신이 드러낸 의도와는 상관없이 실용적인 임시방편을 선택한다는 사실이었다. 금본위제와 자유방임주의를 공공연히 옹호하던 앨런 그린스펀이 연준 의장이 되고 나서 노련한 정치인들처럼 변죽 울리는 말만 늘어놓는 모습에 나는 냉소적이 되었다. 작은 정부와 자유시장 원리를 선거공약으로 내세웠던 정치인이 집권하자 오히려 예산과 재정 적자가 치솟았다. 미국 경제 역사상 가장 빠른 속도로 신용팽창이 진행되어 거품이 부풀어오르는 모습도 지켜보았다. 1987년 중반, 나는 거품 붕괴를 기다리고 있었다. 나머지는 당신이 아는 대로다.

연준이 의회와 대통령은 물론 로비스트로부터 압박받는 정치 기관이라는 사실을 명심해야 한다. 왜 그럴까? 그것이 연준의 본질이기 때문이다. 누구든 이런 압박에서 벗어나려는 사람은 영향력을 상실하게 되며 결국은 자리까지 잃게 된다. 연준이 진정한 '독립 기관'처럼 움직이기를 기대한다면 참으로 순진한 생각이다. 대부분 연준 구성원들은 건전한 경제정책이 아니라 여당의 단기적 실용 정책을 바탕으로 움직일 수밖에 없다. 트레이딩 규칙을 다루는 장에서 말하지 않는 규칙을 여기 제시하겠다. "정치인들의 말만 듣고 매수포지션을 잡으면 안 된다. 그리고 연준 구성원은 정치인들이다."

재정정책과 통화정책을 바탕으로 장기추세를 예측하려면 경기 순환의 맥락에서 기본 경제 원리를 생각해야 한다. 핵심 과제는 대통령, 재무부 장관, 연준 핵심 인사들의 발표를 평가할 때 정치인들의 사고방식을 빈틈없이 추측하는 일이다.

장기적으로 가능성은 둘뿐이다. 가격이 상승추세를 그리거나 하락추세를 그린다. 연준이 정부의 재정정책을 따르거나 시장의 하락추세를 뒤집으려고 적극적으로 정책을 변경할 때 추세전환점이 나타난다. 장황한 감은 있지만, 장 도입부에 인용했던 폰 미제스의 말을 되풀이하겠다. 이제는 의미가 더 분명하게 다가올 것이다.

거듭 호황기 뒤에 불황기가 이어지면서 경제 시스템이 뒤흔들리는 것은, 신용팽창으로 시장금리를 낮추려는 시도가 되풀이된 필연적 결과다. 신용팽창으로 빚어진 호황이 마침내 붕괴하는 것은 피할 방법이 없다. 대안은 추가적인 신용팽창을 자발적으로 포기하여 위기를 앞당기든가, 아니면 나중에 통화 시스템 붕괴까지 포함한 대참사를 맞이하든가 둘 중 하나다.

| 결론

이 장에서는 경기 순환이 연준의 통화정책과 정부의 재정정책이 빚어내는 신용팽창 및 수축의 결과임을 보았다. 또한, 정부가 통화정책을 통제하는 한 호황과 불황이 이어진다는 사실도 이해했다.

호황과 불황이 존재하는 한, 투기자들에게는 상승과 하락 양방향으로 돈 벌 기회가 존재한다. 나는 순수 자유시장을 옹호하지만 연준이 해체되고 금본위제로 돌아간다면 내 지식은 대부분 쓸모없어질 것이다. 그러나 적어도 내가 살아 있는 동안에는 그럴 가능성이 보이지 않는다.

정부가 통화 및 신용시장을 조작하여 경기 순환을 유발하는 한, 투기자들은 이로부터 돈을 벌어야 한다. 정부 정책과 핵심 인물들을 추적하면 흔히 이들의 행동을 예측할 수 있고, 따라서 그 결과도 예측할 수 있다. 결국, 내가 앞에서 말했던 "본질을 생각하라"로 돌아가게 된다.

연준의 통화정책과 정부의 재정정책이 기본 경제 원리를 거스른다면 기본 경제 원리를 바탕으로 결론을 도출하라. 그러면 당신이 맞을 것이다. 이때 시점 선택이 문제가 된다. 잘못된 정부 정책을 시장이 인식하고 반응하기까지 얼마나 오래 걸리느냐가 문제다. 이에 대해서 다우 이론, 기술적 기법들, 그리고 지금까지 내가 설명한 핵심 사항들이 힘을 발휘하게 된다.

11

위험 측정에 의한
자금 관리

| 위험의 진정한 의미 |

내가 주식시장에서 위험을 객관적으로 측정할 수 있다고 말한다고 치자. 당신이 프로라면 속으로 이렇게 생각할 것이다. "허튼소리 하는 군. 절대 불가능해!" 이번에는 당신이 1989년 10월 9일 주식시장에서 매수포지션을 잡고 있는데, 내가 시장이 폭락할 확률이 7 대 1 이상이라고 말한다고 생각하자. 당신도 이 확률을 알고 있었으며 믿었다면 투자전략을 변경했을까? 당신이 당시에 매수포지션이었다면 투자전략을 변경했을 것이다.

사실은 주식시장에서 위험을 계량적으로 측정하는 방법이 있다. 시장이 상승할 확률이 몇 %이고 하락할 확률이 몇 %라고 판단할 방법이 존재한다. 이것이 일종의 시스템은 아니다. 단지 현재 시장 추세가 계속 이어질 확률을 측정하는 기법이다. 이 기법을 이용하면 투기자나 투자자는 주관적이고 끊임없이 바뀌는 '가치'평가 대신, 객관적인 위험평가에 관심을 집중할 수 있다.

그런데 위험이 무엇인가? 월스트리트에서 근무를 시작한 1966년에 나는 시장보다 포커를 훨씬 많이 알고 있었지만 둘 사이에 공통점이 많다는 사실도 알고 있었다. 둘 다 기술과 운이 필요하지만 운보다는 기술이 더 중요하다. 둘 다 몇 판 잃더라도 쫓겨나지 않으려면 자금 관리법을 알아야 한다. 그리고 둘 다 돈을 잃을 가능성이 있는데, 이것이 바로 위험이다.

나는 10대 후반에 식료품점에서 최저임금을 받으면서 일하는 대신 포커를 하면서 근사한 소득을 올렸다. 나는 위험을 측정하고 관리하는 법을 알았기 때문에 포커에서 실력을 발휘했다. 판돈 규모에 관심을 집중하는 대신 확률이 유리할 때만 게임을 진행했다. 나는 게임을 진행할 때 떠안는 위험에 초점을 맞췄다. 위험에서 기회가 오며 기회는 확률로 나타난다. 확률의 형태는 두 가지다. 전문 투기자들이 주관적으로 판단하는 확률이 있고, 통계적인 확률분포를 바탕으로 측정할 수 있는 확률이 있다.

포커에서는 확률을 구체적이고 객관적으로 측정할 수 있다. 예를 들어 당신이 5명이 5장씩 뽑는 포커 게임에서 딜러 오른쪽에 앉았다고 가정하자. 매회 10달러씩 판돈을 걸면 첫 회에 50달러가 깔린다. 첫 사람이 10달러를 걸고 나머지 세 사람이 '콜' 하면 판돈은 90달러가 된다. 당신의 기대 보상 비율은 9배다(90달러 중 10달러는 당신이 낸 돈이지만 위험 대비 보상을 계산할 때는 매회를 별도로 생각해야 한다).

당신이 하트를 넉 장 들고 있어서 플러시를 기대한다면(플러시가 가장 높은 패일 확률은 최소 1/1.0037), 또 하트를 뽑을 확률은 1/5.2이므로 위험은 5.2다. 위험이 5.2이고 보상이 9배이므로, 이번 회에서 위험 대비 보상은 9/5.2=1.73으로서 당신에게 유리하다. 위험 대비 보상은 1.73이고 플러시로 이길 확률은 0.9963이므로, 위험조정 보상은 1.73 × 0.9963 = 1.72가 된다.

이런 전략을 계속해서 사용하면 때때로 몇 판은 지겠지만, 장기적으로는 잃는 돈보다 따는 돈이 훨씬 많을 것이다. 이런 게임이라면 나는 도박으로 간주하지 않는다. 도박은 맹목적으로 위험을 떠안는 행위를 말한다. 투기는 확률이 유리할 때만 위험을 떠안는 행위다. 이것이 도박과 투기를 구분하는 근본적인 차이점이다.

나는 위험에 집중하는 방식을 써서 포커에서 뛰어난 실적을 올렸으므로, 월스트리트에 와서 주식에 투기할 때도 맞거나 틀릴 확률을 객관적으로 정의하는 방법을 찾으려 했다. 그러나 내가 존경하는 프로들에게 위험을 어떻게 평가하고 있는지 물을 때마다 그들은 낄낄거리며 이런 식으로 대답했다. "시장에서는 위험을 측정할 수 없어. 카드 게임하고는 달라. 수학적으로 돌아가는 사업이 아니거든. 시장은 랜덤워크 게임이야." 아니면 이렇게 말했다. "시장은 효율적이라서 위험 대비 보상을 분석해도 소용없어."

위험 측정 방법에 대해 말하는 대신 그들은 위험 분산을 논하거나 '가치'에 집중하라고 말하면서 이렇게 덧붙였다. "가치 있는 종목을 발굴해서 장기보유하게. 그러면 장기적으로 높은 실적을 거둘 거야." 이런 조언은 내 기질에 맞지 않았다. 나는 객관적으로 평가해서 확률이 내게 유리하지 않다면 위험을 떠안고 싶지 않았다.

요즘은 시장 전문가들의 조언이 1960년대보다 정교해졌지만 본질적으로 크게 달라지지는 않았다. 요즘 전문가들은 대개 상대 실적이나 가치에 따라 자금을 배분하라고 말한다. 예를 들어 보통 알파와 베타를 사용해서 주식 포트폴리오를 관리한다. 알파는 시장 대비 개별 종목의 실적을 나타내는 품질 척도다. 알파가 1이면 이 종목은 매달 시장보다 평균 1%포인트 높은 실적을 올렸다는 뜻이므로, 시장이 6개월 동안 10% 상승한다면 이 종목은 16% 상승한다는 의미다. 베타는 변동성을 나타내는 척도다. 베타가 2인 종목은 시장이 10% 상승하면 20% 상승하고, 시장이 10% 하락하면 20% 하락한다.

대부분 펀드매니저는 미리 설정한 알파와 베타 조합에 PER, 자산가치, 수익률 등 상대 요소들을 추가한 기준에 따라 주식을 사들인다. 그러면서 이런 작업을 '위험평가'라고 부른다. 그러나 생각해보라. 이런 측정 방식이 실제로 위험과 무슨 상관이 있는가? 최근 경제 추세나 연준의 정책 변경이 미치는 영향에 대해서 무엇을 알려주는가? 시장이 전반적으로 폭락할 가능성에 대해서 무엇을 알려주는가? 알려주는 바가 '거의 없다!'

그렇다고 해서 이런 측정 방식이 가치가 없다는 말은 절대 아니다. 그러나 투기나 투자에 이런 방식을 주로 사용한다면 가치가 객관적이고 고정적이라고 가정하는 것이다. 가치는 평가를 뜻하며 개인이 결정한다는 의미다. 어떤 종목의 가치는 시장에 참여하는 개인들의 평가에 전적으로 좌우된다. 가치는 변할 수 있고 대개 빠르게 변한다. '펜센트럴(Penn Central)' 사례를 생각해보자.

1970년 초 '밸류라인 인베스트먼트 서비스(Value Line Investment Service)'는 이 회사의 가치가 주당 110달러(자산가치로 측정)이므로 주당 74달러는 저평가 상태라고 발표했다. 이 기준에 의하면 주가가 대폭 상승했어야 한다. 그러나 주당 2달러가 되었다! 회사가 보유한 자산을 평가했던 분석가들은 경기 침체 기간에 자산의 가치가 하락한다는 사실을 고려하지 못했다. 이들은 시장의 평가 기준이 변함없이 유지될 것으로 가정했다.

더 최근인 1990년 6월 일부 분석가들은 주당 24.5달러인 씨티은행(Citibank)이 '저평가'되었다고 말했다. 내가 마지막으로 본 가격이 14달러였다. 분석가들은 씨티은행이 대마불사라고 생각했고 경기 침체는 없을 것으로 보았으며, 따라서 씨티은행이 보유한 부실 대출이 개선될 것으로 추측했다. 이들이 내린 결론은 모두 이런 가정에 바탕을 두었으며 시장 하락 위험을 고려하지 않았다.

계속되는 인플레이션으로 달러 가치가 하락할 것으로 기대하고 부채를 잔뜩 일으켜 자산을 늘린 씨티은행, 트럼프 등은 시장이 하락하자 실적 악화와 파산 위험에 처하게 되었다.

이번에는 '가치주' 장기보유 개념을 생각해보자. 이 관점의 문제는 진정한 가치 척도가 시장 하나뿐이라는 사실이다. 예를 들어 IBM은 그동안 이런 '가치주'의 표본이었다. 그러나 IBM을 1983년 1월 이후에 사서 1989년까지 보유했다면 금세기 세 번째 대형 강세장이 펼쳐지는 동안에도 손실을 보았을 것이다. 왜 가격이 하락하는 '가치주'를 계속 보유하는가? 다른 종목에 투자하면 돈을 벌었을 텐데 왜 그런 고통을 겪는가?

전통적인 투자 기법의 문제점은 단순하고도 근본적인 다음 질문에 답을 주지 않는다는 점이다. "현재 시장 추세가 계속 이어질 확률이 얼마인가?" 다시 말해서 현재 시장에서 매수포지션이나 매도포지션을 유지할 때 떠안는 위험이 얼마인가? 알파, 베타, 가치, 수익률, PER, 자산가치 등의 척도에도 장점이 있지만, 시장 추세를 파악하는 일의 중요성에 비하면 보조 지표에 불과하다. 가장 먼저 해야 할 일은 시장 전반의 위험을 측정하는 기준을 세우는 것이다. 그러면 주식시장의 위험을 어떻게 측정해야 하는가?

| 획기적인 위험 측정 기법 |

나는 이 질문에 답을 찾기까지 여러 해가 걸렸다. 무엇이든 측정을 하려면 표준 단위의 기준값을 설정한 다음 이와 비교해서 계량화해야 한다. 그러나 금융시장에서는 이 작업이 복잡해진다. 위험을 측정하는 기준은 어떻게 세울 것이며, 어떤 방법으로 임의성이나 주관성을 배제하면서 성공 확률을 평가할 수 있겠는가?

시장은 순열 개수가 한정된 카드 게임과는 다르다. 시장을 구성하는 개인들은 각자 고유한 욕망과 가치를 추구하며, 욕망과 가치는 본질적으로 주관적이어서 상황에 따라서도 다르고 각자의 마음 상태에 따라서도 달라진다. 따라서 시장 움직임을 정확하게 측정해서 투자의 성공 확률을 정확하게 예측하려면 사실상 모든 것을 다 알아야 한다. 모든 사람의 생각을 동시에 조사할 수 있어야 하며, 다가오는 사건에 어떻게 반응할 것인지도 확신할 수 있어야 한다.

따라서 미래 가격 흐름을 완벽하게 예측하기는 불가능하다. 우리가 할 수 있는 최선은 확률로 나타내는 방법이다. 그래서 질문은 "어떤 기준으로 금융시장에서 위험을 측정할 것인가?"가 된다.

우리가 말하는 확률이란 통계적인 확률분포를 바탕으로 어떤 사건이 일어날 가능성을 뜻한다. 보험회사는 사망률 통계표 같은 통계 자료를 이용해서 보험료를 산정한다. 예를 들어 현재 뉴욕에 사는 24세 백인 여성이 사망할 확률은 5만 분의 1이다. 이 그룹의 10만 달러짜리 보험에 대한 평균 보험료는 연 100달러다. 통계적 확률로 계산한 예상 실적에 의하면, 사망하는 24세 백인 여성의 수혜자에게 보험금 1만 달러를 지급할 때마다 보험회사는 보험료로 50만 달러를 거두게 된다. 이는 보험사에 50배나 유리한 확률이다. 꽤 괜찮은 확률이다. 순조롭게 관리되는 보험회사들의 수익성이 그토록 높은 것도 당연하다(정크본드와 부동산으로 대차대조표를 가득 채운 보험사가 아니라면 말이다).

개인 한 사람 한 사람의 기대여명은 확실하지가 않다. 그렇더라도 일정 연령대에 속한 개인의 기대여명을 계산하는 기준을 만들 수는 있다. 이런 척도를 만들어내는 일이 보험회사의 본업이다. 주식시장에 대해서도 똑같은 논리를 적용할 수 있다. 1974년에 나는 1896년까지 거슬러 올라가면서 2년 동안 주식시장 흐름을 집중적으로 분석했고, 최근까지의 흐름도 계속 분석하고 있다. 내가 분석한 바로는 시장 흐름에도 사람의 경우처럼 통계적으로 유의미한 '기대여명'이 있어서 위험 측정의 기준으로 사용할 수 있다. 이제부터 설명하겠다.

1974년 10월 저점을 놓친 다음, 나는 똑같은 실수를 반복하지 않으려고 스스로 다음과 같은 질문을 던졌다. "추세란 정확히 무엇인가? 추세는 대체로 얼마나 올라가거나 내려가는가? 대체로 얼마나 오래 이어지는가?" 나는 찰스 다우가 발견한 세 가지 시장 추세를 직접 그렸다(며칠에서 몇 주간 이어지는 단기추세, 몇 주에서 몇 개월 이어지는 중기추세, 몇 개월에서 몇 년 이어지는 장기추세).

나는 과거로 거슬러 올라가서 다우지수와 다우운송지수의 가격 흐름을 모두 분류했고, 그 폭(전고점이나 전저점에서 몇 퍼센트나 움직였는가?)과 기간(이어진 기간이 며칠인가?)을 통계표에 기록했다.

나는 로버트 레아의 분류 기법을 이용해서(일부는 내가 다듬었음) 1차 파동(장기 강세장이나 약세장), 중기 1차 파동(2차 조정들 사이에서 장기 흐름을 구성하는 구간), 중기 2차 조정(장기추세와 반대로 움직이는 중요한 중기 파동), 기타 파동(2차 조정과 단기 파동을 구분하기가 가장 어려웠음)을 찾아냈다. 그 결과가 그림 11.1로서, 1896년 이후 모든 시장 흐름의 폭과 기간이 통계적으로 유의미한 종형 곡선 분포로 나타났다.

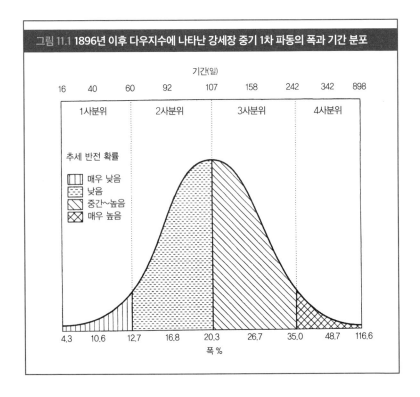

그림 11.1 1896년 이후 다우지수에 나타난 강세장 중기 1차 파동의 폭과 기간 분포

종형 곡선 분포에서는 표본이 중앙값이나 분포의 중심에 몰리는 경향이 있다. 예를 들어 다우지수의 강세장 중기 1차 파동의 폭 중앙값은 20%다. 1896년 이후 112개 강세장 1차 파동 중 50.89%에 해당하는 57개의 폭이 15~30%였다. 최소 폭은 4.3%였고 최대 폭은 116.6%였다. 흐름의 25%는 30%를 넘어갔고, 33.04%는 15%에도 미치지 못했다. 이 기준만으로 판단한다면 1차 파동은 15~30% 상승으로 예상하는 편이 현명할 것이다. 물론 이 기준만을 사용해서는 절대 안 된다.

보험회사들이 정보를 수집하는 방식을 생각해보라. 첫 번째 질문은 나이다. 이어서 직업 위험, 병력, 가족병력, 기타 요소들을 고려한다. 그러나 사망률 통계표가 참조 기준이며 고객의 위험을 평가하는 출발점이다. 나도 같은 방법으로 이 분포표를 이용해서 시장 흐름의 폭과 기간에 대한 기저 확률을 찾아낸다. 그러나 분포표를 이용해서 현재 시장 흐름의 폭과 기간을 정확하게 예측하려는 시도는 절대 하지 않는다! 시장의 전환점은 시장 참여자들의 판단이 전반적으로 바뀌는 시점에 나타난다. 주로 기본 경제 요소, 연준의 정책, 주요 세계적 사건 등 지난 장에서 논의했던 요소들이 영향을 미친다.

분포표를 이용해서 시장 전환점을 정확하게 예측하려는 것은 보험회사가 고객이 보험에 가입한 날에 언제 어떻게 사망할 것인지를 예측하려는 것과 같다. 사람마다 죽는 시점과 방식이 다른 것처럼 시장도 죽는 시점과 방식이 다르다. 그러나 메릴 스트립(1949년생 배우)과 조지 번즈(1896년생 배우) 중 누가 더 오래 살 것 같은가? 이런 분포표가 알려주는 것은 현재 시장 추세가 이어질 것인가 꺾일 것인가에 대한 기저 확률일 뿐이다.

다시 보험에 비유하겠다. 건강한 18세 남자와 75세(미국 남자들의 사망 연령 중앙값) 남자가 기간성 생명보험에 가입한다면, 젊은이는 보험료가 매우 쌀 것이고 노인은 보험료가 매우 비쌀 것이다. 보험료는 고객이 죽기 전에 보험증권 가액과 이자 금액을 모두 낼 확률이 매우 높도록 책정되기 때문이다. 그러나 노인이 골초에다가 체온이 39도라면 보험사가 아예 가입을 받아주지도 않을 것이다.

1987년 10월 대폭락과 1989년 10월 폭락도 비슷한 맥락에서 생각해보자. 1987년 대폭락으로 이어진 중기 1차 파동은 1987년 5월 20일에 시작되었다. 1987년 8월 25일까지 다우지수는 96일 만에 22.9% 상승했고, 다우운송지수는 108일 만에 21.3% 상승했다. 이는 둘 다역사상 강세장 중기 1차 파동의 폭과 기간의 중앙값 수준이었다. 생명보험사의 표현을 빌리면 시장은 기대여명 중앙값에 도달했다. 역사상 모든 중기 1차 파동의 50%가 이 지점 이전에 끝났다는 말이다. 이 관점 하나만으로도 주의를 기울여야 마땅하며 이제는 병력을 분석할 때가 되었다.

시장은 잭 라란(Jack LaLanne, 미국의 건강 전문가) 같은 불사신이 아니었다. 다이버전스가 있었다. 다우지수는 8월에 신고가를 기록했지만 등락 비율은 따로 놀았다. 약세 신호였다. PER은 평균 21배여서, 22배였던 1962년 이후 최고 수준이었다. 평균 PBR도 1929년보다 높았다. 정부, 기업, 소비자 부채도 전례 없이 높은 수준이었고 나머지 모두 앞에서 논의한 대로였다. 1987년 10월, 시장은 불사신은커녕 폐렴에 걸렸으면서도 필터가 없는 독한 담배를 하루 세 갑씩 피우는 알코올 중독자의 모습이었다.

따라서 나는 시장에서 빠져나와 공매도 기회를 노리고 있었다. 첫 번째 신호는 10월 〈월스트리트저널〉에서 나왔다. "연준 의장 그린스펀은 인플레이션에 대한 우려가 금융시장에 급속히 번지면 금리가 위험스러울 정도로 높아질 수도 있다고 말했다. 그린스펀은 인플레이션에 대한 우려가 불필요하다고 말했지만, 우려를 가라앉히려면 재할인율을 인상해야 할지도 모른다고 암시했다." 그린스펀의 발표만으로도 다음 날 주가지수는 91.55포인트나 폭락하는 기록을 세웠다. 10월 15일 다우 이론에서 매도 신호가 나타났고, 나는 아주 조금만 흥분해도 환자가 심장발작을 일으킬 것으로 기대하면서 매도포지션을 잡았다.

경기를 부양하여(인플레이션을 일으켜) 달러화 가치를 지탱해달라는 제임스 베이커의 요청을 독일과 일본이 무시했을 때, 두 번째 심장발작이 일어났다. 이에 대해 베이커는 10월 18일 일요일에 달러화 가치 하락을 허용하겠다고 발표했다. 나는 이 시점에 달러 가치 하락으로 금융시장이 붕괴할 것을 알았다. 10월 19일 시장이 갭 하락할 때, 나는 S&P500지수 선물을 개장 시점에 매도하여 상당한 이익을 올렸다. 그러나 씁쓸하게도 당시 내가 고용해서 의사결정 권한을 부여했던 트레이더가 매수포지션을 잡고 있어서 내가 올린 이익 일부가 날아갔다.

1987년 10월 붕괴 이전에 내가 생각한 과정을 설명하는 이유는, 시장의 폭과 기간 기준을 분석하면 시장의 건강 상태를 진단할 수 있기 때문이다. 이런 기준은 다가오는 사건에 주의를 기울이라는 경고가 된다. 때로는 그 이상을 알려주기도 한다. 예컨대 나는 1989년 5월부터 10월까지 시장에서 나와 있었다. 내 자산운용사를 설립하느라 바쁘기도 했지만, 시장 폭락 가능성이 걱정되기도 했기 때문이다. 1989년

10월 9일이 되자 3월 23일 시작된 다우지수의 중기 1차 파동이 24.4%까지 상승했다. 같은 기간에 다우운송지수는 기업 인수에 불이 붙으면서 52%나 상승했다. 이를 통계적 관점에서 분석해보자.

강세장 중기 1차 파동 수익률(중기 조정 바닥에 사서 다음 중기 조정 바닥까지 보유할 때의 수익률)의 중앙값은 10%다. 역사상 이 수익률이 24.4%(10월 9일 현재 수익률)를 넘었던 흐름은 112개 중 15개에 불과하다. 더욱 중요한 사실로서, 다우운송지수가 52% 이상 상승한 흐름은 강세장과 약세장을 통틀어 174개 중 8개에 불과했다. 다시 말해서 역사를 바탕으로 분석하면 시장이 하락할 가능성이 7.46~21.75배나 높았다. 그래서 나는 매수포지션을 모두 청산하고 공매도 기회를 노렸다. 통계 기준으로만 평가해도 1989년 10월에 매수포지션을 잡는 것은 최악의 위험이었다. 게다가 펀더멘털과 기술적 요소들도 통계를 뒷받침했다.

10월 9일 다우지수는 신고가를 기록했지만 다우운송지수가 확인해주지 않았으므로 약세 신호였다. 10월 13일 금요일, 독일과 일본은 금리를 인상했으므로 미국 제품을 신용으로 구입하는 비용이 상승했다. 연준은 지난 2분기 동안 통화 및 신용 공급(잉여지급준비금 기준)을 축소했고, 소비자물가지수가 이미 연 5.5%나 상승했으므로 침체한 경기를 활성화할 여지가 많지 않았다. 북동부 지역 부동산과 주택담보대출이 많은 지역 은행들은 이미 침체 상태였다. 정크본드시장은 이미 바닥으로 떨어졌다. 간단히 말해서 이 늙고 병든 환자는 또다시 심장발작을 일으킬 것이 분명했다. 아무리 보험료를 많이 준다고 해도 보험을 팔 시점이 아니었다. 매수포지션을 잡을 시점이 분명히 아니었다. 나는 운 좋게도 적절한 시점에 적절한 상품으로 매도포지션을 잡았다. 그러나 내게 시장 하락 가능성의 실마리를 제공한 것은 내 통계 자료였다.

내 주위 사람들은 내가 공매도도 꺼리지 않는다는 사실을 안다. 그러나 내가 사용하는 위험평가 기법은 주식시장에서 늘 매수포지션을 유지해야 하는 연기금 펀드매니저들에게도 똑같이 소중하다는 점을 강조한다. 펀드매니저가 주식시장에 배분할 자본 비중을 결정하는 장면을 생각해보자.

펀드 운용지침에 의하면 가장 공격적일 때 주식 비중을 60%까지 높일 수 있지만, 적어도 20%는 항상 투자하고 있어야 한다. 강세장 세 번째 1차 파동이라면 폭과 기간의 중앙값은 18.8%와 139일이다. 지금까지 103일 동안 시장이 12% 상승했다면, 이보다 더 길게 이어진 강세장 1차 파동은 23개 중 16개였다. 이 통계만으로 보면 펀드매니저는 최대 주식 비중 60%의 69%를 넘겨서는 안 된다. 다시 말해서 이 통계만으로 자산을 배분한다면 포트폴리오의 주식 비중 최대치를 41.4%까지 높일 수 있다.

다시 강조하지만 이것은 위험을 평가하는 출발점에 불과하다. 위와 통계가 똑같다고 해도 인플레이션이 1%, PER 9배, 금리가 5%, 이익이 급등 중이라면 펀드매니저는 통계의 비중을 낮추고 주식 비중을 60%까지 모두 채울 것이다.

이 위험평가 개념은 내가 시장에서 성공을 거두는 데 절대적으로 도움이 되었으며, 특히 장기추세나 중기추세의 전환점에서 포지션을 잡을 때 힘이 되었다. 이 개념 덕분에 나는 위험에 집중하여 투기할 수 있다. 시장 예측을 하든 종목 선택을 하든, 시장의 기대여명 분석은 시장의 위험을 측정하는 객관적 토대가 될 것이다. 위험을 평가하는 독특하고도 강력한 새 차원을 열어줄 것이다.

| 확률에 의한 자본배분

2장에서 언급했듯이, 나의 목표는 위험을 최소화하면서 적절한 곳에 충분한 자본을 투입하여 변함없이 이익을 올리는 것이다. 이렇게 하려면 신중한 자금관리 시스템이 필요하다.

자금관리란 자금을 배분하고 시장 진입 및 퇴출 시점을 선택하는 기술이다. 건전한 자금관리가 되려면 다음 세 가지 요소를 갖춰야 한다. (1) 위험/보상 측정 기법 (2) (단기, 중기, 장기) 거래의 성공 확률을 평가하는 수단 (3) 자산배분 시스템. 우리는 돈을 다뤄야 하므로 이 세 가지 요소는 객관적이고 측정 가능한 기준으로 요약되어야 한다.

통계표를 이용해서 위험을 측정하는 방법에 대해서는 앞에서 논의했다. 내가 요구하는 위험 대비 보상 비율은 3 이상이며, 차트에서 이 비율을 확보하는 방식도 설명했다. 요약하자면 차트에서 시장의 진행 방향을 예측하여 목표 가격과 퇴출 포인트를 설정하고 나서 다음 비율을 계산한다.

$$위험/보상 = \frac{매수\ 가격 - 퇴출\ 포인트}{목표\ 가격 - 매수\ 가격}$$

위 위험/보상 비율은 예상 최대 손실액을 예상 이익으로 나눈 값이다. 위험/보상 비율은 어느 모로 보나 확률을 나타낸다. 그러나 문제는 계량화하기 어려운 요소도 계량화하는 과정에서 발생한다. 기술적 요소는 물론 기본적 경제 원리까지 포함해서 위험/보상 비율을 계산해야 하기 때문이다. 내가 1989년 10월에 잡았던 포지션 사례를 이용해서 이런 요소들을 결합하는 방식을 설명하겠다.

나는 1989년 10월 27일 금을 샀다. 이날은 시장이 전고점 376.70을 상향 돌파하면서 중기추세전환의 1-2-3 규칙을 확인해준 날이다. 이 시점에는 장기추세가 바뀔 가능성도 있었다. (1) 추세선 붕괴 (2) 이전 저점 시험 실패가 이미 발생했기 때문이다.[1]

나는 중기추세전환을 확인했으므로, 가격이 매수 포인트를 하향 돌파하면 내 생각이 틀린 것이다. 따라서 나는 매수 포인트보다 약간 낮은 375.70에 마음속으로 손절매 포인트를 설정했다. 목표 가격은 1989년 7월 25일 고점인 399.50이었다. 따라서 위험/보상 비율 계산은 다음과 같다.

$$\frac{376.70 - 375.70}{399.50 - 376.70} = \frac{1}{22.8}$$

장기 차트(주봉 차트)로 보았을 때는 금의 상승 잠재력이 훨씬 커 보였다. 목표 가격(저항선)을 433.50으로 볼 수 있을 정도였다. 그 위로 나타나는 저항선은 469.50과 502.30이었으며, 더 장기 차트(월봉 차트)로 보면 목표 가격을 800 수준으로 볼 수도 있었다. 이에 대해서는 위험/보상 비율을 생략하지만, 비율이 지극히 유리하다는 점은 알 수 있다.

기술적 관점에서 볼 때 이렇게 명백하게 좋은 기회는 자주 오지 않는다. 유일한 과제는 성공 확률을 계산하고 진입 및 퇴출 지점을 설정하는 일이다. 그러면 중기추세를 타야 하는가, 아니면 사서 장기간 보유해야 하는가?

실제로 나는 가장 보수적인 상황을 가정했다. 중기추세는 이미 바뀌었으므로 나는 이 추세도 3주~3개월 동안 이어지는 중기추세라고 가정했다. 다음에는 1981년까지 거슬러 올라가면서 3주~3개월 동안 이어진 금값의 모든 상승 흐름에서 상승 폭을 표로 정리했다.

18개 흐름 중 최소 상승 폭이 9.4%, 최대 상승 폭이 68.8%, 중앙값이 15.2%였다. 12월 선물의 저점이 360.60이었고 금값이 적어도 9.4% 상승할 확률이 매우 높았으므로, 이는 온스당 33.90달러 상승해서 394.50달러가 된다는 뜻이다. 그리고 지난 9년 동안은 15.2% 넘게 상승한 흐름이 전체의 절반을 넘어갔다. 이는 12월 선물이 온스당 54.81달러 상승하여 415.40 수준이 된다는 의미였다.

그러면 자산배분을 어떻게 하라는 말인가? 위험/보상 비율이 지극히 유리했고, 과거 확률로 볼 때 적어도 394.50까지 상승할 가능성이 컸으며, 기본적 요소들도 모두 매수포지션을 지지했다. 모든 요소가 이런 포지션을 강력하게 지지할 때는 공격적이어야 한다.

이는 모든 거래에 최적 레버리지를 사용해야 한다는 뜻이다. 나는 관리하는 모든 포트폴리오에 금을 약 10% 편입했다. 금 선물의 콜옵션을 샀고 금 주식의 콜옵션을 샀으며, (위험을 회피하는 고객을 위해서) 일부 금광주도 샀다. 일단 가격이 400을 상향 돌파한 다음, 나는 큰 이익을 남기면서 점진적으로 매도했다. 이는 계속 높은 레버리지를 유지하면서 포지션을 줄여놓아, 내 판단이 틀린 것으로 밝혀질 때까지 장기간 보유하려는 의도였다.

그러면 왜 일부를 팔았을까? 가격이 중기 목표 수준에 도달한 다음에는 포지션 보유 위험이 대폭 증가했기 때문이다. 그 시점에 포지션을 모두 유지하려면 장기추세가 계속 상승한다는 확신이 필요했다. 나는 이익을 실현하고 장기 포지션은 조금만 보유했다. 이후에 어떻게 되었을까? 내 판단이 틀려서 돈을 잃었다. 나는 금값이 상승세를 유지하지 못했다는 사실에 아연실색했지만 자금관리 원칙이 나를 구해주었다.

이 과정을 내 사업 철학 원칙과 직접 연결해서 설명하겠다.

첫째, 나는 약간만 손실을 보고 빠져나올 수 있도록 손절매 포인트를 설정했다. 따라서 내 자본에 걸린 위험은 크지 않았다. 뜻밖의 상황이 벌어져서 가격이 추세전환 확인점 밑으로 떨어지더라도, 나는 1~2% 손실만 보고 포지션을 청산할 수 있었다. 이어서 다시 상승세로 돌아선다면 나는 또 포지션을 잡을 수 있었다. 간단히 말해서 자본이 보전되도록 거래 방식을 설정했다.

둘째, 가격이 목표 수준에 도달했을 때 나는 일관된 이익 목표를 달성하려고 충분한 이익을 실현했다.

셋째, 더 높은 수익률을 추구하려고 이익 일부를 사용해서 장기 포지션을 유지했다. 나의 장기 예측은 틀렸지만 전체적으로는 이익을 내고 거래를 마감했다. 이는 현명한 자금관리로 거둔 투기 성공이었다. 위험을 평가하여 자본을 배분하고, 이익을 확보할 수 있도록 청산 포인트를 설정하며, 이익 일부만 사용해서 더 높은 수익률을 추구한다면, 몇 판 잃더라도 포커 테이블에 계속 머물 수 있다.

자본배분

안타깝게도 최적의 자본배분을 알려주는 간단한 공식 같은 것은 없다. 예를 들어 과거 데이터를 이용해서 위험의 선형관계에 따라 다우지수나 다우운송지수 구성 종목을 살 수는 없다. 그렇게 한다면 시장에 도전하는 꼴이 된다. 우리가 할 일은 최대한 폭넓은 지식을 바탕으로 예측하고 모든 지식을 결합하여 다가오는 사건을 최대한 추정하는 것이다.

현재 진행 중인 강세장이 이미 평균적인 폭과 기간을 넘어섰다고 가정하자. 인플레이션은 2%이고, 세계는 평화롭고 분쟁 가능성도 보이지 않으며, 기업들은 부채 없이 높은 이익을 내고, 세계 주요 국가들은 재정이 균형 상태이며 부채도 거의 없고, 자유로운 금본위 금융 시스템이다. 멋지지 않은가? 이런 경우라면 틀림없이 자본을 100% 투자해야 할 것이다.

실제로 우리는 위험평가표를 만들어 시장에 영향을 주는 모든 요소를 기재한 다음, 각 요소가 자본에 미치는 위험의 크기와 방식을 하나하나 평가해야 한다. 일단 투자를 결정하면 같은 사실을 바탕으로 목표 달성에 가장 적합한 수단을 선택해야 한다.

지금까지 한 이야기는 매우 포괄적이므로 더 구체적으로 설명하겠다. 투자 위험을 평가할 때는 다음과 같은 질문을 자신에게 던져야 한다.

1. 장기추세는 어떠한가? 상승인가, 하락인가, 박스권인가, 아니면 바뀌고 있는가?

2. 현재의 장기추세는 과거 사례들의 폭과 기간에 비추어 볼 때 초기인가, 말기인가, 아니면 중간 단계인가?

3. 중기추세는 어떠하며 과거 사례들에 비추어 어떤 단계인가?

4. 다우 이론에 의하면 현재 시장은 어떠한가? 다이버전스가 나타나는가? 거래량은 어떠한가? 등락 비율은 시장과 같은 방향으로 움직이는가?

5. 이동평균은 무슨 신호를 보내는가? 사라는가, 팔라는가, 아니면 계속 보유하라는가?

6. 오실레이터에 의하면 시장은 과매수인가, 과매도인가, 아니면 변화 중인가?

7. 경제는 건강한가?

   a. 인플레이션은 어떤 상태이며, 인플레이션에 대한 연준의 정책은 무엇인가? 국가, 기업, 국민의 부채 수준은 어느 수준인가? 잉여지급준비금으로 측정한 신용 증가율은? 통화 공급 증가율은? 금리 수준은? 국채 신규 발행에 대한 시장의 반응은?

   b. 달러는 외국 통화와 비교해서 얼마나 강하며, 가치가 하락할 가능성은 얼마나 되는가? 엔과 독일 마르크는 얼마나 강하며, 각 정부는 그 가치를 지킬 것으로 보이는가?

   c. 미국 소비자들의 전반적인 태도는 어떠한가? 생산해서 저축하는가, 빌려서 소비하는가, 아니면 그 사이 어디인가?

   d. 경제의 어느 부문이 강한가? 어느 부문이 약한가? 일부 종목군이 시장을 선도하는가? 겉으로는 건강한 모습이지만 실제로는 사소한 악재만 나와도 흐름이 쉽게 뒤집힐 상황인가?

e. 경제 분위기를 갑자기 바꿔버릴 잠재적 문제는 무엇인가?

8. 특히 시장에 변화가 일어날 때 이용할 만한 대중의 오류는 무엇인가?

이런 질문에 답할 수 있다면 언제 어디에 얼마나 투자할지 판단할 수 있다. 그리고 투자를 결정한 다음에는 높은 절제력을 발휘해야 한다. 이때부터 원칙이 중요해진다. 다음 장에서 논의할 주제다.

"시장 예측을 하든 종목 선택을 하든,
시장의 기대여명 분석은
시장의 위험을 측정하는 객관적 토대가 된다.
위험을 평가하는 독특하고도 강력한 새 차원을 열어줄 것이다.
나는 이 위험평가 개념으로 시장에서 큰 성공을 거두었다."

12

돈을 날리는
50가지 방법

| 4,017달러짜리 헤어드라이어 |

1979년 어느 날 나는 상품 트레이딩을 하던 중 친구 수전의 전화를 받았다. 나는 밀 40계약 매수포지션이었으며, 시장이 움직이고 있었으므로 포지션을 집중해서 지켜보아야 했다. 나는 마음속으로 정한 손절매 포인트에 도달하면 포지션을 청산해서 손실을 한정할 생각이었다. 어쨌든 수전의 전화를 받았는데 그녀는 히스테리 상태였다. 울고 흐느끼며 코를 훌쩍거렸는데, 도무지 무슨 말인지 알아듣지 못할 정도였다.

당연히 그녀가 걱정되었다. 남편과 싸워서 심각한 위기가 발생하지 않았나 생각되었다. 그 무렵 사실이 드러났다.

수전은 코를 훌쩍거리면서 흐느끼는 목소리로 말했다. "음…. 내 헤어드라이어가 망가졌어!"

나는 내 귀를 의심했다. "헤어드라이어? 그래서 그렇게 화가 난 거야?" 나는 좋은 친구이자 오랜 동업자인 노먼 탠디를 바라보았다. 그는 나를 빤히 쳐다보고 있었다.

내가 말했다. "수전, 진정해. 헤어드라이어가 얼마짜리야?"

"훌쩍…. 17달러."

이 대목에서 하마터면 웃음이 터져 나올 뻔했다. "그렇게 속상하다면 내가 하나 사줄게."

헤어드라이어 때문에 그렇게 속상할 정도라면 뭔가 다른 일에 문제가 있다는 뜻이었다. 그래서 나는 수전과 이야기를 시작했고, 수전을 괴롭히는 진짜 문제를 해결하도록 도와주려고 노력했다. 이 과정에서 나는 집중력을 상실하고 말았다.

스크린을 보니 밀이 손절매 포인트보다 2센트 밑에 가 있었다. 100달러씩 40계약이므로 4,000달러였다. 나는 즉시 전화를 걸어 포지션을 청산했다. 내가 마음속으로 정했던 손실액을 4,000달러 초과했다. 색깔도 보지 못한 헤어드라이어에 4,017달러를 치르게 되었다.

나는 웃을 수밖에 없었고 지금도 그때를 생각하면 웃음이 나온다. 요는 뜻하지 않게 돈을 날리는 방법은 무수히 많다는 말이다. '애인과 헤어지는 50가지 방법'이라는 노래처럼 돈을 날리는 데도 50가지 방법이 있을 것이다.

그러나 트레이더들이 돈을 잃는 단연 가장 중요한 이유는 '이번 한 번만'은 예외라고 생각하면서 원칙을 따르지 않기 때문이다. 이것은 누구나 저지르는 실수이지만 통제할 수 있는 실수다. 원칙을 이해하고 더 나아가 그 원칙이 존재하는 이유를 이해한다면, 그런 실수는 99% 피할 수 있다.

트레이딩 원칙과 그 원칙이 나온 이유

사람들은 시장 움직임을 정말로 예측할 수 있다고 착각한다. 터무니없는 생각이다. 트레이딩은 확률 게임이고, 목표는 항상 확률을 유리하게 가져가는 것이다. 다른 확률 게임과 마찬가지로 승리하려면 원칙을 알고 그 원칙을 철저하게 지켜야 한다. 그러나 다른 게임과 달리 원칙이 필요한 가장 중요한 이유는 감정을 조절하려는 것이다. 포지션을 자신 있게 잡을 만한 지식을 갖췄다고 해도 거래를 정확하게 실행하기는 쉽지 않다. 바로 이때 원칙이 빛을 발한다.

시장 움직임에 영향을 미치는 변수는 너무도 많아서, 자기도 모르게 이런 요소를 왜곡하여 자신을 합리화하면서 부당하게 위험을 떠안거나 포지션을 너무 빨리 또는 늦게 청산하기 쉽다.

최근 S&P500 선물 트레이딩에서 나는 개장 10분 뒤 당일 고가보다 5틱 위에 손절매 포인트를 설정하고 매도포지션을 잡았다. 이후 30분 동안 시장이 내가 매도한 지점에서 약 10틱 하락했고 이제는 반등할 것처럼 보였다. 나는 분명한 매수 신호를 보지는 못했지만, 심리적으로는 작은 이익이라도 손실로 바뀌는 모습을 보고 싶지 않았다. 그래서 직원을 시켜 10틱(계약당 250달러)을 남기고 포지션을 청산했다.

겨우 15분 뒤 시장이 2포인트(40틱 = 계약당 1,000달러)나 급락했다. 원칙을 따랐다면 내 이익은 5배가 되었을 것이다. 내 사고의 흐름은 이런 식이었다. "시장이 반등할 것 같아. 기회가 있을 때 이익을 남기고 빠져나오는 편이 낫겠어." 그러나 이는 실패의 두려움을 회피하려는 합리화에 불과했다. 실제로 시장이 약간 반등하기는 했지만 손절매 포인트 근처에도 미치지 못했다.

　원칙을 세우는 목적은 거래를 최대한 객관적이고 일관되게 실행하려는 것이다. 원칙이 없으면 결정을 내릴 때마다 희망을 앞세우게 되고, 희망은 십중팔구 시장과 역행한다. 이 장의 목적은 주요 트레이딩 원칙을 제시하고, 그 원칙이 나온 이유를 설명하는 것이다. 사람들이 좀처럼 말하지 않는 실수 몇 가지에 대해서도 논의하고자 한다.

| 원칙에 대한 정의

원칙 1: 계획을 세우고 그 계획을 끝까지 지켜라

　거래를 시작하기 전에 반드시 목표를 세우고 그 달성 방법까지 생각해둬야 한다. 이는 위험 대비 보상을 파악하는 것은 물론, 시장의 잠재 진행 방향을 모두 정의하고 이에 대한 대응책까지 마련해야 한다는 뜻이다. 다시 말해서 거래를 시작하기도 전에 가능한 모든 결과를 알고 있어야 한다. 트레이딩에는 혼란이 가장 무서운 적이다. 고뇌를 안겨주고 정서를 혼란에 빠뜨리기 때문이다. 그러나 혼란은 무지에서 오며 진행 상황을 이해하지 못하거나 대응 방법을 모를 때 발생한다.

　계획을 세울 때 자신에게 던질 질문은 어느 시장에서 어떤 기간으로 거래할 것인가이다. 즉, 데이트레이딩(하루 중에 포지션을 열었다가 닫음)을 할 것인지, 단기 트레이딩(며칠~몇 주간 포지션 보유)을 할 것인지, 중기 투기(몇 주~몇 개월 보유)인지, 장기 투자(몇 개월~몇 년 보유)인지를 결정해야 한다.

이 결정에 따라 어느 추세에 집중하고 어느 곳에 손절매 포인트를 설정할 것인지(원칙 3 참조)가 정해진다. 일단 결정을 내린 다음에는 가격 흐름에 대해 가능한 모든 시나리오를 확인하고 각 시나리오에 대한 대응 방법까지 정해둬야 한다. 구체적으로 말하면 손절매 포인트를 정하고, 이익을 실현하거나 포지션을 키울 목표 가격 등을 설정해야 한다.

통제 불가능한 혼란이 발생할 때도 있다. 돈을 날리는 또 다른 50가지 방법이라 하겠다. 예를 들어 인터스테이트에서 트레이딩을 하던 어느 날, 나는 40개 종목에 대해 2,000주 이상 매수포지션을 잡고 있었다. 지수 옵션도 있었고 선물 포지션도 있었다. 나는 극도로 집중해서 거래하고 있었다. 그런데 갑자기 눈앞이 캄캄해졌다.

폭력배가 들어와서 내 머리를 강타한 것이 아니었다. 전기가 나가버렸다. 예비 시스템이 있었지만 고장이었다. 전화도 먹통이었다.

나는 여러 중개인을 통해서 여러 거래소와 거래하고 있었는데, 시장이 어떻게 돌아가는지 도무지 알 수가 없었다. 나는 복도를 거쳐 계단으로 내려가면서 주머니에서 공중전화기에 넣을 동전을 더듬었다. 그러나 내 사무실에서 거래소로 직통전화가 연결되어 있었던 탓에 나는 전화번호조차 몰랐다.

나는 거리 한복판 공중전화 박스에서 공포에 사로잡힌 채 포지션을 청산했다. 전화번호 안내 서비스에 시카고 S&P 선물거래소 전화번호를 물어보는 모습이 그려지는가? 지금은 우습지만 당시에는 정말 끔찍했다. 게다가 머피의 법칙이 작용하여 시장이 내 포지션과 반대로 흘러갔다. 이런 혼란은 우리가 통제할 수 없지만, 이제는 예비 시스템도 반드시 이중으로 갖춰야 할 것이다.

원칙 2: 추세를 따르라. "추세는 친구다!"

아마도 가장 널리 알려진 원칙일 것이다. 그러나 단순해 보이지만 생각보다 위반하기 쉬운 원칙이다. 추세에는 단기, 중기, 장기추세의 세 가지가 있다는 사실을 기억하라. 각 추세는 항상 움직이며 서로 반대 방향으로 진행하기도 한다. 단기추세는 중기추세보다 더 자주 더 빠른 속도로 바뀌고, 중기추세는 장기추세보다 더 자주 더 빠른 속도로 바뀐다.

관심 추세에 주목하면서 나머지 추세와의 상관관계도 파악하라. 추세전환의 1-2-3 규칙을 이용해서 추세가 바뀐 지점을 찾아내라. 추세가 전환되었다면 시장에서 빠져나오라! 추세전환 신호를 조기에 보내주는 2B 패턴과 기타 기술적 지표들도 주목하라.

원칙 3: 가능하면 언제나 가격지정주문을 사용하라

거래를 시작하기 전에 자신의 잘못이 확인되는 지점을 알고 있어야 한다. 트레이더들이 가장 힘들어하는 일 하나가 가격이 손절매 포인트에 도달했을 때 포지션을 정리하는 일이다. 이런 문제를 해결하는 방법 한 가지가 가격지정주문을 사용하는 것이다. 가격지정주문은 가격이 손절매 포인트에 도달했을 때 시장가 주문으로 전환되는 주문이다.

트레이딩 규모가 클 때는 마음속으로 손절매 포인트를 정해야 한다. 대량으로 가격지정주문을 내놓으면, 장내 거래인들이 틀림없이 지정가 따먹기를 할 것이다.

따라서 포지션을 연 다음에 가격이 손절매 포인트에 도달했을 때는 다시 주문을 내서 포지션을 닫아야 한다. 이를 실행하는 방법은 어떤 추세를 따르느냐에 따라 달라진다. 일반적으로 가격지정주문은 주문한 날 장 마감까지만 유효하다. 그러나 '취소 시까지 유효(good 'til cancel, GTC)' 조건을 추가하여 주문을 낼 수도 있다. 이는 취소할 때까지 주문이 유효하다는 뜻이다.

주문할 때는 주문 내용이 정확한지 상대방과 확인해야 한다. 내 친구 트레이더 존 맬리는 고객으로부터 이런 전화를 받았다. "IBM 500주를 시장가에 파세요." 존은 대답했다. "팔라는 말은 당신이 사겠다는 뜻이니까, 내가 당신에게 IBM 500주를 팔라는 뜻이죠?" 그러자 고객은 조바심을 내며 말했다. "아니요, 아니요. 내가 팔겠다는 말입니다!"

존의 방식이 옳다. 우리가 '풋옵션을 사면' 매도포지션이 된다. 우리가 '풋옵션을 팔면' 매수포지션이 된다. "12월물 S&P500 10계약을 시장가에 주세요"는 아무 의미도 없다. 주문을 낼 때는 말의 의미가 명확해야 한다. 의미가 명확한지 확인하고, 중개인이 제대로 이해했는지도 확인하라.

원칙 4: 의심스러우면 빠져나오라!

위 원칙을 달리 표현하면, 현재 보유한 매수포지션은 오늘 산 포지션처럼 자신 있어야 하고, 현재 보유한 매도포지션은 오늘 판 포지션처럼 자신 있어야 한다. 이는 확신이 서지 않으면 포지션을 절대 잡아서는 안 된다는 뜻도 된다.

자기 돈이 걸려 있으면 다소 공포와 근심을 느끼는 것은 당연하다. 따라서 조금 의심스럽다고 매번 포지션을 닫아서는 절대 안 된다. 그러나 상황이 계속 바뀌면서 확률이 불리해지고 의심과 불확실성에 시달리게 된다면 포지션을 닫아야 한다.

이 원칙에는 두 번째 의미도 있다. 공포와 정당한 의심은 구분하기가 쉽지 않다. 가혹하게 들릴지 모르지만, 포지션을 잡을 때마다 의심과 불확실성 때문에 공포를 느낀다면 시장을 떠나야 한다! 자신 있게 거래할 수 없다면 트레이딩을 업으로 삼아서는 안 된다. 만성적인 공포와 의심은 건강과 정서와, 나아가 재산까지 무섭게 갉아먹는다. 이는 전혀 부끄러워할 일이 아니다. 단지 성격이 트레이딩에 적합하지 않을 뿐이다.

트레이딩에서 의심을 회피하는 가장 좋은 방법은 가능한 모든 정보를 확보하는 것이다. 그러나 이 방법으로도 충분치 않을 때가 있다.

내가 들은 이야기다. 한 갑부는 기업 인수 분석가 덕분에 자주 뛰어난 실적을 올렸다. 분석가는 여러 종목을 사라고 추천했는데, 노스웨스트항공과 세스나(Cessna)도 당시에 기업 인수 후보 종목이었다. 하루는 분석가가 갑부에게 전화를 걸어 말했다. "방금 최신 정보를 입수했습니다. 일이 진행되고 있어요. 비행기를 사세요."

갑부는 주당 60달러에 노스웨스트항공 40만 주를 샀다. 2,400만 달러가 들어갔다. 이튿날 주가는 59달러를 거쳐 58달러로 내려갔다. 갑부가 분석가에게 전화했다.

"어떻게 되고 있소? 거래가 진행되는 거요?"

분석가는 몹시 바빴다. "예, 예. 여전히 진행 중인데, 정말 바빠서….

이제 이동해야 합니다."

이틀이 지나자 주가는 55달러로 떨어졌고 갑부는 또 전화를 걸었다. 이번에는 분석가가 그다지 바쁘지 않았다.

갑부가 물었다. "이번 일은 언제 성사되는 거요?"

"모레입니다."

"인수 가격은 얼마요?" 갑부는 당황하는 듯한 목소리였다.

"시장가보다는 높을 겁니다."

"무슨 소린지 모르겠군. 주가가 5달러나 빠져서 55달러란 말이오." 갑부가 어이없다는 듯이 말했다.

분석가도 놀라서 말했다. "55달러라니 무슨 말씀입니까? 세스나는 24달러입니다!"

"세스나…! 세스나!"

"네. 세스나 말입니다. 비행기를 사라고 말씀드렸잖아요." 분석가는 충격받은 듯이 말했다.

갑부가 말했다. "노스웨스트항공도 비행기잖소!"

갑부는 200만 달러를 날리고 포지션을 닫았다. 그가 계속 불안을 느낀 것도 당연했다. 따라서 "의심스러우면 빠져나와야 한다!"

원칙 5: 인내심을 발휘하라. 과도한 거래는 금물

프랭키 조는 어느 시장이든 탁월한 트레이딩 기회는 1년에 서너 번 (개별 종목 포함) 정도 있다고 말하곤 했다. 프랭키는 투기자였다. 그는 주로 중기추세를 보고 거래했다. 그러나 그가 말한 핵심 포인트는 모든 추세에 적용된다. 동전을 던져 '앞면이면 매수, 뒷면이면 매도'를 하면서 하루에 수백 번 거래할 수도 있다. 그러나 이런 식으로 거래해서 성공하려면 순전히 운이 따라야 한다.

돈을 벌려면 관심 시장을 지켜보면서 기다리다가, 최대한 많은 요소가 유리하게 작용할 때 포지션을 잡아야 한다. 예를 들어 S&P 선물 데이트레이딩을 한다면, 대개 하루에 두세 번 좋은 트레이딩 기회가 온다. 때로는 기회가 오지 않을 때도 있다.

각 시장지수, 종목, 상품에는 고유한 속도, 리듬, 트레이딩 특성이 있다. 따라서 관심 시장의 가격 흐름에 익숙해질 때까지 기다렸다가, 맞으면 이익이 크고 틀려도 손실이 적은 기회를 잡아야 한다. 끈기 있게 지켜보면서 기다리다가 모든 요소가 유리하게 작용할 때 주저 없이 행동에 나서야 한다.

자기 계좌로 하는 트레이딩이라면 주식을 거래할 때는 10종목 이내로, 선물을 거래할 때는 5종목 이내로 제한하는 편이 신중하다. 이렇게 제한하는 이유는 집중력의 한계 때문이다.

당신은 전화번호를 몇 개나 기억하는가? 아마 8~10개 정도일 것이다. 전화번호를 기억하기도 쉽지 않은데, 동시에 종목을 10개 이상 집중적으로 관리하기가 쉽겠는가? 포지션의 흐름을 정확하게 파악해야 좋은 실적을 기대할 수 있다. 동시에 5가지를 생각하는 것은 대부분 사람에게 엄청난 도전이다.

원칙 6: 이익은 달리게 하고, 손실은 짧게 끊어라

모든 트레이딩 원칙 가운데 가장 중요하고, 사람들이 가장 많이 말하며 가장 자주 위반하는 원칙이다.

시장은 당신을 고발한 법정과 같다. 잘못이 입증될 때까지 당신은 무죄다. 즉, 거래를 시작했다면 시장에서 당신의 잘못이 확인되기 전에는 당신이 옳다고 가정해야 한다. 그러나 가격이 손절매 포인트에 도달하면 당신의 잘못이 입증되는 것이다. 이는 대법원 판결처럼 절대적이다. 더는 상고할 수도 없고 행동의 자유도 사라지며 포지션을 닫아야 한다.

당신이 옳다면 자유를 누려야 한다. 위험 대비 보상 기준을 3배로 유지한다면, 하나를 잃으면 셋을 벌 것이다. 예외에 대해서는 원칙 7에서 논의한다.

원칙 6은 지금까지 다룬 모든 원칙을 다시 정리한 내용이다. 계획을 세웠다면 이익 실현 지점을 알고 포지션을 키울 지점도 알며 포지션을 닫을 지점도 안다. 추세를 따른다면, 추세전환 기준에 의해서 손실 한도도 객관적으로 정의할 수 있다. 손절매 포인트를 설정했다면, 자동으로 손실을 짧게 끊을 것이다. 자신 있게 거래한다면 이익을 너무 일찍 실현하는 일도 없을 것이다. 과도한 거래를 피한다면 손실을 최소화하는 동시에, 유망 종목을 발굴하여 계속 보유할 가능성이 크다. "이익은 달리게 하고, 손실은 짧게 끊어라"를 제대로 이해한다면, 네 가지 원칙을 하나로 결합한 셈이다.

원칙 7: 이익을 손실로 전환하지 말라(가능하면 언제든 공짜 포지션을 잡아라)

이 원칙은 '이익'을 당신 나름대로 정의해야 하므로 쉽지 않다. 먼저 위험 대비 보상 비율이 3배라고 가정하자. 보상 비율이 2배가 되더라도 원칙 6에 따라 이익이 달리게 해야 한다. 그러나 가격 추세가 전환되어 손절매를 당한다면 원칙 7을 위반하게 된다! 그러면 어떻게 해야 하는가?

언제든 위험 대비 보상 비율이 2배가 되면, 청산 포인트를 원가보다 조금 높여서 공짜 포지션을 잡아라! 이렇게 공짜 포지션을 잡으면 이익은 얼마든지 얻을 수 있지만, 손실은 전혀 발생하지 않는다.

가격이 기대했던 방향으로 계속 움직여서 위험 대비 보상 비율이 3배에 이르면, 포지션의 3분의 1~절반을 청산한 다음 나머지 포지션에 대해 청산 포인트를 더 높여라. 가격이 계속 유리한 방향으로 진행하면 손절매 포인트를 계속 높여가면서 이익을 확보할 수 있다. 만일 장기 투자를 한다면, 전략적으로 선택한 지점에서 포지션 규모를 키울 수도 있다.

원칙 8: 약세일 때 사고 강세일 때 팔아라. 매수포지션을 잡듯이 매도 포지션도 기꺼이 잡아라

이 원칙은 주로 투기와 투자에 적용되며, 강도는 약하지만 단기 트레이딩에도 적용된다. "원칙 2: 추세를 따르라"에서 파생된 당연한 원칙이다. 중기추세를 보면서 투기한다면, 이익을 극대화하려면 단기 급락장에 사고 단기 급등장에 팔아야 한다. 장기추세를 보면서 투자한다면, 강세장의 중기 급락 기간에 사고 약세장의 중기 급등 기간에 팔아야 한다.

중기추세나 장기추세를 보면서 포지션 규모를 조절할 때도 똑같은 논리가 적용된다. 중기추세를 보면서 투기할 때는, 단기 급락장 바닥 근처에서 사고 단기 급등장 천장 근처에서 팔아야 한다. 장기추세를 보면서 투자할 때는, 강세장 중기 저점 근처에서 사고 약세장 중기 고점 근처에서 팔아야 한다. 이 전략을 사용할 때는 2B 패턴이 탁월한 효과를 발휘한다.

사람들은 대개 낙관론자이거나 비관론자여서, 항상 매수포지션만 잡거나 항상 매도포지션만 잡는 경향이 있다. 사실은 대부분 사람이 전염병 피하듯이 매도포지션을 피한다. 그러나 이는 시장의 속성을 거부하는 커다란 잘못이다. "추세는 친구다!"가 맞는다면, 시장이 오르든 내리든 함께 지내야 친구로서 좋은 관계를 유지할 수 있다. 매수포지션에 능숙한 사람은 매도포지션에도 실력을 발휘할 수 있다. 단지 추론만 뒤집어서 하면 된다. 게다가 매도포지션을 잡으면 이익도 더 빨리 얻을 수 있다. 하락 흐름이 상승 흐름보다 더 빨리 진행되기 때문이다.

원칙 9: 강세장 초기 단계에는 투자자가 되라. 강세장과 약세장 말기 단계에는 투기자가 되라

투자자는 장기 수익이나 소득 흐름을 추구하는 사람이다. 투자자의 관심사는 주로 이익, 배당금, 가치 상승이다.

반면에 투기자의 주된 관심사는 가격 흐름과 이익 실현이다. 위험 대비 보상 관점에서 보면, 투자자가 되기에 가장 좋은 시점은 강세장 초기 단계다. 어느 모로 보나 성장 가능성이 가장 크기 때문이다.

시간이 흘러 시장이 말기에 접근하면 높은 가격 수준에 주목하게 되므로, 신중한 사람들은 투기로 전환하게 된다. 이는 10장에서 논의했듯이, 신용팽창이 유발한 강세장이 어느 단계에 이르면 한정된 자금을 놓고 기업들 사이에서 경쟁이 벌어지므로, 가치 상승은 끝나고 가격 인플레이션이 시작되기 때문이다.

약세장에서는 투기가 항상 현명한 선택이다. 매도포지션을 잡는다면 '투자'는 당연히 불가능하다. 약세장에서 장기 매도를 한다면 이는 기업 파산으로부터 이익을 얻겠다는 뜻이다. 이는 본질적으로 투자가 아니다. 따라서 약세장을 이용하는 가장 좋은 방법은 시장을 들락거리면서 주요 구간에서는 매도포지션을 잡고, 2차 조정에서는 매수포지션을 잡는 것이다. 약세장은 대개 강세장보다 기간은 짧지만 폭은 비슷하다.

자금을 조심해서 관리한다면, 약세장에서는 강세장에서보다 더 짧은 기간에 비슷한 규모로 이익을 얻을 수 있다. 게다가 약세장에서는 경기 순환 속성상 '검은 월요일' 같은 반등장을 절대 볼 수 없으므로 더 안전하다.

원칙 10: 절대 물타기 하지 말라

'평균단가 낮추기'는 잘못을 시인하지 않으려는 합리화이거나, 가망이 없는데도 손실 회복을 희망하는 행위에 불과하다. '평균단가 낮추기'라고 부르는 이유는 손실이 발생한 포지션에 추가 자본을 투입하여 손실률을 낮추는 행위이기 때문이다. 합리화 논리는 이런 식이다. "지금은 손실을 보고 있지만 싼값에 더 사두면 결국은 막대한 이익을 볼 거야!"

원칙 10은 원칙 6의 "손실은 짧게 끊어라"에서 파생된 원칙이다. 그러나 평균단가 낮추기는 매우 흔하게 일어나는 잘못이므로, 해서는 안 된다는 별도 원칙으로 만들 필요가 있다.

그러나 얼핏 보기에는 평균단가 낮추기로 보이지만 실제로는 아닌 사례도 있다. 예를 들어 약세장에서 중기 매도 기회를 노리고 있다면, 가장 좋은 시점은 단기 반등이 일어날 때다. 약세장에서 주식시장이 4일 연속 하락하면서 주요 기간이 시작되는 것처럼 보인다면, 반등하는 첫 날에 파는 것도 좋은 매도 방식이다.

시장이 둘째 날에도 상승한다면 셋째 날에도 상승할 확률은 상대적으로 낮으므로 둘째 날보다 포지션을 늘릴 수도 있다. 셋째 날에도 시장이 상승한다면 넷째 날에도 상승할 확률은 5% 미만이므로 또다시 매도할 수 있다. 그러나 시장이 4일 연속 상승한다면 중기추세가 상승세로 돌아섰을 가능성이 크므로 포지션을 닫아야 할 시점이다.

이 전략이 평균단가 낮추기와 다른 점은 계획이 있고 잘못을 인정하는 지점도 있다는 점이다. 아울러 등락 일수 계산은 물론 하루의 등락 폭도 평가한다. 그러나 평균단가 낮추기는 정해놓은 기준이 없으므로 손절매 실행도 주관과 감정에 좌우된다.

원칙 11: 가격이 낮다고 사지 말고, 가격이 높다고 팔지 말라

식료품점에서 과일을 살 때라면 몰라도 트레이딩에는 '염가' 같은 것이 없다. 트레이딩에서는 이익이 날 수도 있고 손실이 날 수도 있지만, 상품의 가격은 트레이딩과 거의 관계가 없다. 가격이 중요해질 때는 단지 증거금 요건 때문에 포지션을 잡지 못할 때나, 비슷한 조건에 레버리지를 더 사용할 수 있을 때뿐이다.

"역사적 저점이니까 더 내려갈 수 없어!" 또는 "더는 상승할 수 없으니까 팔아야 해!" 이런 사고방식은 피해야 한다. 실제로 추세전환 신호가 나타나지 않는다면 현재 추세가 계속 이어질 가능성이 크다. 시장이 역사적 고점이나 저점이더라도 추세전환 신호가 없으면, 추세전환 신호가 나타날 때까지 두고 보라는 것이 내 조언이다. 참을성 있게 추세를 따르라.

원칙 12: 유동성 높은 시장에서만 거래하라

미 북동부에 사는 사람들은 요즘 자기 집이 50만 달러라고 말할 것이다. 그러나 실제로는 50만 달러를 주고 샀거나, 몇 년 전 2순위 저당을 설정할 때 감정가가 50만 달러였다는 뜻이다. 지금은 시장에 매물만 넘칠 뿐 사려는 사람이 없다. 시장은 완전히 유동성을 상실했다. 당분간 재무제표에는 50만 달러로 표시되겠지만, 이 금액은 시장가치와 전혀 관계가 없다.

유동성 낮은 시장에서 거래하면 당신에게도 똑같은 일이 벌어질 수 있다. 가격이 매우 빠르게 바뀔 수 있으므로 손절매 포인트를 빠르게 지나쳐버리면서, 손실이 계획보다 두 배로 커질 수도 있다. 따라서 유동성 낮은 시장은 피해야 한다. 상품과 통화는 근월물로 거래하고, 주식과 옵션은 거래량이 많은 종목을 선택하라.

원칙 13: 급속시장에서는 거래하지 말라

전자정보시스템으로 최신 호가를 얻는 기관투자가들에 적용되는 원칙이다. 급속시장(急速市場)이란 거래소에서 거래가 매우 빠르게 이루어지는 탓에, 거래 기록이 가격 변화를 따라가지 못하는 시장을 말한다. 화면의 호가를 보면서 거래하는 사람들에게 위험을 경고하려고 거래소에서 정식으로 발표한다.

다시 말해서 급속시장에서는 화면에서 보는 호가가 실제 호가와 다를 수 있다. 급속시장이라고 발표해도 사람들은 박스권을 상향 돌파하는 종목은 사고 싶고, 하향 돌파하는 종목은 팔고 싶어진다. 가격이 치솟거나 급락하는 모습을 보면 사람들은 머릿속에 거액을 떠올리게 된다.

내 사무실에 새로 들어온 트레이더가 이 원칙을 무시하고 S&P 선물이 박스권을 하향 돌파할 때 매도포지션을 잡았다. 그의 시장가 주문은 화면에 나타난 호가보다 16틱(계약당 400달러) 낮게 체결되었다. 그 시점에도 화면에 나타난 호가는 그대로였다. 그는 다시 매수 주문을 냈고, 이번에는 매도 가격보다 10틱 높은 가격에 체결되었다. 이 거래에서 계약당 250달러 손실을 보았다. 이 경험으로도 교훈을 얻지 못했는지, 그는 다음 날에도 똑같은 실수를 저질러 또다시 손실을 보았다. 이제는 절대 급속시장에서 거래하지 않을 것이다. 거래의 질은 정보의 질을 넘어설 수 없다. 급속시장에서는 정보를 전혀 믿을 수 없으므로 거래해서는 안 된다!

원칙 14: '비밀 정보'를 믿고 거래하지 말라. 다시 말해서 "친구의 말이 아니라 추세를 따르라." 또한, 종목이나 시장을 아무리 확신하더라도 쓸데없이 남에게 조언을 제공하지 말라

수많은 시장 참여자 중에서 하필이면 당신 친구만 고급 정보를 알 확률이 얼마나 된다고 생각하는가? 그 친구가 정말로 그 정보를 안다면 그 정보는 '내부정보'일 가능성이 크며, 내부정보를 이용한 거래는 불법이다.

그러나 이른바 '비밀 정보'의 99.9%는 다른 사람의 의견에 불과하다. 헨리 클래싱(Henry Clasing)이 저서 《The Secrets of a Professional Futures Trader(전문 선물 트레이더의 비밀)》에서 지적한 바로는, 계속해서 성공하는 트레이더는 자신의 거래 내용에 대해서 아무에게도 말하지 않지만, 계속해서 실패하는 트레이더는 "마치 선거운동이라도 하듯이 자신의 거래 내용을 아무에게나 털어놓는다."[1]

비밀 정보를 아무에게나 나눠주려는 사람의 심리는 십중팔구 인정과 칭찬을 받으려는 것이다. 장담하건대 이들은 당신에게 호의를 베푸는 것이 아니다. 따라서 누군가 비밀 정보를 제공하려 한다면 정중히 거절해야 한다.

나도 전에 비밀 정보를 받아들인 적이 있다. 라그나르가 문제를 일으켰을 때 시카고옵션거래소 준법감시 책임자였던 짐 브루키가 인터스테이트에 합류했는데, 우리는 그에게 간단한 환영 행사를 열어주었다. 행사가 끝나고 내가 문밖으로 막 나가려는 참에 낯익은 목소리가 들렸다. "여보게 빅, 잠깐만 기다려!"

돌아서자 친구가 내게 달려왔다. 그가 조용한 목소리로 말했다. "빅, 자네 애들 장래를 준비하라고 주는 비밀 정보일세." 그는 리먼브라더스 장외거래 담당자 아티 바그너가 알려주었다는 비밀 정보를 내게 전했다. 당시 바그너는 장외거래 시장에서 신과 같은 존재였다. 그는 실적이 경이적이었다.

나는 단지 호기심에서 그 종목을 찾아보았다. 0.88달러에 거래되는 장외종목이었다. 당시 실적이 매우 좋았던 나는 이 종목을 일종의 '영구 옵션'으로 간주했다. 0.88달러에서 내려가봐야 얼마나 더 내려가겠느냐고 생각했다.

0까지 내려갈까? 실제로 0까지 내려갔다. 나는 이 '영구 옵션'을 거의 35만 주나 샀는데 완전히 휴지가 되었다. 설상가상으로 0.03~0.07달러로 내려갔을 때, 이제는 반등할 시점이라고 생각하면서 35만 주를 더 샀다. 그러나 반등하지 않고 0으로 내려갔다. 호가 제공이 중단되었을 때 나는 이 회사를 찾아보았지만, 도저히 찾을 수가 없었다. 주소도 전화번호도 남기지 않은 채 허공 속으로 사라져버렸다.

내가 조금만 더 신중했다면 친구의 비밀 정보에 귀를 기울이지 않았을 것이다. 내 절친한 친구 놈(Norm)은 늘 말한다. "애들 장래를 준비하라는 비밀 정보에 거액을 투자하면, 그 애들은 고아원에서 자라게 될 거야." 놈은 누군가 비밀 정보를 말하려 할 때 대응하는 요령도 알려주었다. "잠깐 화장실 간다고 하면서 자리를 떠. 그날 밤에는 그 사람 근처에도 가지 마."

우리가 다른 사람의 비밀 정보를 들으면 안 되는 것처럼, 다른 사람에게 비밀 정보를 제공해서도 안 된다. 친구를 도우려는 마음은 가상하지만, 친구와 대화할 때는 단지 일반적인 아이디어와 거래 전술에 대해서만 논의하라. 정말로 좋은 친구가 되려거든 종목 추천은 하지 말라. 친구에게도 사고력이 있으므로, 스스로 생각하게 하라.

이 원칙의 요점은 어떤 것도 자신의 판단을 대신하지 못한다는 뜻이다. 스스로 판단하여 거래할 자신이 없다면 거래하지 말라. 친구의 말이 아니라 추세를 따르라.

원칙 15: 항상 자신의 실수를 분석하라

돈을 잃었다고 해서 반드시 실수한 것은 아니며, 실수를 저질렀다고 해서 반드시 돈을 잃는 것도 아니다. 거래는 잘했는데도 돈을 잃을 수 있고, 실수를 저질렀는데도 돈을 벌기도 한다. 원칙을 따르다가 손실을 보았다면 문제 삼지 말라. 분석할 필요가 없다. "그럴 수도 있지!"라고 말하면서 다음 거래에 임하라. 그러나 예컨대 포지션을 너무 일찍 닫아버렸는데 이후에 계속 가격이 상승한다면 거래 과정을 다시 생각해보라.

자신의 실수를 분석하는 가장 중요한 이유는 실수와 실패가 언제나 가장 훌륭한 스승이기 때문이다. 실수를 분석하면 우리는 항상 원칙을 따라야 한다는 사실을 되새기게 된다. 실수를 저지른 실제 이유를 정직하게 찾아낼 수 있다면, 똑같은 실수를 되풀이할 가능성이 훨씬 낮아진다.

흔히 실수는 무지가 아니라 두려움에서 비롯된다. 실수에 대한 두려움, 굴욕에 대한 두려움 등에서 비롯된다. 거래를 잘하려면 두려움을 정복해야 한다. 두려움을 정복하려면 먼저 자신에게 두려움이 있음을 인정해야 하며, 이는 실수를 인정하고 분석해야 한다는 뜻이다. 이에 대해서는 2부에서 자세히 논의한다.

원칙 16: '헐값 기업 인수'를 조심하라

하루는 대기업 이사로 활동하는 친구에게서 전화가 왔다. 그가 말했다. "빅터, XYZ사가 ABC와 합병하기로 합의했다네. XYZ 주식을 사게. 확실한 정보야."

나는 말했다. "프레드, 이런 정보를 말해주면 불법 아니야?"

"전혀 불법이 아니야. 우리는 두 회사와 아무 관계도 없고, 두 회사가 방금 정식으로 발표했어. 아직 언론에서 보도를 안 했을 뿐이야."

XYZ의 가격을 찾아보니 주당 6달러였고 나는 소량 사들였다. 2주 뒤 두 회사는 합병했다. ABC가 XYZ를 주당 4.50달러에 인수하기로 합의했다. 나는 이 거래로 손실을 보았다. '헐값 기업 인수'였다.

비밀 정보를 이용한 두 번째 거래이자 마지막 거래였다. 그리고 비밀 정보가 사실로 밝혀진 유일한 거래였다. 분명히 인수거래이긴 했지만 헐값 인수거래였다. 그날 이후 나는 이른바 '인수 종목'이라면 근처에도 가지 않는다.

원칙 17: 실행하기 어려운 거래는 하지 말라

놈(Norm)은 메릴린치 국제 옵션거래 데스크를 관리하던 시절, 거래 실행이 지연되거나 부실했을 때 나왔던 변명의 목록을 작성했다. 하루 는 그가 주문을 내고 나서 10분이 지나도록 체결 보고가 들어오지 않 았다. 그는 장내 거래인에게 전화를 걸었다. "아니 어찌 된 일이오? 10분 이 지났는데도 체결 보고가 없으니!"

장내 거래인은 곧바로 대답했다. "나는 시장조성자 왼쪽에서 주문 을 큰 소리로 알려줬으므로 그가 알아들었다고 생각했습니다. 내가 다 시 그에게 가서 옆구리를 쿡 찌르면서 '내 말 들었지?'라고 물었더니, 그가 말하더군요. '무슨 말? 내가 왼쪽 귀 안 들리는 거 알잖아?'"

정말이지 세상에는 별일이 다 있다.

내 트레이딩 인생에서 가장 큰 손실은 직원의 실수에서 비롯되었다. S&P 선물과 NYFE 선물(뉴욕에서 거래되던 S&P 선물과 비슷한 상품)이 활발 하게 거래되던 1982~1983년 기간이었다. 나는 차익거래 중이었는데 청산 시점을 찾고 있었다. S&P는 350계약 매수포지션이었고, NYFE 는 500계약 매도포지션이었다. 나는 시카고 장내 거래인 폴에게 직통 전화로 호가를 물어보았다.

폴은 대답했다. "40-45, 호가 규모 양호."

나는 전화를 끊자마자 매도포지션을 커버하려고 NYFE 500계약을 샀다. 따라서 나는 S&P 350계약 매수포지션이 되었다. 이어서 폴이 알려준 대로 매수 호가 40에 S&P를 팔려고 했다. 그러나 S&P 장내 거래인에게 주문을 내려는 순간 확인해보니, 호가가 40-45가 아니라 20-25였다! 폴이 수신호를 잘못 읽었던 것이다!

사실 호가가 40-45였다면, 나는 이익을 보았을 것이다. 실제 호가가 20-25인 줄 알았다면, 나는 NYFE를 절대 사들이지 않았을 것이다. 프로그램 트레이딩이 없었던 당시에 4틱은 엄청난 차이였다.

어쩔 수 없이 나는 S&P 포지션을 당분간 보유하기로 했다. 그런데 곧 세법에 관한 악재가 터졌고, 내가 포지션을 모두 청산하는 동안 2~3포인트나 폭락했다. 이 거래로 나는 수십만 달러를 잃었다.

물론 이것은 극단적인 사례이지만, 당신도 언제든 주문이 잘못 실행되어 손해 볼 수 있다는 말이다. 항상 이중으로 점검하고 호가를 확인하는 습관을 길러라. 뭔가 의심스러우면 물어보라. 장내 거래인이 아무리 바빠도 개의치 말라. 이들의 역할은 정확한 정보를 제공하고 차질 없이 주문을 실행하며 즉시 결과를 보고하는 일이다.

나는 장내 거래인들을 헐뜯으려는 생각이 아니다. 거래가 활발한 날 거래소를 방문해보면 이들을 충분히 이해할 것이다. 이들은 정말이지 눈코 뜰 새 없이 바쁘며, 이들도 사람이므로 실수를 저지른다. 내 말의 요지는 이들이 완벽하다고 착각해서는 안 된다는 뜻이다. 당신이 자신을 지켜야 하므로 가장 신뢰할 만한 거래인을 선택하고, 가능하면 항상 이중으로 확인해야 한다.

다른 사례도 있다. 나는 최근 S&P 선물 데이트레이딩 시스템을 개발했다. 이론적으로는 훌륭해 보였으므로, 나는 트레이딩 동료 더글러스에게 실제로 테스트해보라고 넘겨주었다. 이 시스템은 대체로 효과를 잘 발휘했다. 그러나 시장에 들어갈 때 3틱을 손해 보았고 나올 때도 3틱 손해 보았다. 거래량이 너무 적었던 탓에 소량으로 테스트하는데도 시장을 3틱이나 움직였던 것이다! 그래도 시스템이 효과가 있었으므로 주문 실행에 따른 변동성까지 고려하여 시스템을 조정했다.

원칙 18: 항상 거래 내용을 직접 기록하라

사람들이 자기 계좌로 거래할 때는 흔히 전화로 주문만 할 뿐, 거래 내용 기록하기를 귀찮아한다. 증권회사에서 기록을 모두 대신해주기 때문이다. 그러나 증권회사도 실수를 저지른다.

따라서 각 주문에 대해 날짜, 시간, 상품, 매수·매도 구분, 체결 시점을 손수 기록해야 한다. 자신의 기록 내용과 증권회사의 보고서를 주기적으로 비교하라. 손수 기록하지 않으면 증권회사의 보고서가 정확한지 확인할 길이 없다.

원칙 19: 원칙을 알고 원칙을 따르라!

트레이딩 원칙마다 그 원칙을 어기는 방법이 5가지씩 있으며, 시간이 흐르면 몇 가지를 더 발견하게 된다. 지금까지 트레이딩 원칙을 18가지 열거했으므로 원칙을 어기는 방법이 적어도 90가지가 있는 셈이다. 그리고 트레이딩 원칙을 하나 어길 때마다 돈 잃는 방법도 하나 더 늘어난다.

|85% 원칙

항상 100% 맞히는 사람은 없다. 온갖 사건들이 주의를 분산하기 때문이다. 배우자나 애인과 다툴 수도 있다. 앞에서 언급했던 친구 수전의 전화도 그런 예다. 주의를 분산하는 사건은 가지각색이다.

예를 들어 1984년 5월 4일 나는 시카고상품거래소에서 연설해달라는 요청을 받았다. 나는 '월시 그린우드(Walsh Greenwood)'의 임원 스티브 월시(Steve Walsh), 시장조성자 게리 나이트(Gary Knight)와 함께 연단에 올랐다. 그런데 질의응답 시간에 청중 한 사람이 일어서서 말했다. "시장조성자에게 한 말씀 드리겠습니다. 거래소 규칙들이 모두 회원권을 보유한 시장조성자에게 유리하게 되어 있습니다."

게리는 서슴없이 대답했다. "그렇습니다."

청중이 말했다. "그것은 공정하지 않다고 생각합니다."

그러자 게리가 말했다. "그러면 회원권을 사십시오. 현재 25만 달러입니다."

거래소 규칙은 장내 거래인들에게 유리하다는 점을 기억하라. 그 덕에 장내 거래인들이 생계를 유지하는 것이다.

어쨌든 나는 연단 위에 있었다. 당시 나는 비관론자였으며 1월에 홈런을 날렸었다. 시장은 반등하여 박스권에서 움직이고 있었다. 나는 또다시 매도포지션 기회를 노리고 있었고, 한두 달 내로 박스권 하향 돌파를 기대하고 있었다. 공교롭게도 내가 떠나기 전날에 시장이 폭락했다. 프랭키 조가 매도포지션을 잡아 트레이딩 경쟁에서 승리했다. 나는 그 망할 비행기를 타고 있었다. 이것도 주의 분산이었다.

시장에서 전업 트레이더로 살아가려면 정신적, 심리적, 육체적으로 100%에 최대한 접근하려고 노력해야 한다. 그러나 내 생각에는 평균 85% 수준에 도달하면 성공이다.

따라서 거래에 임할 때는 전혀 생각하지 못한 방식으로 돈 잃을 각오를 해야 한다. 언젠가 당신이 시장의 정상에 올라서서 홈런을 치려는 순간, 배우자와 다투거나 가족이 사망하거나 전혀 예상 못 한 일이 벌어질 수 있다.

100%를 겨냥하되 85%에 만족하라. 그 정도가 현실적이다.

"애들 장래를 준비하라라며 알려주는
비밀 정보에 거액을 투자하면,
그 애들은 고아원에서 자라게 된다.
누군가 당신에게 비밀 정보를 알려주려 한다면,
잠깐 화장실 간다고 하면서 자리를 떠라.
그날 밤에는 그 사람 근처에도 가지 말라."

1부를 마치며:
트레이딩으로 계속 돈을 벌게 해준 핵심

이제 밑바닥부터 끝까지 설명을 마쳤다. 지금까지 설명한 내용이 내가 트레이딩으로 계속 돈을 벌게 해준 핵심 지식이다. 나는 경력을 간략하게 설명했고 이 과정에서 내가 얻은 지식도 보여주었다.

지금까지 설명한 내용은 모두 기본적이고 핵심적인 정보와 원칙들이다. 이런 기본 아이디어를 당신 특유의 스타일로 시장에 적용한다면 기본 정보가 효과를 발휘할 것이다.

본질을 생각하면서 세월의 시험을 견뎌낸 트레이딩 원칙들을 통합한다면, 당신은 끊임없이 변화하는 시장 여건에 적응할 수 있을 것이다. 시장 변화에 따라 달라져야 하는 단기 전술과는 달리, 이런 트레이딩 원칙들은 항상 효과를 발휘할 것이다.

당신이 사업 철학을 세워 고수한다면 업무에 집중할 수 있다. 옆길로 새는 일이 없을 것이다. 더 구체적으로 말해서 대박을 노리는 대신 자본을 보전하면서 꾸준한 이익을 추구한다면 다른 수많은 트레이더처럼 파산하는 일이 없을 것이다.

다우 이론을 공부하면 다른 어떤 이론을 공부하는 것보다도 시장을 깊이 꿰뚫어볼 수 있다. 시장 흐름은 대체로 심리적 현상이므로 절대 기준으로는 예측할 수 없지만 확률로는 예측할 수 있을 것이다.

추세가 무엇이고 언제 바뀌는지 이해한다면 당신은 이 지식으로 수많은 시간을 절약할 수 있다. 기분 내키는 대로 시장에 들락거리는 대신 추세에 따라 거래할 것이기 때문이다.

기술적 분석의 장점과 단점을 이해하면 시점 선택을 지원하는 강력한 도구로 사용할 수 있다. 몇 가지 핵심적인 기술적 분석 기법에 집중하면 흔히 기술적 분석가들이 빠지는 온갖 혼란에서 벗어날 것이다.

통화와 신용이 경기 순환에 미치는 영향 등 경제학의 기본을 이해하면 정부의 시장 개입이 미치는 영향을 예측하여 돈을 벌 수 있다.

위험을 측정하고 그 한도에 따라 자금을 관리한다면 세월이 흘러도 시장에서 쫓겨나는 일이 없을 것이다.

그리고 원칙을 준수한다면 트레이딩 목표를 꾸준히 달성할 것이다. 이것이 장수하는 훌륭한 트레이더의 특징이다.

그러나 앞에서도 언급했지만 지식만으로는 부족하다. 나는 지금까지 설명한 아이디어 대부분을 38명에게 가르쳤지만 5명을 제외하고 모두 돈을 날렸다. 이들의 문제는 지식 부족이 아니었다. 지식을 일관되게 실천하는 능력이 문제였다. 내가 가르친 사람 모두 돈 벌 능력이 있었고, 원칙을 위반했을 때 그 사실을 인식할 수 있었다. 그러나 이들은 똑같은 실수를 계속해서 반복했다.

나는 이런 현상이 당혹스러웠다. 그래서 심리학을 공부했고 200권이 넘는 책을 읽었다. 내가 얻은 답을 2부에서 설명하겠다.

2부

실행 의지: 감정 절제력

Intro.

트레이더의 꿈
: 우화

> 게임에서 패배하더라도 그 패배를 통해서 우리가 달라지고 새로운 것을 배워 다른 게임에 적용할 수 있다면, 우리는 배움을 얻은 셈이다. 다소 기묘하게 들리겠지만 이때는 패배가 곧 승리다. - 리처드 바크(Richard Bach)

당신이 이 책을 집어 들었을 때는 돈 버는 법을 가르쳐줄 것으로 기대했을 것이다. 그러나 이 책의 목적은 단지 돈 버는 방법이 아니라, 완전하게 성공하는 방법을 가르쳐주는 것이다. 단지 돈만 버는 것과 성공적인 인생을 사는 것은 다르기 때문이다. 나는 월스트리트에서 오랜 세월을 보내면서, 돈 버는 일에만 치중한 나머지 인생을 망쳐버린 사람을 수없이 많이 보았다. 다음 우화가 그런 이야기다.

❖

유명한 갑부 트레이더가 있었다. 그는 성년이 된 이후 세계 최고의 트레이더가 되어 거액을 버는 일에만 평생 몰두했다. 이제 그는 목표를 달성했으므로 평생 써도 다 쓰지 못할 만큼 돈을 모았다. 그가 입을 열면 금융 세계가 모두 귀를 기울였다.

그러나 이 거부 트레이더에게 문제가 생겼다. 아무리 잠을 오래 자도 아침에 일어날 때면 사지가 납덩이처럼 무거웠다. 일을 할 때도 전처럼 정력을 쏟을 수가 없었다. 그는 내면 깊이 공허감을 느꼈으며 어떤 부와 명성으로도 채울 수가 없었다. 그는 인생에서 처음으로 속수무책의 무력감에 빠졌다.

하루는 납덩이처럼 지친 몸을 이끌고 책상 앞에 앉았지만 도무지 시세단말기를 켤 기분이 아니었다. 신선한 바람을 쐬면 나으려니 생각하면서 그는 멍한 기분으로 창문을 열었다. 그러나 공기는 축축하고 후텁지근했다. 창문 닫기도 귀찮아서 그는 소파 위에 그대로 털썩 주저앉았다. 그는 생각했다. "뭐가 문제지? 나는 원하던 것을 모두 얻었잖아. 당연히 행복해야 하는데." 그는 생각의 갈피를 못 잡고 방황하다가 잠들었다.

그는 차원 없는 블랙홀 깊숙이 떨어지고 있었다. 공허함이 그를 잡아당긴다고 느끼던 순간, 갑자기 차가운 바람이 분출하면서 그는 우주 한복판을 떠돌기 시작했다. 그는 멀리서 흰빛 한 점을 발견하자 어두운 공간을 뚫고 그 빛을 향해 나아갔다. 그가 다가갈수록 점이 더 커졌는데, 알고 보니 점이 아니라 밝게 빛나는 복도였으며 커다란 마호가니 문으로 이어졌다. 트레이더는 문 뒤에 뭔가 중요한 것이 있다는 느낌이 들어 문을 향해 걸음을 재촉했다. 차가운 공기 속에서도 땀을 흘리면서 도착한 그는 마침내 단단한 복도 바닥에 발을 내디뎠고 문을 향해 걷기 시작했다.

그의 발걸음 소리가 어딘가에서 새어 나오는 눈부시게 하얀 빛을 통과하면서 복도에 메아리쳤다. 오로지 문만 뚜렷이 보였으며 발을 내디딜 때마다 커졌다. 그가 다가가자 문에 걸린 놋쇠 명판이 보였으나 아직 너무 멀어서 글을 읽을 수가 없었다. 걸음 속도를 높여 마침내 문 앞에 도착하자 명판의 글을 읽을 수 있었다. 그는 걸음을 멈추고 읽었다.

문제를 찾는다면 안으로 들어오라.

해결책을 찾는다면 내면을 돌아보라.

그의 앞에 놓인 문은 6척 장신인 그의 키보다 적어도 세 배는 높았다. 걸쇠를 벗기고 밀자 거대한 문이 쉽게 움직였지만 문설주에서 먼지가 쏟아졌다. 그는 망설이다가 안으로 들어갔다.

첫 번째 사무실에 도착했다. 창고를 고친 공간이어서 창문이 없고 불빛이 희미했다. 그러나 그의 낡은 회색 군용 책상이 있던 자리에는 큼직한 새 벚나무 책상이 놓여 있었고, 그 위에는 낯선 파일과 장부가 쌓여 있었다. 책상 뒤에 놓인 긴 테이블 위에는 키보드 하나가 자신의 얼굴을 보여주는 커다란 스크린에 연결되어 있었다.

키보드 앞에는 출렁거리는 흰 가운을 입고 흰 수염을 길게 기른 노인이 앉아 있었다. 트레이더는 희미하게 그가 '시간의 할아버지'라는 생각이 떠올랐다. 노인은 돌아서서 늙은 얼굴과는 전혀 어울리지 않는 날카로운 눈빛으로 바라보면서 성량이 풍부한 목소리로 말했다. "왜 이렇게 오래 걸렸나? 자네를 기다리고 있었네."

"하지만 저는 여기가 어디인지, 제가 왜 여기 왔는지도 모르겠습니다." 트레이더는 떨리는 목소리로 말했다.

"당연하지. 자네는 성공이 무엇인지 배우러 온 거야." 노인이 웃으면서 말했다.

"저는 성공이 무엇인지는 압니다. 제가 성공한 사람입니다!" 트레이더는 방어하듯이 말했다.

"그럴지도 모르지. 그런데 기준이 뭔가?"

대답을 기다리지도 않고 노인이 돌아앉아서 키보드를 두드리자 트레이더가 겪은 인생의 사건들이 화면 속에서 책장처럼 넘어갔다. 트레이더는 화면에 나타나는 과거 장면들을 하나씩 지켜보았다. 그는 오래전에 까마득히 잊었던 장면도 보았고, 알고는 있었지만 본 적이 없었던 장면도 보았다. 그는 감정 절제력에 긍지를 느껴왔지만 전혀 엉뚱한 시점에 뜻밖에 울고 웃었다.

그는 대학 시절 기타 연주가 하찮은 짓이라고 판단하여 기타를 파는 자신의 모습을 보면서 울었다. 거래에 실패하여 30만 달러를 날리고 얼굴에 분노가 가득한 자신의 모습을 보면서는 웃었다. 전처가 자신이 일하는 동안 출산하는 모습을 보면서 울었다. 전처가 나중에 새 남편이 된 애인과 테니스를 하면서 보여준 우아한 동작과 기뻐하는 표정을 보면서 웃었다. 장면이 바뀔 때마다 계속 웃고 울면서 그는 자신이 얼마나 어리석었으며 얼마나 많은 것을 버렸는지 알게 되었다. 곧 화면이 어두워졌고 노인이 그를 돌아보았다.

노인은 타는 듯한 눈빛으로 그를 바라보며 말했다. "자네는 아직도 성공에 대해서 잘 안다고 생각하는가? 자네는 명성도 얻었고 재산도 모았고 많은 것을 이루었네. 그러나 현재의 위치는 어떠한가? 자네는 무엇을 원하는가? 무엇을 꿈꾸는가?"

그는 잠시 멈추고 생각하더니 책상에 쌓인 장부들을 가볍게 두드린 다음 말을 이었다. "어떤 사람은 꿈은 있지만 행동을 하지 않아. 어떤 사람은 행동은 하지만 꿈이 없어. 그러나 극소수이지만 꿈이 있으면서 꿈을 실천하는 사람도 있다네."

트레이더는 고개를 천천히 가로저으면서 속삭였다. "나는 어떤 사람이지?" 이때 노인은 자욱한 안개 속으로 사라졌고, 그는 "나는 어떤 사람이지?"라고 거듭 외치면서 잠에서 깨어났다.

때 이른 한랭전선이 도시의 축축하고 후텁지근한 공기를 몰아내면서 다가온 탓에 열린 창문으로 차가운 바람이 들어왔다. 트레이더가 눈을 들어보니 회색 구름이 맑은 가을바람에 쫓겨가고 있었다. 곧 나뭇잎은 물들어 떨어질 것이고 머지않아 새 생명을 약속하면서 봄이 찾아올 것이다. 그는 소파에서 일어나 사무실 문을 향해 걸어가기 시작했다. 그는 걸어가면서 복도에 울려 퍼지는 자신의 발걸음 소리를 들었다. 그리고 꿈꾸기 시작했다.

❖

이 우화에 담긴 뜻은 분명하다. 부와 명성이 곧 성공은 아니라는 의미다. 어떤 경우에도 한 가지 목적을 달성한다고 해서 성공이 이루어지는 것은 아니다. 성공은 살아가는 방식이다.

한 시장 전문가는 이렇게 표현했다. "성공적인 인생은 성공적인 해가 모여서 이루어진다. 성공적인 해는 성공적인 달로 구성되고, 이는 성공적인 주, 일, 시간, 분, 순간으로 구성된다. 성공은 목표를 달성하는 것이다. 따라서 성공하려면 장기 목표뿐 아니라 순간의 목표도 있어야 한다. 각 목표는 서로 연결되어야 하며 한 가지 목적으로 통일되어야 한다. 그것은 인생에서 행복과 성취감을 느끼는 것이다."[1]

성공에 목표가 필요하다는 생각에는 전혀 새로울 것이 없다. 성공에 관한 어떤 책을 보아도, 성공한 사람의 어떤 전기를 읽어도, 목표와 성공은 밀접하게 연결되어 있다. 명확하게 설정한 목표가 없으면 집중할 수도 없고 계획을 세울 수도 없으며, 탁월한 실적 달성에 필요한 에너지를 획득하고 유지할 수도 없다. 그러나 목표만으로는 성공을 이룰 수 없다. 우화 속의 트레이더는 평생의 야망을 달성한 다음 공허감에 빠져 동기를 상실했다. 그는 실행 의지를 잃어버렸다.

우리 모두 우화 속의 트레이더와 비슷한 경험이 있을 것이다. 형태와 정도는 다르겠지만 사람들은 모두 감정과 신념 사이에서 갈등을 경험한다. 이 갈등이 지나치게 커져서 효과적인 기능이 불가능해지면 우리는 실수를 저지르게 된다. 인생에서 가장 어려운 과제는 완전한 상태에 도달하는 것이다. 이는 이성과 감정이 결합하여 공동전선을 형성함으로써 성공으로 이끄는 지식, 기법, 동기를 부여하는 상태를 뜻한다. 이 상태에 도달하려면 외부 세계에 대한 지식과 내면의 고유한 경험을 결합해야 한다. 이때 핵심 과제는 성취 가능할 뿐 아니라 현실감이 느껴지면서 성취 동기까지 느끼게 되는, 가치 있는 목표를 설정하는 일이다.

모든 동물에게 적용되는 근본적인 문제는 사느냐 죽느냐의 선택이다. 모든 종에는 생존하는 나름의 기법이 있지만 인간은 그 기법이 확연히 다르다. 호랑이는 사냥하고 사슴은 안전한 목초지를 찾아 돌아다니지만 인간은 생각한다. 인간은 생각을 의식적으로 적극적으로 활용해서 생존하는 유일한 동물이다. 이는 인간이 합리적인 동물로서 살아간다는 뜻이다. 인간은 이성과 논리를 이용해서 현실을 파악하고 생존에 필요한 요건을 정의하며 요건을 성취하는 방법을 배운다. 이어서 인간은 행동으로 이들을 실현해야 한다.

성공하려면 현실에 완벽하게 몰두하고 진실을 파악해야 한다. 이는 하늘로부터 인정받은 진실이 아니라, 단지 실제적이고 인간의 생활에 영향을 미치는 진실이어야 한다.

진실을 행동에 옮기는 일이야말로 의미 있는 성공의 원천이 된다. 철학 용어로는 이것이 정직의 원천이자 힘이다. 정직이란 지식을 얻고 이를 바탕으로 행동하려는 끊임없는 노력이다. 따라서 자신이나 남을 속여서 성취한 것은 부당하므로 그 결과도 해롭다고 인식한다. 정직은 처벌이 두려워서 "거짓으로 증언하지 말라" 같은 명령을 따르는 것이 아니다. 정직은 생각하는 합리적인 인간으로 생존하는 데 필요한 요소다.

우화 속의 트레이더는 의도는 정직했지만 몸소 정직을 실천하지 않은 탓에 온몸이 마비될 지경에 이르렀다. 그는 내면과 외부 세계를 둘다 조사하고 평가함으로써 끊임없이 성장하려고 노력하는 대신 부와 명성을 목표로 삼았고, 이 목표를 달성하는 과정에서 천박한 사람이 되었다. 돈과 영향력으로 자신의 가치를 평가했으므로, 그는 살아가는 과정을 즐기기가 어려웠다. 그는 저명한 심리학자 카렌 호나이(Karen Horney)의 이른바 '이상화된 자아상'을 만들어냈으며 이를 지켜내려고 행복과는 무관한, 엄격한 '당위'에 따라 살아가야만 했다.[2]

근면, 생산성, 긍지 등 그의 '당위'가 이상화된 자아상을 지탱해주었지만 그는 인생에서 소외감을 느꼈다. 당위는 자긍심을 느끼게 해주는 대신 자기 소외감만 느끼게 해주었다. 정직성이 부족했던 트레이더는 자신을 알려고 노력하지 않았고 자신이 내세운 가치와 덕목이 자기 인생을 파멸로 몰아갔다.

지금까지 논의한 성공은 금융시장 종사자들에게만 적용되는 것이 아니다. 그러면 나는 왜 이런 이야기를 꺼냈을까? 돈과 명예를 좇아 금융시장에 들어와서 좌절하는 사람이 너무도 많기 때문이다. 우리 대부분이 우화 속의 트레이더와 같은 속성을 지녔다. "내가 돈만 많이 벌면 원하는 건 뭐든 할 수 있어. 모두가 나를 우러러볼 거야. 나는 맘껏 자유를 누리면서 행복하게 살 거야!"

그러나 내 경험과 다른 사람들의 경험을 관찰한 바로는 이런 사고방식은 인생을 비탄에 빠뜨릴 뿐이다. 돈은 그 사람에게서 최고의 능력을 끌어내기도 하지만 최악의 능력을 끌어내는 경우가 많다. 그 이유는 자신을 제대로 이해하지 못해서다.

금전적으로 성공한 수많은 사람이 스트레스성 심장질환으로 중환자실에서 생을 마감한다. 매일 술독에 빠져서 평온을 찾는 사람도 있지만 이들은 갈수록 수익력을 상실하게 된다. 여러 번 재산을 모았다가 날린 사람들은 겉보기에 침착한 모습으로 자살을 결행하기도 한다. 활기차고 지성적이며 열정적인 모습으로 금융시장에 들어왔다가 압박을 견디지 못하여 자신감이 무너진 채 고개를 숙이고 떠나는 사람들도 있다.

부자가 되려는 충동적 욕구로 돈 버는 방법을 배울 수도 있지만 개인적으로 엄청난 대가를 치러야만 한다. 명성을 얻으려는 욕구는 대개 자신감과 자긍심 결여에서 비롯되며 그런 상태로는 명성을 얻어도 공허하고 의미가 없다. 돈과 명성만을 얻으려는 욕구가 강할수록 인간으로서 실패하게 되고 사업에서도 실패하게 된다.

그 이유는 복잡하다. 2부에서 자세히 논의하고자 한다. 나의 유일한 목적은 당신이 진정한 자신의 모습을 바라보고 성공에 필요한 변화 과정을 시작하도록 지식을 제공하는 것이다. 그 핵심이 감정 절제력의 속성과 원천, 즉 지식을 실행하는 의지다.

13

이성과 감정 사이의 전쟁
: 스팍 증후군

고인이 된 친구 프랭키 조는 트레이딩이 전쟁이라고 했다. 그러나 전쟁터는 자신의 내면이며 전쟁의 속성은 사람에 따라 달라진다.

나는 트레이더들의 온갖 모습을 지켜보았다. 어떤 트레이더는 꼼짝하지 않고 가만히 앉아 있어서 감정을 통제하는 것처럼 보이지만, 분노에 뒤틀린 탓에 반대 방향으로 달아나는 손실 포지션도 닫지 못하고 있다. 어떤 트레이더는 연필처럼 가는 팔로 7킬로그램이나 나가는 시간기록계를 5센티미터 두께의 나무 벽에 집어 던졌는데, 어찌나 충격이 컸던지 사무실 두 개가 모두 흔들릴 정도였다. 나는 욕에 나름 일가견이 있는 사람인데도 깜짝 놀랄 만한 욕을 듣기도 했다.

스트레스에서 오는 고통 때문에 배를 움켜쥔 채 의자에서 몸을 웅크린 사람도 보았다. 나는 스크린 앞에 앉아 숫자만 바라보고 있는데도 마치 신체적 위협을 당하기라도 한 것처럼 손에 땀이 나고 심장이 두근거리며 얼굴이 상기되고 혈관 속으로 아드레날린이 솟구치는 기분이 들기도 했다.

트레이딩을 전쟁으로 몰고 가는 내면의 적은 무엇일까? 논리적인 숫자 앞에서 우리를 불합리하게, 심지어 폭력적으로 몰고 가는 내면의 힘은 무엇일까?

이 질문에 답하고 내면의 적을 정복하게 된다면 아마도 트레이더나 투기자는 물론 인간으로서도 성공하게 될 것이다. 나는 트레이더 생활을 하면서 수많은 사람을 다양하게 만났다. 몇몇 사람은 계속해서 이익을 내는 진정한 프로였지만 대부분은 돈을 잃고 떠났다.

예컨대 나는 1980년대에 38명을 교육했지만 그중 겨우 5명만 돈을 벌어 트레이더로 활동하고 있다. 나는 38명 모두에게 금융시장에서 생존하고 돈 버는 지식과 기법을 가르쳐주었다. 모두 사무실 정보를 자유롭게 이용할 수 있었고 언제든 나와 면담할 수 있었지만, 대부분이 6개월도 못 채우고 파산했다. 그들을 지켜보면서 나는 트레이딩에 성공하는 사람과 실패하는 사람 사이에서 중대한 차이를 발견했다.

그 차이는 지능이나 지식이 아니라 지식을 실행에 옮기는 의지다. 트레이딩에 필요한 지식을 얻는 일은 비교적 쉽다. 예를 들어 체중 감량을 생각해보자. 아무 서점에나 들어가면 전문가들이 쓴 체중 감량에 관한 책이 수없이 많다. 건강에도 좋으면서 성과도 입증된 기법을 소개하는 책들이다. 그러나 체중 감량을 시작하는 사람 중 실제로 체중이 감소하는 사람은 100명 중 12명에 불과하고 1년 넘게 감량 효과를 유지하는 사람은 겨우 2명에 불과하다. 성공률 2%다. 상품 트레이딩의 성공률 5%에도 미치지 못한다!

트레이딩이든 체중 감량이든 아니면 다른 목표든, 가장 어려운 부분은 방법을 배우는 일이 아니다. 하겠다는 결단을 내리고 그 결단을 끝까지 지키는 일이다. 우리는 결단을 내릴 때 적어도 두 가지 대안 중에서 하나를 고른다. 그 결단을 지키기 어려운 이유는 우리 마음이 두 대안을 놓고 여전히 갈등을 일으키고 있기 때문이다. 갈등의 원천과 속성은 무엇일까? 우리가 무엇을 해야 하는지 알면서도 그렇게 하기 어려운 이유는 무엇일까?

이 질문에 대한 답은 옛날 TV 시리즈 '스타트렉'의 등장인물 스팍의 성격에 탁월하게 묘사되어 있다. 절반은 벌컨(Vulcan)이고 절반은 인간인 스팍은 자신의 본성과 조화를 이루지 못하는 존재다. 고대 벌컨으로부터 물려받은 유산은 야만과 미개와 폭력이다.

벌컨들은 논리와 이성에 철저하게 몰두하는 엄격한 철학적 절제력을 행사해야만 야만성을 억누르고 정신세계에 집중하여 지식 확장에 헌신할 수 있었다. 논리에 너무도 엄격하게 몰두한 탓에 '순수' 벌컨들은 감정을 느낄 수가 없다.

그러나 스팍은 절반이 인간이고 어린 시절 어머니로부터 받은 감정의 영향 때문에 자신도 모르게 감정을 느낀다. 그는 이성과 감정 사이에서 갈등을 느끼고 있지만 생과 사를 가르는 결정을 내리려면 감정적 반응을 억제해야만 한다.

스팍이 그토록 매력적인 인물인 까닭은 인간의 핵심적인 갈등을 극적으로 보여주기 때문일 것이다. 트레이더에게서 흔히 듣는 "머리는 손절매를 지시하지만 가슴은 버텨보라고 하네요"라는 말도 인간에게 내재하는 이중성을 시사한다. 한쪽은 이성이, 다른 한쪽은 감정이 지배한다는 말이다. 사람들은 인간 본성의 두 측면이 분리되어 있고 무관하며 흔히 상반된다고 생각한다. 이렇게 감정과 이성을 이분법적으로 받아들이기 때문에 사람들은 내면적으로나 대인관계에서나 갈등을 일으키게 된다.

우리가 스팍처럼 본디 분열된 상태이고 두 본성이 분리된 채 경쟁을 벌인다면 우리는 어느 쪽을 의지해야 하는가? 아마도 더 중요한 문제는 끊임없이 혼란과 좌절을 겪지 않으면서 온전하고 충만한 인생을 살아가려면 어떻게 해야 하느냐일 것이다.

이성과 감정이 서로 양립할 수 없다는 가정을 받아들인다면 이런 온전하고 충만한 인생은 불가능하다. 영혼에 운명적으로 영원한 이중성이 있다고 믿는 한 그럴 것이다. 나는 이렇게 자신을 전쟁으로 몰아넣어 자초한 고통을 스팍 증후군이라고 부른다. 이것이 트레이딩을 전쟁으로 만들고 인생을 고통스러운 투쟁으로 바꿔놓는 적이다.

그러나 대부분 전쟁과 마찬가지로 폭력을 영원히 몰아내는 방법은 싸움이 아니라, 갈등을 일으켰던 잘못된 생각을 뿌리 뽑는 것이다. 이를 위해서는 이성과 감정이 서로 분리된 본성이라는 가정에 도전하여 감정의 특성과 목적에 주목할 필요가 있으며 특히 분노와 공포의 역할에 초점을 맞춰야 한다.

대부분 갈등은 분노와 공포가 엉뚱한 곳으로 향할 때 일어난다. 벌컨과 마찬가지로 우리도 먼 옛날 야만스럽고 미개했던 시절에는 분노와 공포가 생활에서 핵심 역할을 했다. 그러나 현대 문명 속에서는 분노와 공포가 거의 역할을 하지 못한다. 게다가 생명을 위협하며 자멸로 몰고 갈 수도 있다.

그러면 우리는 왜 아직도 분노와 공포를 경험하는가? 어떻게 하면 분노와 공포를 이롭게 사용할 수 있을까? 그 첫 단계는 분노와 공포의 원천을 이해하는 것이며 그래서 우리의 생물학적 유산에 눈을 돌려야 한다.

포식자에서 트레이더로: 인간 감정의 진화

먼 옛날 동굴에 살던 오르그가 점심으로 바나나를 먹고 나서 몽둥이를 옆에 찬 채 나무 밑에서 졸고 있었다. 갑자기 나뭇가지 부러지는 소리가 났다. 10미터도 안 떨어진 곳에서 육중한 몸무게에 눌려 부러지는 소리였다. 오르그는 순간적으로 일어섰다. 근육이 긴장되었고 손은 언제든 휘두를 태세로 몽둥이를 쥐었으며, 눈은 소리가 난 곳을 바라보고 있었다. 공기에 실려오는 냄새를 맡아보니 멧돼지였다. 위험한 짐승이지만 훌륭한 식량이고 때마침 바람이 이쪽으로 불어오고 있었다.

소리와 냄새를 향해 살금살금 접근해갈 때 그의 심장은 두근거렸고 모든 감각이 민감하게 살아났다. 3미터 앞 덤불 속에서 바스락 소리가 난 다음 불길한 정적이 흘렀다. 오르그는 몽둥이를 들어 올린 채 달리려는 충동을 느꼈지만 휘두를 자세로 멈춰 섰다.

갑자기 위협적인 소리를 내면서 덤불 속에서 멧돼지가 튀어나왔다. 적의 살점을 갈기갈기 찢으려는 듯이 어금니를 드러내고 있었다. 마찬가지로 오싹한 소리를 지르면서 오르그가 옆으로 뛰어오르며 몽둥이를 휘둘렀다. 그러나 너무 늦어서 멧돼지의 등에 부분적인 타격만 입혔다. 넓적다리에 타는 듯한 통증을 느껴서 보니 살점이 떨어져 피가 흐르고 있었다.

멧돼지가 돌아서서 망설이다가 다시 덤벼들었다. 상처에 화가 난 오르그는 초인적인 힘으로 몽둥이를 휘둘렀고 이번에는 정확하게 멧돼지의 머리를 강타했다. 두개골이 박살 난 멧돼지는 즉사했다. 오르그는 상처를 치료한 다음 멧돼지를 끌고 동굴로 돌아갔다. 그는 부부의 일주일 치 식량을 장만했다.

이번에는 트레이더 존을 들여다보자. 그는 개인 트레이딩룸의 모니터 앞에 앉아 시카고상품거래소 채권 선물시장이 열리기를 기다리고 있다. 어제 일본 중앙은행이 금리를 인상한다는 소식에 그는 장 마감 무렵 채권 선물 200계약 매도포지션을 새로 잡았다. 그의 추론은 간단하고도 논리적이다. 채권시장이 여러 달 강세를 유지했으며 이제는 정점을 알리는 기술적 신호가 나타나고 있다.

일본은 미국 국채를 가장 많이 보유한 나라 중 하나다. 그러나 이제는 차입금 금리가 미국 국채 수익률보다 높아졌다. 달러는 이미 엔화에 대해 가치가 하락하고 있다. 게다가 미국 경기가 침체 상태여서 연준은 금리를 인상하여 달러 가치를 떠받칠 수도 없다. 사실은 연준이 금리를 인하한다는 소문도 있다. 미국 장기 국채 20%를 보유한 외국 투자자들이 채권을 내던질 것이다. 그는 잘 알고 있다. 이번이야말로 몇 년에 한 번 오는 절호의 기회다!

그러나 그의 판단이 틀릴 수도 있다. 그래서 어제 고가보다 5틱 높은 지점에 마음속으로 손절매 포인트를 설정했다. 어제 매도한 가격보다 10틱¹ 높은 지점이다. 그는 6만 2,500달러까지 위험을 감수할 생각이다. 그 이상은 안 된다.

채권시장이 열리자 그의 심장 박동이 다소 빨라진다. 시초가는 어제 종가와 같다! 그는 갭 하락을 기대했었다! 뭔가 잘못된 느낌이다. 10분이 흐르자 가격이 2틱 상승한다. 그는 인터컴으로 조수를 부른다.

"빌, 채권 피트에 전화해서 상황 좀 확인해봐."

"알았어요, 존."

그는 수화기를 내려놓고 담배에 불을 붙인 다음 바 차트를 지켜본다. 그는 혼잣말한다. "내 생각이 맞을 거야. 가격이 돌아설 거야, 돌아서야 해."

조수가 인터컴으로 보고한다. "거래는 활발하지만 특이한 사항은 없습니다. 이례적인 대량 매물도 없고요."

다음 한 시간 동안 가격이 계속 조금씩 오르더니 마음속으로 정한 손절매 포인트까지 접근했다. 그의 손실이 7틱, 8틱, 9틱 계속 증가했다. 그러더니 갑자기 달려드는 동물처럼 민첩하게 가격이 5틱 뛰어오르면서 마음속으로 정한 손절매 포인트를 넘어버렸다.

"안 돼!" 존의 비명이 복도까지 들렸다. 이어서 불길한 정적이 흘렀다. 1분 뒤 빌이 인터컴을 드는 소리에 정적이 깨졌다.

"존, 다시 사들일까요?"

"아니야, 투매가 나올 거야. 기다려."

존의 목소리는 침착했다. 지나칠 정도로 침착했다. 목소리라도 낮추지 않으면 그의 머리가 당장 폭발할 것 같았다. 가슴이 두근거렸다. 혈관 속으로 솟구치는 아드레날린이 느껴질 정도였다. 다시 담배에 불을 붙였다. 1틱 더 상승했다. 이제 200계약에 대해 15틱 손해를 보았으니 9만 3,500달러였다.

다음 몇 시간 동안은 가격이 움직이지 않았다. 1틱 오르면 1틱 내렸다. 1틱 내릴 때마다 존의 희망이 커졌고, 1틱 오를 때마다 존의 희망이 작아졌다.

그런데 갑자기 가격이 다시 오르기 시작했다. 느리지만 확실한 오름

세였다. 재떨이는 가득 찼고 존의 이마에는 땀방울이 흐르고 있었다. 그는 고집스럽게 화면을 지켜보지만 손실액은 계속 늘어만 간다. 10만 달러, 10만 6,250달러, 11만 2,500달러, 11만 8,750달러. 인터컴이 다시 울린다. 조수다.

"존?"

"제기랄. 안 돼! 내려가야 한단 말이야!"

그는 수화기를 요란하게 내려놓고 주먹으로 책상을 두드리면서 화면을 향해 고함친다. "이 더러운 자식! 너, 이 더럽고, 못된, 썩을 놈!" 갑자기 가격이 너무 치솟았다.

"빌! 저 망할 놈의 채권 모두 되사들여. 당장!"

그는 사무실을 사납게 뛰쳐나가 트리니티 플레이스로 향했다. 술로 분노를 달래려는 생각이었다.

다음 날 아침 채권이 갭 하락으로 시작하더니 다섯 시간 내리 극적으로 투매가 쏟아졌다. 거래소에서는 일본이 채권을 대량으로 내던진다는 말이 돌았다. 조수 빌은 풀 죽은 모습으로 화면을 지켜보고 있었다. 존은 자리에 없었다. 숙취 때문에 자고 있었다.

포식자 오르그와 트레이더 존. 둘 다 호모 사피엔스(인류)이며, 수백만 년에 걸친 진화 과정을 통해서 본성을 갖게 되었다. 둘 사이에는 차이점보다 공통점이 훨씬 많다. 차이는 정도의 문제에 불과하다. 둘 다 고도로 발달한 지능을 갖췄다. 둘 다 상상력이 있고(동굴벽화가 증거), 둘 다 감정을 느낀다. 가장 큰 차이는 존이 지능도 훨씬 뛰어나고 지식도 훨씬 많다는 점이다.

그런데 본성 및 환경과 더 조화를 이룬 쪽은 누구였나? 분명히 오르그였다. 오르그의 분노와 공포는 쓸모가 있었다. 자신을 보호하고 식량을 얻는 데 도움이 되었다. 반면에 존도 비슷한 감정을 느꼈지만 자멸적으로 작용했다.

심리학자 윌러드 게일린(Willard Gaylin) 박사에 의하면 분노와 공포는 다윈 진화에서 비상이나 스트레스 시점에 생존력을 높여주지만, 우리가 물려받은 것은 이제 쓸모가 없다. 그의 말을 옮기면 다음과 같다.

> 분노와 공포는 위험에 대처하는 핵심적인 감정 자원으로서, 이런 속성을 공유하는 종은 매우 다양하다. 우리 문화가 다른 동물들과 밀접한 관계를 맺는 동안에는 이런 감정이 매우 쓸모 있었다. 우리는 분노 덕분에 위협적인 짐승을 빈틈없이 조직적으로 공격할 수 있었다. 그러나 이제는 덤불보다 봉투가 더 위험해졌다. 수백만 년에 걸친 진화가 이제는 1만 년에 걸친 문명 때문에 구식이 된 듯하다.[2]

게일린의 주장은 분노와 공포가 현대 생활에서 발붙일 곳이 없다는 뜻이 아니라, 우리가 그 방향을 적절하게 잡아야 한다는 뜻이다. 그러지 않으면 분노와 공포가 우리를 파멸로 몰고 갈 수 있다. 분노와 공포는 위험을 예상하여 발생하는 감정적 반응으로서 동물이 싸우거나 달아나도록 정신과 신체를 준비하게 해준다. 말하자면 기본적인 생존 수단이다. 그러나 다른 동물들과는 달리 현대인이 나타내는 반응은 싸우거나 달아나는 데 그치지 않는다. 우리는 위협적인 상황에 부닥치면 흔히 위협적인 상황을 바로잡아 위협을 제거한다.

우리는 현실의 속성 자체를 바꿀 수 있다. 따라서 우리는 단지 자연에 지배당하는

수동적인 대상이 아니라, 자연과 함께 미래를 만들어가는 공저자다.[3]

한편, 우리의 상상력과 예측력이 결합하여 빚어낸 수많은 대안이 실제로 우리가 두려워하는 상황을 불러올 수도 있다. 다른 동물들과는 달리 우리 감정은 실제 사건에 대한 자동 반응이 아니라 해석에서 비롯된다. 바람은 죽은 사람의 영혼이 안식처를 찾는 과정이라고 믿는 사람이라면, 사나운 폭풍이 몰아칠 때 기상학자와 전혀 다른 반응을 보일 것이다. 실제 사건에 대한 우리의 믿음과 판단이 얼마나 정확한가에 따라서 감정은 우리에게 도움이 될 수도 있고 해가 될 수도 있다. 감정은 우리를 보호할 수도 있고 우리를 파괴할 수도 있다.

| 감정의 순기능 |

심리학자 너새니얼 브랜든(Nathaniel Branden)의 정의에 의하면 "감정이란 현실이 자신에게 미치는 손익을 추정하여 표현하는 심신상관 (心身相關) 반응이다."[4] '심신상관'이란 감정이 정신 과정에서 비롯되는 신체적 반응이라는 뜻이다. 정신 과정은 평가 과정으로서 우리에게 '손해인지 이익인지' 판단한다는 의미다.

예를 들어 장전된 은도금 연발권총을 보았을 때 총이 무엇인지 모르는 어린이라면 반짝이는 모습과 움직이는 부품에 매력을 느낄 것이다. 그러나 부모가 강도의 총에 살해당하는 모습을 본 어린이라면 연발권총을 보면 틀림없이 두려워하면서 피할 것이다. 첫 번째 어린이에게는 연발권총이 예쁘고 흥미로운 물건이다. 두 번째 어린이에게는 위험하고 해로운 물건이다.

　마찬가지로 사물이나 사건에 대한 우리의 감정적 반응은 현재 지식의 맥락에서 사물이나 사건을 무의식적으로 어떻게 평가하느냐에 따라 달라진다. 그 판단과 반응은 지극히 빨라서, 우리 의식으로는 그 과정을 포착할 수 없다. 우리는 멈춰 서서 그 감정의 원천을 숙고하고 성찰해야만 파악할 수 있다. 우리는 무엇을 숙고해야 하는가? 에인 랜드는 이 문제에 대해 누구보다도 훌륭한 답을 제시했다.

　사람이 사물에 대해 느끼는 선악, 애증, 욕망과 공포는 자신의 가치 기준에 좌우된다. 불합리한 가치를 선택한다면 감정 메커니즘은 그를 보호하는 역할이 아니라 파괴하는 역할을 하게 된다. 불합리는 불가능을 뜻한다. 그래서 현실과 모순이 된다. 현실은 바란다고 해서 바뀌는 것이 아니므로, 오히려 바라는 사람을 파괴한다. 모순을 추구하는 사람은 자신의 의식을 붕괴시킨다. 그의 내면은 내전 상태에 돌입하게 되며, 맹목적인 힘이 어둡고 모순되며 의미 없는 갈등을 일으킨다.[5]

　감정을 이해하려면 우리는 그 원천인 가치를 이해해야 한다. "가치란 얻거나 지키려는 대상이다."[6] 가치는 우리가 바람직하다고 생각하는 사물, 아이디어, 원칙으로서 좋든 싫든 우리 잠재의식 속에 서열을 구성하고 있다.

　서열은 우리가 가치 기준에 따라 부여하는 상대적 중요도 순서다. 우리 평가 기준이 합리적인 인간 본성과 일치한다면 모든 가치, 믿음, 목표가 일관되며 도움이 된다. 우리는 의식적이든 무의식적이든 가치를 선택하며, 이렇게 선택한 가치가 감정이라는 컴퓨터 본체에 깔리는 프로그램이 된다.[7] 그리고 컴퓨터와 마찬가지로 프로그램 내용이 산출물의 가치를 좌우한다.

우리는 의지에 따라 의식하는 존재다. 생존하려면 인간은 생각해야 한다. 현실을 인식하고 가용 자원을 결합해야 한다. 이것이 자유의지가 뜻하는 바다. 우리는 무의식이라는 컴퓨터에 프로그램을 제공하거나 변경할 수 있다는 면에서 자유의지를 갖췄다. 그러나 우리가 컴퓨터의 기능을 바꿀 수는 없다.

우리 감정은 기능의 한 부분이다. 우리는 생물학적 진화를 통해서 복잡한 사건에 대해서도 지극히 빠르게 반응하는 구조를 갖췄다. 그러나 감정적 반응의 형태는 우리가 잠재의식 속으로 받아들인 가치와 신념에 따라 결정된다. 따라서 실제로 효능 측면에서 보면 가치의 타당성이 감정의 타당성을 결정한다. 게다가 우리는 사건을 개념화하고 미래를 예측할 수 있으므로, 감정의 역할이 다른 동물들의 수준을 뛰어넘는다. 다음은 에인 랜드의 말이다.

사람의 몸이 기쁨이나 고통을 통해서 신체의 건강 상태나 위급 상황을 자동으로 알려주듯이, 감정도 기쁨과 고통을 통해서 똑같은 기능을 수행한다. 감정은 자신의 가치가 증대되는지 위협받는지를 추정하고 손익을 번개처럼 빠르게 합산하여 내놓은 결과물이다.

그러나 사람 몸에서 육체적인 기쁨-고통 구조를 운용하는 가치 기준은 신체 특성에 따라 결정되며 자동적이고 선천적이지만, 감정 구조를 운용하는 가치 기준은 그렇지 않다. 사람에게는 선천적인 사상이 없으므로 가치 판단의 기준은 선천적인 것이 아니다.[8]

이는 스팍을 비롯한 벌컨의 견해와는 전혀 다른 견해다. 스팍은 감정이 불합리하고 부정적이라고 생각하여 그 존재와 타당성을 부인했지만, 랜드는 감정이 가치와 논리적으로 직접 연결되고 가치는 이성과 연결된다고 정의했다. 그녀는 가치의 정확성과 타당성이 감정의 힘과 완전성을 결정한다고 주장했다. 랜드의 견해에 의하면 감정의 갈등은 가치의 갈등에서 비롯되며, 우리는 이성을 통해서 가치를 바꿀 능력이 있다.

따라서 우리는 본성과 유산에 의해서 운명적으로 내적 갈등을 겪어야 하는 존재가 아니다. 그러나 내적 갈등을 피하려면 일관된 가치를 선택하고 유지해야 하며, 그 유일한 방법은 이성을 활용하는 것이다.

가치가 일관되고 정확하게 정의되면 감정은 기쁨-고통 구조로 영혼을 보호하는 역할을 맡을 수 있다. 따라서 즉각적으로 관심을 기울여야 하는 복잡한 사건에 대해서도 즉시 타당한 반응을 보낸다. 이것을 사람들은 '직관'이나 '직감'이라고 부른다. 더욱 중요한 점은 감정이 쓸모 있는 성취, 놀이, 인간관계에 대해 보상(기쁨)도 제공할 수 있다는 점이다. 건강한 감정의 틀을 갖추면 우리는 성취를 위해 노력할 수 있을 뿐 아니라, 살아가는 과정을 즐길 수도 있다. 그리고 이런 즐거움이 동기에 끊임없이 연료를 공급하는 원천이 된다.

| 감정의 역기능

유감스럽게도 감정적 일관성을 달성하는 일이 아마도 가장 어려운 도전 과제가 될 것이다. 인간은 오류를 범하기 쉽다. 우리도 늘 실수하고 우리 부모도 실수했으며 우리 자녀도 실수할 것이다. 우리의 모든 믿음과 모든 선택이 잠재의식에 깔린 프로그램에 영향을 미치며, 따라서 우리의 감정적 반응에도 영향을 미친다. 새로운 선택과 정보가 미치는 영향이 감정의 틀 전체에 폭포처럼 쏟아지고 의식은 자체 점검을 하면서 새로운 정보와 낡은 정보를 대조한다.

새 정보는 가치 서열에서 차지하는 위치가 중요할수록 감정적 반응에 더 극적인 영향을 미친다. 우리는 행동의 결과를 현실적으로 받아들일 수밖에 없다. 거래를 잘하면 돈을 벌고, 거래를 잘못하면 돈을 잃는다. 의식적 및 무의식적 가치의 구조와 내용에 따라 우리가 결과에 대해서 느끼는 감정이 달라진다. 우리는 기쁨을 느끼면 삶에 의욕이 넘쳐서 희망을 안고 계속 전진하려고 한다. 우리는 고통을 느끼면 침체 상태에 빠지고 공포에 휩싸이며 고통을 일으킨 요인으로부터 도망치려고 한다.

우리가 잘못된 신념을 가치 서열에 통합하려고 하면 어떻게 될까? 선택을 해야 할 때 잘못 선택하거나 아예 선택하지 않으면 어떻게 될까? 감정이 가치와 신념에 따라 결정된다면 잘못된 신념이나 모순된 가치는 우리를 오도하여 자멸로 몰고 갈 것이다.

예를 들어 어떤 사람이 인간은 천성이 악하므로 평생 속죄하면서 내세를 준비해야 한다고 믿는다면, 그는 물질적 부를 획득하면서 큰 기쁨을 누리기가 어려울 것이다. 만일 어떤 사람이 무의식적으로 자신이 행복을 누릴 자격이 없다고 믿는다면, 마땅히 기뻐할 사건에 대해서도 죄책감을 느낄 것이다. 만일 어떤 민족이 스스로 우월한 아리아인의 후손이어서 열등한 민족의 운명을 결정하도록 신으로부터 권한을 받았다고 믿는다면, 지도자가 무고한 민족을 죽이라고 명령하더라도 아무렇지 않게 느낄 것이다. 긍정적인 성과를 올렸는데도 고통, 공포, 죄책감을 느껴서 치료를 받는 사람도 있을 것이고, 자신이나 남을 파괴하면서 흥분과 기쁨을 느끼는 사람도 있을 것이다.

철저하게 자신에게 도움되는 일만 하거나 철저하게 자신을 파괴하는 일만 하면서 사는 사람은 거의 없을 것이다. 우리의 가치와 신념에는 어느 정도 모순 요소가 섞여 있다. 일부 신념은 삶에 도움이 되고 일부 신념은 삶에 방해가 된다. 트레이더 존의 사례를 다시 생각해보자.

존은 획득한 지식을 정확하게 적용했다(그러나 시점 선택은 틀렸다). 그는 자신 있게 포지션을 잡았고 처음부터 자신의 판단이 틀릴 수 있다고 인정했다. 그가 200계약이나 거래한 것을 보면 지금까지 성공을 거두었다고 추측할 수 있다. 가격이 그가 예상했던 방향으로 움직였다면, 그는 예측도 맞았고 돈도 벌었으므로 마냥 행복했을 것이다. 그러나 가격은 예상과 반대 방향으로 움직였고 그는 공포를 느꼈다. 그는 공포와 그릇된 자존심[9] 때문에 판단력을 상실했다. 그는 원칙 위반임을 알면서도 희망을 앞세워 현실을 무시했다.

존 같은 사람이 알면서도 잘못을 저지르는 이유는 매우 복잡하다. 이에 대해서는 다음 장에서 자세히 논의한다. 그러나 존이 그런 행동을 한 이유를 한마디로 압축한다면, 그는 실패의 고통을 피하고 싶었던 것이다. 그가 그토록 위협을 느꼈던 대상은 금전적 손실이 아니었다. 훌륭한 트레이더는 금전 손실을 업무의 한 부분으로 자연스럽게 받아들인다. 그가 공포에 질려 비이성적으로 행동한 이유는 실패의 고통을 겪을까 두려웠기 때문이다. 그는 고통을 피하려 했고 여기에 문제가 있었다.

존의 마지막 행동을 보자. 그는 달아났다. 그는 사무실에서 빠져나와 술을 마시면서 시간을 보냈는데 이는 고통을 전환하려는 행동이었다. 그 결과는 어땠을까?

존은 계획했던 것보다 더 많은 돈을 잃었고 그다음 날 좋은 거래 기회를 놓쳤으며 과음 때문에 두통에 시달렸다. 모두 실패의 고통을 피하려 했기 때문이다. 그의 감정은 그를 자기 파괴의 길로 내몰았다.

때로는 온 힘을 다한다고 생각할 때도 자기 파괴적인 행동을 할 수가 있다. 예를 들어 S&P지수 선물 데이트레이딩을 할 때 주문 실행이 제대로 안 되는 경우가 많다. 이런 식이다. 장내 중개인에게 전화로 호가를 물어본다.

장내 중개인: "345 25 -30."
빅터: "30계약 시장가 매수요."
장내 중개인: "30계약 35에 매수됐습니다."
빅터: "35라고요! 지금 호가는요?"
장내 중개인: "25 -30."

나는 호가가 25-30일 때 시장가 주문을 냈는데도 30에 체결된 것은 전혀 없고, 모두 35에 체결되었으며 호가는 여전히 25-30이다. 누군가 내게서 25달러를 30번이나 훔쳐 갔는데도 나는 손쓸 방법이 없다. 750달러가 날아갔다. 이런 사건 때문에 FBI가 시카고선물거래소를 조사하기도 했다. 나는 화가 치민다.

1986~1987년 초에 나는 하루 30번까지도 S&P 트레이딩을 했는데, 위와 같은 식으로 체결된 사례가 많았다. 비록 돈은 벌고 있었지만 나는 이런 부정거래 때문에 화가 났고, 그래서 고혈압 증상에 시달리게 되었다. 나는 건강을 생각해서 다음과 같은 대안을 검토했다.

1. S&P 데이트레이딩을 하지 않는다.
2. S&P를 거래할 때는 으레 속을 것으로 생각한다.
3. 건강이 위험해지더라도 계속 화를 내면서 돈을 번다.

나는 건강을 생각했으므로 1과 2를 선택했다. 나는 S&P 데이트레이딩을 중단했고 거래를 할 때는 속을 것으로 체념했다. 이제 혈압이 내려갔다. 게일린은 현대 문명 때문에 분노와 공포가 이제 쓸모없어졌다고 말했는데, 이것이 바로 그런 상황이었다.

다시 트레이더 존으로 돌아가보자. 그의 감정은 위험에 부닥쳤을 때 싸우거나 달아날 태세를 갖추도록 자연이 마련해준 일종의 보호 장치였다. 존은 손실 가능성에서 실제로 위협을 느꼈으며 이에 대해 공포를 느낀 것은 충분히 이해할 만하다. 그러나 그의 분노는 그 상황에 전혀 어울리지 않았다.

사실 그는 싸울 수도, 달아날 수도 없었다. 그는 달아나려 했지만 어떻게 되었는가? 달아나는 유일한 방법은 손절매뿐이었다. 싸울 대상은 있었는가? 좌절로 가득한 인생을 살고 싶으면 시장과 싸워보라.

존이 손절매를 실행했다면 어떻게 되었을까? 상황이 훨씬 나아졌을 것이다. 고통은 다소 겪었겠지만 손실을 줄일 수 있었다. 원칙을 따랐으므로 자신감을 잃지 않고 시장에서 한 걸음 물러설 수 있었다.

이어서 시장 상황을 재인식할 수 있었다. 자신의 시장 예측은 매우 정확하므로 새로운 매도 기회를 기다리기로 정했을지도 모른다. 그러나 그는 손절매를 실행하지 않았다. 그는 자신이 만든 모순 때문에 쓰러졌다. 그의 감정은 그를 보호하지 않고 파괴했다.

| 일관성의 원천: 감정 절제력 |

나는 철저하게 일관되고 완전한 사람을 아직 만나지 못했고 앞으로도 만날 것으로 기대하지 않는다. 그런 사람을 기대하는 것은 가망 없는 일이다. 우리는 말도 안 되는 온갖 철학으로 가득 찬 세상에서 가문의 오류를 물려받을 것이고, 문제투성이 교육 시스템의 모순 속에서 성장해야 하며, 생계를 유지해야 하고, 가치체계를 완벽하게 구성해야 하며, 가치체계에 맞춰 감정 반응을 조절해야 하기 때문이다.

그러면 우리가 할 수 있는 것은 무엇인가? 인생에서 주로 기쁨을 느끼면서 완전성(생각, 행동, 감정의 일관성)을 이루려고 노력하는 것뿐이다.

거래를 잘하려면 다음과 같이 해야 한다.

1. 목표를 수립한다.
2. 시장 지식을 습득한다.
3. 트레이딩 원칙을 정의한다.
4. 원칙을 철저하게 준수한다.

앞의 세 가지는 비교적 쉽지만 네 번째, 원칙을 지키기는 매우 어렵다. 우리 자신과 시장을 완벽하게 안다면 원칙을 지키기가 쉬울 것이다. 우리가 인생에서 추구하는 모든 일도 마찬가지다.

우리의 지식이 불완전하고 실수가 불가피하다는 점을 고려하면, 공포와 근심에서 오는 유혹에 굴복하지 않고 원칙을 준수하기란 정신적으로나 육체적으로나 어려운 일이다. 다른 기술과 마찬가지로 비이성적인 충동을 억제하려면 훈련과 절제가 필요하며, 여기서는 감정 절제력이 있어야 한다.

절제력이란 원칙에 따라 행동하게 하는 훈련이다. 앞에서 논의했듯이 감정은 타고난 생물학적 본성이며 우리의 가치와 신념에 좌우된다. 엄격하게 말하면 우리는 감정을 직접 훈련할 수 없다. 단지 감정에 대해 생각과 행동으로 반응할 수 있을 뿐이다.

감정 절제란 감정을 받아들이고 우리 가치에서 그 출처를 찾아내며, 당면 사건과 연계해서 그 타당성을 평가함으로써 우리 목표와 행동을 일관되게 통합시키는 지속적인 활동이다. 끊임없이 연습하면 감정 절제가 거의 습관이 되므로 우리는 감정을 다룰 수 있게 된다.

감정의 존재를 인정하고 감정과 싸울 수 없음을 이해하면, 우리는 감정을 방해물이 아니라 잠재의식에 담긴 소중한 정보를 제공하는 자신의 한 부분으로 바라볼 수 있다. 그러면 지금까지 감정과 헛된 싸움을 벌이느라 낭비했던 에너지의 방향을 전환하여 감정의 원천을 돌아볼 수 있고, 지금까지 자신이 감정에 대응한 방식을 이해할 수 있다.

그리고 감정이 부르는 충동에 따라 행동할 때 얼마나 참혹한 결과가 발생하는지 예상해보면 선택 대안이 분명히 존재한다고 믿게 된다.

합리적으로 행동할 것인지 비합리적으로 행동할 것인지 우리는 선택할 수 있다는 말이다.

감정이 고조되면 에너지와 의식이 강화된다. 우리는 강화된 에너지와 의식을 이용해야 한다. 끊임없이 연습하면 감정 절제력은 자신감을 키워주고 행동 통제력을 높여준다. 지금까지 싸우느라 낭비했던 에너지를 자신을 이해하는 쪽으로 돌려준다. 감정 절제력을 통해서 감정에 휘둘리는 대신 감정을 가장 유리한 방향으로 이용할 수 있다. 즉, 우리는 지식을 실행에 옮기는 의지력을 갖추게 된다.

실행 의지력이란 목적을 달성하려고 세운 행동계획을 실행에 옮기는 능력이다. 이는 결단력을 뜻한다. 결단의 라틴어 어원은 '잘라내다'라는 의미다. 실제로 결단을 내릴 때 우리는 다른 대안은 바람직하거나 가능하지 않다고 결론짓는다. 결단을 내리고 나면 계획 실행은 선택의 문제가 아니라 필요의 문제가 된다. 계획 그 자체가 가치가 되며 이 가치를 잠재의식과 결합하면 실제로 감정으로부터 도움을 받을 수 있다. 따라서 감정 절제력은 실행 능력을 강화할 뿐 아니라 감정적 갈등도 줄여준다. 생각, 행동, 감정이 조화를 이루게 해준다.

| 결론 |

스팍은 우리 모두 경험하는 문제인 감정과 이성의 갈등을 상징하는 인물이다. 그러나 그가 갈등을 다루는 방법은 불합리하다. 그는 감정이 우리의 생물학적 본성이며 함부로 억제하면 즉시 마음속에서 전쟁을 일으킨다는 사실을 무시한다. 그는 우리가 선택한 기준에 따라 가치를 정의해야 하는 합리적 존재임을 깨닫지 못한다.

감정은 의식적이든 무의식적이든 우리가 선택하는 가치에 따라 결정된다. 감정이 삶에 도움이 되게 하려면, 우리는 감정 절제력을 익혀 우리 감정이 항상 일관된 반응을 보이게 해야 한다. 그러지 않으면 우리 감정과 이성이 끝없이 갈등을 일으킬 것이다.

트레이더, 투기자, 투자자는 포지션을 잡을 때마다 자신의 판단과 감정을 최전방에 배치하게 된다. 당연히 우리는 위험을 떠안으며 위험에는 어느 정도 공포와 온갖 복잡한 감정이 따라온다. 스팍처럼 감정을 무시하거나 싸우려고 하면 내면이 혼란에 빠져서 정신과 신체 둘다 타격을 입게 된다. 감정의 갈등이 커질수록 우리 정신은 약해진다. 그리고 감정의 갈등에서 오는 스트레스 때문에 혈압이 올라가고 잠을 못 자며 기력이 소진되는 등 신체도 약해진다.

끊임없이 감정 절제력을 익히면 우리는 감정을 통제하여 결단력을 얻을 수 있으며 감정의 갈등을 줄일 수 있다. 이는 트레이딩뿐 아니라 인생을 긍정적으로 살아가는 데도 중요하다. 일관성을 유지하면서 끊임없이 자부심을 키워주는 유일한 기법이기도 하다.

그러나 우리의 가치와 신념에는 모순 요소들이 섞여 있으며 잠재의식 속에도 모순 요소들이 숨어 있으므로, 감정 절제력을 익히기는 절대 쉽지 않다. 특히 감정 반응의 원천을 찾아내는 일은 엄청나게 어려운 작업이다.

우리 내면을 들여다보면서 우리의 가치 및 신념과 현실 사이의 관계를 이해하고 모순되는 신념을 버려야 한다. 게다가 단지 잘못된 신념을 버리고 새 신념을 받아들인다고 해서 우리의 감정 반응이 달라진다는 보장도 없다. 감정 반응을 바꾸려면 끊임없는 자기 인식, 시간, 근원적인 정직성이 필요하며 소중한 것을 내버리는 고통까지도 각오해야 한다.

이 장에서는 트레이딩뿐 아니라 인생에서도 중요한 핵심 문제인 스팍 증후군을 논의했다. 그리고 이 문제의 해결책인 감정 절제력에 대해서 개략적으로 설명했다.

다음 장에서는 성공의 의미와 원천을 논의하고 감정적 갈등 문제를 더 구체적으로 분석하고자 한다. 동기와 몰입의 속성을 설명하고 이들이 성공과 어떤 관계인지 살펴보며 성공을 방해하는 요소가 무엇인지 알아본다. 그 목적은 감정적 갈등의 문제를 더 명확하게 분석하여 변화 공식을 적용하는 것이다.

"트레이딩을 전쟁으로 몰고 가는 내면의 적은 무엇일까?
논리적인 숫자 앞에서 우리를 불합리하게,
심지어 폭력적으로 몰고 가는 내면의 힘은 무엇일까?
이 질문에 답하고 내면의 적을 정복한다면
트레이더나 투기자는 물론
인간으로서도 성공하게 될 것이다."

14

성공은
우리가 만드는 것

| 성공의 필수 조건 |

금융시장에서는 다음과 같은 자질을 갖추지 않고서는 트레이더, 투기자, 투자자로 지속적인 성공을 거두기 어렵다.

1. **건전한 자신감**: 진실을 배워 인생의 모든 영역에 적용함으로써 긍정적인 결과를 얻을 수 있다는 자신감
2. **자발적 동기와 몰입**: 트레이딩을 배우려고 시간과 에너지를 기꺼이 투입하려는 의지와 능력
3. **자주적 사고력**: 반대 의견이 있어도 사실을 바탕으로 스스로 판단하는 능력
4. **근원적인 정직성**: 자기 자신, 시장, 자신의 판단을 정확하게 평가하고 다루려는 각오
5. **일에 대한 애정**: 가장 큰 보상은 돈이나 명성이 아니라 업무 과정에서 온다는 인식

이런 자질은 인생의 모든 분야에서 중요하지만, 특히 금융시장은 빠르게 변화하므로 이런 자질이 더욱 중요하다. 자신감이 없으면 판단을 잘못 내릴지 모른다는 불안에 끊임없이 시달리게 되며, 조만간 이런 불안감 때문에 사고력과 판단력이 마비될 것이다.

자발적 동기와 몰입이 없으면 자발적 동기와 몰입이 넘치는 경쟁 과정에서 산 채로 잡아먹힐 것이다. 자주적 사고력이 없으면, 수시로 바뀌는 의견의 조류에 휩쓸려 파산할 것이다. 근원적인 정직성이 없으면 사실이 아니라 희망을 바탕으로 결정을 내리게 될 것이다. 일에 대한 애정이 없으면 일에 대한 흥미와 열정이 식을 것이고 지속하려는 동기와 원동력을 상실할 것이다.

이 모든 자질은 획득할 수 있다. 그러나 자신과 현실을 이해하려는 완벽한 몰입이 필요하다. 즉, 자신이 인생에서 원하는 것이 무엇이고, 원하는 이유가 무엇이며, 어떻게 얻을 것인지 이해해야 한다. 자신에 대한 이해야말로 성공적인 인생으로 인도하는 나침반이며, 어둠 속에서 좌절과 고통으로 혼란에 빠졌을 때 방향을 알려주는 등대다. 그러나 당신이 전진하려고 노력할 때만 인도할 것이다.

2부 도입부의 우화에서 노인은 이렇게 말했다. "어떤 사람은 꿈은 있지만 행동을 하지 않아. 어떤 사람은 행동은 하지만 꿈이 없어. 그러나 극소수이지만 꿈이 있으면서 꿈을 실천하는 사람도 있다네."

행복과 성공을 함께 누리는 사람들을 보라. 이들은 다른 무엇보다도 자신의 일을 사랑한다. 이들은 돈을 받지 않아도 일할 것처럼 보이고 돈벌이는 단지 부산물인 것처럼 보인다. 이들에게는 하루하루가 활기와 열정으로 가득 찬 새로운 도전이다. 이들은 집과 일터에서의 활동은 물론 오락에 대해서도 시간, 날짜, 평생의 목표를 세워 서열을 매겨 놓는다. 이들은 삶에 대한 열정으로 행동하며 실패, 고통, 좌절을 넘을 수 없는 장애물이 아니라 전진 과정의 한 부분으로 받아들인다. 이들은 꿈을 현실로 바꾼다.

반면에 눈에는 초점이 없고 기운도 없으며 실의에 빠진 채 마지못해서 느릿느릿 움직이는 사람들을 보라. 이들의 삶은 공허하고 꿈은 있되 행동하지 않거나 꿈 없이 기계적인 행동을 되풀이한다. 이들은 자신이 선택하는 가치와 목표가 자신의 삶임을 깨닫지 못했다. 이들은 에너지를 아무렇게나 낭비함으로써 자신을 파괴하며 스스로 파놓은 함정에 빠져 희생자가 된다.

우리에게는 선택 대안이 있다. 우리는 자신의 인생을 통제하여 성공할 수도 있고, 공포와 고통에 굴복하여 통제권을 남에게 넘겨줄 수도 있다. 어느 쪽이 옳은 선택인지는 분명하다. 그리고 그 선택은 간단한 결단으로 시작된다. 카르페 디엠(CARPE DIEM)! "현재의 기회를 잡아라!"라는 라틴어다. 이는 인생의 매 순간이 소중하고 우리 것이며, 최대한 열정적으로 살겠다는 결단이다. 이는 어느 순간 어떤 상황에서도 성공으로 가는 변화 과정을 시작할 수 있다는 인식이다. 절대로 인생을 포기하지 않고 무한한 가능성에 헌신적으로 도전하겠다는 의지다. 현재의 기회를 잡아라. 꿈을 꾸되 우리 내면의 힘으로 꿈을 실현할 수 있다고 확신하라.

| 성공의 의미

성공은 어떤 한 분야에서 능력을 발휘하거나 업적을 쌓는다고 이루어지는 것이 아니다. 하워드 휴스(Howard Hughes)처럼 사업에 성공해도 인생에 실패하여 호화롭게 불행을 겪을 수도 있다. 가난해도 행복할 수 있으며 인생을 소박하게 즐길 수도 있다. 그러나 기회가 있다면 사람들 대부분이 금전적 성공과 개인적 성취를 둘 다 원하지 않겠는가? 거의 모든 사람이 그럴 것이다.

올바른 동기와 몰입을 갖추면 자유국가에 사는 모든 사람에게 금전적 성공과 개인적 성취를 둘 다 이룰 기회가 있다고 나는 믿는다.

그런데 이상한 일이다. 금전적 성공의 기회가 넘치는 나라에 돈에 대한 애증이 존재한다. 어떤 사람은 돈이 사람을 노예로 만든다고 생각한다. 그래서 "내가 돈의 올가미에 걸리지 않는다면 내가 원하는 일을 하면서 충만한 인생을 살게 될 거야"라고 생각한다. 또 어떤 사람은 돈 자체를 목적으로 삼아 인생을 즐길 줄도 모르고 돈 버는 일에 인생을 소비한다.

돈을 보는 관점은 성공 개념과 밀접하게 연결되어 있다. 우리는 모두 "돈으로는 행복을 살 수 없다"라는 오랜 격언을 알고 있다. 무척 옳은 말이지만 그래도 돈에는 여전히 매력이 있다. 왜 그럴까? 돈으로 무엇을 살 수 있을까?

이 질문에 대한 답은 아주 간단하다. 돈은 자신이 만든 제품을 다른 사람의 제품과 서비스로 교환하거나, 미래에 대비해서 저축할 수 있게 해주는 수단이다. 돈은 자신의 에너지를 물질로 전환하는 수단이고,

꿈을 현실로 전환하는 수단이다.

우리가 사는 시대에는 우리가 사랑하는 일을 거의 모두 직업으로 삼을 수 있다. 돈의 장점이자 매력은 이 과정에서 수많은 물질을 얻게 해준다는 점이다. 그래서 돈의 중요성은 다음 두 질문에 따라 매우 개인적인 문제가 될 수도 있다. 첫째, "나는 어떤 일을 좋아하는가?" 둘째, "나는 어떤 물질이 필요한가?" 두 질문에 대한 답이 양립할 수 없다면 유일한 해결책은 답을 바꾸는 것이다! 그러지 않으면 인생에서 좌절할 수밖에 없다. 이런 갈등을 없애는 방법에 대해서는 나중에 자세히 논의하겠다.

나는 누구든지 노력만 하면 개인적인 성취감과 만족스러운 수준의 금전적 성공을 동시에 이룰 수 있다고 생각한다. 이것이 내가 생각하는 성공이다. 성공은 살아가는 상태다. 즉, 삶의 환경이다. 성공은 변화다. 끊임없이 개인적 성장, 성취, 행복을 낳는 목적 지향적인 역동적 과정이다.

현실은 성공을 은쟁반에 담아 나눠주지 않는다. 성공은 자신이 만드는 것이지, 남이 주는 것이 아니다. 인생은 과정이다. 더 구체적으로 말하면 인생은 "스스로 유지하면서 행동을 창출하는" 과정이다.[1] 이는 원시적인 식물에서 아메바와 인간에 이르기까지 모든 생물에 적용되는 말이다. 인생은 행동 과정이며 행동하지 못하면 죽는다. 그런 면에서 성공과 실패를 궁극적으로 구분하는 유일한 척도는 삶과 죽음이다.

각 생물의 행동은 자신을 강화하든가 파괴하든가 둘 중 하나다. 사람의 행동도 예외가 아니다. 다만, 한 가지 커다란 차이가 있다. 인간은 혼자 힘으로 인생을 강화하는 목적과 파괴하는 목적을 구분해야 한다.

우리는 자연이 준 독특한 재능을 이용해서 대안을 평가해야 한다. 그 재능은 합리적이고 개념적인 의식적 자각이다.[2]

인생이 성공인지 실패인지는 우리가 어떻게 생각하고 느끼고 행동하느냐에 달렸다. 따라서 우리가 인생을 통제하여 성공하려면 정신의 작용을 이해하고 그 사용법을 터득하여 목적을 달성해야 한다.

| 정신은 슈퍼컴퓨터

우리의 모든 행동을 직접 자극하는 주체는 의식이 아니라 무의식이다. 커피잔을 들어 한 모금 마실 때 내가 의식을 향해 "지금 커피를 마셔라"라고 말하면 무의식이 그 말을 전해 듣고 어린 시절에 배워 평생 활용해온 수많은 기술을 가동한다.

이런 과정은 육체적 행동뿐 아니라 생각과 감정을 포함한 정신적 행동에도 적용된다. 내가 매일 아침 차트를 볼 때 대부분 생각과 분석은 의식 수준에서 이루어지는 것이 아니다. 나는 데이터를 보면서 무의식을 향해 말한다. "이 데이터를 보고 의견을 제시해봐."

나는 데이터를 보면 순식간에 시장에 대한 의견과 결론이 떠오르며 말로 설명할 수도 있다. 그러나 이런 의견과 결론은 무의식에서 형성된 것이다. 이는 2 + 2 = 4인 줄 아는 것과 같다. 나는 이런 문제를 볼 때마다 의식적으로 덧셈의 원리를 배울 필요가 없다. 그 지식이 내 무의식에 이미 들어가 있기 때문이다.

정신은 강력한 컴퓨터와 같다. 그리고 모든 컴퓨터와 마찬가지로 산출물의 품질은 입력물의 품질과 프로그램의 특성에 좌우된다. 입력물은 과거 지식과 경험, 그리고 일상 사건으로 구성된다. 산출물은 정보 처리 방식과 정신 기능 훈련 방식에 따라 달라진다. 어느 순간이든 우리는 사고 과정을 완벽하게 통제하지 못한다. 대부분 자동으로 돌아가기 때문이다.

우리의 동기(가치, 신념, 행동을 유발하는 관계 등)는 이미 무의식 속에 자리 잡고 있다. 우리는 행동을 통제하는 것처럼 느끼지만 실제로 의지에 따라 통제하는 범위는 매우 제한되어 있다.

우리의 무의식은 과거 학습과 경험으로 프로그램을 구성한 컴퓨터 프로세서 및 메모리와 같다. 우리는 현재 의식적 자각과 생각이라는 키보드를 통해서 입력할 수 있을 뿐이다. 우리가 산출물에 만족하지 못한다면 입력물을 바꾸든가, 프로그램 내용과 구조를 바꾸든가, 아니면 대개 그러듯이 둘 다 바꿔야 한다.

무의식의 강점은 엄청난 자원이다. 정확하게 개발하면 커다란 성과를 낼 수 있다. 스포츠광들이 선수 이름, 통계, 경기 일정, 전략 등을 얼마나 손쉽게 배우고 기억하는지 아는가? 그 이유를 아는가? 무의식이 이런 입력물에 "이것은 중요하니까 즉시 기억할 수 있도록 저장해!"라고 쓴 깃발을 꽂기 때문이다. 그래서 스포츠광들은 아침에 커피를 마시면서 신문 스포츠면을 읽거나 저녁에 맥주를 마시면서 경기를 보기만 해도, 뉴스와 복잡한 데이터를 매일 손쉽게 기억할 수 있다.

이들은 집중적으로 공부하는 것도 아니다. 스포츠면 읽기는 일처럼 느껴지지 않는다. 이들은 단지 긴장을 풀고 신문을 읽거나 경기를 볼 뿐이다. 다만, 의식을 집중해서 입력물을 받아들이면 무의식이 의식으로부터 그 입력물을 넘겨받는다. 인생의 모든 분야에서 정신이 이렇게 순조롭게 작동한다면 우리는 얼마나 멋지게 성공할 수 있겠는가?

우리가 스포츠광이 아니라면 마찬가지로 인생에서 재미와 흥분을 느끼는 다른 분야가 있을 것이다. 어쩌면 일이나 인간관계에 대해서 재미와 흥분을 느끼는 행운아일지도 모른다. 그러나 이번에는 가장 그럴듯한 경우를 가정해보자. 우리가 브리지 게임, 골프, 춤 같은 여가 활동에 재미와 흥분을 느낀다고 가정하자. 이런 활동을 할 때 어떤 느낌이 드는가? 이런 활동이 때로는 전혀 힘도 안 들고 심지어 활기를 북돋아준다는 생각이 들지 않는가? 현재 활동을 의식하는 대신, 긴장을 풀고 무의식에 맡겨둘 때 최고의 성과가 나오지 않는가? 대부분 시간을 이런 식으로 보내고 싶지 않은가?

당신은 십중팔구 다음 사례와 비슷한 경험을 해보았을 것이다. 당신이 골프를 좋아한다고 가정하자. 하루는 골프장에 나갔는데 만사가 잘 풀린다. 당신은 인생 최고의 점수를 기록하고 있다. 모든 스윙이 완벽하고 거의 모든 그린에서 퍼팅 한 번으로 끝낸다. 당신은 돌풍을 일으키지만 아직 자각 단계가 아니어서 집중력이 흐트러지지 않았다.

다른 동료는 오늘따라 당신이 미쳤다고 투덜대지만 당신은 아직 의식하지 못한다. 그런데 8번 홀을 지나자 의식적 자각 상태가 되면서 이렇게 생각한다. "와. 내가 정말 기막히게 치고 있구나. 내가 계속 이렇게 치면 인생 최고 기록을 세울 거야! 혹시 이러다가 프로로 전향할지도 모르지!" 이후 어떤 일이 벌어졌을지 짐작해보기 바란다.

당신이 집중력을 잃으면서 게임이 망가지기 시작한다. 이제는 화를 내면서 혼잣말한다. "어떻게 이럴 수가 있지? 제기랄. 이러다가 인생 최고 기록을 날려버리겠어! 좋아. 자중하자. 백스윙 속도를 늦추자. 긴장 풀고." 그러나 게임은 갈수록 나빠진다. 마지막 홀에 도착할 무렵에는 그동안 게임을 워낙 망친 탓에 겨우 평균 점수를 유지할 정도다. 대어를 손에 잡았다가 놓친 것처럼 참담한 심정이다. 당신이 짐작했던 대로다.

개인의 위업, 성취, 성공은 설계에 따라 작동하는 슈퍼컴퓨터인 정신이 만들어낸 결과다. 우리가 어떤 육체적, 정신적 활동을 하면서 슈퍼컴퓨터를 켜놓으면 의식적 자각과 무의식적 처리 과정이 통합되어 조화롭게 상호작용한다. 무의식은 무엇을 어떻게 해야 하는지 정확하게 알고 있으므로 의식적 자각으로부터 입력물을 넘겨받아 육체적, 정신적 활동이라는 형태로 신속하고 정확하게 산출물을 내놓는다. 산출물이 정확한 것은 프로그램이 훌륭하고 입력물이 타당하기 때문이다. 입력물이 타당한 것은 의식적 자각이 목적에 적합한 데이터에만 철저하게 집중했기 때문이다.

예를 들어 골프 게임에서 슈퍼컴퓨터를 켰을 때 당신은 무의식에 필요한 프로그램을 이미 제공한 상태였다. 당신은 개인지도를 받았고 성공한 프로 선수들이 쓴 좋은 책을 읽었으며 프로 선수들의 스윙을 보고 핵심 요소들을 모방했고 연습장에서 공을 수백 개나 쳤다.

당신의 의식적 자각은 무의식에 당장 필요한 정보만을 집중적으로 수집했다. 그래서 공의 위치, 핀까지의 거리, 바람의 방향 등의 정보를 수집했다. 따라서 실수에 대한 두려움이나 탁월한 샷을 또 날릴지 모른다는 흥분 때문에 무의식이 방해받는 일은 전혀 없었다. 당신은 매번 능력을 최대한 발휘하여 최저 타수를 기록하는 목표에만 초점을 맞췄다. 당신의 의식은 무의식이 제대로 작동되도록 관심을 집중했다.

그러나 의식의 초점이 프로가 되는 환상으로 이동하자마자 잠재의식 속의 다른 프로그램이 가동되면서 원래 프로그램을 방해했다. 그래도 잠시나마 당신은 골프에서 완벽한 성공을 경험했다. 슈퍼컴퓨터가 목적에 적합한 동기를 부여했기 때문이다.

나는 거의 모든 사람이 슈퍼컴퓨터의 힘을 이용하고 통제할 수 있으며 거의 모든 일에 항상 가동할 수 있다고 믿는다. 이 힘을 이용하는 열쇠는 동기의 속성과 원천을 이해하는 것이다.

| 동기를 발견하고 사용하라 |

어떤 활동을 하든 슈퍼컴퓨터를 켜면 우리는 매우 적극적이고 의욕적인 상태가 된다. 그 의미를 설명하겠다. 의욕이 있으려면 어떤 행동을 하는 이유나 결단이 있어야 한다. 결단은 선택 행위다. 의욕이 있을 때 결단을 내리면 더는 선택의 여지가 없다. 이미 선택이 끝났고 목표를 향해 출발했다. 우리는 완벽한 집중 상태가 된다. 우리는 당면 과제에 철저하게 몰입한 상태다.

이런 상태는 우리가 마음대로 선택할 수 있는 것이 아니다. 온종일 자신에게 "나는 체중을 줄일 거야, 나는 체중을 줄일 거야"라고 말해도 제대로 동기가 부여되지 않으면 잠재의식은 계속 "안 돼, 안 돼"라고 대답할 것이고 우리는 좌절감을 느끼면서 자신을 비난하게 될 것이다. 우리는 성장하지 못하고 침체할 것이다. 성취하지 못하고 실패할 것이다.

인생에서 성장과 성취를 이루려면 네 가지 요소가 필요하다.

1. **목표**: 우리가 추구하는 결과가 무엇인지 알아야 하며, 이 결과를 성취하겠다고 결심해야 한다.
2. **행동**: 목표에 따라 계획을 수립하고 단호한 행동으로 계획을 실행해야 한다.
3. **인식**: 행동의 결과를 관찰하고 성공 여부를 평가해야 한다. 물질적 기준뿐 아니라 감정적 기준으로도 평가해야 한다.
4. **변화**: 실패하면 목표와 행동을 다시 평가하여 결함을 찾아낸 다음, 새로운 방법을 시도해야 한다.

네 가지 요소 모두 중요하지만 목표 설정이 전체 과정의 토대가 된다. 목표 설정 자체는 쉬워 보인다. 누구든지 종이에 원하는 항목을 써 내려갈 수 있다. 그러나 몇 문장을 써 내려간다고 목표가 달성되는 것은 아니다. 목표는 피부로 느낄 때만 힘을 발휘한다. 목표를 단지 원하는 대상이 아니라 목숨 유지에 꼭 필요한 식량처럼 생각해야 한다.

슈퍼컴퓨터가 목표의 필요성을 실감하도록 프로그램을 짤 수 있다면, 이제는 슈퍼컴퓨터가 목표 달성에 필요한 모든 일을 할 것이며 나머지 단계는 훨씬 쉬워질 것이다. 이런 상태를 '몰입(commitment)'이라고 하며 일관성 유지와 감정 절제력의 원천이 된다.

당신이 대부분 사람과 다르지 않다면 뭔가를 성취하려 할 때 몰입이 필요하다고 인식하지만, 한편으로는 몰입이 함정이라는 느낌도 들 것이다. 안락함을 거부해야 하고 엄격하게 절제해야 하며 자유도 사라진다는 느낌이 들 것이다. 그러나 우리는 이런 연상을 쓰레기통에 던져버려야 한다.

몰입의 어원은 라틴어 '합치다(committere)'이다. 여기서는 목표를 달성하려고 의식과 무의식을 합친다는 뜻이다. 몰입을 획득하면 목적을 달성할 수 있고 힘이 생기며 계획을 실행할 수 있다.

나는 몰입을 '한다'가 아니라 몰입을 '획득한다'라고 표현했다. 이는 방향을 정확하게 잡지 못하면 흔히 몰입을 하기가 불가능하기 때문이다. 단지 '의지력'을 발휘하거나 '유혹'을 뿌리친다고 해서 목표를 달성하는 것이 아니다. 진정한 동기를 확보하려면 우리 정신 속에 들어 있는 내용과 연상을 바꿀 방법을 찾아야 한다.

사람들은 인간에게 자유의지가 있다고 말할 때 언제든 아무 주제나 선택해서 자신의 행동을 통제할 수 있다고 생각한다. 예를 들어 손을 뻗어 내 앞에 놓인 물컵을 잡을 수 있고, 최근에 설정한 매도포지션을 당장 닫을 수 있으며, 체중을 감량하고 그 상태를 계속 유지할 수 있다고 생각한다. 그러나 나는 자유의지가 그렇게 단순한 문제라고 생각하지 않는다.

우리 머릿속의 슈퍼컴퓨터로 다시 돌아가 보자. 우리의 행동(산출물)은 입력, 인식, 정보처리 방식, 의식이 현실을 바라보는 방식, 잠재의식이 작동하도록 훈련한 방식에 따라 달라진다. 자유의지는 언제든 원하는 일을 할 수 있다는 뜻이 아니다. 단지 머릿속의 프로그램을 바꿀 수 있다는 뜻이다.

자유의지란 결국 한 가지 선택으로 요약된다. 생각할 것인가, 생각하지 않을 것인가이다. 이는 모든 주제에 대해서 매 순간 의식적으로 생각과 행동을 분석해야 한다는 뜻이 아니다. 우리 의식은 너무 느려서 이렇게 할 수가 없다. 단지 동기의 속성과 원천을 이해하고 인식하려고 노력하면서 필요하면 수정해야 한다는 뜻이다. 여기에는 내성(內省)이 필요하다. 의식적 자각을 이용해서 우리 잠재의식에 담긴 내용을 파악하고 평가해야 한다. 이제 잠재의식의 속성을 조사하고 동기가 어디에서 나오는지 보자.

감정이 동기를 결정한다. 구체적으로 말하면 감정 수준에서 우리를 움직이는 원동력은 두 가지다. 기쁨을 얻으려는 욕구와 고통을 피하려는 욕구다. 한번 생각해보라. 우리가 어떤 것을 원할 때 진정으로 얻으려는 것이 그 물건 자체인가? 아니다. 우리가 원하는 것은 그 물건을 얻음으로써 발생하는 정신적, 물질적 상태 변화다.

예를 들어 체중을 줄이려는 사람들은 지방세포 자체에는 큰 관심이 없다. 이들은 자신의 느낌을 바꾸고 싶어 한다. 이들이 진정으로 원하는 것은 자신의 생활을 통제한다는 느낌, 더 오래 더 건강하게 산다는 느낌, 다른 사람들에게 더 매력을 준다는 느낌, 생활을 더 열정적으로 한다는 느낌 등이다.

다른 예를 들어보겠다. 우리는 모두 이성과 긍정적인 관계를 맺고 싶어 한다. 그러나 우리가 진정으로 원하는 것은 상대가 나를 이해해주고 따뜻한 감정을 공유하며, 항상 곁에 있어줄 친구가 있다는 안도감을 느끼고 성적 황홀경을 경험하려는 것이다.

이들은 모두 현재 상태를 변화시키려는 욕구를 보여준다. 구체적으로 말하면 불만 상태를 만족 상태로 바꾸려는 욕구, 만족 상태를 더 큰 만족 상태로 바꾸려는 욕구를 의미한다. 또는 고통을 기쁨으로 바꾸거나 기쁨을 더 큰 기쁨으로 바꾸려는 욕구를 나타낸다. 기쁨을 느끼는 것이야말로 진정한 목적이며 욕구의 원천이다. 그러나 기쁨 욕구만으로는 동기가 발생하지 않는다. 고통을 피하려는 욕구와 충돌할 수 있기 때문이다.

다이어트는 트레이딩과 비슷하다. 대부분 사람이 성공에 필요한 지식을 갖추고 있는데도 성공하는 사람보다 실패하는 사람이 많다. 대부분 실패하는 이유는 실행할 수 없어서가 아니라 실행할 의지가 없기 때문이다. 진정한 동기가 없다는 말이다.

다이어트 중인 사람이 양상추와 당근에 레몬주스를 곁들여 식사하다가 옆 테이블로 가는 450그램짜리 육즙 풍부한 스테이크를 보면 이렇게 말한다. "아무렴 어때! 내가 왜 이 고생을 해야 해?" 그리고 대단히 매력적인 여자를 만나 전화번호까지 얻은 사내가 그녀에게 도무지 전화를 걸지 않는다. "그녀가 나를 좋아하지 않으면 어쩌지?" 아니면 "십중팔구 또 실망하게 되겠지"라고 생각하기 때문이다.

사람들이 다이어트를 포기하는 것은 고통스럽기 때문이다. 이는 기쁨에 접근하는 과정이 아니라 기쁨으로부터 멀어지는 과정이다. 따라서 체중 감량이라는 목적을 달성하는 과정은 기쁨이 아니라 고통을 의미한다.

여자에게 전화를 걸지 않는 사내의 행동도 고통을 피하려는 욕구를 보여준다. 거절당하는 고통, 실망의 고통, 자유를 상실하는 고통 등 때문이다. 이것도 목표 달성 과정에 기쁨이 아니라 고통이 연상된다. 무의식은 기쁨-고통 역설을 효과적으로 다루지 못한다. 목표를 향해 접근하면 고통스럽고 그 자리에 머물면 불만스럽다. 선택의 여지가 있을 때 무의식은 대개 기쁨을 얻으려는 욕구보다 고통을 피하려는 욕구를 우선한다. 그래서 사람들은 목표를 추구하는 과정에서 뒷걸음질 치다가 실패한다.

　데이트레이딩을 하다 보면 나를 포함한 많은 사람이 이런 과정을 여러 번 겪게 된다. 실적이 좋은 사람들도 대개 트레이딩 성공 횟수보다 실패 횟수가 더 많다. 그렇다면 성공한 거래에서 얻는 이익이 실패한 거래에서 발생하는 손실보다 훨씬 커야 한다. 그러나 트레이더들이 가장 흔히 저지르는 잘못은, 이익은 너무 빨리 실현하고 손실은 멀리 달리도록 내버려둔다는 점이다. 이렇게 되는 이유는 원칙을 지키려는 동기가 부족하기 때문이다. 이들은 원칙의 필요성을 이해하기는 하지만 실감하지는 못한다.

　위험 대비 보상 비율을 3배 이상으로 유지한다면 1을 잃거나 3 이상을 벌어야 한다. 그러나 대개 트레이더들은 이익이 2배인 상태에서 일부를 반납할 때 그 고통을 견디지 못한다. 가격이 거꾸로 움직이면 잠재의식이 고통을 예상하고 잘못된 출력물을 쏟아내며 트레이더는 고통과 혼란에 빠져 포지션을 닫는다. 이어서 가격이 반등하여 3배 이상으로 상승하면 트레이더는 자신에게 분노한다.

　한편, 가격이 처음부터 거꾸로 흘러 손절매 포인트를 넘어가면 그는 얻어맞고 빠져나오는 대신 반등하기를 희망하면서 행운을 기다린다. 곧 가격은 계속 하락하고 1에 그쳤을 손실은 1.5, 2, 또는 그 이상으로 커진다. 손실의 고통, 실패의 고통을 피하려고 그는 원칙을 거부한다. 형태만 다를 뿐 똑같은 역설이다. 원칙을 실행하면 고통스럽고, 실행하지 않으면 불만이 커지며 자본이 감소한다.

　스스로 조사해보면 언제든 목적 달성에 어려움이 있을 때는 일종의 기쁨-고통 역설이 작용하는 것으로 나타난다. 실행 계획이 진행되지 않는 것은 대개 잠재의식 속에서 두 욕구가 충돌하기 때문이며 결국은 고통을 피하려는 욕구가 대부분 승리한다.

아이러니하게도 이런 상황이 발생하면 그 결과 반드시 좌절의 고통과 불만을 느끼게 된다. 한 가지 고통을 피하려고 잠재의식이 다른 고통을 만들어내며 이 때문에 더 큰 좌절과 불만을 느끼게 된다. 이런 상태를 내버려두면 상황이 악화하여 자부심이 서서히 무너지고 실적이 침체하며 개인의 성장도 막히게 된다. 결국 필연적으로 실패한다.

긍정적이고 조화로운 동기를 확립하려면 잠재의식이 목적 추구 과정에서 고통이 아니라 기쁨을 경험하게 해야 한다. 이런 상태를 조성할 수 있다면 목적을 달성하겠다는 결정을 내린 셈이다. 다른 대안은 존재하지 않는다. 결정을 내리고 그 결정을 끝까지 지키려면 몰입할 수 있어야 한다. 이는 지식, 동기, 실행이 모두 똑같은 목적을 겨냥하는 정신 상태다. 이렇게 몰입 상태에 도달하면 정신이 목적 달성의 원동력이 되어 필연적으로 성공을 일궈낼 것이다.

| 결론 |

성공은 끊임없이 개인적 성장, 성취, 행복을 낳는 목적 지향적인 역동적 과정이다. 성공의 핵심 요소는 목적 달성을 위한 몰입이다. 이는 의식과 무의식을 결합하여 같은 목적을 추구한다는 뜻이다. 대부분 사람은 몰입에 어려움을 겪는데 가치와 신념의 갈등에서 감정의 갈등이 일어나고, 이로부터 동기도 갈등을 일으키기 때문이다. 따라서 긍정적 변화를 일으키는 공식은 분명해 보인다.

1. 부정적인 가치와 신념을 찾아내서 없애라.

2. 인생에 도움이 되는 새로운 가치를 받아들여라.

3. 부정적 감정 반응을 일으키는 잠재의식 연상을 없애고 긍정적 연상을 받아들여라.

다른 공식들과 마찬가지로, 말하기는 쉽지만 적용하기는 무척 복잡하다. 다음 장에서는 공식을 긍정적 행동에 적용하는 방법을 논의한다.

15

확실한 변화
굳히기

가는 방향을 모른다면 십중팔구 엉뚱한 곳에 도착할 것이다.

- 데이비드 캠벨(David Campbell)

트레이더로 성공하려면, 원칙을 따르면 즐겁고 원칙을 어기면 괴롭다는 사고방식을 갖춰야 한다. 그러나 원칙을 따르더라도 손실을 볼 때가 있으며 손실은 늘 고통스럽다. 우리는 고통이 면도하다가 베이는 것처럼 정상이고 자연스러운 것이라고 이해해야 한다. 감정 수준에서 우리는 고통이 중요하지 않으며 곧 지나갈 것이라고 받아들여야 한다. 성공은 변화 과정이고 고통은 그 과정의 일부임을 깨달아야 한다.

성공이 현재의 정신적, 신체적 상태를 바꾸려는 욕구에서 비롯되는 변화 과정이라면 우리는 정신적, 신체적 환경을 관리하는 기술을 익혀야 한다. 그러나 앞에서도 언급했듯이 지식이 있더라도 신체적 환경을 바꾸려면 지식을 실행할 적절한 동기가 있어야 한다.

실행 의지 부족은 부정적 연상, 가치, 신념에서 비롯되므로 변화 과정의 첫 단계로는 잠재의식 속에 들어 있는 내용을 조사하여 부정적 요소들을 분리해야 하지 않겠는가?

구체적으로 말하면 (1) 잠재의식에 들어 있는 내용을 조사하고 (2) 부정적인 연상, 가치, 신념을 찾아내며 (3) 이들을 긍정적인 새 요소들로 대체하는 것이다. 여기서 우리는 목적 추구가 고통이 아니라 기쁨이 되는 정신 상태를 조성하려는 것이다. 이 용도로 사용할 수 있는 도구는 세 가지로서 신체, 의식, 무의식이다. 이 세 가지 도구는 항상 작동하고 있다. 이들은 상호작용하면서 서로 돕기도 하고 방해하기도 한다. 이제부터 이들을 통제하여 유리하게 활용하는 기본 원리를 설명하고자 한다.

| 신체를 사용하라

어떤 상태를 유지하려면 에너지와 노력이 들어간다. 그러나 부실하게 설계된 기계는 에너지 소모가 더 많은 것처럼, 침체하고 우울하며 좌절한 상태에서는 에너지가 더 많이 소모된다. 불행하고 불만스러워도 추가 노력이 들어가므로 에너지가 낭비되고 희망이 감소한다. 우리 신체에도 부정적인 영향이 미친다.

우울한 사람을 상상해보라. 신체적 특징이 어떻게 나타나는가? 동작이 느리고 만사 귀찮은 태도이며 자세에도 힘이 없고, 목소리도 조용하고 단조로우며 얕은 호흡에 깊은 한숨을 내뿜는다. 기쁨에 들뜬 사람은 어떠할까? 동작이 빠르고 몸짓이 활기차고 풍부하며, 목소리가 크고 억양이 뚜렷하며, 자세가 꼿꼿하고 호흡도 깊고 빠를 것이다. 분노, 흥분, 고통, 거부, 사랑 등은 어떻게 나타날까? 이런 감정 상태에 대해서도 독특한 신체 반응이 나타난다.

우리가 느끼는 모든 감정은 신체에 드러나는데, 이는 이치에 맞는 현상이다. 앞에서 언급했듯이 감정은 잠재의식이 내린 가치 판단에 따라 나타나는 심신상관(心身相關) 반응이기 때문이다. 그러면 신체에 변화를 주면 감정에도 영향을 미칠 수 있을까? 물론이다. 예를 들어 동기 부여 전문가 앤서니 로빈스(Anthony Robbins)는 녹음테이프 프로그램에서 다음과 같이 해보라고 제안한다.[1]

똑바로 서서 어깨를 펴고 천장을 바라본다. 아무리 어색한 느낌이 들어도 얼굴 가득히 웃음을 짓는다. 이제 자세와 표정을 그대로 유지하면서 우울한 기분을 느끼려고 온 힘을 다해보라. 계속 시도해보라.

마침내 웃음보가 터지지 않았는가? 요는 우울함, 피로, 비참함 등을 느끼려면 그렇게 느낄 수 있도록 신체에 대한 통제권을 잠재의식에 넘겨주어야 한다는 말이다. 의욕이 넘치려면 의욕이 넘치는 것처럼 움직여야 한다. 기분이 좋으려면 기분이 좋은 것처럼 움직이고 걷고 활동해야 한다. 기운이 넘치려면 실제로 기운이 있어야 하며, 이는 잘 먹고 운동하고 몸을 잘 관리해야 한다는 뜻이다.

우리는 신체를 활용해서 긍정적 행동을 가로막는 부정적 연상을 차단할 수 있다. 앤서니 로빈스는 이 방법을 과학적으로 정리했다. 더 관심 있는 사람은 그의 녹음테이프와 책을 참고하기 바란다. 변화 과정을 시작하려면 동작, 자세, 운동, 식사 등을 바꾸기만 해도 정신 상태를 바꿀 수 있다고 인식해야 한다.

프로 운동선수들을 보면 이들은 경기가 시작되기 전에 늘 일종의 의식을 치른다. 야구 선수들은 흔히 배트로 신발을 툭툭 친 다음, 흙한 줌을 배트에 문지르고 나서 타석에 들어가 발로 땅을 고른다. 테니스 선수들은 대개 서브하기 전에는 공을 몇 번 튀기고 서브를 받기 전에는 가볍게 팔짝 뛴다. 미식축구 선수들은 경기 전에 거의 미신에 가까운 의식을 치르는 것으로 악명이 높다. 이런 모든 의식에는 공통점이 있다. 반복적인 신체적 활동을 통해서 잠재의식이 다가오는 임무에 집중하게 해준다. 이들은 의식을 치름으로써 신체를 활용해서 잠재의식을 관리한다.

내가 인터스테이트증권에서 일할 때도 일종의 의식이 있었다. 어떤 트레이더는 카우보이 모자를 쓰고 장난감 권총을 차고 있다가, 가격이 반대 방향으로 흐르면 권총을 뽑아 화면을 쏘았다. 나는 폭격기 조종사의 낡은 가죽 모자를 즐겨 썼는데, 시장이 폭락하기를 바라거나 반대 방향으로 움직이면 시장에 폭격하는 시늉을 하곤 했다. 이런 행동은 유치해 보일 수도 있지만 트레이딩에서 오는 긴장과 스트레스를 덜어주는 중요한 수단이었다. 분노로 갈 에너지의 방향을 이런 행동으로 돌림으로써 돈을 잃을 때조차 트레이딩 과정을 더 즐기게 해주었다!

우리는 알게 모르게 모두 의식을 치른다. 내가 치르는 의식 하나는 매일 아침 차트를 직접 그리는 것이다. 데이터를 컴퓨터에 입력하면 손쉽게 계산해서 차트를 뽑아낼 수 있지만, 내가 직접 숫자를 계산하고 선을 그으면 정신이 집중된다.

그러나 모든 의식이 긍정적인 것은 아니다. 나는 뉴욕에 살고 있으므로 가장 먼저 떠오르는 장면이, 길이 막힌다고 사람들이 끊임없이 차의 경적을 눌러대는 모습이다. 이런 행위는 무의미하다. 불필요하게 긴장감만 더 높일 뿐이다.

당신은 어떤 의식을 치르는가? 당신에게도 분명히 의식이 있다. 그 의식이 당신에게 이로운지 스스로 물어보라. 그렇게 하는 이유가 무엇인가? 그 의식은 활력을 보태주는가, 아니면 빼앗아 가는가? 집중력이 더 높아지는가, 아니면 낮아지는가? 고통을 벗어나 기쁨을 향하게 되는가, 아니면 그 반대인가?

신체를 활용하는 의식을 돌아보라. 모니터를 보면서 고함을 지르거나, 손실을 본 다음 우울해지거나, 길이 막힌다고 화를 내며 경적을 누르거나, 기타 패배감을 더 느끼게 되는 의식을 치르고 있다면 심호흡을 한 다음 자신에게 위와 같은 질문을 던져보라.

그러나 가장 좋은 방법은 기분이 좋아지는 다른 의식을 찾아내는 것이다. 똑바로 앉아서 심호흡하고 걸음걸이를 바꾸며 더 활기차게 말하고 좋아하는 음악을 들어보라. 기분이 좋아지도록 신체를 활용하라. 그러면 행동을 제약하던 부정적 연상을 끊어버릴 수 있다. 기분을 전환한 다음에는 바뀐 기분을 즐겨라. 변화의 기쁨, 자신감의 기쁨을 느껴라. 이런 식으로 여러 번 되풀이하면 새로운 의식과 새로운 연상을 확립하게 되며 필요하면 언제든 감정 상태를 바꿀 수 있다. 이런 식으로 하면 즉시 바꿀 수 있다는 점이 장점이다.

단지 신체 상태를 바꿔 기분을 전환하는 방식이 가짜처럼 보일지도 모른다. 기분을 전환한다고 해서 우리 존재가 달라지는 것도 아니므로 기계적으로 기분을 전환하는 행위가 정직해 보이지 않을 수도 있다. 그러면 다음 중 어느 쪽이 더 거짓이라고 생각되는가? 차가 막힌다고 고함을 지르는 쪽인가? 아니면 자세를 바꾸고 심호흡을 하면서 긴장을 푸는 쪽인가? 아침에 뚜렷한 이유 없이 우울한 기분으로 깨어나 그 기분에 굴복하는 쪽인가? 아니면 잽싸게 차려 자세를 취하고 손뼉을 치면서 오늘 하루 활기를 불어넣는 쪽인가?

우리 기분은 우리 존재에서 큰 비중을 차지한다. 그러나 신체에 다소 변화를 주는 방식으로도 우리는 원하는 기분을 선택할 수 있다. 게다가 신체를 활용해서 기분을 전환하는 방식은 영구적인 변화를 유발하는 방법의 한 가지 측면에 불과하다. 이를 나중에 설명할 방식과 결합하면 잠재의식 속에 새로운 연상을 더 빨리 더 수월하게 심을 수 있다.

특히 트레이딩에 이 방식이 잘 적용된다. 우리가 우울한 상태라면 기회도 잘 보이지 않고 반응도 잘 하지 못할 것이며 자신감도 없을 것이다. 어려운 시기라고 해도 틀에 박힌 방식으로 거래해서는 좋은 실적이 나오지 않는다. 좋은 실적을 올리려면 우리는 예리하고 주의 깊으며 집중력도 높아야 한다. 이런 상태가 아니라면 몸을 움직여서 활력을 높여야 한다. 나는 흔히 카드 한 벌을 이용해서 집중력을 높인다. 나는 앉아서 모니터를 주시하면서 한 손으로는 카드를 나누고 섞는다. 내가 카드를 섞는 속도를 보면 포지션을 잡았는지 알 수 있다고 말하는 사람도 있다.

내가 특히 강력하게 권하는 신체 활용 방식은 운동이다. 운동이 스트레스를 줄여주고 활력과 정신력을 높여주며 전반적으로 자신감도 키워준다는 사실이 여러 연구에서 거듭 밝혀졌다. 트레이딩은 본래 시장의 불확실성을 다루는 작업이므로 스트레스가 심하다. 나는 운동요법을 써보았으므로 위 연구 결과가 모두 옳다는 사실을 알고 있으며, 운동이 주는 효과에 대해서 몸소 증언할 수도 있다.

우리는 스트레스를 받아 지친 상태에서는 운동하고 싶은 마음이 전혀 나지 않는다. 그러나 이 순간이야말로 일어나서 운동복을 걸치고 밖으로 나가거나 헬스클럽에 가야 할 때다. 내 경험을 돌아보면 이런 순간에 망설이다가 나가서 운동한 다음에는 항상 만족스러웠다. 다시 말해서 운동하기에 가장 좋은 시점은 마음이 울적할 때다. 마음이 울적할 때는 그런 상태를 유발하는 패턴을 깨야 하는데 운동이 가장 좋은 방법이다. 간혹 운동하기 어려울 때도 있지만 하고 나면 충분한 보답이 있다.

내가 아는 사람들은 운동 시간을 마치 중요한 사업 약속처럼 취급한다. 달력에 중요한 회의나 사업 관련 점심 약속처럼 표시해놓고, 가족이 사망하는 것처럼 특별한 상황이 발생하지 않는 한 절대 취소하지 않는다. 한번 생각해보라. 우리의 건강과 활력과 인생이 다른 사업상의 약속 못지않게 중요하지 않은가? 운동은 현재의 기분과 미래의 기분에 대한 투자이며, 나아가 활력과 집중력과 자신감을 높여주므로 금전적으로도 보상해줄 것이다. 이것은 나 자신과 당신에 대한 격려 연설이다.

신체 활용은 기분을 가장 빠르게 전환하는 방법이지만 영구적으로 전환하는 방법은 아니다. 신체를 활용하면 낡은 패턴을 없애고 새로운 연상을 심을 수는 있지만, 새로운 연상을 잠재의식 속에 철저하게 새기려면 이를 뒷받침하는 가치와 신념도 심어야 한다. 이렇게 하려면 가장 강력한 자산인 의식을 이용해야 한다.

| 의식을 사용하라 |

나는 먼저 신체를 활용해서 기분을 전환하라고 말했지만 여기에는 의식도 활용하라는 의미가 내포되어 있었다. 즉, 어떤 변화를 일으키기 전에 우리는 문제를 인식하고 문제에 집중하며, 현재 행동이 미치는 결과를 평가하고 대안을 선택했을 때의 결과도 예측해야 한다.

인식, 집중, 평가, 예측은 우리가 성공하려면 사용법을 익혀야 하는 도구들이다. 이 도구들은 이미 작동하고 있지만 우리가 관리를 제대로 못 한 탓에 우리에게 불리한 방향으로 작동하고 있을지도 모른다. 이들이 불리한 방향으로 작동하고 있다면, 이는 잠재의식이 모순되는 지시를 내리는 탓이며, 그 이유는 우리가 부정적인 연상, 가치, 신념을 갖고 있기 때문이다.

역설적이지만 우리가 이런 한계를 알 수 있는 유일한 방법은 그래도 인식, 집중, 평가, 예측을 이용하는 것이다.

1980년대에 내 사무실에서 트레이더를 양성하던 시절, 나는 트레이딩을 잘하려면 관찰, 집중, 생각의 세 가지를 배워야 한다고 말했다. 나는 트레이딩을 잘하려면 갖춰야 하는 정신 상태를 이야기했던 것이다. 트레이딩에 필요한 기본 지식을 갖췄다고 가정하면 다음 단계는 시장 움직임을 관찰하는 일이다. 우리가 흥미를 느끼는 신문 스포츠면을 읽거나 브리지 게임을 하듯이, 경제 데이터와 정치 뉴스, 가격 흐름, 관련 시장들의 상호작용 등을 지켜보아야 한다.

집중 상태에 도달할 수 있다면, 즉 의식적 자각을 인생의 문제가 아니라 시장에 집중할 수 있다면, 다음에는 가격 흐름에 대해 감을 잡고 잠재의식에서 오는 "지금 S&P지수 선물을 팔아라" 같은 명령에 귀를 기울여야 한다.

바로 이때 의식을 발동하여 잠재의식이 내린 판단을 평가해야 한다. 거래 원칙이 요구하는 조건에 맞는지 확인해보아야 한다. 예를 들면 다음과 같이 자신에게 물어본다. "위험 대비 보상 비율이 3배 이상인가? 내가 따르려는 추세와 맞는가? 가격이 주요 전고점을 시험하고 실패했는가?"

다시 말해서 모든 원칙을 적용해서 잠재의식이 내린 판단이 타당한지 확인해야 한다. 사실에 의해서 이 판단이 옳다고 확인되면 우리는 거래를 실행한다. 확인되지 않으면 거래를 실행하지 않는다. 이런 과정을 계속 되풀이하면 실적이 개선될 것이며 잠재의식에서 나오는 '내부 목소리'를 갈수록 더 신뢰하게 될 것이다. 이 평가 과정이 갈수록 자동화될 것이며 나중에는 '자신의 본능을 전적으로 신뢰'하는 수준에 이를 것이다.

유감스럽게도 나는 트레이더를 양성하던 시절에는 이 과정을 지금처럼 명확하게 설명할 수가 없었다. 당시에는 암묵지(暗默知, 경험과 학습에 의해 몸에 쌓였지만 형식을 갖추어 표현하지 못하는 지식 – 옮긴이) 수준이었기 때문이다. 사람 중에는 어떤 일을 잘하지만 왜 잘하는지 모르는 사람이 많다. 이들은 "나는 내 본능을 믿습니다" 또는 "그냥 하는데 잘됩니다"라고 말한다. 단언하건대 어느 분야든 모든 달인은 정도의 차이는 있어도 방금 설명한 잠재의식 평가 과정을 거친다고 말할 수 있다.

좋은 판단을 내려 효과적으로 행동하려면 우리는 인식, 집중, 평가, 예측 능력을 결합해야 한다. 이런 능력들이 작동하는 원리를 이해한다면 우리는 이를 인생의 모든 측면에 적용할 수 있다. 이제 이 능력들을 더 자세히 논의하고 이들을 이용하여 부정적 연상과 가치와 신념을 찾아내서 바꾸는 원리를 설명하고자 한다.

| 인식의 발견 |

인식이란 정확히 무엇인가? 철학자들은 이 질문에 대한 답을 놓고 2,000년 동안이나 논쟁을 벌이고 있다. 그러나 우리는 아주 간단한 답을 내놓으려 한다. 인식이란 존재하는 것을 감지하는 능력이다. 우리가 감각기관을 통해서 감지하는 것은 현실 속의 미가공 데이터다. 우리가 그 데이터를 어떻게 감지하고 활용하느냐는 우리의 지식과 신념에 좌우된다.

예를 들어 차트와 금융시장에 대해 전혀 모르는 사람들에게 주식 차트를 보여준다면 이들은 무엇을 인식할까? 이들이 보는 것은 혼란스러운 선과 숫자들이며, 기껏해야 가격 도표를 일종의 파도형 패턴으로 인식할 것이다. 내가 이런 예를 제시하는 이유는 우리의 인식 범위가 전체 맥락에 따라 결정되기 때문이다.

무엇인가를 인식하려면 우리는 그 속성을 이해해야 한다. 그래서 지식이 그토록 중요하다. 지식은 인식 범위를 넓혀주기 때문이다. 우리의 잠재의식은 감지하도록 프로그램된 것만 감지한다는 사실을 기억하라. 따라서 그 밖의 정보는 받아들이려 하지 않는다. 그런 정보를 어떻게 처리할지 전혀 모른다는 말이다!

그러나 우리 인식을 가로막는 가장 큰 장애물은 지식 부족이 아니라 잘못된 프로그램이다. 우리가 잠재의식에 특정 데이터를 받아들이지 말라고 명령하면 잠재의식은 그 데이터를 받아들이지 않으며, 우리는 발생하는 사건을 제대로 인식하지 못하게 된다. 그러나 우리가 인식 능력을 사용해서 이미 아는 사실 몇 가지만 기억해내면 우리가 무엇인가 빠뜨렸다는 사실을 깨달을 수 있다.

우리가 원하는 결과를 얻지 못한다면 무엇인가가 잘못되었기 때문이다. 우리 마음속 어디에선가 충돌이 일어나고 있다는 뜻이다. 목표 달성을 가로막는 가장 큰 걸림돌은 부정적 연상과 신념에서 비롯되는 인식의 한계다. 반대로 긍정적 연상과 신념은 인식 범위를 넓혀준다.

우리가 중요한 요소들을 계속 놓치고 그 유일한 증상으로 실패만 겪게 된다면, 그 실패를 분석의 출발점으로 삼아야 한다. 우리가 지속적으로 성공을 거두려면 성공뿐 아니라 실패도 인식하고 소유하는 일이 절대적으로 중요한 첫 단계다. 실수와 실패를 인식하고 학습하여 소유하는 작업은 긍정적이다.

성공과 실패를 '소유'한다는 말은 모든 실적이 우리가 선택한 결과임을 깨닫는다는 뜻이다. 우리, 오로지 우리에게만 그 결과에 대한 책임이 있다. 최우수 트레이더 양성자 반 타프(Van K. Tharp) 박사는 다음과 같이 설명한다.

실적이 나쁠 때 트레이더에게 최선의 방책은 그런 실적이 왜 나왔는지 판단하는 것이다. 그 실수에 대해서 자신을 탓하라는 말이 아니다. 어떤 상황, 어느 시점에 내린 선택 때문에 그런 실적이 나왔는지 판단하라는 뜻이다. 당시에 어떤 선택을 했는지 판단하고 장래에 비슷한 상황에 부닥칠 때 선택할 대안을 마련해야 한다.

장래에 비슷한 상황에서 다른 선택을 한다면, 그 결과도 달라질 것이다. 그렇게 선택을 바꾸는 모습을 지금 마음속에 그리면 장래에 대안을 선택하기가 한결 쉬워질 것이다.[2]

우리는 실수, 실패, 고통을 남의 탓으로 돌리려는 유혹을 강하게 느낀다. 그러나 이들이 우리가 선택한 결과라는 사실을 계속 기억한다면 우리는 그 원인을 인식할 수 있다. 실수, 실패, 고통은 인생의 한 부분이며 우리 모두 피하고 싶어 하는 부분이다. 그러나 이들을 부인한다고 해서 피할 수 있는 것은 아니다. 오히려 이들을 소유하면 우리는 큰 영향을 받지 않게 된다. 이들은 우리가 받아들일 만한 정상적인 일이 되며, 나아가 우리가 배우고 성장하며 성취하는 긍정적인 기회가 되기도 한다.

《제시 리버모어의 회상(Reminiscence of a Stock Operator)》에서 제시 리버모어는 "나는 실수를 꺼리지 않는다. 내가 싫어하는 것은 실수 상태가 유지되는 것이다"라고 말했다. 나는 이렇게 해석한다. 실수를 하는 것은 상관없지만 실수를 하고도 이를 인정하지 않아서 계속 실수하는 것은 용납하지 못한다는 뜻이다. 나는 리하이대학(Lehigh University)에서 강의할 때 수강생 200명에게 실수를 기꺼이 인정하는 사람은 손을 들어보라고 말했다. 딱 한 사람이 손을 들었다! 나는 즉시 그에게 트레이더 일자리를 제안했다. 농담이 아니었다.

따라서 마음 한구석에서는 항상 자신의 행동을 지켜보아야 한다. 마음속에서 나오는 '작은 목소리'와 혼잣말에 귀를 기울이면서 실패와 고통을 남 탓으로 돌리려는 목소리를 주목해야 한다. 남 탓으로 돌리는 행위는, 우리가 현실을 정확하게 감지하도록 잠재의식을 수정하는 대신 우리 잠재의식 내용에 맞추어 현실을 왜곡하는 행위다. 이 과정을 합리화라고 부르는데 고통을 회피하는 가장 위험하고 혼란스러운 방법이다. 합리화가 위험하고 혼란스러운 이유는 항상 논리적인 것처럼 위장하기 때문이다.

경우에 따라서는 합리화를 장기간 써먹은 다음에야 그 결과에 책임질 때가 있다. 그러나 월스트리트에서는 합리화 때문에 즉사할 수도 있다. 우리가 실패를 소유하지 않고 외부 요인 탓으로 돌리면 실수로부터 아무것도 배우지 못하게 되고, 그래서 마침내 파산하게 될 것이다.

우리는 실수와 실패에 대한 핑곗거리를 찾을 때는 놀라운 창의력과 재능을 발휘하게 되며 이들은 흔히 진실처럼 보인다. 예를 들어 잇달아 대인관계에 실패한 사람들은 자신이 의도적으로 매력적인 사람과 거리를 둔다고 생각한다. 이들은 이렇게 말할 것이다. "나는 지금껏 바보짓을 했어. 나는 이 사람 저 사람과 관계를 맺을 수가 없어. 다른 사람과 만날 준비가 안 됐어. 먼저 자아의식부터 정립해야 해." 이런 사고방식에도 장점이 있겠지만 실제 동기는 실패에 대한 두려움일 수도 있다.

어쨌든 우리는 진실을 잡을 수 있는 순간을 놓치지 말아야 한다. 우리가 부인하려는 순간을 포착하여 실상을 인식한다면 집중, 평가, 예측을 이용해서 이를 제거할 수 있다.

| 집중: 생각의 범위 줄이기 |

집중이란 인식을 유도하는 기법으로서 의식적 자각의 마당을 열고 그 범위를 축소하는 수단이다. 예를 들어 시장의 전반적인 흐름을 아는 트레이더들은 동시에 거래하는 시장을 2~5개로 한정해야 한다. 거래하는 시장의 수를 줄이면 그 시장과 관련해서 다루는 정보의 양을 늘릴 수 있다.

의식이 한 번에 다룰 수 있는 시장의 수가 그 정도다. 감각기관을 통해서 끊임없이 들어오는 데이터를 이해하기 위해서 정신은 데이터를 선별하여 이전에 학습하고 기억한 내용에 통합한다. 우리는 중요하다고 생각하고 느끼는 것을 받아들이며 우리의 가치와 신념이 필터 역할을 한다.

가치와 신념이 집중의 방향을 결정하고 이에 따라 우리는 자신, 외부 세계, 다른 사람과의 관계를 인식하게 된다. 빈틈없는 자아 인식을 통해서 우리가 어디에 집중하는지 파악할 수 있다면 우리 인생의 방향을 결정하는 가치와 신념을 분리해낼 수 있다.

예를 들어 내가 시장에 대한 집중력을 어떻게 얻었는지 조사해보면 운 좋게도 어린 시절에 학습과 성취에 관해서 매우 강력한 신념을 받아들인 덕분이었다. 이유는 모르겠지만, 나는 언젠가 내가 성과를 이루는 유일한 방법이 독서를 통해서 최대한 많이 배우고 끊임없이 연습하며 성공한 사람을 본보기로 삼는 것이라고 결론지었다.

나는 먼저 야구에 이 방식을 적용했고 이어서 체조에 적용했으며 다음에는 카드, 그리고 마지막으로 트레이딩에 적용했다. 나의 신념을 한마디로 표현하면 다음과 같다.

"지식과 연습만 충분하면 내가 마음먹은 어느 분야에서든지 거장이 될 수 있다."

그리고 학습과 연습 전체 과정에 대해서 내가 일찌감치 받아들인 매우 중요한 연상이 또 하나 있다.

"이거 재미있군!"

당시에는 깨닫지 못했지만 이 연상이 나를 성공으로 이끌었다. 이런 신념과 연상은 내 마음 깊숙이 뿌리를 내렸으며 내가 야구를 배울 때보다 지금 더 큰 도움이 되고 있다. 당시보다 지금 나는 배우고 성장하는 방법을 훨씬 많이 알기 때문이다.

학습이 중요하다는 신념 덕분에 나는 지식을 최대한 많이 습득하는 일에 집중했고 인식의 범위를 넓힐 수 있었다. 예를 들어 야구를 배울 때 나는 일단 야구의 기본을 배우고 나면 프로 선수들의 동작을 보면서 그들이 기본을 어떻게 적용하는지 파악할 수 있었다. 그리고 이번에는 프로 선수들의 동작이 나의 성과를 판단하는 평가 기준이 되면서 내 인식과 지식이 넓어졌다. 나는 프로 선수들의 동작을 마음속으로 그리면서 이들의 스타일을 모방하려고 연습했고 마침내 내 스윙과 필드 기술에 숙달했다.

최근에는 학습과 연습이 둘 다 중요하고 성과를 가져온다는 확신 덕분에 나는 자신 있고 활기차며 열정적으로 목표에 집중할 수 있다. 그 덕분에 나는 사람들이 어렵다고 생각하는 일도 긍정적으로 받아들이면서 열정적으로 추구한다. 시장분석은 어려운 작업이지만 내 마음에는 아무런 부정적 연상도 떠오르지 않는다.

일은 내게 즐거움을 주는 원천이다. 야구 시합을 즐기는 것처럼 내게는 즐거운 일이다. 내가 하는 일이 즐겁다고 생각하므로 나는 마음을 열고 모든 데이터를 두려움 없이 받아들일 수 있다. 내 잠재의식이 나의 현실 인식을 가로막을 이유가 없다. 지금처럼 두려움 없이 받아들여도 장기적으로 내가 승자가 된다고 느끼기 때문이다.

반면에 나는 어린 시절에 받아들인 다른 연상 때문에 심각한 제약을 받고 있으며 여전히 조심해야 한다. 나는 야구, 체조, 카드에는 탁월했지만 고등학교 생활에는 열등생이었다. 나는 공부를 전혀 하지 않았으므로 간신히 졸업했다. 내 학교 성적은 대부분 C였고 외국어는 낙제였다. 학교생활은 내가 좋아하는 일을 가로막는 방해물이자 어쩔 수 없이 참아야 하는 필요악처럼 보였을 뿐이다. 실제로 나는 이렇게 연상했다.

"학교는 내가 좋아하는 일을 가로막는 고통스럽고 따분한 고역이다."

나는 다른 분야에서처럼 학교생활에 열정과 활력을 쏟지 않았던 점이 얼마나 후회스러웠는지 모른다. 내가 작가를 고용해서 이 책을 써야만 했던 이유는 시간도 부족할뿐더러 학교에서 작문 기술을 제대로 배우지 못했기 때문이다.

다행히 나는 독서를 항상 좋아했고 이것이 큰 도움이 되었다. 그러나 나는 뭔가 새로운 것을 배운다는 생각에 여전히 두려움을 느낀다. 예컨대 나는 사무실의 모든 컴퓨터를 관리하고 사용법을 배우는 일에는 컴퓨터의 천재인 동료 트레이더 더글러스에게 전적으로 의지한다. 우리가 새로운 호가 시스템을 설치했을 때 나는 그를 바라보면서 말했다. "더글러스, 자네가 내 곁에 있어서 다행스러워. 나 혼자 힘으로는 시스템 운용법을 절대 파악하지 못할 걸세."

정규 교육에 대한 부정적 신념 때문에 나는 컴퓨터를 배울 때 집중하기가 얼마나 어려운지 모른다. 내게 컴퓨터를 배우는 일은 즐거움이 아니라 고역이다. 따라서 시스템 운용 방법을 이해하지 못하거나 문제가 발생할 때마다 나는 더글러스를 불러서 문제를 해결한다. 나도 마음만 먹으면 컴퓨터를 배울 수 있다. 컴퓨터가 시장보다 더 복잡할 리가 없다. 그러나 나는 컴퓨터에 집중할 마음이 내키지 않는다. 다행히 내 곁에 더글러스가 있으므로 나는 컴퓨터를 배울 필요가 없다. 그러나 만일 내가 배워야 한다면, 앞에서 내가 한 말에 도전해야만 할 것이다.

내가 한 말 "나 혼자 힘으로는 시스템 운용법을 절대 파악하지 못할 걸세"의 힘에 대해서 생각해보자. 이런 말은 우리의 집중력을 제한한다. 잠재의식은 강력한 힘의 원천이지만 잘 속는다. 우리가 무슨 말을 하든 손쉽게 믿어버린다. 우리가 우리 자신에게 "나는 이것을 절대 이해하지 못할 거야" "나는 할 수 없어" "착각하지 마, 불가능해" "사람들은 이런 식으로 하지 않아"라고 말한다면, 우리 잠재의식은 "그래, 알았어!"라고 대답하고 이미 느끼고 있던 한계를 더욱 강화한다.

그러나 이런 한계는 우리가 자신에게 한 말을 인식하여 바꾸기만 하면 즉시 통제할 수 있다. 연습과 성실한 노력을 통해서 잠재의식이 긍정적으로 활동하도록 바꿔 말하면 된다. 잠재의식이 쉽게 속는다는 점을 이용해서 우리에게 유리하도록 집중력을 사용해야 한다.

예를 들면 "나는 이것을 절대 이해하지 못할 거야"라고 말하는 대신, "이것은 어렵다. 어떻게 하면 더 쉬운 방법을 적용할 수 있을까?"라고 말하면 된다. "나는 할 수 없어"라고 말하는 대신, "전에 내가 좌절감을 느꼈을 때는 어떻게 극복했지?"라고 말한다. "착각하지 마, 불가능해"라고 말하는 대신, "왜 불가능해 보일까? 내가 뭘 빠뜨렸지?"라고 말한다. "사람들은 이런 식으로 하지 않아"라고 말하는 대신, "왜 이런 식으로 시도한 사람이 없지?" 또는 "내가 뭔가를 발견해낼지도 몰라. 지금까지 이런 식으로 시도한 사람이 없는 것 같아!"라고 말한다.

우리가 자신에게 말하는 방식이 우리의 집중력을 좌우한다. 우리가 말하는 내용과 방식에 따라 인생에 접근하는 태도가 긍정적이 될 수도 있고 부정적이 될 수도 있다. 게다가 잠재의식이 산출하는 결과에 질적·양적으로 엄청난 차이가 발생한다.

우리가 자신에게 말하고 묻고 요구하는 방식을 인식하면 우리는 잠재의식의 초점을 부정적 연상에서 긍정적 연상으로 바꿀 수 있다. 우리가 자신에게 말하고 묻고 요구하는 어조와 초점을 의식적으로 바꾸기만 하면 된다.

| 질문: 생각의 초점 바꾸기 |

내가 말을 바꿀 때는 대부분 질문 형식으로 표현했다는 사실을 당신은 눈치챘는가? 이것은 우연이 아니다. 질문은 인식의 초점을 바꾸는 가장 좋은 방법이다.

모든 사람의 머릿속에는 의식적으로 인식할 수 있는 양보다 엄청나게 많은 지식이 저장되어 있다. 우리가 자신에게 질문을 던지면 잠재의식은 스스로 부과한 한계를 받아들이는 대신, 그 문제에 대한 진정한 해결책을 찾으려고 노력한다. 대부분 답은 잠재의식 속에 들어 있으므로 우리는 질문을 던지기만 하면 된다! 그러나 우리는 답을 얻을 것으로 기대하면서 긍정적인 질문을 성실하고도 진지하게 던져야 한다.

내가 질문의 위력을 경험한 탁월한 사례가 1부 도입에서 언급한 내용이다. 1974년 10월 저점을 놓쳤을 때 나는 자신에게 질문을 던졌다. "이런 일이 되풀이되지 않으려면 무엇을 알아야 하나?" 이 질문으로부터 온갖 질문이 줄줄이 나왔다. "추세란 정확히 무엇인가? 보통 기간이 얼마나 이어지는가? 평균 고점과 저점은 얼마나 되는가?" 이 질문에 답하는 과정에서 과거 가격 흐름의 통계 분포를 사용해서 위험을 측정해야겠다는 개념이 번쩍 떠올랐다.

만일 내가 다음과 같이 질문을 던졌다면 내 재산은 물론 내 인생이 얼마나 달라졌을까? "스페란데오. 이렇게 중요한 흐름을 놓치다니 정말 멍청하구나! 얼마나 큰 기회를 날렸는지 생각해봐라!" 물론 내 인생이 어떻게 되었을지 알 방법은 없다. 그러나 내가 인생에서 가장 긍지를 느끼는, 독자적인 통계적 위험분석 기법을 절대 개발하지 못했을 것이다.

따라서 우리는 자신에게 말하는 방식을 인식하여 자신을 비난하는 방식을 버리고 긍정적 변화에 초점을 맞추는 질문을 던져야 한다. 다음과 같은 질문을 조심하라. "어떻게 이런 일이 나에게 발생하지? 나는 왜 이렇게 운이 없을까? 난 왜 이리 멍청하지? 왜 세상은 이렇게 불공평한 거야? 왜 나는 부자가 못 될까? 왜 내가 이런 푸대접을 받아야 해?" 이런 식으로 질문을 던지면 우리 잠재의식은 다음과 같이 현실과 동떨어진 답을 내놓을 것이다. "내가 그만한 자격이 없으니까. 나는 실패를 타고났으니까. 나는 무식하고 쓸모없는 인간이니까. 행운아를 제외하면 인생은 항상 불공평하니까. 행운아만이 부자이고 나는 실패를 타고났으니까. 이미 말했듯이 나는 무식하고 쓸모없으며 자격도 없으니까."

우리가 자신에게 이런 질문을 던진다면, 이는 아무 근거도 없이 어떤 남자에게 지금도 아내를 때리느냐고 묻는 것과 같다. 이런 질문에는 많은 내용이 들어 있다. 따라서 이런 질문을 던지면 부정적 신념을 받아들이게 된다.

내가 질문에 대해서 자세히 설명한 이유는 질문이 초점의 방향을 바꾸는 데도 유용할 뿐 아니라, 평가 요소로도 중요하기 때문이다. 그리고 평가를 이용하면 우리는 성과를 가로막는 부정적 연상과 신념의 근원에 도달할 수 있다.

| 평가: 사물의 가치 파악하기

이번에는 우리 정신이 작동하는 방식을 살펴보자. 우리 행동은 잠재의식에 깔린 프로그램보다는, (인식하든 못 하든) 우리의 신념과 가치에 따라 결정된다. 구체적으로 말하면 잠재의식에 들어 있는 두 가지 감정의 힘이 우리가 행동하도록 동기를 부여한다. 하나는 기쁨에 대한 욕구이고, 다른 하나는 고통을 피하려는 욕구다. 그리고 이런 감정은 우리가 받아들인 가치와 신념에 의해서 무의식 속에 형성된 연상에 따라 결정된다.

지금까지는 '가치'와 '신념'을 마치 똑같은 의미인 것처럼 사용했다. 사실은 똑같은 의미가 아니다. 가치는 우리가 얻거나 지키려는 대상이다. 사물의 가치를 파악하려면, 먼저 평가해야 한다. 즉, 어떤 기준에 따라 중요성을 부여해야 한다. 신념은 평가의 기준이다. 신념에 따라 가치에 대한 우리의 반응이 달라진다. 가치는 우리가 행동하는 목적이다. 신념은 우리가 가치를 경험하는 기준이 된다.

예를 들어 돈의 가치를 바라보는 두 사람의 관점을 생각해보자. 두 사람 모두 돈을 많이 벌고 싶어 한다. 한 사람은 돈이 다양한 욕구를 해결하는 수단이라고 건전한 관점에서 바라본다. 그러나 다른 사람은 잠재의식 속에 "돈은 모든 악의 근원이다"라는 신념이 들어 있다. 둘 다 많은 돈을 벌면, 첫 번째 사람은 좋은 집을 사거나 꿈같은 휴가를 보내는 등 돈으로 인생을 즐길 것이다. 그러나 두 번째 사람은 돈으로 인생을 즐기기가 어려울 것이다. 그는 돈을 쓰거나 꿈같은 휴가를 예약할 때 막연한 불안을 느끼거나, 설명하기 어려운 죄책감에 시달릴 것이다.

우리의 전반적인 윤리 구조(가치와 신념)가 인격을 결정한다. 즉, 우리가 무슨 행동을 할지 결정한다. 신념은 우리의 성격을 결정한다. 즉, 어떤 일을 실행하고 경험하는 방식을 결정한다. 우리의 가치와 신념을 구분해서 이해하는 일은 매우 중요하므로, 각각 더 자세히 논의하고자 한다.

| 가치와 인격 |

신체적 특성을 제외하면 우리의 진정한 개성은 인격과 성격으로 나타난다. 우리의 인격은 우리가 추구하는 가치에 따라 형성된다. 우리의 성격은 가치를 추구하는 방식에 따라 형성된다. 앞에서 언급했듯이 우리의 행동은 우리의 가치관에 좌우된다. 우리의 행동 방식은 우리가 따르는 독특한 원칙과 기준의 조합, 즉 신념에 좌우된다. 먼저 가치에 대해서 이야기해보자.

가치에는 두 종류가 있다. 수단 가치와 목적 가치다. 1부에서 내린 경제학 정의를 기억하는가? 경제학은 목적 달성에 적용하는 수단에 대한 연구다. 수단 가치는 우리 생활을 향상해주는 것들이다. 돈, 경력, 인간관계, 건강, 자동차 등이 그런 예다. 목적 가치는 우리가 얻고자 하는 감정적으로 기쁜 상태를 말한다. 사랑, 성공, 행복, 만족, 안락, 안전, 흥분 등이 그런 예다. 우리는 주로 목적 가치에 관심을 기울인다. 우리 인생을 이끄는 원동력도 목적 가치다.

모든 목적 가치에는 그 반대가 되는 부정적 감정을 유발하는 반대 가치가 있다. 이것을 부정적 가치라고 부르자. 부정적 가치는 우리가 피하려고 하는 고통스러운 감정 상태를 말한다. 거부, 실패, 좌절, 고뇌, 분노, 굴욕, 우울 등이 그런 예다. 우리는 기쁨을 얻으려는 욕구와 고통을 피하려는 욕구에 따라 움직이므로 목적 가치와 부정적 가치가 우리에게 동기를 부여한다.

우리의 목적 가치와 부정적 가치를 파악하는 한 가지 방법이 자신에게 다음 두 가지 질문을 던지는 것이다.

나의 _____에서 가장 중요한 것은 무엇인가?

나의 _____에서 가장 피하고 싶은 것은 무엇인가?

빈칸에 먼저 '인생'을 채워 넣은 다음, 나중에는 경력, 관계 등을 넣어라. 답이 모두 바닥날 때까지 펜을 멈추지 말고 신속하게 써 내려가라. 예를 들면 다음과 같은 결과가 나올 것이다.

나의 인생에서 가장 중요한 것은 _____ .

사랑	안전
성공	성취
열정	만족
모험과 흥분	연민
황홀경	풍부한 머리카락

나의 인생에서 가장 피하고 싶은 것은 _____ .

거부	신체적 위험
실패	분노
굴욕	우울
당황	대머리

이 연습을 할 때 자신을 미화하지 않도록 조심하라. 이에 대해서는 다음 장에서 설명한다. 내면 깊숙이 파고들면서 이 질문에 진실하게 답하라. 질문에 답한 다음, 목적 가치와 부정적 가치를 중요도순으로

열거하라. 이렇게 하면 우리가 세운 가치의 서열을 꿰뚫어볼 수 있다. 이제 두 목록을 자세히 조사하면서 일관성, 모순, 제한적 가치, 긍정적 가치를 찾아보라. 당신은 그 결과에 놀랄 것이다.

예를 들어 목적 가치 목록에서 첫 번째로 사랑을 선택하고 부정적 가치 목록에서 첫 번째로 거부를 선택했다면, 사랑을 찾을 가능성이 얼마나 되겠는가? 가능성이 희박하다. 고통을 피하려는 욕구가 대개 기쁨을 얻으려는 욕구를 압도한다는 사실을 기억하라.

이 목록을 분석하면 우리가 하는 여러 가지 일의 이유를 판단할 수 있다. 예를 들어 성공이 목적 가치 목록에서 첫 번째이고 사랑이 두 번째인 사람이라면, 배우자나 애인의 분노를 사는 한이 있더라도 늦게까지 야근하는 것이 당연한 행태다. 부정적 가치 목록에서 첫 번째가 당황인 사람이라면, 사람들 앞에서 솔직한 의견을 말하려 하지 않거나 새로운 시도를 꺼리는 것도 당연하다. 우리의 목적 가치와 부정적 가치가 우리의 인격을 결정한다. 그리고 이를 얻으려고 우리가 행동하는 방식이 우리의 성격을 결정한다.

우리가 다른 사람들과 다르지 않다면 우리 인격은 체계적·계획적으로 정해진 것이 아니라, 서서히 영향받은 것이다. 우리는 양육, 환경, 교육, 사회적 접촉, 기타 온갖 선택의 결과로 평생에 걸쳐 외부에서 목적 가치와 부정적 가치를 흡수했다. 따라서 우리 목적 가치는 체계적이지 못하고 혼란스러우며, 심지어 모순적일 수도 있다.

아니면 목적 가치는 체계적으로 잘 구성되어 있지만, 뒤죽박죽인 부정적 가치에 따라 행동하는지도 모른다. 아무튼 우리가 자신의 인생을 통제하려면 우리 인격의 구조를 이해하고, 우리가 원하는 변화를 일으킬 수 있어야 한다.

따라서 나는 여러분에게 자리에 앉아 앞에서 설명한 연습을 실행하여 인생의 최대한 많은 분야에서 자신을 발견해보라고 강력하게 권고하는 바다. 당신은 자기 마음의 한계를 너무도 몰랐다는 사실에 깜짝 놀랄 것이다.

| 신념과 성격 |

사람들은 대개 비슷한 목적 가치와 부정적 가치를 가지지만, 이들을 경험하는 방식은 제각각이다. 이는 우리 신념에 크고 작은 차이가 있기 때문이다. 신념에는 두 가지 형태가 있다. 인생, 사람, 사물에 대한 폭넓은 일반화가 있고, 자신과 다른 사람들의 행동을 평가하는 원칙이 있다.

폭넓은 일반화는 흔히 세계관이라고 부르며 우리가 세계, 사람들, 자신을 바라보는 관점을 반영한다. 따라서 세계관을 표현하는 문장은 대개 "~이다"라는 형태를 띤다. 예컨대 "인생은 ____이고, 사람들은 ____이며, 나는 ____이다"라는 식이다.

원칙은 더 구체적이어서, 어떤 결과를 어떤 방식으로 경험하려면 어떤 사건이 발생해야 한다고 마음속으로 정한다. 원칙은 대개 "~라면 ~이다"라는 형태를 띤다. 예를 들면 다음과 같다. "100만 달러를 벌면 나는 행복할 것이다.""당신이 나를 사랑한다면, 당신은 인생에서 남는 시간을 모두 나와 함께 보낼 것이다.""나는 실수를 저지른다면 실수로부터 무엇인가를 배울 것이다." 우리는 제각각 독특한 세계관과 원칙을 갖고 있다. 따라서 우리의 성격도 제각각 다르다.

예를 들어 성공의 전제 조건인 자신감을 생각해보자. 사람들은 자신의 가치와 능력을 인식할 때 자신감을 느낀다. 자신에 대한 느낌은 실제로 자신이 하는 일이 아니라, 그 일에 대한 자신의 판단에 좌우된다. 그리고 그 판단은 판단 기준에 좌우된다. 즉, 가치 있는 사람으로 인정하는 기준에 대한 신념이 자신감을 결정한다.

예를 들어 실적이 좋고 재능 있는 젊은 트레이더가 성공 여부를 판단하는 신념이 다음과 같다.

- 내가 훌륭한 트레이더라면, 거래 성공률이 90% 이상이다.
- 내가 훌륭한 트레이더라면, 세계 어느 트레이더보다 많은 돈을 벌어야 한다.
- 내가 훌륭한 트레이더라면, 어느 시장에서나 세계 어느 트레이더보다 거래를 잘해야 한다.

야심 찬 젊은이다! 그러나 그는 좌절과 불안감으로 고통받을 운명이다. 이런 기준으로는 아무도 꾸준히 자신감을 유지할 수 없기 때문이다.

자신감을 얻으려면 자신감을 얻을 수 있는 기준을 세워야 한다. 순환논법처럼 들릴 수도 있지만 사실은 그렇지 않다. 예를 들어 나의 성공 기준은 간접비를 차감하고서도 매달 이익을 내는 것이다. 그러나 이것 대신 매달 순이익 100만 달러를 기준으로 정했다고 가정하자. 이런 조건이라면 나는 자신감을 유지하기가 어려울 것이다.

기준은 목표와 다르다. 목표는 우리가 성취하려는 대상이고, 기준은 우리 행동을 평가하는 판단 기준이다. 나도 매달 100만 달러를 벌면 기쁘겠고 실제로도 가능하다고 생각한다. 그러나 성공과 자부심의 기준으로는 완전히 비현실적이다. 그런데 성공하려면 남들이 우리에게 기대하는 것보다 훨씬 더 많은 것을 우리 자신에게 요구해야 한다. 목표를 높이 세울수록 더 많이 얻을 것이다. 그러나 자부심을 느끼는 기준은 낮추는 편이 좋다고 생각한다.

부정적 신념이 대부분 실패의 근원이며 이 때문에 인생을 즐기지도 못한다. 다음은 부정적 세계관을 보여주는 전형적인 사례다.

부정적 세계관

나는 똑똑하지 않아.

나는 자신감이 부족해.

나는 너무 어려.

나는 너무 늙었어.

나는 너무 무식해.

나는 그럴 자격이 없어.

나는 절대 부자가 못 될 거야.

나는 바뀔 수가 없어.

인생은 개 같아.

인생은 불합리해.

인생은 "소음과 분노만 가득하고 아무 의미도 없는 멍청이의 이야기야."[3]

내 인생은 통제 불능이야.

사람들은 잔인해.

사람들은 멍청해.

사람들은 게을러.

사람들은 천성이 악해.

사람들은 나를 이용만 하고 버릴 거야.

우리가 이런 신념을 갖는다면 어떻게 목적 가치를 획득할 수 있겠는가?

예를 들어 우리가 사랑을 소중히 여기면서도 사람들이 우리를 이용만 하고 버린다는 신념을 갖고 있다면, 우리는 사랑을 느낄 때마다 신중해지고 의심하게 되며 이용당할까 봐 두려워할 것이다.

우리가 똑똑하지 않다는 신념을 유지한다면, 아무리 공부해도 우리는 절대로 높은 지적 독립을 성취하지 못할 것이다. 누군가 반대 의견을 제시하면 우리는 그가 항상 더 많이 안다고 두려워할 것이다. 우리는 독자적으로 판단하기 어려울 것이다.

우리가 인생이 아무 의미 없는 멍청이의 이야기라고 믿는다면, 맥베스처럼 자신을 파멸로 몰아갈 것이다.

우리의 신념은 자기충족적 예언이다. 우리 잠재의식은 쉽게 속는다는 사실을 기억하라. 잠재의식은 우리가 말하는 대로 믿어버린다. 우리가 스스로 부자 될 자격이 없다고 믿는다면, 우리 잠재의식도 부자가 되려고 하지 않을 것이다. 우리가 사랑할 자격이 없다고 믿는다면, 잠재의식도 사랑을 얻으려 하지 않을 것이다. 우리가 똑똑하지 않다고 믿는다면, 잠재의식도 바보가 될 것이다.

따라서 인생에서 성공하려면 우리는 부정적 신념을 없애야 한다. 부정적 신념을 바꾸는 첫 단계는 부정적 신념을 있는 그대로 인식하는 것이다. 먼저 우리 행동에 나타나는 부정적 신념의 증상을 인식해야 한다. 이런 증상은 목표 달성에 거듭 실패하는 모습이나, 자신에게 던지는 부정적인 말투로 나타난다. 목적 가치와 신념은 서로 밀접하게 연결되어 있으므로, 이런 모습으로 나타나는 것도 놀라운 일이 아니다.

우리가 자신에게 던지는 말이나 질문은 우리 신념의 원인이자 결과다. 우리가 자신에게 "나는 정말 멍청해!"라고 말한다면, 이 말을 얼마나 믿느냐에 상관없이 이는 신념을 표현하는 동시에 강화하는 행위다. 우리가 근본적으로는 자신을 비난하려는 뜻이 아닐지라도, 특히 감정이 고조된 상태에서 이런 말을 자주 하게 되면 우리 잠재의식은 그대로 믿기 쉽다.

우리가 부정적 세계관과 부정적 원칙을 모두 인식하는 탁월한 방법은, 또 한 번 종이에 다음과 같이 질문을 쓰고 답하는 것이다.

나의 _____에서 성취를 가로막는 부정적 세계관은 무엇인가?

목적 가치를 열거할 때와 똑같은 방식으로 진행하면 된다. 빈칸에 먼저 '인생'을 채워 넣은 다음, 최대한 많은 답을 최대한 신속하게 써 내려가라. 나중에는 빈칸에 경력, 관계 등 관심 분야를 넣어서 더 구체적인 답을 구하라.

두 번째 단계는 우리가 생활의 지침으로 삼는 원칙을 찾아내는 것이다. 부정적 세계관을 즉시 찾아내기 어렵다면, 이 두 번째 단계가 도움이 될 것이다. 앞에서 우리가 서열을 매긴 목적 가치 목록에서 시작하라. 각 목적 가치에 대해서 성취하려면 어떤 일이 발생해야 하는지 자신에게 물어라. 답은 "~라면 ~이다"의 형태나 "＿＿＿가 되려면 나는 ＿＿＿해야 한다"의 형태가 될 것이다. 예를 들어 성공이 목록의 첫 번째라면 다음과 같은 답이 나올 수 있다.

내가 성공했다고 생각하려면 어떤 일이 발생해야 하는가?

성공하려면 나는 ＿＿＿＿＿＿＿＿＿＿해야 한다.

1년에 100만 달러를 벌어야 한다.

매력적인 배우자와 두 자녀가 있어야 한다.

아널드 슈워제네거(혹은 킴 베이싱어)와 같은 체격에, 체지방률이 13% 이하여야 한다.

항상 완전한 행복감을 느껴야 한다.

누구하고도 절대 다퉈서는 안 된다.

절대 분노나 좌절감을 느껴서는 안 된다.

모든 분야에서 최고가 되어야 한다.

상황에 따라서는 일부 원칙이 합당할 수도 있지만 대부분은 전혀 비현실적이다. 차라리 매일 아침 일어나서 온 힘을 다하기만 하면 성공이라고 느끼는 원칙은 어떤가? 항상 완전한 행복감을 느끼는 사람은 없다. 모든 사람이 분노와 좌절감을 느낄 것이다. 모두가 아널드 슈워제네거나 킴 베이싱어 같은 외모를 갖출 수는 없다.

다시 말하지만 우리는 달성할 수 없는 원칙을 만드는 탓에 원하는 상태에 도달할 소중한 기회를 날려버리기 일쑤다.

이 연습에서 우리는 흔히 성취 목표를 돈의 액수처럼 수단 가치로 표현한다. 우리의 가치, 신념, 심지어 원칙까지 모두 일관되고 긍정적일 수도 있다. 그러나 수단 가치에 대한 우리의 부정적 신념 때문에 목적 가치 달성이 불가능할 수도 있다. 이런 부정적 신념을 찾아내려면 다음 문장 완성 기법이 유용하다.

(수단 가치)이면 _____ 이다.

이 질문에 답할 때 이 가치로부터 얻게 되는 이익을 모두 열거하라. 예를 들면 다음과 같다.

돈이 많으면 _____ 이다.

나는 완전한 자유를 얻게 된다.

애인과 지낼 시간이 더 많아진다.

청구서 걱정을 할 필요가 없어질 것이다.

청구서를 모두 지불할 수 있다.

내가 늘 원했던 옷, 집, 차를 장만할 수 있다.

내가 좋아하는 사람들이 곤경에서 벗어나도록 도와줄 수 있다.

국가로부터 생활보장 복지혜택을 받지 않아도 된다.

다음에는 수단 가치 획득에 방해되는 신념을 모두 열거하라. 예를 들면 다음과 같다.

부정적 세계관

돈은 모든 악의 근원이다.

돈으로는 행복을 살 수 없다.

부자가 되려면 가난한 사람들을 착취해야 한다.

부자들은 속물이다.

부자가 천국에 들어가는 것보다 낙타가 바늘귀를 통과하기가 더 쉽다.

돈을 벌려면 영혼을 포기해야 한다.

돈을 벌려면 과도한 책임을 떠안아야 한다.

마음속을 파고 들어가보면, 우리는 감정과 활동을 가로막는 온갖 지식에 깜짝 놀랄 것이다. 이런 부정적인 문구들을 보면서 우리는 "저런 말은 우리에게 아무 의미 없어"라고 말할 수 있다. 부자가 모두 속물은 아니며, 우리가 부자가 된다고 해도 꼭 속물이 되라는 법도 없다. 간단히 말해서 우리는 이런 부정적 신념을 없애버릴 수 있다.

단언하는데 우리는 성공에 필요한 지성과 능력을 갖췄다. 우리가 마음속에 채워놓은 굴레를 없애기만 하면 된다. 따라서 우리의 신념과 원칙들을 조사해서 부정적인 것들을 찾아내야 한다.

지금까지는 부정적 신념을 찾아내는 일에 초점을 맞췄지만, 변화를 일으키려면 부정적 신념을 긍정적 신념으로 교체해야 한다. 이제 각자 자기 방식으로 신념과 원칙을 받아들일 수 있도록 긍정적 세계관의 예를 열거하겠다.

긍정적 세계관

인생은 무한한 가능성으로 가득하다.

모든 문제는 새로운 도전이며 성장할 기회다.

나는 건강하게 살아 있으니 운이 좋다.

나는 자신의 운명을 지배할 수 있다.

사람들은 지식과 영감과 기쁨의 원천이다.

내가 마음먹은 일을 성취할 방법이 반드시 있다.

새 원칙은 인생이라는 게임에서 쉽게 이길 수 있도록 정의하라. 우리가 열정, 사랑, 행복, 성공 등을 느끼게 해주는 원칙들을 너무 어렵게 만들 필요가 없다.

물론 우리는 모두 인생에 도전해야 한다. 그러나 '불가능한 꿈'을 꾸거나 '이길 수 없는 적'과 싸우지 않더라도, 목표를 달성하려고 끊임없이 노력하는 과정에서도 도전은 얼마든지 만나게 된다. 인생은 너무도 짧고 소중하며 가능성이 크므로 무익한 도전에 낭비할 시간이 없다.

이제 상당한 시간을 들여 이 연습을 했다면 부정적인 가치와 신념을 파악했을 것이고, 이를 대체하고 싶은 긍정적인 가치와 신념도 잘 정의했을 것이다. 이제부터는 어떻게 대체할 것인가가 우리의 과제다. 이번에도 지식만으로는 부족하다. 우리는 실행 기법이 있어야 한다. 이제부터 예측이 중요한 역할을 담당하게 된다.

| 잠재의식의 힘 이용 방법 |

우리는 누구나 인생에서 중요한 사건을 겪었다. 그 사건들을 떠올리면 그 사건이 실제로 발생했을 때처럼 기쁨이나 고통이 생생하게 살아난다. 예를 들어 직장 생활 중 대성공을 거두었던 때를 떠올리면 웃음 지으면서 자부심을 느끼게 된다. 아니면 인간관계에서 실패하여 갈등을 겪었던 때를 떠올리면 소화가 안 되고, 근육이 긴장되며, 당시의 고통과 상실감이 되살아난다.

우리는 모두 미래의 사건을 예측하면서도 기쁨과 고통을 경험해보았다. 우리는 부드럽게 파도치는 바하마 해변에서 온화한 산들바람을 느끼면서, 피나콜라다를 한 손에 들고 일광욕을 즐기는 모습을 상상할 수 있다. 이런 장면을 생각하면 우리는 실제로 긴장이 완전히 풀리는 느낌이 들 것이다. 아니면 운전하는 중에 누군가 갑자기 차 앞으로 튀어나오는 모습을 상상하면, 우리는 사고로 누군가를 죽였다는 공포감을 느낄 것이다.

기쁨과 고통은 현재 시점에만 느끼는 것이 아니다. 우리는 과거로부터 기억해낼 수도 있고 미래로 투사할 수도 있다.

잠재의식은 두 가지 감정(고통을 피하려는 욕구와 기쁨을 느끼려는 욕구)에 따라 동기를 부여하므로, 부정적 연상을 없애려면 이것이 많은 고통을 일으킨다고 잠재의식에 인식시켜야 한다.

반대로 긍정적인 가치나 신념을 새로 심으려면, 이것이 엄청난 기쁨을 가져다준다고 잠재의식에 인식시켜야 한다.

의식 수준에서 이를 실행하는 방법은 부정적인 가치와 신념은 과거,

현재, 미래의 고통과 연결하고, 긍정적인 가치와 신념은 현재와 미래의 커다란 기쁨과 연결하는 것이다.

앤서니 로빈스는 '디킨스 패턴'이라는 기법을 개발했다. 이는 찰스 디킨스의 소설 《크리스마스 캐럴》에서 유령이 스크루지를 변화시킨 기법을 모방한 것이다. 유령은 스크루지를 데리고 과거, 현재, 미래로 여행하면서 스크루지의 인생에서 기쁨과 고통의 원천을 보여주었다. 스크루지를 변화시키는 데 가장 효과적이었던 자극은, 그가 현재 방식을 유지할 때 미래에 겪게 될 고통이었다는 점에 주목하라.

디킨스 패턴의 기본은 다음과 같다.

1. 바꾸고 싶은 부정적 신념을 두 가지 선택한다. 눈을 감고 이 신념이 일으킨 모든 고통을 회상한다. 이 신념에서 비롯되는 부담감을 느낀다. 이 신념에서 빚어지는 모든 결과를 생각한다. 사랑, 물질, 기쁨 등 자신이 놓친 모든 것을 생각한다.

   이 부정적 신념 탓에 금전과 경력과 인간관계 측면에서 얼마나 대가를 치렀는가? 자신이 경험한 고통과 손실이 마치 처음부터 다시 발생하는 것처럼 고통과 손실에 집중하라. 최대한 기억을 거슬러 올라가서 부정적 신념에서 비롯된 모든 고통스러운 경험을 되새긴다.

2. 여전히 눈을 감은 채 이 부정적 신념이 현재 자신에게 끼치는 고통을 생각한다. 지금 당장 어떤 느낌이 드는가? 이 신념 탓에 기운이 빠지는가? 자신의 인생을 지배하는 느낌인가, 무력한 느낌인가? 부정적 신념이 사회생활에는 어떤 영향을 미치는가? 다른

사람들과 함께 즐길 기회를 놓쳤는가? 신체와 감정과 정신에 어떤 영향을 미치는가? 고통을 느껴보라.

3. 미래로 넘어가서 부정적 신념이 1년 뒤 가져다줄 고통을 예측하라. 과거의 모든 고통을 끌어와서 그 무게를 느껴보라. 이 고통 탓에 경력에 어떤 대가를 치를 것인가? 인간관계에는 어떤 대가를 치를 것인가? 자아상과 자신감에는 어떤 대가를 치를 것인가? 감정 수준에서 고통을 실제로 느껴보라. 신체를 사용하라. 실제로 고통을 느끼는 것처럼 호흡하면서 가만히 있어보라. 고통을 경험하라. 고통에 집중하라.

이제 5년 뒤를 예측하면서 같은 과정을 되풀이하라. 인생의 실패가 어떻게 증폭될 것인지 상상하면서 누적된 실패의 무게를 느껴보라. 자신에게 무슨 말을 하며, 자신에 대해서 어떤 기분이 들 것인가? 나는 강한가, 약한가? 통제력이 강해졌는가, 약해졌는가?

이 부정적 신념을 유지한 결과 자신의 모습이 어떠할지 상상해보라. 더 늙어 보이는가? 활력이 넘쳐 보이는가, 부족해 보이는가? 더 매력적인가, 덜 매력적인가? 인생의 모든 분야에서 내가 치르는 비용이 얼마나 되는가? 내가 사랑하는 사람은 어떤 대가를 치렀는가?

무려 5년이나 지났다. 내가 느낀 고통이 복리로 증가하고 내 몸은 그 고통에 주저앉는다. 인생의 모든 분야에서 내가 치르는 비용을 예측한다. 이제 10년 뒤와 20년 뒤에 대해서도 똑같은 과정을 되풀이한다.(비고: 이 과정은 제대로 수행하면 매우 고통스럽다. 이 책 공저자인 설리번 브라운은 겨우 1년을 예측한 다음 그만두려는 충동을 느꼈다. 그러나 이 고통을 충분히 느낀다면 잠재의식이 당장 바뀔 것이다! 모든 노력을 다해서 미래의 고통을 생생하게 느껴보라.)

4. 현재로 돌아와서 몸을 흔들어 추스르고 깊고 활기찬 심호흡을 한다. 이제 부정적 신념 대신 심으려는 새 긍정적 신념을 선택한다. 신체를 사용해서 온몸에 활력을 채운다. 우리 마음은 변화할 태세를 갖췄다. 잔뜩 긴장하고 힘을 내라. 새 신념으로 힘찬 문장을 만들어라. "이 신념을 지금 당장 갖게 되면 내 인생이 완전히 바뀔 것이다."

5. 눈을 감는다. 지금 당장 신념을 바꿀 때 즉시 일어나는 변화를 생각하라. 자신감과 통제력이 얼마나 강해질지 상상하라. 자신감과 통제력을 느끼면서 신체를 사용해서 그 느낌을 강화하라. 지금 당장 신념을 지닌 것처럼 호흡하라.

5년 뒤로 넘어간다. 변화를 일으킨 결과 이룬 모든 성취를 생각하라. 어떤 기분인가? 통제력이 강해졌는가, 약해졌는가? 활력이 넘치는가, 부족한가? 더 매력적인가, 덜 매력적인가? 자신과 다른 사람들에게 제공할 것이 더 많은가, 적은가?

자신감은 어떤 수준인가? 인생에 대해서 전반적으로 더 흥분하는가, 덜 흥분하는가? 재정 상태는 어떠한가? 전에는 절대 하지 않았을 일들을 시도했는가? 이 변화가 인생의 다른 분야에 어떤 영향을 미쳤는가? 인간관계가 더 강력하고 흥미로운가? 변화를 느끼고 경험하라.

이런 식으로 5년을 산 다음 자신에 대해 어떻게 생각할까? 이제 또 5년 뒤로 넘어가서 똑같은 과정을 반복한다. 긍정적 변화가 일어나고 10년이 지났다! 얼마나 좋아졌는가? 인생이 얼마나 향상되었는지 느껴보라. 이제 20년 뒤로 넘어간다. 긍정적 변화가 일어나고 20년이 지났다!

6. 두 운명을 본 다음 하나를 선택하라. 현재로 돌아와서 새 미래가 가져다줄 무한한 가능성과 흥분을 느껴보라.

7. 자리에 앉아서 새 신념이 인생을 어떻게 향상할 것인지 적어라.

이 과정은 우리 잠재의식에 새 연상을 심는 작업이다. 긍정적 변화 추구는 기쁨과 연결하고, 현상 유지는 고통과 연결한다.

우리는 거의 모든 부정적 신념을 바꾸는 작업에 이 기법을 사용할 수 있다. 효과는 연습을 얼마나 충실하게 실행하고 고통과 기쁨을 얼마나 실감 나게 느낄 수 있느냐에 좌우된다. 여러분도 이 방법을 실행해보고 그 가능성에 흥미를 느끼기 바란다. 여러분에게 강력하게 권고하는 바다. 아울러 앤서니 로빈스와 다른 사람들의 기법을 더 연구하여 변화 능력을 더욱 발전시키기 바란다.

| 닻 내리기 기법 |

매일 매 순간 우리 잠재의식은 사물, 사건, 사람들을 기쁨과 고통에 연결하면서 연상을 만들어내고 있다. 지금까지는 이 과정을 통제하는 방법에 대해서 설명했다. 나는 최근 매우 강력하고 설득력 있는 과정을 배우기 시작했다. 닻 내리기(anchoring)라는 기법이다.

닻 내리기는 감각 자극을 감정 상태와 연결하는 잠재의식 과정이다. 이 말이 무슨 뜻일까? 긍정적이든 부정적이든 감정이 고조된 상태에서는 중요하고 반복적인 외부 자극이 그 감정과 연결된다는 뜻이다. 이 연결이 매우 강하면 외부 자극을 다시 발생시켜서 그 감정 상태를 유발할 수 있다.

외부 자극은 오감 중 하나나 몇 개를 결합하여 사용할 수 있다. 예를 들어 자동차 백미러로 빨간 불빛이 반짝이는 모습을 보면 어떤 기분을 느끼는가? 사람들 대부분은 실제로 잘못을 저지르지 않았어도 두려움을 느낄 것이다. 과거에 딱지를 떼인 적이 있기 때문이다.

다른 예는 어떤 노래를 들었을 때 마음속에서 과거의 느낌과 기억이 떠오르는 경험이다. 예를 들어 고등학생 시절에 당신과 이성 친구가 함께 좋아하던 노래가 있었다면, 그 노래를 들을 때마다 그 친구와 함께 보냈던 시간이 떠오를 것이다. 당신 배우자나 애인의 손길이나 말투가 친근감이나 따스한 느낌을 불러일으킬 수도 있다. 빵 굽는 냄새를 맡으면 식사한 지 한 시간이 안 지났는데도 허기가 느껴질 수 있다. 이런 예는 얼마든지 있다.

앞에서 신체를 이용한 의식에 대해 설명했었다. 신체적 의식은 잠재의식 속에 자리 잡은 닻 내림을 일깨운다. 우리는 실제로 닻 내림을 일깨워 원하는 상태를 만들어낼 수 있다. 업무에 집중하는 상태를 만들어내고 싶다면, 그러한 '유발·닻 내림' 상관관계를 형성한 다음 필요할 때 이 상태를 불러내면 된다. 그 방법론에 대해서는 앤서니 로빈스의 글을 다시 인용하겠다.

두 가지 간단한 단계가 있다. 첫째, 대상자를 원하는 닻 내림 상태로 만든다. 그 상

태에서 그가 절정을 경험할 때 명확하고 독특한 자극을 지속적으로 가한다. 예를 들어 그가 웃고 있다. 그가 온몸으로 웃음에 몰입한 상태다. 이때 그의 귀를 명확하고 독특한 압력으로 누르면서 어떤 소리를 여러 번 들려준다. 나중에 그에게 똑같은 자극(압력과 소리)을 주면, 그는 다시 웃기 시작한다.[4]

닻 내림을 성공적으로 활용하는 4대 요건은 다음과 같다.[5]

1. **강렬한 감정 상태**: 닻 내림 효과가 강하게 지속하려면 강렬한 감정 상태를 유도해야 한다. 온몸과 정신이 몰입 상태가 되어야 한다. 닻 내림 강도는 감정의 강도에 비례한다.
2. **설정 시점**: 닻 내림 유발(시각, 소리, 접촉, 냄새, 또는 이들의 결합)은 감정이 절정에 이르렀을 때 설정해야 한다.
3. **독특한 자극**: 자극이 독특해야 한다. 습관적으로 턱을 쓰다듬는 사람이라면, 턱 쓰다듬기는 유발로 적합하지 않다. 무심코 턱을 쓰다듬으면 잠재의식이 어찌할 바를 모르기 때문이다. 이런 유발은 곧 효과가 희미해지고 닻 내림도 사라지게 된다. 가장 좋은 유발은 예컨대 독특한 소리와 접촉으로 구성되는 자극의 조합이다.
4. **똑같은 자극**: 자극은 반복할 수 있어야 한다. 예를 들어 유발이 특정 어조로 말하는 "당신을 사랑해"라면, 그 단어와 어조를 똑같이 복제해야 똑같은 반응을 유발할 수 있다.

닻 내림 과정은 대개 여러 번 반복해야 확고하게 자리 잡는다. 이 과정을 여러 번 반복한 다음 시험해보라. 내가 아는 젊은이는 예쁘고 젊은 여성의 눈을 볼 때는 미소를 짓지 못했다. 그는 겁을 먹는 것이 아니라 단지 미소 지을 줄을 몰랐다. 그런데 그가 닻 내림을 알게 되었다.

하루는 쾌활해 보이는 아주 멋진 여성이 그에게 미소를 짓자, 그도 그녀에게 미소를 지었다. 그는 이 기회에 최근 배운 닻 내림을 사용한 것이다. 그는 미소를 짓고 싶어지자 왼쪽 귓불 바로 위를 만졌다. 이제 그는 언제든지 귀를 만져서 따뜻하고 친근한 미소를 지을 수 있다. 그는 과거 어느 때보다도 매력적인 여성들로부터 많은 미소를 받는다고 한다.

변화를 보완하는 기법으로서 닻 내림은 매우 강력한 힘을 발휘할 수 있다. 닻 내림은 잠재의식에 직접 작용하므로 매우 강력하다. 닻 내림을 이용하면 과업을 성취하는 데 필요한 감정 상태를 조성할 수 있다. 업무에 집중할 수도 있고, 지쳤을 때 힘을 낼 수도 있으며, 기분이 가라앉았을 때 흥분할 수도 있고, 연설을 하기 전에 자신감과 열정을 북돋을 수도 있다.

왜 그런 효과를 나타낼까? 나는 전혀 모른다. 아기 코끼리 덤보 이야기를 보면, 커다란 귀가 달린 덤보는 마법 깃털만 갖고 있으면 날 수 있다고 스스로 확신한다. 물론 깃털은 마법이 아니다. 심리적으로 의지하는 물건일 뿐이다. 닻 내리기 역시 일종의 마법 깃털이다. 그래도 무슨 상관인가? 효과가 있잖은가!

| 결론 |

지금까지는 우리가 지식에 따라 일관되게 행동하려 할 때 부닥치는 핵심 문제와 그 해결책을 훑어보았다. 나는 그 핵심 문제가 감정과 이성 사이의 갈등이라고 지적했다. 인간의 정신은 슈퍼컴퓨터와 같으며, 성공의 열쇠는 목표를 세운 다음 일관된 동기와 몰입으로 뒷받침하는 것이라고 설명했다.

이 장에서 나는 동기와 몰입 달성 기법을 간략하게 논의했다. 이 아이디어는 모두 내가 성년이 된 다음 오랜 시간 책을 읽고 학습하며 사람들의 행동을 관찰하여 얻은 것이다. 그러나 동기와 몰입에 대해서 이보다 더 자세히 논의하면 이 책의 본래 의도를 크게 벗어나게 된다. 내가 설명한 내용 외에도 훨씬 자세한 정보가 많이 나와 있으므로, 여러분이 찾아서 공부하라고 강력하게 권하는 바다. 뒤에 첨부한 참고문헌부터 시작하면 좋을 것이다.

내가 자신과 다른 사람들에 대해서 배운 한 가지는 누구나 변화할 수 있다는 점이다. 그러나 변화하려는 마음이 있을 때만 가능하다.

내 지인은 정기적으로 나를 찾아와서 개인 문제를 상의한다. 그녀는 똑같은 실수를 다양한 형태로 끝없이 되풀이하면서 살고 있다. 나는 잠재력도 많지 않은 그녀에게 연민을 느낀다. 그러나 나는 그녀와 주변 사람들에게서 공통 요소를 발견했다. 사랑과 고통을 대하는 방식이다.

나는 이런 현상을 눈으로 보면서도 믿을 수가 없었으나, 마침내 카렌 호나이라는 심리학자를 알고 나서 이해하게 되었다. 그녀는 저서에서 사람들이 자멸의 순환고리에 빠진 다음에도 똑같은 실수를 열정적으로 되풀이하는 이유를 설명했다.

이 과정은 그릇된 자존심이라는 복잡한 시스템을 중심으로 진행된다. 이는 정도의 차이는 있지만 나를 포함한 거의 모든 사람에게 널리 나타나는 현상이므로 특별히 관심을 기울일 만하다. 다음 장에서 이 문제를 논의하기로 한다.

16

그릇된 자존심
극복

자신을 아는 것 자체가 목적은 아니다. 그러나 자연스러운 성장 동력을 얻는 수단이다. - 카렌 호나이(Karen Horney)

| 트레이딩에서 실패하는 가장 중요한 이유 |

나는 성공하는 트레이더와 실패하는 트레이더의 차이를 오랜 기간 분석했지만, 자멸하는 트레이더를 볼 때는 정말 당혹스러웠다. 나는 훌륭한 트레이더들이 자신이 세운 원칙을 명백하게 위반하는 모습을 볼 때 그 이유를 이해할 수가 없었다. 다른 트레이더들이 똑같은 실수를 계속 되풀이하면서도 잘못으로부터 배우지 못하는 이유를 나는 이해할 수가 없었다. 불만과 불쾌감이 쌓인 사람들이 매일 똑같은 불만과 불쾌감에 시달리면서도 그 원인조차 파악하려 하지 않는 이유를 이해할 수가 없었다.

나는 그 원인이 일종의 자기기만과 합리화라고 생각했으나, 이런 현상이 너무도 흔히 나타난다는 사실에 소스라치게 놀랐다. 그 이유를 파악하려고 노력했으나 가망이 없어 보였다. 이 문제를 해결하려고 심리학에 관한 책을 거의 모두 읽던 중 카렌 호나이 박사가 쓴《내가 나를 치유한다(Neurosis and Human Growth)》[1]를 발견했다. 나는 이 책 덕분에 자기기만의 근원에 대해 눈을 뜨게 되었으므로 그 핵심 요소를 여기서 설명하지 않을 수 없다. 이 책 덕분에 다른 사람들의 자기기만을 이해하게 되었으며, 나의 긍정적 동기와 부정적 동기에 대해서도 눈을 뜨게 되었다.

호나이 박사에 의하면 우리에게는 모두 독특한 '선천적 잠재력'이 있고, 이 잠재력을 실현하려는 자연스러운 동인도 있다. 다시 말해서 우리는 '참 자아(real self)'를 갖고 태어나며, 인생의 목적은 끊임없는 자아 발견 과정을 통해서 참 자아를 실현하고 성장하는 것이다.

그러나 세상은 완벽하지 않으므로 우리는 '내적 스트레스를 받는 기간에 참 자아로부터 소외'될 수도 있다. 그러면 그는 엄격한 내적 명령(당위)에 따라 자신의 에너지를 총동원하여 절대적으로 완벽한 자아를 만들어낸다. 거의 신처럼 완벽해야만 그는 이상화된 자아상과 자존심을 채울 수 있다.

그러나 역설적이게도 이런 인위적 관점은 폭군으로 돌변하고, 사람들은 정신세계 속에서 이상화된 자아상에 맞춰 현실을 재구성하게 된다. 그 결과 거짓과 회피 시스템이 갈수록 확대되면서 사람들은 현실로부터 갈수록 더 멀어진다.

이는 매우 미묘한 내용이므로 그릇된 자존심이라는 거대한 착각을 불러오는 핵심 요소들을 구분해서 하나씩 논의할 필요가 있다. 특히 호나이 박사가 저서에서 다룬 내용이 그릇된 자존심에 대해서 가장 뛰어난 통찰을 제공한다. 그것은 이상화된 자아상, 영광 추구, 당위의 횡포, 병적 자존심이다. 이들은 트레이딩은 물론 사회 전반에서도 매우 흔하게 나타나는 개념이므로 자신을 인식하려면 반드시 이들을 이해해야 하며, 특히 트레이더에게는 변화와 성장 과정의 첫 단계가 된다.

나는 다른 어떤 분야보다도 금융업계에서 자기 인식이 가장 중요하다고 굳게 믿는다. 이렇게 생각하는 이유는, 트레이딩에서는 매일 장부를 통해서 판결이 내려지기 때문이다. 의사는 자신의 실수로 환자가 사망했을 때도 가족들에게 "나는 전력을 기울였습니다만…"이라고 말하면서 진실을 회피할 수 있다. 변호사는 최후의 변론 전날 밤에 과음하고서도 재판에 지면 배심원이 편파적이었다고 의뢰인에게 주장할 수 있다.

그러나 트레이더에게는 변명하거나 거짓말할 대상이 없다. 시장이 최종 배심원이며 매일 평결을 내리기 때문이다. 따라서 트레이딩, 투기, 투자로 성공하려면 그릇된 자존심 시스템의 작동 원리를 이해하는 것이 절대적으로 중요하다.

| 사악한 쌍둥이: 이상화된 자아상 |

'선천적 잠재력'은 우리가 평생에 걸쳐 실현하려고 노력하는 참 자아다. 그러나 유감스럽게도 사람들은 진정한 자기 발견 과정에서 부닥치는 고통을 피하려고 흔히 자신이 만들어낸 거짓 잠재력에 노력을 기울인다. 우리는 이중인격을 형성하는 탓에 내적인 갈등 상태를 만들어낸다.

참 자아도 항상 그 자리에 존재하므로 우리는 진정한 잠재력도 실현하고 싶어 한다. 그러나 우리가 만들어낸 '사악한 쌍둥이'도 비현실적이면서 이상화된 잠재력을 실현하려고 노력하며, 이 과정에서 참 자아를 쓰러뜨린다.

사악한 쌍둥이는 상상력을 발휘하여 요새를 건설하고 비우호적인 현실은 아예 인식하지 않는다. "상상력은 무의식적으로 이상화된 자아상을 만들어낸다. 이 과정에서 우리는 무한한 능력과 탁월한 솜씨를 발휘하여 영웅, 천재, 최고의 연인, 성인(聖人), 신이 된다."

| 영광 추구: 완벽주의와 노이로제성 야망 |

앞에서 설명한 정신의 원리에 의하면 우리 행동을 이끄는 원동력은 잠재의식에 프로그램된 가치와 신념이다. 호나이 박사가 말한 것처럼 사람들이 기본적인 근심[2]을 피하려고 이상화된 자아상을 받아들인다면, 우리는 당연히 이상화된 자아상을 실현하려고 할 것이다. 호나이 박사는 다음과 같이 말했다.

> 자기 이상화는 필연적으로 이른바 '영광 추구'라는 더 포괄적인 충동으로 성장한다. 그 핵심은 항상 자기 이상화다. 그리고 사례마다 강도와 인식 수준은 다르지만 완벽 추구, 노이로제성 야망, 보복적 승리도 자기 이상화에 포함되는 요소다.

완벽 추구는 사람들이 쉽게 떠올릴 수 있는 요소다. 우리가 인생에서 받아들이기 어려운 사실은 인생에 실수와 고통이 필연적으로 따른다는 점이다. 이때 내가 던지는 질문은 "왜 받아들이기가 그토록 어려운가?"이다.

그 답은, 받아들이면 이상화된 자아상이 무너지기 때문이다. 우리가 자신을 탁월한 인물로 여긴다면 우리는 실수를 저지르면 안 되고, 고통을 겪어서도 안 되며, 누구와도 사이좋게 지내야 하고, 누구에게나 자신의 견해를 이해시켜야 한다.

온갖 일들을 마땅히 해낼 수 있어야 한다. 완벽 추구는 이상화된 자아상이 요구하는 온갖 '당위'와 '금기'에서 명백하게 드러난다. 지난 장에서 예로 든 젊은 트레이더는 성공 평가에 전혀 비현실적인 기준을 적용했다. 이는 십중팔구 이상화된 자아상 때문이다.

나에게도 트레이더로서 커다란 약점이 있는데, 부분적으로나마 완벽 추구에서 비롯되는 약점이다. 시장의 주요 전환점에서 트레이딩할 때, 나는 흔히 자신을 '완벽주의자'라고 부른다.

1971년 이후 내가 시장 하락 흐름을 놓친 것은 겨우 두 번이었고, 나머지는 모두 전환점을 정확하게 포착했다. 그러나 나는 일단 정확한 전환점을 놓치면 뒤늦게 들어가 추세를 따르지 못한다. 이것이 커다란 약점이다.

예컨대 나는 1990년 7월 말에 매도 기회를 노리고 있었다. 그러나 내가 미처 매도포지션을 잡기 전에 사담 후세인이 갑자기 쿠웨이트를 침공했다. 나는 시장이 폭락하는 모습을 지켜보면서 하락 흐름 중간에 도저히 매도포지션을 잡을 수가 없었다. 만일 매도했다면 10%는 벌었을 것이다. 그러나 나는 매도하지 못했다. 나는 바닥 근처에서 매도포지션을 잡게 될까 봐 두려웠다.

1989년에도 비슷한 사례가 있었다. 나는 일부 상품시장에 관심을 소홀히 한 탓에 완벽한 매매 기회를 놓쳐버렸고 자신에 대해 격분하게 되었다. 트레이더라면 당연히 시장에 관심을 집중하고 있어야 하지만, 당시 인간으로서나 사업가로서나 나의 초점은 다른 곳에 있었다. 나는 이런 사실을 인정하는 대신, 트레이더로서 완벽하지 못했던 자신에게 격노했다.

위 사례 둘 다 완벽 추구가 우리 생활에 미치는 영향을 보여준다. 완벽 추구는 매우 근본적인 힘이므로 '당위의 횡포' 섹션에서 더 자세히 논의하기로 한다.

노이로제성 야망(외면적 성공에 대한 강박증)은 특히 월스트리트에서 널리 나타나는 영광 추구의 한 측면이다. 이는 놀라운 일이 아니다. 노이로제성 야망은 경쟁 환경의 산물이며, 월스트리트는 경쟁이 매우 치열하기 때문이다.

탁월한 능력을 입증하고 과시해야 하므로 사람들은 노이로제성 야망을 갖게 된다. 진정한 자신감이 부족한 사람은 심리학자 너새니얼 브랜든이 말한 이른바 '가짜 자존심'을 성취하려고 높은 지위를 추구한다. 노이로제성 야망이 있는 사람들은 자신이 천재나 전능한 존재라고 믿으므로, 이를 뒷받침하는 성과를 외부 세계에 보여주어야 한다. 이런 사람들은 그 분야 최고로 인식되려고 사력을 다한다.

그러나 이들이 추구하는 이상은 원래 가상의 것이어서 실현이 불가능하므로, 이들의 노력도 허사가 될 수밖에 없다. 그런데도 이상화된 자아상을 추구하는 사람들은 노력을 절대로 중단할 수가 없다. 중단은 곧 자신의 견해가 틀렸음을 인정하는 행위이기 때문이다. 따라서 노이로제성 야망가들의 특징 하나는 강박적인 재능과 능력을 갖추고서도 성취감을 절대 느끼지 못한다는 점이다. 이반 보스키(Ivan Boesky, 내부자 거래로 악명을 떨친 주식 트레이더 – 옮긴이) 같은 사람이 대표적인 사례다. 그가 거짓 성공을 만들어낸 것은 단지 돈 때문이 아니라 노이로제성 야망 때문이었다.

노이로제성 야망과 성공하려는 진정한 욕구는 흔히 종이 한 장 차이이다. 그 차이는 동기와 더불어 목표를 실제로 달성했을 때 느끼는 감정에서 뚜렷이 나타난다. 노이로제성 야망가들은 인생을 과정으로서 즐기지 못하고 단지 미래를 향해서 나아가기만 한다. 이들에게 활동은 에너지 배출에 불과하다. "이들은 더 많은 돈, 탁월한 성과, 권력을 획득하는 순간 공허함을 느끼게 된다. 마음의 평화도 안도감도 삶의 기쁨도 느끼지 못한다. 이들은 영광이라는 환상을 잡으려고 지금까지 뛰어왔지만, 마음속으로 겪는 스트레스는 조금도 줄어들지 않는다."

내가 노이로제성 야망이 월스트리트에서 널리 나타난다고 말했을 때, 사람들 대부분이 오로지 표면적 성공 때문에 강박적 노이로제 증상을 보인다는 뜻은 아니다. 그러나 금융업계에서도 특히 트레이더들 사이에 노이로제성 야망가가 매우 많다고 나는 믿는다.

언제든 우리가 '내가 부자라면 행복할 텐데'라고 생각한다면, 그 뿌리에는 노이로제성 야망이 있다. 이런 말 뒤에는 우리가 많은 돈을 벌면 어떻게 될 것인가에 대한 거짓 신념이 숨어 있다. 특히 성공을 이룬 트레이더들 사이에서 나타나는 '기력 소진(burnout)'도 노이로제성 야망의 증상이다. 영광을 추구하여 성취를 이룬 다음 허망함을 느낀 사람들은 결국 기력이 소진하게 된다. 우리는 자신의 노이로제성 야망이 어느 수준인지 반드시 이해해야 한다. 노이로제성 야망이 크면 인생을 과정으로서 즐기지 못하게 된다.

피해와 고통 측면에서 영광 추구의 가장 나쁜 요소는 보복적 승리 추구다. 이는 정도의 차이는 있지만 거의 모든 사람에게서 나타나는 요소다. 호나이 박사는 다음과 같이 설명한다.

보복적 승리 추구는 실제 성공 추구와도 밀접한 관계가 있겠지만, 주요 목적은 승리를 통해서 다른 사람들을 좌절시키거나 모욕하는 것이다. 아니면 권력을 획득하여 다른 사람들에게 고통을 안기려는 것이다. 한편 탁월성 추구는 환상으로 전락할 수 있으며, 보복적 승리 추구는 주로 개인적으로 상대를 좌절시키거나 패배시키려는 무의식적 충동에서 비롯된다. 내가 이런 충동을 '보복적'이라고 부르는 이유는, 그 동기가 어린 시절에 겪은 굴욕을 앙갚음하려는 것이기 때문이다(이런 충동은 이후 노이로제 단계에서 강화된다).

보복적 승리 추구의 완벽한 사례는 올리버 스톤(Oliver Stone) 감독의 영화 '월스트리트'에 등장하는 고든 게코에게서 구체적으로 나타난다. 게코는 주로 보복적 승리를 추구하면서 부와 권력을 획득했다. 그가 성공과 실패를 평가하는 기준은 벌어들이는 돈의 액수처럼 평범하지가 않았다. 그는 시장을 얼마나 마음대로 조작하고 이 과정에서 그가 선택한 사람들을 얼마나 통제하고 괴롭히느냐로 성공을 평가했다. 게코는 야심 찬 젊은 트레이더를 보살피는 척하면서, 그를 이용해서 이상화된 자아상에 도전하는 사람들을 파멸시키고 제거했다.

이 대목에서 나는 영화 '월스트리트'에 화가 났다고 분명히 밝혀둔다. 월스트리트가 돌아가는 실상을 왜곡했기 때문이다. 이 영화는 특히 기업 인수를 통해서 정상에 오르는 사람들이 대부분 차갑고 무자비하며 집념이 강하다고 암시한다. 물론 월스트리트에 게코 같은 사람들도 있지만 주류는 아니다. 그리고 정상에 오른 사람들은 대부분 남에게 기생한 사람들이 아니라 능력을 발휘한 사람들이다.

나는 TV 프로그램에서 올리버 스톤의 아버지가 주식중개인이었다고 들었다. 스톤이 아버지의 직업을 그토록 강력하게 비난한다는 사실이 흥미롭다. 그의 동기가 보복적 승리 추구일지 누가 알겠는가?

아무튼 게코는 많은 기업에서 '정치' 조작과 '모함'을 일으키는 사람들의 보복적 승리 요소를 구체적으로 보여주었다. 그는 또한 우리가 상처받았을 때 보복하려는 욕구도 구체적으로 보여주었다.

보복적 승리 추구는 필연적으로 자신과 상대를 둘 다 파괴한다. 그 결과는 뻔하다. 예를 들어 나와 함께 근무하던 한 트레이더는 마키아벨리(Niccolò Machiavelli)의 《군주론(Il Principe)》을 탐독했다. 그는 이 책을 그야말로 침대 머리맡에 두고 읽었다. 그는 동료 트레이더와 우정과 신뢰를 쌓았지만, 결국은 이를 이용해서 동료가 파면당하게 했다. 내가 그에게 윤리성을 문제 삼자 그는 말했다. "이 세상에서 앞서 나가려면 이런 식으로 할 수밖에 없어."

나는 영광 추구가 모든 사람에게 흔히 나타나는 현상이라고는 절대 생각하지 않는다. 이 세상이 가망 없는 노이로제 환자들로 가득하다고도 생각하지 않는다. 단지 영광 추구 속성이 거의 모든 사람에게 조금씩은 있으며 불필요한 실수, 실패, 고통을 자주 일으킨다고 믿을 뿐이다. 특히 트레이더들에게 이런 현상이 많이 나타난다. 그러나 영광 추구는 대개 깊숙이 숨어 있으며, 긍정적 가치를 바탕으로 하는 건전한 동기와 섞여 있다. 따라서 영광 추구에서 비롯되는 동기를 구분할 수 있어야 한다.

| 강박과 상상 |

영광 추구에서 비롯되는 동기에는 건전한 동기와 구별되는 두 가지 특성이 있다. 강박적 속성과, 호나이 박사가 말하는 이른바 '상상력 속성'이다. 행동의 동기가 잘못 인식한 고통을 피하려는 것이라면, 그것은 강박적인 행동이다. 호나이 박사는 다음과 같이 말한다.

> 강박은 자발적 노력의 반대를 뜻한다. 자발적 노력은 참 자아를 나타내지만, 강박은 노이로제 구조의 내부 필요성에 따라 결정된다. 개인은 근심, 충돌, 죄의식, 거절 등을 피하려면 진정한 소망, 느낌, 이익과 상관없이 강박을 따라야만 한다. 다시 말해서 자발과 강박의 차이는 '내가 원하는' 것이냐와, 위험을 피하려면 '내가 해야만 하는' 것이냐의 차이다.

이 설명은 내가 14장과 15장에서 제시한 정신 모델과도 잘 맞아떨어진다. 우리 의식과는 상관없이 우리는 잠재의식 속의 목적 가치 및 부정적 가치에서 비롯되는 동기에 따라 종종 움직인다. 영광 추구는 이상화된 자아상을 지키려는 강박적 행동이다. 따라서 우리의 이익에 상관없이 강박적으로 하는 행동이라면, 이는 영광 추구로 볼 수 있다.

영광 추구는 강박적 행동이므로 사람이 진실에 무관심해지게 만든다. 13장에서 예로 든 트레이더 존은 채권의 가격 흐름을 보면서 "내려가야 해"라고 말했다. 실제로 그가 뜻한 바는 "내 판단이 옳아야 해!"였다. 다른 예를 들어보겠다. 독자들은 논쟁이 변질하여 진실 확인보다도 각자 자기만 옳다고 주장하는 모습을 본 적이 있을 것이다.

영광 추구의 상상력 속성에 대해서도 언급할 필요가 있다. 상상력은 놀라운 선물이다. 우리는 상상력 덕분에 미래를 예측하여 머릿속으로 현실을 재구성함으로써 목표를 설정하거나, 실행 계획을 수립하거나, 창의력을 발휘할 수 있다. 그러나 우리가 가공의 목표를 대상으로 행동한다면 상상력은 우리를 파멸로 이끈다.

| 자기기만: 소망이 요구로 바뀔 때 |

이상화된 자아상과 여기서 비롯되는 영광 추구가 상상력을 만들어내며, 이 상상력을 계속 사용해야만 이상화된 자아상과 영광 추구를 지탱할 수 있다. 이 과정에서 상상력은 자기기만과 합리화를 불러온다. 실제로 우리는 영광을 추구하는 동안 환상의 섬에서 사는 셈이다. 속기 쉬운 잠재의식이 환상의 섬을 현실로 받아들이면, 소망은 현실에 대한 요구로 바뀐다.

지난 장에서는 자신의 혼잣말, 특히 자신에게 던지는 질문에 주목하라고 말했었다. 다음과 같은 질문에 주의하라고 말했다. "이런 일이 어떻게 나에게 일어날 수 있지? 나를 이런 식으로 대하다니! 세상은 왜 이렇게 불공평하지?" 이런 질문이 시사하는 바를 생각해보자.

"이런 일이 어떻게 나에게 일어날 수 있지?"라고 묻는다면, 이는 자신이 신의 섭리나 운명 등에서 특별한 대접을 받아야 한다는 뜻이다.

"나를 이런 식으로 대하다니!"라고 말한다면, 다른 사람이 자신을 당연히 이해하고 필요한 깃을 제공해야 한다는 뜻이다. 그 사람은 음식도 공급해야 할 것이다. "세상은 왜 이렇게 불공평하지?"라고 묻는다면, 현실 세계가 자신이 정의한 세계와 일치하지 않는다는 뜻이다.

이런 질문들은 모두 소망이 요구로 바뀌었음을 가리킨다. 이는 적어도 잠재의식은 (자신이 현실에 맞추는 것이 아니라) 현실이 자신의 요구에 맞춰야 한다고 믿는다는 뜻이다. 이런 소망을 지닌 사람들의 특징은 자신이 원칙에서 예외라고 생각한다는 점이다.

이들은 자신이 사랑, 정의, 인간 본성 등을 이해하는 극소수에 속한다고 믿는다. 이들은 트레이딩 원칙이 필요하다고 이해하면서도, 자신은 '우월한 지혜'를 지녔으므로 원칙의 속박에서 벗어난 트레이더라고 생각한다. 이들은 시장이 자신의 판단에 역행하면 정당한 권리가 침해되었다고 생각하면서 반응한다. 자신의 실패에 대해서 책임을 지고 그 문제를 직접 상대하는 대신, 이들은 소망을 앞세워 진실과 거짓, 옳고 그름, 친구와 적을 구분한다. 현실과 전혀 무관한 소망이 모든 사물의 평가 기준이 된다.

나는 이 장의 도입부에서 사람들의 자기기만 행위에 장기간 당혹스러웠다고 말했다. 그러나 이제는 깨달았다. 자기기만은 (영광 추구라는 가상 경험을 통해서) 소망에 깊이 뿌리박고 있으므로, 자기기만에 빠진 사람은 합리화와 진실을 구분할 수가 없다. 호나이 박사는 다음과 같이 말한다.

노이로제성 요구는 자신의 외부 세계와 관계가 있다. 그는 자신이 특별한 존재이므로 언제나 무엇에나 특별한 권리가 있다고 주장한다. 그는 자신이 강요받아서는 안 되며 법을 초월한 존재인 것처럼 느낀다. 그는 자신이 이상화한 자아상에 명백하게 못 미칠 때마다, 그 탓을 외부 요소에 돌린다.

이런 함정에 빠진 사람에게 우리가 그의 잘못에 대해 기진맥진할 때까지 설명할지라도, 그리고 우리 주장이 아무리 합리적이고 침착하며 설득력 있어 보여도, 그는 우리 말을 전혀 듣지 않을 것이다. 그의 자각과 인식이 현실을 왜곡해서 받아들이기 때문이다.

자기기만은 그가 의식적으로 선택한 것이 아니다. 장기간에 걸쳐 무의식적으로 정교하게 형성된 결과물이다. 그는 절망에 빠져 현실로부터 뺨을 얻어맞을 때까지 자기기만을 진실이라고 믿으면서 굳건히 지킨다. 그러나 현실에 부닥칠 때조차 그는 흔히 이상화된 자아상에 매달리면서 이렇게 생각한다. "내가 아직은 완벽의 경지에 도달하지 못했지만, 언젠가 도달하면 정당한 보상을 받게 될 거야."

우리는 그를 바꿀 수 없다. 그가 스스로 바뀌어야 한다. 사람들은 대개 자신의 세계가 완전히 무너져서 막다른 골목에 몰릴 때만 바뀐다. 내가 이런 이야기를 하는 이유는 영광을 추구하다가 끝없는 추락에 빠져들지 말라는 뜻이다. 막다른 골목에 몰릴 때까지 기다리지 말라.

절망에 빠지기 전에 변화하라. 지금 당장 내가 설명했던 증상을 찾아보라. 요는 자신의 문제를 인정하고 스스로 책임지라는 말이다. 실수는 트레이딩에서 일상적으로 발생하는 일이다. 현실로부터 뺨을 얻어맞는 순간, 왜 그런 일이 일어났는지 자신에게 물어보라. 자신을 비난하라는 말이 아니라, 긍정적 변화와 성장의 기회로 삼으라는 말이다.

| 당위의 횡포 |

지금까지 논의한 바로부터 자기 이상화와 영광 추구가 병적 자부심을 낳는다고 결론지을 수도 있지만, 이는 내가 완벽 추구를 피상적으로만 논의했기 때문이다. 사람들이 대개 자아상을 완벽한 존재로 만들어낸다고 가정하면, 이들은 자아상이 아무리 비현실적이더라도 그 기준에 맞춰 살려고 잠재의식적으로 노력할 수밖에 없다.

그는 완벽한 자아상을 유지하면서 예컨대 다음과 같은 내적 명령(당위)을 무의식적으로 자신에게 내린다. "망신스러운 너의 실제 모습을 모두 잊어라. 너는 이상화된 자아상처럼 되어야 한다. 이것이 가장 중요한 일이다. 너는 모든 일을 견디고 이해하며, 모든 사람을 좋아하고, 항상 실적을 내야 한다." 그러나 이는 냉혹한 명령이므로, 나는 '당위의 횡포'라고 부른다.

완벽 추구의 수면 아래에는 근본적으로 불만과 자존심 결여가 숨어 있다. 완벽 추구는 이런 불만을 드러내지 않으려는 보호막이다. 이렇게 완벽한 자아상을 유지하고 추구하는 한, 사람들은 자긍심이나 심지어 우월감까지도 느낀다. 이들은 자신이 '진정한' 잠재력을 실현하려고 기꺼이 희생까지 감수하는 극소수라고 생각한다. 이들은 다른 사람들의 행복이 '피상적'이거나 '가짜'라고 깎아내린다. 오로지 그들과 (아직 만나지 못했지만 갈망하는) '이상적인 남자나 여자'처럼 자신과 비슷한 소수만이, 열심히 노력하면 얻을 수 있는 영광을 이해한다고 믿는다. 그러나 이런 믿음의 뿌리에는 자존심 결여가 숨어 있으며, 이는 다양한 방식으로 수면 위로 떠오른다.

모든 영광 추구의 원동력 가운데 완벽 추구가 가장 흔하며, 이는 당위의 횡포로 나타난다. 이들은 스스로 선택한 진정한 가치를 따르는 대신 잠재의식이 선택한 엄격한 명령 시스템을 따른다. "~을 해야 하고, 되어야 하며, 느껴야 하고, 알아야 한다. 그리고 ~는 금기다"라는 명령이다.

흔히 엄격한 명령 시스템과 진정한 가치 시스템은 종이 한 장 차이이다. 따라서 둘의 핵심적인 차이점들을 반드시 이해해야 한다.

첫째, 내적 명령(당위)은 실행 가능성을 무시한다. 사람들은 완벽한 트레이더가 되는 동시에 완벽한 배우자, 부모, 음악가, 운동가가 되어야 한다고 믿는다. 이들은 모든 문제를 자신의 힘으로 즉시 해결할 수 있어야 한다.

둘째, 내적 명령은 상황이나 조건을 무시한다. 트레이더는 효과적으로 거래하려면 시장 지식에 통달해야 한다는 점을 이해하지만 책 한두 권만 읽으면 통달할 것으로 생각한다. 유능한 트레이더가 되려면 다른 분야와 마찬가지로 교육과 훈련 기간이 필요하다는 사실을 그는 무시한다. 이 때문에 그는 교육과 훈련을 받았으면 피할 수 있었던 실수를 번번이 저지른다. 그러나 지식이 부족하다는 사실을 인정하는 대신, 그는 실수를 합리화하고 외부 요소 탓으로 돌린다.

셋째, 내적 명령은 자신의 심리 상태를 무시한다. 그는 절대 마음이 상해서도 안 되고, 분노해서도 안 되며, 근로 의욕을 상실해서도 안 된다. 그는 "자신의 기존 취약성을 부인하라"라는 절대명령을 사신에게 내린다.

넷째, 내적 명령은 목적을 달성하기 위한 수단이 아니라 그 자체가 목적이 된다.

앞에서 나는 부정적 가치와 신념에 대해서 설명했다. 당위의 횡포와 부정적 가치 사이에 어떤 관계가 있는지 알겠는가? 당위의 횡포 역시 우리가 자신이나 다른 사람에게 하는 말에서 드러난다.

우리가 "나는 못 해"라고 말한다면 이는 자신에게 절대적인 부정적 가치를 심는 것이다.

우리가 "나는 해야만 해"라고 말한다면 이는 자발적 동기를 제거하는 것이며, 그 결과 그 행위에 대해 주인의식을 느끼지 못하게 된다.

우리가 "나는 할 수 있어야 해"라고 말한다면 우리는 실수로부터 배울 기회를 저버리게 된다. 자신의 잘못을 비난하느라 바쁜 나머지, 실수를 객관적이고도 긍정적으로 바라보지 못한다.

완벽을 추구하는 사람들은 자신을 이상화된 자아상과 동일시하면서 내적 명령을 따른다.

의식적이든 무의식적이든 그는 자신이 세운 기준에 긍지를 느낀다. 그는 기준의 타당성을 의심하지 않으며 어떤 방식으로든 실현하려고 노력한다. 그는 실제로 기준에 도달하려고 노력할 수 있다. 그는 팔방미인이 되어야 한다. 그는 누구보다도 많이 알아야 한다. 그는 절대 실수를 저지르지 말아야 한다. 그는 어떤 일에도 절대 실패해서는 안 된다…. 그는 마음속으로 자신이 세운 절대 기준에 도달한다. 그는 너무도 오만해서 실패 가능성을 고려하지도 않으며 실패하더라도 무시해버린다. 그는 자신이 옳다는 생각이 너무도 완강해서 자신은 절대로 실수를 저지르지 않는다고 믿는다.

내적 명령에 따라 기준에 도달하려는 사람들은 결국 현실로부터 크게 벗어나게 된다. 이런 사람들이 겉으로는 존경과 맹종을 받으며 번창하는 것처럼 보인다. 이들은 너그럽고 매력적이며, 특히 새로 찾아와 존경을 표하는 신참자들에게 더욱 그러하다. 이들은 성적 정복, 영향력 있는 친구들, 독특한 물질 획득 등에 긍지를 느낀다.

이들은 자신의 현재 모습과 지향하는 모습을 거의 구분하지 못한다. 그러나 무슨 일을 하든 이들은 언제든 내적 명령이 달성 불가능함을 깨달을 여지가 있다.

이들은 완벽 추구 의지가 매우 강하므로 흔히 능력과 성과를 보여주기도 한다. 이름은 밝히지 않겠지만 나는 이런 트레이더를 여러 사람 알고 있다. 이들은 예외 없이 업무에 뛰어났고, 지식을 아낌없이 나누어주었으며, 매력적이고 대화하기에 흥미로운 사람들이었다. 그러나 이들은 자신이 중시하는 분야에 대해서는 토론이나 반대를 절대 인정하지 않는 사람들이었다.

가격이 자신의 생각과 반대 방향으로 흐르면, 이들은 시장 사람들이 모두 멍청하다고 비난한다. 이들은 예컨대 "내 생각이 한걸음 앞섰을 뿐이야"라고 변명한다. 드물게 실수를 인정할 때도 가장 그럴듯한 이유만 내세운다. 이들은 트레이딩뿐 아니라 정치, 경제, 인간관계 등 매사에 완고한 모습을 보인다.

이는 배우고 성장하는 건전한 과정에 대해서 이들의 잠재의식이 저항한다는 뜻이다. 이들은 주로 자신의 영광을 추구하므로 자신에 대한 도전이 일정 수준을 넘어서면 그동안 쌓아온 착각이 무너질 위험에 처하게 된다. 따라서 완고해질 수밖에 없다.

이상화된 사랑을 통해서 근심에서 벗어나려는 사람들은 전혀 다른 행태를 보인다. 이들은 내적 명령에 따라 기준에 도달하기가 전혀 불가능하다고 느낀다. 대신 이들은 이상적인 사랑을 얻으면 힘이 솟구쳐서 내적 명령을 따를 수 있다고 생각한다.

자세히 말할 필요도 없이, 이런 사람들은 대개 무조건 몰입하면서 완벽을 추구하는 사람에게 들러붙는다. 이들은 그가 추구하는 가치에 상관없이 무조건 그를 의지한다. 이들은 집중력, 자신감, 독자적인 판단력, 원칙 준수 능력이 부족하므로 형편없는 트레이더가 된다.

'자유'를 중시하는 사람들은 내적 명령에 반항하기 쉽다.

그는 자유를 매우 중시하므로 강압에 대해서 극도로 민감하게 반응한다. 그는 다소 소극적인 방식으로 저항하기도 한다. 간단한 일, 독서, 아내와의 성관계 등 그가 해야 한다고 생각하는 모든 일이 강압으로 느껴지면, 의식적으로든 무의식적으로든 분노가 치밀고 무기력해진다. 해야 할 일을 결국 다 하더라도, 그는 치솟는 저항감 때문에 스트레스를 받으면서 한다.

그는 내적 명령에 더 적극적으로 반항하기도 한다. 그는 일을 모두 포기하려고도 하며, 때로는 자기가 원할 때 원하는 일만 하겠다고 극단적인 주장을 펴기도 한다. 그리고 흔히 절망에 빠져 반항할 때는 폭력적인 모습을 띠기도 한다. 그는 지극히 경건하고 순수하며 진지해질 수가 없으면, 철저한 악인이 되어 다른 사람을 모욕하고 거짓말하며 문란해진다.

반항이 어떤 모습을 띠든 이런 식으로 자유를 추구하는 사람은 트레이더로 성공하기가 사실상 불가능하다. '절제'라는 말조차 강압으로 받아들이기 때문이다. 게다가 이런 식으로 반항적인 사람은 계획 세우기를 극도로 꺼린다.

내가 아는 이런 사람들은 대개 괴짜다. 이들은 원칙을 지키면서 트레이딩을 잘하다가도 지나치게 큰 포지션을 잡는 바람에 3주 동안 모은 이익을 한 방에 날려버린다. 말하자면 원칙을 준수하여 성공을 거두고서도 이들은 그 원칙에 반항하지 않고서는 못 배기는 것이다.

어떤 형태가 되든 당위의 횡포는 끔찍하고 부정적인 요소다. 이들을 이끄는 강력한 도덕적 명령은 노이로제성 자존심이다.

| 진정한 자존심과 그릇된 자존심 |

진정한 자존심은 자아실현 과정에서 얻는 가치로부터 느끼는 감정이다. 노이로제성 자존심은 '내적 명령'을 달성할 때 느끼는 감정이다.

노이로제성 자존심도 동기를 주지만 사람들의 변화를 막아 불행하게 만든다. 진정한 가치 대신 내적 명령을 따르게 하기 때문이다. 이상화된 자아상과 상상 속의 잠재력에 집중하여 얻는 특별한 느낌이다.

그러나 핵심 자아는 절대 사라지지 않는다. 핵심 자아는 여전히 남아 있으면서, 거짓 동기로는 아무것도 이루지 못한다는 사실을 일깨워준다. 우리가 인생에서 원하는 결과를 얻으려면, 노력을 통해서 긍정적이고 현실적인 가치관을 바탕으로 목표를 달성해야 한다. 우리는 자신에게 귀를 기울여 "뭔가가 잘못됐어"라고 외치는 소리를 순간적으로 포착해야 한다.

우리가 의욕적으로 목표를 추구할 수 없다면, 우리가 인생에서 특별

대우를 받아야 한다고 느낀다면, 목표를 달성했지만 아무런 보상도 받지 못했다고 느낀다면, 자신으로부터 소외되었다는 느낌이 든다면, 이 장에서 설명한 내용이 자신에게 적용된다고 인식한다면, 지금이야말로 근본적으로 자신에게 도전해서 근원적인 동기에 질문을 던져야 할 때다. 그러면 우리는 십중팔구 그릇된 자존심 시스템을 발견하게 될 것이다.

우리는 그릇된 자존심을 정복할 수 있다. 가장 어려운 첫 단계는 그릇된 자존심이 존재한다고 깨닫는 일이다. 그릇된 자존심에 도전하고, 이상화된 자아상을 없애버리며, 당위의 횡포 대신 진정한 가치에 따라 행동하는 것은 감정적으로 고통스럽다. 영광을 추구하면서 형성한 신념과 연상들은 매우 소중하게 느껴지므로 버리기가 매우 어렵다.

200만 년 전 우리 조상은 위험에 부닥쳤을 때 실수를 저지르면 목숨을 잃었다. 반면에 트레이딩에서는 실수가 피할 수 없는 일상이다. 대부분 트레이더가 성공하지 못하는 것은 실수를 인정하지 않으려는 그릇된 자존심 때문이다. 이런 심리 때문에 원칙을 준수하기가 어려워진다.

트레이더로서, 그리고 인간으로서 우리에게는 선택권이 있다. 우리는 사실을 무시하고 영광을 추구하면서 감정에 따라 행동할 수도 있고, 성장하려면 실수로부터 배워야 한다고 인식할 수도 있다. 우리는 실수를 저지를 것이다. 우리는 돈을 벌 때도 있고, 잃을 때도 있을 것이다. 실수를 저질렀을 때 우리는 실수를 분석하고 배워 행동을 바꿈으로써 성장할 수 있다. 이 과정을 통해서 우리는 기술을 끊임없이 발전시키고 자신을 긍정적으로 평가할 수 있다. 계속해서 연습한다면 트레이딩에서 더 꾸준히 이익을 낼 수 있으며, 자부심도 느끼게 될 것이다.

그릇된 자존심과 영광 추구에 도전하기가 아무리 고통스럽더라도 도전하지 않는다면, 성장과 성취 과정에서 오는 커다란 기쁨과 평온을 우리는 경험할 수 없을 것이다. 지금까지 논의한 지식을 사용하면 우리는 그릇된 자존심을 정복하고 '선천적 잠재력 실현'에서 오는 진정한 자존심을 발견할 수 있다.

에필로그

당신의
진정한 자유를 위해

앞에서도 언급했지만, 내가 생각하는 자유는 단순한 정치적 자유가 아니다. 내가 원하는 일을 하면서 생계를 유지할 수 있어야 하고, 내가 강도를 당하거나 실수를 저지르더라도 끄떡없을 정도로 확고한 재정 독립이 유지되어야 한다. 사실은 이보다 더한 의미가 있다. 재정 상태에 상관없이 기쁨을 누리면서 인생을 살아갈 수 있어야 한다. 자유는 재난이 닥쳤을 때도 가족을 걱정할 필요가 없을 때 더 쉽게 찾을 수 있다.

나는 막내딸 제이니(Janene)를 볼 때마다 얼굴에 미소를 띠게 된다. 제이니는 인생에서 커다란 기쁨을 깨달았으며, 어른이 되어서도 내내 기쁨을 누릴 수 있기를 바란다. 제이니는 열두 살에 다음과 같은 시를 썼다. 나는 이 시에 인생에서 기쁨을 누리는 핵심적 사고가 담겨 있다고 생각한다.

보기 좋은 것이 그토록 많으니 나쁜 것은 보지 말자.

세상은 완벽하지 않지만 그래도 나는 세상을 사랑한다.

에인 랜드도 사실상 같은 내용을 더 정교하게 표현했다. "재난이 아니라 가치가 인생을 이끄는 목적이자 첫 번째 관심사이며 원동력이다." 제이니의 시와 랜드의 말이 함께 의미하는 바는, 사람과 세상이 불완전하고 고통과 재난이 분명히 존재하지만 우리는 이런 것들에 초점을 둘 필요도 없고 두어서도 안 된다는 뜻이다.

그러나 재난과 고통에 인생의 초점을 두는 사람이 너무도 많다. 그렇다고 해서 사람들이 재난과 고통만 생각한다는 뜻은 아니다. 일부러 그러는 사람도 있지만, 대개는 자기도 모르게 그렇게 된다. 이들은 시간과 에너지를 가치 추구에 쏟는 대신, 고통을 피하는 일에 쏟는다. 그래서 고통이 인생의 초점이 된다.

우리는 부정적인 것을 추구해서는 안 된다. 고통을 피하는 데 초점을 맞추면 적극적 행동을 하기가 어려워진다. 고통이 인생을 지배하게 하면 우리가 생각하고 성장하며 생산하는 능력이 방해받는다. 우리는 따분하지만 안전한 틀에 갇힐 수도 있고 영광을 추구할 수도 있지만, 어느 쪽에서도 열정적이고 자연스러운 인생을 경험할 수 없다.

인생에는 위험이 따른다. 우리가 행동하고 선택할 때마다 실수와 실패를 저지를 가능성이 따라다닌다. 나는 누구보다도 이런 가능성을 인식하고 있다. 시장에서 객관적으로 위험을 통제하면서 생계를 유지하고 있기 때문이다. 당신이 위험, 실패, 고통을 트레이딩 과정의 일부로 인식하지 않는다면 트레이딩을 포기하기 바란다. 돈을 잃거나 트레이딩 과정에서 비참해질 것이기 때문이다.

트레이더로서 정신건강을 유지하려면 확신이 설 때 포지션을 잡아야 하고, 심사숙고하여 위험을 떠안아도 보상받지 못할 수 있음을 항상 염두에 두어야 한다. 그리고 돈을 벌지 못해도 다시 기운을 내서 트레이딩을 해야 한다. 우리는 고통에 마음의 문을 열어야 성장할 수 있다.

인생도 마찬가지다.

나는 말하기 쑥스러워하지만 사람들은 항상 '사랑'을 이야기한다. 인생에서 거의 모든 행위가 사랑의 행위여야 하며, 그 핵심은 자신을 내주는 것이다. 그렇다고 해서 전혀 사심 없이 무조건 주라는 말은 아니다. 보상받지 못할 수도 있다고 생각하면서 주고, 실제로 보상을 못 받아도 다시 기운을 내서 주라는 말이다.

선물하듯이 주어야 한다. 자신을 세상에 선물해야 한다. 자신이 만든 제품과 서비스를 세상에 제공해야 한다. 자신의 성과, 생산력, 에너지, 생각과 의견을 세상에 선물해야 한다. 이 모든 행위를 통해서 정신적으로나 물질적으로나 내 인생이 풍요로워진다.

이런 식으로 주면 그 보상이 몇 배로 돌아온다. 금전적으로, 그리고 행복으로 돌아온다. 단순히 주고받는 거래가 아니라, 선물로 주고 선물로 받는 것이다.

우리를 자신에게 줄 수도 있다. 우리가 배우고 성장하는 일에 몰입하면, 그 보답으로 새로운 기회를 얻는다. 우리는 노력을 통해서 자신에게 새로운 기회를 선물하는 셈이다. 시장에서 위험을 떠안음으로써 자신에게 금전적 이득을 선물할 수도 있다. 우리는 스스로 친 보호막을 걷어내고 마음을 열어 진정한 모습을 보여줌으로써 다른 사람에게 선물할 수도 있다. 그러면 우리의 진정한 모습을 보고 이해한 다른 사람이 우리의 영혼을 비추는 거울이 되어준다.

인생의 위험 앞에서 자신의 마음을 열기는 두렵다. 그러나 사실은 달리 대안이 없다. 어떤 식으로든 우리는 고통을 겪을 수밖에 없다.

우리는 위험을 피할 수 없다. 두려움도 피할 수 없다. 고통도 피할 수 없다. 실패 가능성도 피할 수 없다. 그러나 이들을 모두 인생의 일부로 받아들일 수는 있으며, 그것도 인생의 가장 하찮은 일부로 받아들일 수가 있다.

그렇다고 해서 위험, 두려움, 고통, 실패가 중요하지 않다는 뜻은 아니다. 이 책의 1부 전체에 걸쳐 나는 위험을 제한하고 확률을 최대한 유리하게 이끄는 방법을 설명했다. 그리고 2부에서도 상당한 비중으로 고통을 피하려는 욕구를 유리하게 이용하는 방법을 논의했다. 그렇다. 이들은 중요하다. 그러나 문제는 집중이다.

자유란 결과를 완전히 무시하면서 원하는 것을 아무 때나 할 수 있다는 뜻이 아니다. 고통과 실수와 실패가 없는 인생을 의미하지도 않는다. 감정을 억누르면서 무조건 전진한다는 뜻도 아니다.

자유란 자신과 일과 다른 사람들에게 자신을 선물할 수 있다는 뜻이다. 진정한 동기를 확립하고 재능을 통제할 수 있어서, 고통을 피하고 기쁨을 얻으려는 욕구도 다스릴 수 있다는 뜻이다. 생각, 행동, 감정을 통합한다는 뜻이다. 그러나 무엇보다도, 살아가는 과정을 즐기게 된다는 뜻이다.

이 책이 당신이 자유를 찾는 과정에 도움이 되기를 희망한다.

행운과 성공 트레이딩을 기원한다!

주석

프롤로그 | 시장을 이기는 단 하나의 비법은 없다

1 나는 1980년대 중반에 빅토리파트너즈 펀드를 운용하여 손실을 보았다. 그러나 계약 조건이 다소 이례적이었다. 자세한 내용은 1부 1장을 참조하라.
2 이 말은 기업의 재무제표 분석이 소용없다는 뜻이 절대 아니다. 지식을 보완해주는 모든 정보는 모두 좋은 판단의 확률을 높여준다.

1장 | 도박사에서 거장으로: 프로 트레이더의 탄생

1 John Scarne, *Scarne On Cards* (New York: Crown Publishers, 1969).

2장 | 손절매의 본질: 악어 원칙

1 Ayn Rand, "Credibility and Polarization," *The Ayn Rand Letter*, vol. Ⅰ (1), 3.
2 '그릇된 자존심'은 심리학자 카렌 호나이 박사의 연구에서 가져온 용어다. 16장에서 자세히 논의한다.
3 성장은 자산이 계속 축적된다는 뜻이다.

3장 | 성공을 유지하는 사업 철학

1 외가격이란 내재가치가 없는 옵션을 의미하는 용어. 콜옵션은 기초상품의 시가가 행사가격보다 낮으면 외가격이다. 풋옵션은 기초상품의 시가가 행사가격보다 높으면 외가격이다.

4장 | 시장 무질서 속의 질서: 다우 이론

1 윌리엄 피터 해밀턴은 1908~1929년 동안 〈월스트리트저널〉의 편집자였다.
2 *A Proven Method of Economic Forecasting*, 빅터 스페란데오와 산드라 쿤체(Sandra Kunze)의 미출간 연구서.
3 달리 명시하지 않았으면 이 장의 인용 정보는 모두 로버트 레아의 《다우 이론(Dow Theory)》(Barron's, 1932)에서 가져온 것이다.

4 〈월스트리트저널〉, 1901. 7. 20.

5 시장의 주관성에 관한 추가 논의는 9장을 참조.

6 내가 아는 강세장(bull market)과 약세장(bear market) 용어의 기원은 다음과 같다. 공격할 때 황소는 뿔로 받아 올리고 곰은 발로 내리친다. 황소는 쳐 올리고, 곰은 쳐 내린다.

7 Victor Sperandeo, *Statistical Characterization of Stock Market Movements*, 1897~현재까지 주식시장 흐름을 분석한 미발간 자료. 출처를 명시하지 않은 데이터는 모두 이 분석에서 나온 데이터다.

8 이 통계를 이용한 위험평가 기법은 다음에 출간되는 시장 전문가용 책에 모두 공개할 예정이다.

9 과거에 미국 정부의 정책은 통화를 팽창시켜 일시적인 번영을 이끌어내는 것이었다. 그러나 경제가 성장하면서 통화팽창의 효과가 물가에 반영되자, 실질 소득과 저축이 감소하게 되었다. 사람들은 인플레이션이 미래에 낼 세금에 불과하다는 사실을 깨닫기 시작했고, 인플레이션은 대중과 정치인들의 주요 걱정거리가 되었다. 그러자 연준이 개입하여 신용팽창을 축소했고, 신용팽창으로 세웠던 거짓 경제는 사상누각처럼 무너졌다. 이제 정부는 인플레이션 대신 부채를 확대하여 미래 이익을 끌어다 쓰면서 과도한 소비를 지탱하고 있다. 위장막이 사라지면 장기적으로 나타나는 결과는 똑같을 것이다.

10 예를 들어 1987년 폭락 뒤 다우 이론은 명확한 매수 신호를 전혀 보내지 않았다. 사람들은 단기 급락에 큰 피해를 보았으므로 다시 투자하려는 마음이 없었다. 기본 경제 요소들을 고려할 때만 장기적인 관점에서 시장에 재진입할 수 있었다.

5장 | 추세의 정확한 이해

1 평균에 적용하자면, 관련된 모든 평균이 추세를 확인해주어야 한다. 그렇지 않으면 다이버전스가 존재한다. 이는 추세전환 가능성이 있다는 증거다.

6장 | 기술적 분석의 장단점

1 Robert D. Edwards and John Magee, *Technical Analysis of Stock Trends* (Massachusetts: John Magee Inc., 1966) (fifth edition), p. 5.

2 항상 존재하는 '그들'을 탁월하게 설명하는 자료로 다음을 참조하라. G. C. Seldens, *Psychology of the Stock Market* (Vermont: Fraser Publishing Company, 1965).

3 '매수 호가'는 거래소에서 누군가 사겠다고 제시한 가격이다. '매도 호가'는 누군가

팔겠다고 제시한 가격이다.

4 전업 트레이더(upstairs traders)는 원거리에서 계속 시장을 주시하면서 거래하는 트레이더를 말한다.

5 William J. O'Neil, "Program Trading vs. Investing in a New U.S.," *Investor's Daily*, 1989. 10. 17., p. 1.

6 장내 거래인과 접촉해도 도움이 된다!

7장 | 추세전환 확인이 노다지

1 이 정보는 좋은 서점의 금융 섹션에 가면 즉시 구할 수 있다. 투자상담사(Series 7) 입문서를 사서 공부하면 시장의 전반적인 구조를 이해할 수 있다.

2 다우 이론에서는 주식시장의 장기추세전환과 2차 조정만 다루지만, 이 정의는 모든 시장에 적용된다.

3 거래소 장내 감시인들은 거래 활동을 지켜보다가 새로운 가격에 거래가 형성되면 그 가격을 입력한다. 이 가격은 장내 모니터 스크린에 전송되고 이어서 세계로 전송된다. 급속시장(急速市場)에서는 거래가 너무 빨리 진행되므로 감시인들이 가격 변화를 따라가지 못한다. 따라서 모니터에 나타나는 가격은 정확하지 않다.

8장 | 분석가도 모르는 요소 때문에 망할 수 있다

1 다우 이론을 제대로 아는 사람 중에도 확인일까지 기다려서 포지션을 잡는 사람은 매우 드물다. 고든이 다우 이론과 이동평균을 비교하는 유일한 객관적 기준을 선택했지만, 나는 다우 이론이 200일 이동평균보다 주가 흐름을 예측하는 훨씬 강력한 지표라고 절대적으로 확신한다.

2 William Gordon, *The Stock Market Indicators* (New York: Investors' Press Inc., 1968), pp. 28~39.

3 이 철학에서는 원하는 결과를 얻는 것이 진실의 유일한 척도라고 말한다. 다시 말해서 목적이 수단을 정당화한다.

4 *New York Stock Exchange Daily Graphs*, William O'Neil & Co., Inc., P. O. Box 24933, Los Angeles, California 90024.

5 나는 다음 책에서 오실레이터를 배웠다. Justin Mamis, *The Professional Tape Reader* (Stan Weinstein, 1975).

6 Gordon A. Holmes, *Capital Appreciation in the Stock Market* (New York: Parket Publishing Company Inc.), p. 32.

7 같은 책, pp. 27~40.

9장 | 실제로 세상이 돌아가는 원리: 경제학의 기본 원리

1 '거품'은 공짜 심리를 이용해서 돈을 끌어모으는 교묘한 책동이다. 전형적인 예가 행운의 편지, 피라미드 사기, 정부의 적자 재정이다.

2 현대 오스트리아학파를 세운 사람은 루트비히 폰 미제스(1881~1973)다. 그는 오스트리아가 나치의 속국이 될까 두려워 1934년 빈을 거쳐 제네바로 도피했다. 그리고 1940년에 미국으로 가서 여생을 보냈다. 노벨상을 받은 프리드리히 하이에크(Friedrich Hayek)도 현대 경제학 사상에 영향을 미친 그의 여러 제자 중 한 사람이었다. 오스트리아학파는 순수 자유방임 자본주의를 옹호한다.

3 Ludwig von Mises, *Human Action* (Third revised edition, Yale University Press, 1963), p. 10. 오스트리아학파에 흥미를 느끼는 사람에게는 다음을 적극적으로 추천한다. Thomas C. Taylor, *An Introduction to Austrian Economics* (Auburn, Alabama: Ludwig von Mises Institute, 1980). 추가 정보를 원하면 다음을 접촉해보라. The Ludwig von Mises Institute for Austrian Economics Inc., Auburn University, Auburn, Alabama 36849.

4 von Mises, *Human Action*, p. 92.

5 *The Random House Dictionary of the English Language*, College Edition, 1969.

6 가치의 주관적 속성(가치에 대한 인식 차이에서 거래가 발생한다는 사실 포함)은 단순한 개념 같지만, 사실은 폰 미제스가 소개하여 공식화했다. 애덤 스미스를 비롯한 고전경제학자들은 가치가 같아야 거래가 발생한다고 생각했다.

7 교환 매체는 경화 예금을 초과해서 발행한 은행권이나 돈 증서로 구성된다. 이는 인위적으로 창출한 화폐다.

8 그러나 내가 알기로 전혀 규제가 없는 은행시장은 존재한 적이 없다.

9 보통예금은 요구불예금으로서, 언제든지 현금을 인출할 수 있다. 미국 통화는 연방준비은행권으로 구성된다. 그러나 은행권이 담보가 있는 채무증서인지 생각해보라. 미국 은행권에는 담보가 없다. 그래서 뉴욕연방준비은행 국제업무 부문 부사장이었던 존 엑스터(John Exter)는 미국 은행권을 '채무 없는 증서'라고 불렀다.

10 연준 시스템의 작동 원리와 통화 창출 과정은 다음 장에서 자세히 다룬다.

11 1989년 5월 우리는 중국에서 완벽한 사례를 보았다. 베이징 학살 목격자와 비디오테이프가 있는데도 공산주의자들은 뻔뻔하게도 역사를 다시 썼다.

12 나는 작고한 소설가 겸 철학자 에인 랜드에게 큰 빚을 졌다. 그녀는 이런 관점을 누구보다도 분명하고 정확하게 설명해주었다. 그녀의 작품 목록 일부를 참고문헌에 포

함했다.

13 이 책에서는 별도로 설명하지 않는 한 '인플레이션'은 물가 상승이 아니라 통화 공급 증가를 뜻한다. 물가 상승은 상품과 서비스보다 통화 공급이 더 증가한 결과다. 다시 말해서 인플레이션이 물가 상승을 유발할 수 있지만, 항상 유발하는 것은 아니다.

14 Ayn Rand, "Capitalism: The Unknown Ideal," *What Is Capitalism?* (Signet, First Printing), p. 17.

15 근원금리에 대한 완벽한 논의는 다음을 참조하라. *Human Action*, pp. 524~537.

16 자본재는 생산의 중간 단계에 사용될 수도 있고, 장기적으로 더 수익성 높은 목적을 추구하는 동안 생계 유지에 사용할 수도 있다. 두 경우 모두 저축에서 나온다.

17 현대 오스트리아학파는 신용 창출의 원동력으로 시간 선호 개념을 명확하게 제시했다. 루트비히 폰 미제스의 주요 저서(*Human Action*)에서 가장 잘 설명했다.

18 여기에는 예외가 있다. 우체국처럼 요금을 받고 서비스를 제공하는 정부 프로그램은 이익을 내서 부를 창출할 수 있다. 탱크를 먹을 수 없지만, 방위비 지출의 덕을 보는 방위산업체들은 이익을 내서 부를 창출할 수 있다. 그러나 전반적으로 정부는 생산보다 소비가 훨씬 많으며, 생산도 자유시장보다 훨씬 비효율적이다.

10장 | 호황과 불황: 누가 호황을 일으키고 누가 불황을 부르는가?

1 von Mises, *Human Action*, p. 572.

2 다음 이야기의 모든 정보 출처는 다음과 같다. Charles Mackay, *Extraordinary Popular Delusions and Madness of Crowds* (New York: Harmony Books, 1980), pp. 1~45.

3 당시 프랑스의 화폐 단위는 리브르로서, 원래 은 1파운드와 같았다. 그러나 화폐 재주조와 정부의 적자 재정 때문에 가치가 하락하여, 당시 영국 파운드와의 교환 비율이 약 24 대 1이었다.

4 루이 14세의 왕위 계승자는 다섯 살이었으므로, 오를레앙 공작이 섭정을 맡았다.

5 근원금리 개념이 처음에는 다소 난해하게 느껴질 수 있다. 그러나 이는 경제 원리의 핵심이므로 경기 순환을 이해하려면 반드시 알아야 한다. 근원금리는 실질 금리의 토대가 되는 주관적 금리다. 모든 개인의 마음속에 존재하면서, 노동의 산물을 당장 소비할 것인지 나중에 소비할 것인지 결정한다.

6 저축대부조합 위기를 연구해보면 이런 사항들에 관심을 쏟게 될 것이다.

7 사실상 세계의 모든 은행 시스템이 현재 부분지급준비금 제도를 채택하고 있다. 곧 부분지급준비금 제도의 속성을 자세히 논의하겠다.

8 *The Federal Reserve System: Purposes and Functions*, fifth edition, Federal Reserve Board, 1965, p. 1.

9 같은 책, p. 4.

10 예금 기관은 상업은행과 저축은행, 저축대부조합, 신용조합, 외국 은행의 미국 지점, 에지법회사(Edge Act and Agreement Corporation)로 정의된다.

11 연준은 대출기관에 단기로 지급준비금을 대출해줄 뿐 아니라, 재할인 창구를 통해서 일정 조건 아래 개인이나 기업에도 자금을 대출해줄 수 있다. 이런 대출을 중장기 신용이라고 부른다.

12 조정본원통화는 세인트루이스연방준비은행에서 계산한다. 은행 지급준비금에 현금을 더하고, 지급준비율 변화와 계절적 요소를 반영하여 조정한다. M1에 영향을 미치는 연준의 모든 활동을 반영하도록 고안한 지표다. M1은 현금, 여행자수표, 요구불예금, 무제한 수표 발행 예금으로 구성되는 통화 유통량이다.

13 이 문단에 인용한 모든 데이터의 출처는 다음과 같다. *Grant's Interest Rate Observer*, April 27, 1990, Vol 8, No. 8, p. 5. 추가 정보가 필요하면 다음으로 연락하라. 233 Broadway, New York, NY 10279, (212) 608-7994.

14 같은 책, pp. 2, 5.

11장 | 위험 측정에 의한 자금 관리

1 이 사례에서는 추세선 돌파 전에 기준 (2)가 충족되었다. 추세전환의 1-2-3 규칙이 충족된다고 알려주는 원칙은 없다.

12장 | 돈을 날리는 50가지 방법

1 Henry Clasing, *The Secrets of a Professional Futures Trader* (Brightwaters, NY: Windsor Books, 1987), p. 15.

2부 Intro. 트레이더의 꿈: 우화

1 텍사스주 샌안토니오(San Antonio) 소재 '로탄 모셜(Rotan Mosle Inc.)'의 중개인 겸 펀드매니저 짐 브라운(Jim Brown)과 나눈 대화를 풀어쓴 것이다.

2 Dr. Karen Horney, *Neurosis and Human Growth* (New York: W. W. Norton & Compnay, 1950).

13장 | 이성과 감정 사이의 전쟁: 스팍 증후군

1 채권 선물 가격은 32분의 1 단위로 움직인다. 따라서 1틱은 1포인트의 32분의 1이며

계약당 31.25달러다.

2 W. Gaylin, *The Rage Within* (New York: Simon and Schuster, 1984), pp. 17~18.

3 같은 책, p. 23.

4 Nathaniel Branden, *The Psychology of Self-Esteem* (New York: Bantam Books, 15th edition, 1969), p. 69.

5 Ayn Rand, *The Virtue of Selfishness* (New York: New American Library, 1964), p. 28.

6 같은 책, p. 5.

7 여기서 잠재의식이란 의식적 자각이 즉시 사용할 수 없는 정신의 한 부분을 뜻한다. 프로이트 등이 자신의 정체성이라고 주장한 '무의식'과는 다르다.

8 Rand, *The Virtue of Selfishness*, p. 27.

9 그릇된 자존심 개념은 다음 장에서 자세히 논의한다.

14장 | 성공은 우리가 만드는 것

1 Ayn Rand, *The Ayn Rand Lexicon* (New York: Meridian, 1988) p. 254.

2 추가 정보는 다음을 참조하라. *The Introduction to Objectivist Epistemology*.

15장 | 확실한 변화 굳히기

1 Anthony Robbins, *Personal Power*.

2 Dr. Van K. Tharp, "The Psychology of Trading," from *Market Wizards*, Jack D. Schwager (New York: NYIF Corp, 1989), p. 424.

3 William Shakespeare, *Macbeth*.

4 Anthony Robbins, *Unlimited Power* (New York: Ballantine Books, 1987), p. 321.

5 같은 책, pp. 222~223.

16장 | 그릇된 자존심 극복

1 Dr. Karen Horney, *Neurosis and Human Growth* (New York: W. W. Norton & Compnay, 1950). 따로 표시하지 않았다면 모두 이 책에서 인용한 내용이다.

2 호나이 박사에 의하면, 기본적인 근심은 근본적으로 "비우호적인 세계에서 느끼는 소외감과 무력감"에서 온다.

참고문헌

Brandon, Nathaniel, *Honoring the Self*, New York: Bantam Books, 1985.

_____, *The Psychology of Self-Esteem*, New York: Bantam Books, 1981.

Cunningham, Noble E., Jr., *In Pursuit of Reason: The Life of Thomas Jefferson*, Baton Rouge: Louisiana State University Press, 1987.

Edwards and Magee, *Technical Analysis of Stock Trends*, Springfield Massachusetts: John Magee, 1972.

Friedman, Milton, and Schwartz, Jacobsen, *A Monetary History of the United States 1867~1960*, Princeton, New Jersey: Princeton University Press, 1971.

Gartley, H. M. *Profits in the Stock Market*, Pomeroy, Washington: Lambert-Gann Publishing Co. Inc., 1981.

Gann, W. D. *Profits in Commodities*, Pomeroy, Washington: Lambert-Gann Publishing Co. Inc., 1976.

Gaylin, Willard, M.D. *The Rage Written*, New York: Simon & Schuster, 1984.

Gordon, William, *The Stock Market Indicators*, Palisades Park, New Jersey: Investor's Press Inc., 1968.

Hazlitt, Henry. *Economics in One Lesson*, New York: Arlington House Publishers, 1979.

Homer, Sidney, *A History of Interest Rates*, Second Edition, New Brunswick, New Jersey: Rutgers University Press, 1963.

Horney, Karen, *Neurosis and Human Growth*, New York: Norton & Company, 1950.

Kroll, Stanley, *The Professional Commodity Trader*, New York: Harper & Row Publishers, 1974.

Le Bon, Gustave, *The Crowd*, New York: The Viking Press, 1973.

Lefevre, Edwin, *Reminiscences of a Stock Operator*, New York: Doubleday, 1965.

Lorie and Hamilton, *The Stock Market: Theories and Evidence*, Homewood, Illinois: Richard D. Irwin Inc., 1965.

Mackay, Charles, *Extraordinary Popular Delusions and the Madness of the Crowds*, New York: Harmony Books, 1980.

McKeon, Richard, *The Basic Works of Aristotle*, New York: Random House, 1941.

Merrill, Arthur A., *Behavior of Prices on Wall Street*, Chappaqua, New York: The Analysis Press, 1966.

472

Pacelli, Albert Peter, *The Speculator's Edge*, New York: John Wiley & Sons.

Rand, Ayn, *Atlas Shrugged*, New York: The New American Library (Signet), 1959.

_____, *The virtue of Selfishness*, New York: The New American Library (Signet), 1965.

_____, *Capitalism-The Unknown Ideal*, New York: The New American Library, 1967.

_____, *Philosophy-Who Needs It?* New York: The New American Library, 1982.

Rhea, Robert, *Dow's Theory Applied to Business and Banking*, New York: Simon & Schuster, 1938.

_____, *The Dow Theory*, New York: Barron's, 1932.

Robbins, Anthony, *Unlimited Power*, New York: Ballantine Books, 1987.

Seldon, G. C., *Psychology of the Stock Market*, Wells, Vermont: Fraser Publishing Co., 1965.

Schabacker, R. W., *Stock Market Theory and Practice*, New York: B.C. Forbes Publishing Co., 1930.

Schultz, Harry, *A Treasury of Wall Street Wisdom*, Palisades Park, New Jersey: Investors' Press Inc., 1966.

Schwager, Jack D. *Market Wizards*, New York: New York Institute of Finance, a division of Simon & Schuster, 1989.

Wyckoff, Peter, *Wall Street and the Stock Market*, Philadelphia Chilton Book Co., 1972.

Von Mises, Ludwig, *Human Action*, Chicago: Contemporary Books, 1966.

_____, *The Theory of Money and Credit*, Indianapolis: Liberty Classics, 1981.

그동안 기술적 분석 서적은 번역하지 않았던 내가 이 책을 번역하게 된 것은, 가치투자자협회 신진오 회장(2022년 작고)의 백미러론(論) 때문이었다. 신 회장은 자동차를 운전할 때 주로 앞을 보아야 하지만 가끔은 백미러도 들여다보아야 하는 것처럼, 가치투자자도 기본적 분석을 주로 하되 가끔은 기술적 분석으로 과거를 들여다볼 필요가 있다고 설명했다.

게다가 근래에 행동재무학이 떠오르면서 심리가 투자에 미치는 영향이 더욱 주목받게 되었고, 이에 따라 기술적 분석의 지위도 전보다 높아진 듯하다. 또한, 케인스의 비유대로 투자가 미인 선발대회에서 우승자를 점치는 것과 같다면, 내 눈에 매력적인 얼굴이 아니라 다른 사람들에게 매력적인 얼굴을 골라야 하며, 그렇다면 (기본적 분석이든, 기술적 분석이든) 다른 사람들의 관점으로도 시장을 볼 수 있다면 도움이 될 것이다.

실력 있는 저자가 공들여 쓴 기술적 분석 책을 번역하려고 생각하던 차에 좋은 책을 만나게 되었다. 저자 스페란데오는 이 책을 쓴 시점 기준 최근 16년(1972~1987년) 동안 한 해도 빠짐없이 이익을 냈고, 최근 10년 동안 올린 평균수익률(단리)이 연 70.7%였다(같은 기간 S&P500의 평균 단리수익률은 11.5%). 1972~1989년까지 18년간 그가 거둔 수익률은 연평균(단리) 72%였다. 그가 개발하여 S&P에 라이선스를 제공한

'Diversified Trends Indicator(분산추세지표: 상품 및 금융 선물 지표)'는 현재 'S&P Diversified Trends Indicator'로 사용되고 있다. 2008년 〈트레이더 매거진(Trader Magazine)〉은 그의 이름을 '트레이더 명예의 전당'에 올렸고, 〈배런즈(Barron's)〉는 그를 "월스트리트 최고의 프로(The Ultimate Wall Street Pro)"로 명명했다. 이 정도면 어디에 내놓아도 손색없는 거장이라 하겠다.

저자는 기술적 분석과 기본적 분석을 결합하여 나름의 독특한 체계를 확립했다. 기술적 분석을 비판적으로 수용하면서, 기본적 분석에서는 거시경제 변수를 중시했다. 거시경제학을 다룬 9장과 10장은 다소 어렵게 느껴질 수도 있으나, 매우 중요한 요소이므로 순서를 바꿔서 나중에라도 읽어보기 바란다.

이 책을 번역하면서 더욱 호감을 느낀 점은 저자가 트레이딩 철학은 물론 인생철학까지 확고하게 세운 인물이라는 사실이다. 그는 평생에 걸쳐 쌓은 지식과 기법을 최대한 쉽고 간결하게 정리하려고 노력하였으며, 특히 사람들이 트레이딩만이 아니라 인생에서도 성공하도록 성심껏 도우려는 마음을 읽을 수 있었다. 저자는 능력이 뛰어난데도 감정을 다스리지 못하여 파멸하는 트레이더를 수없이 지켜보면서, 그 원인과 해결책을 찾으려고 깊이 연구하고 폭넓게 관찰했다.

저자는 평생에 걸쳐 트레이딩 현장에서 각고의 노력 끝에 얻은 지식과 기법은 물론, 감정을 다스리고 인생에서 행복을 얻는 방법까지 아낌없이 풀어놓았다. 거장의 소중하고도 따뜻한 조언이 여러분에게 실질적인 도움이 되길 바라는 마음이다.

아울러 이 책이 여러분에게 지식의 경계를 넓히는 계기가 되길 바란다. 기본적 분석이나 기술적 분석 하나만을 사용했던 투자자라면, 다른 기법의 장점도 받아들여 방법론을 강화하길 바란다. 스페란데오는 이렇게 말했다. "어느 한쪽만 순수하게 고집하면서 꾸준하게 돈 버는 사람은 매우 드물었다. 대부분 돈 버는 주식 투기자들은 잡종이다."

이 책에서 오역이나 오탈자를 발견하시거나, 의견을 나누고 싶은 분은 블로그 https://blog.naver.com/keonlee0324이나 이메일 keonlee@empas.com으로 연락 주시기 바란다.

옮긴이 이건

찾아보기

전설의 프로 트레이더 빅

초판 1쇄 | 2024년 8월 20일

지은이 | 빅터 스페란데오, 설리번 브라운
옮긴이 | 이건

펴낸곳 | 액티브
펴낸이 | 김기호
편집 | 오경희, 양은희
기획관리 | 문성조
디자인 | 김윤남

신고 | 2022년 5월 27일 제2022-000008호
주소 | 서울시 용산구 한강대로 295, 503호
전화 | 02-322-9792
팩스 | 0303-3445-3030

이메일 | activebooks@naver.com
블로그 | https://blog.naver.com/activebooks

ISBN | 979-11-983353-6-4 (03320)
값 | 25,000원